Ostseeküste

Mecklenburg-Vorpommern

Claudia Banck

DUMONT
Reise-Taschenbuch

Unterwegs an der Ostseeküste Mecklenburg-Vorpommern

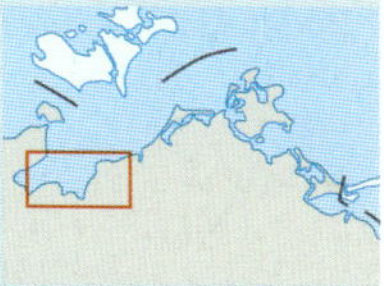

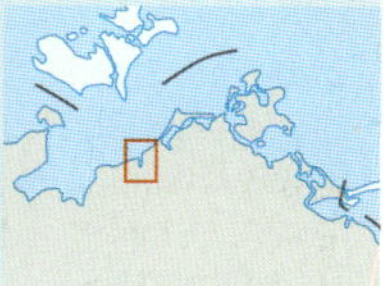

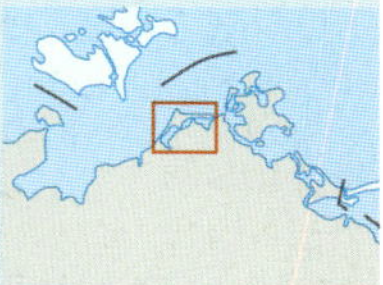

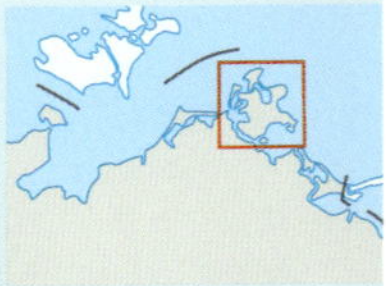

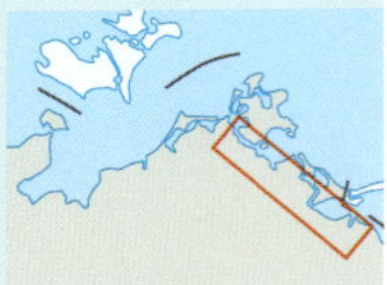

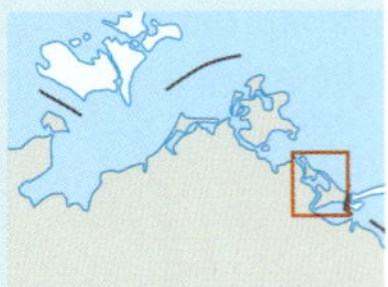

► Dieses Symbol im Buch verweist auf die Extra-Reisekarte Ostseeküste Mecklenburg-Vorpommern

Auf Entdeckungstour

Karten und Pläne

Das Klima im Blick

atmosfair

Reisen verbindet Menschen und Kulturen. Wer reist, erzeugt auch CO_2. Der Flugverkehr trägt mit bis zu 10 % zur globalen Erwärmung bei. Wer das Klima schützen will, sollte sich – wenn möglich – für eine schonendere Reiseform entscheiden. Oder Projekte von *atmosfair* unterstützen: Flugpassagiere spenden einen kilometerabhängigen Beitrag für die von ihnen verursachten Emissionen und finanzieren damit Projekte zur Verringerung des CO_2-Ausstoßes in Entwicklungsländern *(www.atmosfair.de)*. Auch der DuMont Reiseverlag fliegt mit *atmosfair!*

Schnellüberblick

Von Rostock bis Graal-Müritz
Die traditionsreiche Hansestadt Rostock gilt wegen ihrer Häfen als Mecklenburgs Tor zur Welt. Ihre Werften sind bekannt. Die Studenten sorgen für ein lebendiges Kulturleben. Vor den Toren von Rostock liegen das charmante Seebad Warnemünde und die waldreiche Rostocker Heide. S. 120

Rügen und Hiddensee
Für viele ist Rügen mit seiner Vielfalt an Naturschätzen die schönste deutsche Insel. Berühmt sind die Kreidefelsen und das windumtoste Kap Arkona.

Der Nordwesten Mecklenburgs
Weiße Sandstrände und wildromantische Steilküsten, dazu traditionsreiche Seebäder und mittendrin die bildhübsche Hansestadt Wismar. In Bad Doberan beeindruckt das Münster, ein herausragendes Beispiel norddeutscher Backsteingotik, prächtige Bäderarchitektur verleiht Heiligendamm Glanz. S. 82

Fischland-Darß-Zingst
Die vom Meer und Bodden umschmeichelte Inselkette verzaubert mit berückend schönen Landschaften: Strände, Dünen und Badeorte am Meer – idyllische,

Hiddensee, die zauberhafte kleine Schwester, wurde Ende des 19. Jh. als Urlaubsinsel entdeckt und zog besonders Dichter, Schauspieler und Maler magisch an. S. 170

Pommersche Hansestädte
Die Küste zwischen Stralsund und Ueckermünde blickt mit Stolz auf eine bemerkenswert internationale Geschichte zurück, die nicht nur von der Hanse, sondern lange Zeit auch von den Schweden geprägt wurde. Bedeutende Bauwerke der Backsteingotik künden von der Macht und dem Reichtum vergangener Tage. S. 224

kleine Fischerhäfen und einsame schilfgesäumte Buchten am Bodden. Beschauliche Kleinstädte sind Ribnitz-Damgarten und Barth auf dem Festland. S. 144

Usedom
Zum offenen Meer präsentiert sich die zweitgrößte deutsche Insel mit traumhaften Sandstränden und feinster Bäderarchitektur. Aber nur einen Steinwurf vom Touristentrubel entfernt trifft man auf abgeschiedene Landstriche und Halbinseln mit sanften Hügeln, stillen Seen und verträumten Fischerdörfern. S. 254

Die Autorin

Mit Claudia Banck unterwegs
Die Historikerin und Skandinavistin Claudia Banck ist in Schleswig-Holstein aufgewachsen. Nach vielen Reise- und Studienjahren ist sie nach Norddeutschland zurückgekehrt und lebt heute mit ihrer Familie in Mecklenburg-Vorpommern. Als freischaffende Autorin ist sie dem Norden immer treu geblieben. Bücher über Skandinavien, die Welt der Wikinger und die deutsche Nordseeküste bildeten bisher den Schwerpunkt ihrer Arbeiten. Etwas Besonderes ist für sie der vorliegende Titel über die Ostseeküste, für den Claudia Banck immer wieder unmittelbar vor der Haustür auf Entdeckungstour geht.

Schönes Land am Meer

Mäkelborg-Vörpommern, wie es so nett auf Niederdeutsch heißt, verweist mit Stolz auf über 1700 km Ostsee- und Boddenküste. Wer das Meer liebt, ist hier richtig, es gibt feine Sandstrände und schroffe Steilküsten, sonnige Blumenwiesen und schattige Buchenwälder direkt am Meer, dazu Leuchttürme, Möwen und Fischerboote. Am Horizont verlaufen internationale Schifffahrtswege, Fernweh liegt in der Seeluft, nicht zu vergessen die Sonne, die hier häufiger scheint als irgendwo sonst in Deutschland – mal führt Usedom, mal Hiddensee, dann wieder der Darß die Liste mit den meisten Sonnenstunden an.

Rückständig oder was?

Kein Wunder also, dass die Ostseeküste Mecklenburg-Vorpommerns auf der Beliebtheitsskala der Deutschen als Ferienziel ganz oben steht. Wer hier lebt, hat allerdings nicht unbedingt das Gefühl, dass die Sonne öfter scheint als anderswo. Die nach der Wende getätigten Investitionen lassen zwar die Küste in neuem Glanz erstrahlen, doch im Hinterland sieht es vielerorts anders aus. Die Jungen zieht es in die Städte, gerne auch ganz fort aus dem Land, dem der Ruf der Rückständigkeit spätestens seit Bismarck anhaftet. Dieser riet, im Falle des Weltuntergangs nach Mecklenburg zu ziehen, weil dort alles 50 Jahre später geschieht. Den Charakter der Landesbewohner beschrieb der Stralsunder Geschichtsschreiber Thomas Kantzow bereits im 16. Jh. bemerkenswert zutreffend als »nicht leichtynnigk (leichtsinnig) und auch nicht sehr frohlich ... sunst aber ists ein aufrichtig, trewe, verschwigen Folck, das die Lügen und Schmeichelworte hasset«.

MV tut gut

Landesuntypisch große Worte! Seit einigen Jahren wirbt die Landesregierung mit diesem Slogan und prachtvollen Aufnahmen für Mecklenburg-Vorpommern – bzw. kurz ‘em vau – als

Abendstimmung beim Nonnenloch am Ufer des Zickerschen Höft auf Rügen

Wohn- und Wirtschaftsstandort. Die Einheimischen empfinden diese Werbung angesichts der wirtschaftlichen Realität als ziemlich kühn, obwohl sie bei näherer Betrachtung doch auch der Wahrheit entspricht, denn das Land ist ohne Zweifel schön und mehr als bereit für Neuanfänge. Nirgends in Deutschland gibt es so viele neu gegründete Nationalparks und neu erbaute Ferienanlagen. Nicht nur gastronomische Betriebe setzen bewusst auf ländlich-feine, das heißt regionale Genüsse. Bio und Wellness stehen auf dem Weg zum ersten Urlaubs- und Gesundheitsland in der Prioritätenliste ganz oben – entsprechend steigt die Zahl der Gäste.

Trubel und Stille

An sonnigen Sommertagen schieben sich die Autokolonnen Richtung Meer, auf dem Darß werden die Rad- und Wanderwege eng – alle drängen zur Ostsee. Man flaniert auf schicken Promenaden oder auf einer der neuen Seebrücken hinaus aufs Meer. Der Blick schweift zurück auf makellose Sandstrände. Bunte Strandkörbe erwarten morgens – in Reih und Glied aufgereiht – den Tag. Der Abend findet sie bunt durcheinander gewürfelt, gedreht und gerückt nach den Bedürfnissen ihrer Mieter auf Zeit. Nacktbader haben ihre eigenen Strandabschnitte, Individualisten bevorzugen die urwüchsigen Steilküsten, wo man auf eiszeitlichem Geröll herumklettern und nach Fossilien suchen kann. Strand ist nicht gleich Strand ebenso wie auch kein Seebad dem anderen gleicht. Mal sind sie mondän, mal familiär und verträumt. Badeurlaub, wie es einem gefällt.

Nur wenige Meter vom bevölkerten Strand, den belebten Promenaden und Villen im Zuckerbäckerstil entfernt, verzaubert eine andere Welt, in der es Häuser aus Holz, Lehm und Rohr (Reet) gibt, manche schmuck saniert, andere nur notdürftig instand gehalten. Hier geht das Leben seinen eigenen Gang: Ein Traktor tuckert übers Feld, es riecht nach Kuhmist und Kamille, Enten schnattern auf sandigen Wegen, Möwen von der nahen Ostsee picken in den frisch gepflügten Ackerfurchen, auf den Wiesen sammeln sich die Kraniche. Das Glück ist zum Greifen nah.

Kunstscheune Barnstorf – Inspiration auf dem Darß, S.154

Riedensee – ein Strandsee für stille Genießer, S. 110

Lieblingsorte!

Eine verborgene Quelle – Zickersche Berge, S. 192

LandWertHof Stahlbrode – lohnt eine Landpartie, S. 236

Schloss Bothmer – ein Juwel der Gartenkunst, S. 86

Brunnen der Lebensfreude – Wasserspiele der besonderen Art, S. 124

Die Reiseführer von DuMont werden von Autoren geschrieben, die ihr Buch ständig aktualisieren und daher immer wieder dieselben Orte besuchen. Irgendwann entdeckt dabei jede Autorin und jeder Autor seine ganz persönlichen Lieblingsorte: Dörfer, die abseits des touristischen Mainstream liegen, einen besonders schönen Wanderweg, Plätze, die zum Entspannen einladen, ein Stückchen ursprünglicher Natur – eben Wohlfühlorte, an die man immer wieder zurückkehren möchte.

Kennen Sie Klinkowström? – Besuch in Schloss Ludwigsburg, S. 244

Sonnenuntergang am See – Kikis Bootsverleih, S. 272

Reiseinfos, Adressen, Websites

In der Kneipe Zur Fähre in Stralsund kann man den Tag ausklingen lassen

Informationsquellen

Infos im Internet

www.auf-nach-mv.de
Übersichtliche Webseite des Tourismusverbands Mecklenburg-Vorpommern mit Gastgeberverzeichnissen, Veranstaltungskalender, Karten und Videos sowie der Möglichkeit zur Bestellung oder zum Download von Prospekten.

www.mecklenburg-vorpommern.eu
Gut gemachtes Landesportal des Innenministeriums mit vielseitigen Informationen über Geschichte und Wirtschaft, Museen und Veranstaltungen sowie zahlreichen Links, u. a. zur Alleenstraße (www.alleenstrasse.com), zur Schwedenstraße (www.schweden strasse.com), zu Schlössern und Herrenhäusern (www.schloesser-gaerten-mv.de).

www.kulturportal-mv.de
Sorgfältig erstellte Informationen über Themen wie Architektur, Literatur, Musik, Theater, Gedenkstätten, Kulturdenkmale, Kirchen, Klosteranlagen und Museen. Dazu alle aktuellen Veranstaltungen und viele Buchtipps.

www.deutscheostseekueste.de
Portal für die gesamte deutsche Ostseeküste von der dänischen bis zur polnischen Grenze. Urlaubsinformationen über sportliche Aktivitäten, Sehenswürdigkeiten, Veranstaltungen, auch Prospektbestellung.

www.baederverband.m-vp.de
Übersichtliche Präsentation der Kur- und Rehamöglichkeiten sowie der Wellness- und Thalassoangebote in Seebädern, Seeheilbädern und Erholungsorten.

www.ostsee-zeitung.de
Jede Menge Lesestoff zum aktuellen Geschehen bietet die größte Tageszeitung in Mecklenburg-Vorpommern, mit Zugang zu Archiv und Chat-Forum.

www.bsh.de
Das Bundesamt für Seeschifffahrt und Hydrographie gibt in der Rubrik ›Sport und Freizeit‹ strandaktuelle Informationen zu Wasser- und Lufttemperatur, Wind und Wellen.

www.regierung-mv.de
Auf der Seite des Ministeriums für Soziales und Gesundheit kann man eine Badewasserkarte herunterladen. Sie beinhaltet ein ausführliches Gewässerprofil der Ostsee und der Binnenseen , u. a. mit Angaben zur Badewasserqualität, einer Übersicht der Badestellen, Informationen über die Sichttiefe des Wassers.

www.wetterwarte-mv.de
Übersichtliche Seite mit Wettermeldungen, Hinweisen für Wassersportler und Links zu den regionalen Wetterseiten www.ostseewetter.net, www.warnemuendewetter.de und www.usedomwetter.com.

Informationsstellen

Tourismusverband Mecklenburg-Vorpommern
Platz der Freundschaft 1
18059 Rostock
Tel. 0381 40 30 500

Touristen-Informationen/ Kurverwaltungen
Alle Insel- und Küstengemeinden besitzen eine Touristen-Information, die

gegen eine freiwillige Portogebühr Gastgeberverzeichnisse verschickt. Die Informationen vor Ort sind ganzjährig von Montag bis Freitag, in der Saison auch Samstag und Sonntag geöffnet. Die Adressen sind im jeweiligen Kapitel des Reiseteils vermerkt.

Lesetipps

Ohne spannende Urlaubslektüre an die Ostsee reisen? Kein Problem, denn das Angebot vor Ort ist groß – ob Regionalkrimis oder historische Romane, geografische und kulturhistorische Standardwerke oder Bildbände.

Alfred Andersch: Sansibar oder der letzte Grund. Zürich 2006 (zuerst erschienen 1957). An einem Tag des Jahres 1937 treffen in dem kleinen Ostsee-Städtchen Rerik, das in der Beschreibung eher an Wismar erinnert, fünf Menschen zusammen, die aus dem nationalsozialistischen Deutschland fliehen wollen. Mit dabei die, als entartete Kunst kategorisierte (nach Ernst Barlach gestaltete) Holzplastik »Lesender Klosterschüler«, die nach Schweden geschmuggelt werden soll.

Elisabeth von Arnim: Elisabeth auf Rügen. Berlin 2008 (zuerst erschienen 1904). Eine Frau unterwegs als Individualtouristin zu Beginn des 20. Jh. Eine wunderbare Lektüre, die interessante, teilweise auch heitere Einblicke in die Frühzeit des Badetourismus und des Feminismus bietet.

Claudia Banck: Auf den Spuren der Wikinger und Slawen. Stuttgart 2006. Ein historisch-archäologischer Reisebegleiter mit ausführlicher Beschreibung der skandinavischen Händler in Rerik, Ralswiek und Menzlin sowie der Slawen im Dorf Mecklenburg und auf Rügen.

Albert Burkhardt: Vineta. Sagen und Märchen vom Ostseestrand. Rostock 2001. Geschichten für die ganze Familie über Vineta, die Klosterruine von Eldena, Störtebeker, den Kreidefelsen, vom Fischer un siener Frau, von Feuerkönigen, Lindwürmern, Jägern und Kobolden, Riesen und Zwergen, passend zu den Landschaften.

Gotthard Ludwig Theobul Kosegarten: Briefe eines Schiffbrüchigen. Rostock 2001 (zuerst erschienen 1774). In Form von Tagebuchaufzeichnungen und Briefen beschreibt der redegewandte Pfarrer von Altenkirchen einen Schiffbruch vor der Küste Rügens.

Michael Joseph, Matthias Schümann: Mecklenburg-Vorpommern. Anleitung für Ausspanner. Rostock 2010. Eine abwechslungsreiche, kurzweilige Mischung aus Impressionen, Anekdoten und Informationen, 15 lesenswerte Kapitel über Land und Leute, passend zur seelischen Einstimmung auf den Urlaub, ebenso wie für Stau und Strand. Wer schon mal ein bisschen schmökern möchte, kann das auf der Webseite der Autoren tun: www.anleitung-mv.de .

Hans Werner Richter: Geschichten aus Bansin. Berlin 2008. Der 1908 in Bansin geborene Schriftsteller, der vor allem als Initiator und Leiter der Gruppe 47 bekannt ist, erzählt vom Leben der einfachen Leute in der ersten Hälfte des 20. Jh., als Bansin ein Seebad wurde. Der Band ist seinem Vater gewidmet, der nacheinander Fischer, Bademeister und Tankstellenbesitzer war.

Kristine von Soden: Fischland, Darß und Zingst. Hamburg 2010. Stille Winkel beschreibt die Autorin, das können Orte sein, aber auch kulinarische Genüsse, Meisterwerke alter Handwerkskunst oder der Abendeinflug der Kraniche, eine stimmungsvolle Lektüre zum Genießen, ein Bad für die Seele.

Kristine von Soden: Lesereise Backsteinstädte – Der Butt, die Baukunst und das Meer. Wien 2009. Begegnungen mit den Hansestädten, wunderbar leicht und persönlich geschrieben.

Wetter und Reisezeit

Klima

An der Ostseeküste herrscht ein kontinentales Klima mit maritimem Einschlag. Der kontinentale Einfluss – mit heißen Sommern und kalten Wintern – nimmt gen Osten zu. Auf Usedom, Deutschlands sonnenreichster Insel, scheint die Sonne durchschnittlich über 1800 Stunden pro Jahr, dazu fällt vergleichsweise wenig Regen. Eine frische Brise ist charakteristisch für die Küste. Sie reißt die Wolkendecke auf und sorgt für häufige Wetterwechsel. Ein Tag kann trübe beginnen und strahlend enden. Selten folgen mehrere Regentage aufeinander.

Reisezeiten

Für viele, die sich nicht an die Ferienzeiten halten müssen, sind die **Frühlingsmonate** die schönsten. Vogelfreunden empfehlen sich die Monate März/April. Für Radtouren an der Küste ist die Zeit der Rapsblüte zwischen Mai und Juni am schönsten.

Die beliebteste Reisezeit liegt im **Juli und August.** Das Strandleben pulsiert, Surfer und Segler tummeln sich auf dem Wasser. In dieser Zeit ist die Küste ziemlich ausgebucht, an Schönwetterwochenenden kommt es leicht zum Verkehrsstau. Im August hat die Ostsee ihre maximale Durchschnittstemperatur, die bei 18 °C liegt, erreicht. Im Juli 2010 stieg sie vor Rügen auf 24 °C.

Ein sehr schöner Reisemonat ist der **September,** wenn das Meer noch warm genug zum Baden, der Hauptschwung der Gäste aber schon abgereist ist. Im **Oktober** wechseln windstille sonnige Perioden mit Sturmtagen. In Alleen und Buchenwäldern verfärbt sich das Laub. Orangefarbene Sanddornbeeren leuchten an silbernen Sträuchern. Zehntausende von Kranichen rasten im Nationalpark Vorpommersche Boddenlandschaft und auf Rügen.

Ein Kurzurlaub im **Winter** erfreut sich nicht zuletzt wegen verlockender Wellness- und Pauschalangebote zunehmender Beliebtheit. Diese stille Jahreszeit hat ihre eigenen Reize, in den Gaststuben dampfen die Groggläser, die Einheimischen haben Zeit zum Klönen. Allerdings sind – mit Ausnahme von Weihnachten und Silvester – viele Betriebe geschlossen und die meisten Öffnungszeiten reduziert.

Klimadaten Rostock

	J	F	M	A	M	J	J	A	S	O	N	D
Mittlere Tagestemperaturen in °C	2	3	6	10	16	19	21	21	18	13	8	4
Mittlere Nachttemperaturen in °C	-2	-1	1	4	8	12	14	14	11	7	3	0
Mittlere Wassertemperaturen in °C	2	2	3	5	9	14	17	17	15	11	7	4
Sonnenstunden/Tag	1	2	4	6	8	8	8	7	5	3	2	1
Regentage/Monat	10	8	10	9	8	9	10	9	9	9	11	11

Kleidung und Ausrüstung

An der Ostsee bläst fast permanent ein raues Lüftchen. Ohne Ohren- und Sonnenschutz geht es nicht. Vor allem Kinder müssen immer eingecremt werden (hoher Lichtschutzfaktor!). In Feuchtgebieten wie an den Boddengewässern können Mücken zur Plage werden, man sollte ein Mittel gegen Insektenstiche dabei haben. Ebenso wie Jodsalbe, Pflaster und Verbandszeug, falls man sich an scharfen Muscheln am Strand die Füße verletzt. Auch im Sommer gehören Regenzeug und feste Schuhe ins Gepäck, in der Vor- und Nachsaison lange Unterwäsche, Schal und Mütze. Strandwanderer haben stets einen Rucksack oder eine Tüte für Muscheln und schöne Steine dabei. Hilfreich ist mitunter eine Lupe, um interessante Details, beispielsweise einen Einschluss im Bernstein, genauer betrachten zu können. Selbstverständlich darf auch ein Fernglas für die Vogelbeobachtung nicht fehlen.

Rundreisen planen

Entlang der Küste liegen traditionsreiche Seebäder, altehrwürdige Hansestädte und die sonnenreichsten Inseln Deutschlands. Zudem ist sie gesäumt von feinen Sandstränden und wildromantischen Steilküsten, Naturperlen sind die Nationalparks Vorpommersche Boddenlandschaft und Jasmund. Der Reiz der beschriebenen Touren liegt in der Vielfalt an Möglichkeiten, man kann sein Hauptaugenmerk auf Kulturgenüsse oder auf Naturerlebnisse setzen, den Schwerpunkt aber auch jeden Tag neu wählen – je nach Wetter und Lust.

Unterwegs zwischen Wismar und Stralsund

Strecke: ca. 225 km,
Dauer: 3–6 Tage
Die Tour beginnt in der bildhübschen Hansestadt **Wismar** – hier lohnt ein Bummel vom Marktplatz in der Altstadt zum Alten Hafen. Schöne alte Herrenhäuser liegen im **Klützer Winkel** westlich von Wismar. Wenige Kilometer nördlich von Wismar lädt die kleine, grüne **Insel Poel** zu einem Abstecher ein. Gut geeignet für eine kurze Stippvisite ist Timmendorf mit einem hübschen Leuchtturm, Yachthafen und Sandstrand.

Zurück auf dem Festland folgt man der Landstraße am **Salzhaff** entlang Richtung Neubukow, sie ist landschaftlich schöner als die weiter im Landesinneren verlaufende Bundesstraße 105. In **Neubukow,** dem Geburtsort des Trojaentdeckers Heinrich Schliemann (kleines Museum), treffen die beiden Straßen aufeinander, trennen sich aber sogleich wieder. Die küstennahe Landstraße führt zu den traditionsreichen und familienfreundlichen Seebädern **Rerik** und **Kühlungsborn.** Eine Lindenallee verbindet das vornehme **Heiligendamm,** das wegen seiner weißen Prachtbauten auch

›Weiße Stadt am Meer‹ genannt wird, mit der ehemaligen fürstlichen Sommerresidenz **Bad Doberan.** Das berühmte Doberaner Münster beeindruckt mit wunderschönster Backsteingotik.

Nächste Etappe ist die museenreiche Hansestadt **Rostock,** die über eine S-Bahn oder auch Ausflugsdampfer mit dem romantischen Seebad **Warnemünde** verbunden ist. Eine Fähre setzt hier über die Warnow. Richtung Nordosten erstreckt sich die **Rostocker Heide.** Möglich sind Abstecher in das waldreiche Ostseebad **Graal-Müritz** und die Bernsteinstadt **Ribnitz-Damgarten.**

Zu den schönsten Landschaften entlang der Küste gehört die Halbinselkette **Fischland-Darß-Zingst,** mit den beliebten Bade- und Künstlerorten Ahrenshoop, Prerow und Zingst, am Rande des Nationalparks Vorpommersche Boddenlandschaft.

Bei **Barth** geht es aufs Festland zurück, knapp 40 km sind es zur Hansestadt **Stralsund,** dem Endpunkt der Tour. In der Kranichzeit sollte man unbedingt die boddennahe Straße über Groß Mohrdorf (Kranich-Infozentrum) wählen, sie führt an mehreren *Utkieks* vorbei, an denen die Kraniche tagsüber beim Fressen beobachtet werden können.

Rund Rügen

Strecke: etwa 160 km
Dauer: 2–3 Tage
Die 2007 neu eröffnete **Rügenbrücke** führt von Stralsund nach Rügen, 30 km sind es bis in die hübsche, gediegene Inselhauptstadt **Bergen** mit mittelalterlicher Marienkirche und slawischem Burgwall auf dem Rugard.

Wer genügend Zeit hat, wird einen Ausflug auf das autofreie **Hiddensee** – Rügens schöne kleine Schwester – nicht versäumen. Von Schaprode aus fahren Fähren zu allen drei Inselhäfen.

Das nächste Etappenziel, die Halbinsel Wittow im äußersten Norden von Rügen, ist von Schaprode aus am schnellsten mit der **Wittower Fähre** zu erreichen. Die Straße zum berühmten **Kap Arkona** passiert Altenkirchen, den ältesten Marktflecken Rügens mit einer sehenswerten Kirche aus dem 12. Jh. In Putgarten bleibt das Auto stehen, zu Fuß, mit dem Rad oder mit einem kleinen Bähnchen geht es zu den bekannten Leuchttürmen, der slawischen Jaromarsburg und dem idyllischen Fischerdörfchen **Vitt**.

Der fährenfreie Weg Richtung Süden zur Halbinsel Jasmund verläuft über die Schaabe, einen schmalen Landstreifen mit weiten Sandstränden. Hauptattraktion des **Nationalparks Jasmund** sind die berühmten Kreidefelsen, die man vom Parkplatz Hagen aus zu Fuß oder mit dem Rad erreicht. Im interessanten Fischereihafen **Sassnitz** lohnt ein Bummel entlang der Mole.

Über den Fährort Mukran und Prora geht es in das zauberhafte, für Bäderarchitektur bekannte **Binz.** Zwischen den Seebädern Binz und **Sellin** (mit der schönsten aller Seebrücken) erstrecken sich die Wälder der Granitz, ein wunderbares Wanderrevier. Mittendrin, auf dem Tempelberg liegt das **Jagdschloss Granitz,** das Fürst Wilhelm

Malte I. von Putbus erbauen ließ. Ihm zu verdanken ist auch das klassizistische Residenzstädtchen **Putbus.** Die wundervolle Allee, die von Putbus über Garz zur B 96 führt, ist der erste Abschnitt der Deutschen Alleenstraße. Auf der B 96 geht es über die Brücke zurück nach Stralsund.

Von Greifswald zum Stettiner Haff

Strecke: etwa 150 km
Dauer: 2–3 Tage
Der an Polen grenzende, südöstliche Teil Vorpommerns ist – von der Insel Usedom einmal abgesehen – eine eher stille Region abseits der großen Touristenströme. Die Reise kann man sich nach Lust und Laune einteilen, wer den Trubel liebt, verweilt etwas länger in den Kaiserbädern, wer die Stille vorzieht, könnte in einem der kleinen Fischerdörfer am Achterwasser oder Stettiner Haff die Seele baumeln lassen, ganz wie es einem gefällt.

Die Tour beginnt in der liebenswerten Universitätsstadt **Greifswald.** Der Bildweg führt auf den Spuren Caspar David Friedrichs vom hübschen Marktplatz zum Museumshafen und entlang dem Fluss Ryck zur weltbekannten Klosterruine Eldena. Weiter geht es mit dem Auto in das beschauliche Residenzstädtchen **Wolgast,** dem Geburtsort des zweiten großen deutschen Romantikers: Philipp Otto Runge.

Eine Klappbrücke verbindet die Hafenstadt mit der **Insel Usedom.** Die erste Inseletappe führt in den Norden, hier befindet sich die ehemalige Heeresversuchsanstalt **Peenemünde,** wo während des Zweiten Weltkriegs die als Vernichtungswaffen konzipierten Raketen V1 und V2 gebaut wurden. Hauptanziehungspunkt im Südosten der Insel sind die **Kaiserbäder Ahlbeck, Heringsdorf** und **Bansin,** die für ihre Bäderarchitektur und Seebrücken berühmt und im Sommer entsprechend gut besucht sind.

Das Hinterland am **Achterwasser** bzw. am **Stettiner Haff** hat andere Reize. Landidylle pur bietet der abgelegene Lieper Winkel, den man am besten mit dem Rad erkundet.

Über das **Städtchen Usedom** führt die B 110 nach **Anklam** auf dem Festland. Hauptattraktion der eher unscheinbaren Stadt ist das auch für Kinder spannende Museum, das dem in Anklam geborenen Flugpionier Otto Lilienthal gewidmet ist. Naturliebhaber sollten die Tour für eine Kanufahrt auf der **Peene** unterbrechen. Auf dem Amazonas des Nordens erstaunt die Vielfalt selten gewordener Tiere wie Libellen, Eisvögel und Biber.

Die letzte Etappe führt ins 34 km entfernte **Ueckermünde,** dem wirtschaftlichen und kulturellen Zentrum der Region am Stettiner Haff. Vom Hafen kann man Schiffsausflüge nach Usedom und Swinemünde unternehmen. Mit Kindern lohnt ein Abstecher in das knapp 15 km weiter südlich gelegene Ukranenland bei **Torgelow.** Für diesen Ausflug sollte man mindestens einen halben Tag einplanen, es ist Familienzeit.

Anreise und Verkehrsmittel

Anreise

Mit dem Auto

Die wichtigste Verkehrsader Mecklenburg-Vorpommerns ist die parallel zur Küste verlaufende Ostseeautobahn A20 von Lübeck nach Stettin (Polen). Zubringerautobahnen: Die A 24 führt von Hamburg nach Berlin, die A 19 von Berlin nach Rostock, die A 14 von Schwerin nach Wismar.

Mit der Bahn

Intercity-Züge verbinden viele deutsche Städte mehrmals täglich direkt mit Rügen und den Städten an der Ostseeküste. Informationen zu Preisen und Sparangeboten wie dem Ostsee-Ticket und dem Mecklenburg-Vorpommern-Ticket findet man unter www.bahn.de. Seit 2002 verkehrt die **Privatbahn InterConnex** täglich von Leipzig über Waren, Neustrelitz und Güstrow nach Rostock-Warnemünde. Info: www.interconnex.com. Im Sommerhalbjahr bestehen Verbindungen mit **AutoZügen,** u. a. aus der Schweiz und Österreich über München und Lörrach nach Hamburg. Info: www.dbautozug.de.

Mit dem Bus

Von Berlin aus sind viele Orte an der Ostseeküste mit dem Linienbus zu erreichen, einige davon nur in der Saison. Der **Usedom-Express** fährt nach Ahlbeck, Heringsdorf und Zinnowitz. Der **Rügen-Express** verkehrt in der Saison über Neubrandenburg und Greifswald nach Bergen, Binz, Sellin, Baabe und Göhren. Stationen des **Fischland-Darß-Express** sind Warnemünde, Markgrafenheide, Graal-Müritz, Neuhaus, Dierhagen, Wustrow, Nienhagen, Ahrenshoop, Born, Wieck, Prerow, Zingst. Ganzjährig geht ein Bus von **Berlin nach Rostock** (bis Seehafen/FährTerminals). Infos und Tickets unter www.berlinlinienbus.de.

Mit dem Flugzeug

Die nächsten **internationalen Flughäfen** sind Berlin (www.berlin-airport.de) und Hamburg (www.flughafen-hamburg.de). **Regionale Flughäfen** befinden sich in Rostock und Heringsdorf auf Usedom. Infos über Flugverbindungen nach Mecklenburg-Vorpommern findet man im Internet unter www.flymv.de.

Flughafen Rostock-Laage: Tel. 01805 00 77 37 (0,14 €/Min.), www.rostock-airport.de. Im Sommerhalbjahr gibt es täglich Linienverbindungen von Köln, Bonn, München, Stuttgart, Wien und Zürich.

Flughafen Heringsdorf auf Usedom: Tel. 038376 25 00, www.flughafen-heringsdorf.de. Von Mai bis Okt. fliegt u. a. Air Berlin Usedom von Dortmund, Düsseldorf, Nürnberg an.

Mit dem Schiff

Ab Rostock und Sassnitz-Mukran auf Rügen bestehen mehrere internationale Fährverbindungen.

Bornholmer Færgen (www.bornholmerfaergen.dk): Sassnitz – Rønne (DK).

Scandlines (www.scandlines.de): Rostock – Gedser (DK), Rostock – Trelleborg (S), Sassnitz – Trelleborg (S).

Tallink Silja GmbH (www.tallinsilja.com): Rostock – Helsinki (FIN).

Finnlines (www.finnlines.com): Von Rostock und Sassnitz nach Gdynia (POL), Ventspils (LV) und Helsinki (FIN).

TT-Line (www.ttline.com): Rostock – Trelleborg (S); viele Kurzreisen.

TransRussiaExpress (www.tre.de): Sassnitz – St. Petersburg.

Verkehrsmittel vor Ort

Auf den beiden Webseiten **www.fahrcard.de/mv.html** und **http://fahrplan.bahnen-und-busse.de** findet man Links zu allen Nahverkehrsunternehmern in Mecklenburg-Vorpommern.

Bahn

Originelle, aber doch auch praktische Transportmittel sind die Schmalspurbahnen der **Molli** zwischen Bad Doberan und Kühlungsborn (Tel. 038203 41 50, www.molli-bahn.de) sowie der **Rasende Roland** zwischen Lauterbach/Putbus und Göhren auf Rügen (Tel. 03838 81 35 94, www.ruegensche-baederbahn.de).

Mit der **Usedomer Bäderbahn** (UBB) geht es zwischen 5 und 20 Uhr im Stunden- oder Halbstundentakt von Stralsund über Greifswald, Züssow und Wolgast nach Usedom (Tel. 038378 271 32, www.ubb-online.de).

Bus

Regionale Busverbindungen bestehen entlang der gesamten Ostseeküste. Die Seebäder haben eine gute Anbindung an die Bahnhöfe und untereinander. Im Hinterland sieht das anders aus, manche Dörfer werden nur ein- bis zweimal am Tag angefahren. Wer abseits wohnt und Ausflüge machen will, ist mit einem Auto gut beraten.

Fähren

Für die Verbindungen über die **Warnow** sowie den Schiffsverkehr nach und auf **Rügen** ist die **Weiße Flotte** zuständig, Tel. 03831 268 10, Service Tel. 0180 321 21 20 (aus dem Festnetz 0,09 €/Min., Mobilfunknetz max. 0,42 €/Min.), www.weisse-flotte.de.

Autofähre Warnemünde: Warnemünde – Hohe Düne, Pendelverkehr ganzjährig rund um die Uhr alle 20 Min., Pkw inkl. Fahrer 2,80 €.

Stralsund – Altefähr (Rügen): Personenfähre in der Saison stündlich, Kernzeit 9–18 Uhr, einfache Fahrt 2,80 €.

Rügenfähre: Stahlbrode – Glewitz (Rügen), April-Okt. tgl. 6–20.10 Uhr alle 20–30 Min., Mai–Sept. bis 21.40 Uhr, Pkw mit Fahrer ca. 4,80 €.

Wittower Fähre: Autofähre im Norden Rügens, Pendelverkehr ganzjährig von 5.50 Uhr (erste Abfahrt von der Nordseite) bis 19 Uhr (letzte Abfahrt von der Südseite), April, Sept./Okt. bis 20 Uhr, Mai–Aug. bis 21 Uhr, Pkw inkl. Fahrer 4 €.

Zuständig für den Schiffsverkehr nach **Hiddensee** ist die **Reederei Hiddensee,** Tel. 03831 268 10, Service Tel. 0180 321 21 50 (Festnetz 0,09 €/Min.), www.reederei-hiddensee.de. April–Okt. und in den Weihnachtsferien tgl. bis zu vier Direktverbindungen ab Stralsund. Ganzjährig fahren Fähren von Schaprode auf Rügen zu allen drei Inselhäfen. Achtung, Hiddensee ist autofrei, das Auto darf also nicht mit auf die Insel. Ausgewiesene Parkplätze gibt es in unmittelbarer Nähe des Fährhafens in Stralsund. In Schaprode befindet sich ein großer, kostenpflichtiger Parkplatz am Ortseingang etwa fünf Spazierminuten vom Hafen entfernt.

Brücken

Die Fahrt nach Rügen wird seit der Inbetriebnahme der neuen **Rügenbrücke** nicht mehr durch Brückenöffnungszeiten verzögert. Auf der Fahrt nach Usedom muss man jedoch weiterhin damit rechnen, dass die **Zecheriner Brücke** (erreichbar über die B 110) und die **Wolgaster Brücke** (erreichbar über die B111) fünfmal täglich für etwa eine Viertelstunde gesperrt sind. Aktuelle Brückenöffnungszeiten erhält man unter Tel. 03831 24 95 12 oder unter www.ostseeinsel-info.de (Stichwort: Usedom/Brückenöffnungszeiten).

Übernachten

Unterkünfte für jeden Geschmack

Die Auswahl ist riesig und reicht vom Zimmer in einer einfachen Pension mit DDR-Charme bis hin zum luxuriösen Schlosshotel mit Sternekoch-Restaurant und Wellness-Tempel. Die Auswahl bestimmt der Geldbeutel. Für alle Arten von Unterkünften gilt: Wer in der Hauptsaison Urlaub macht, muss rechtzeitig buchen. Bei der Suche nach dem passenden Quartier helfen die Gastgeberverzeichnisse, die über die Kurverwaltungen oder Touristen-Informationen zu beziehen bzw. im Internet herunter zu laden sind. Sie enthalten nicht nur Preise, sondern auch Details über Lage und Ausstattung der Unterkünfte. Die im Reiseführer genannten Preise gelten für einen Mindestaufenthalt von drei Tagen in der Hauptsaison, Kurzurlauber müssen mit einem kräftigen Preisaufschlag rechnen.

Bett & Bike
Mecklenburg-Vorpommern ist ein Fahrradland, viele Übernachtungsbetriebe sind speziell auf Radfahrer eingestellt. Der Allgemeine Deutsche Fahrrad-Club (ADFC) hat ein Verzeichnis der radfahrerfreundlichen Unterkünfte und Gastronomiebetriebe in dem Katalog »Bett & Bike« zusammengestellt. Die dort aufgeführten Hotels, Pensionen, Jugendherbergen und Campingplätze heißen Gäste auch für nur eine Nacht willkommen. Katalogbestellung per Post an den ADFC-Bundesverband (Stichwort ›Bett&Bike‹, Postfach 10 77 47, 28077 Bremen) oder über die Website www.bettundbike.de (knapp 10 €, für Mitglieder die Hälfte).

Hotels

Das Angebot an komfortablen Hotels mit großzügigen Wellnessabteilungen ist in den letzten Jahren stetig gestiegen, ebenso wie die Preise. Schnäppchen gibt es nur im Winterhalbjahr. Alle großen Reiseveranstalter haben die Ostseeküste und Wellnessangebote in ihren Katalogen. Der Katalogpreis ist generell günstiger gegenüber einer Direktbuchung beim Hotel.

Pensionen und Privatzimmer

Während Hotels auf Kurzurlauber eingestellt sind, müssen Gäste, die weniger als vier Nächte bleiben, in vielen Pensionen und Gästehäusern mit einem Aufpreis rechnen. Zum Teil recht günstig (ab 15 €) sind Zimmer in Privathäusern. Hier bekommt man garantiert Kontakt zur einheimischen Bevölkerung. Persönliche Ausflugs- und Besichtigungstipps sind im Service oftmals inbegriffen.

Ferienwohnungen

Vor allem für Familien mit Kindern ist es ratsam, ein Quartier zu wählen, das die Möglichkeit bietet, die Mahlzeiten selber zu kochen. Der Mindestaufenthalt in der Ferienwohnung beträgt in der Regel vier Tage, in der Saison eine Woche. Achtung, zu dem Preis der Wohnung kommt in der Regel noch eine einmalige Endreinigung hinzu.

Ferien auf dem Lande

Wer eine preisgünstige Unterkunft sucht, sollte Urlaub im Hinterland machen. Je weiter man von der Küste entfernt ist, desto entspannter sind die Preise. Einen kostenlosen Katalog verschickt der Verein Landurlaub Mecklenburg-Vorpommern e. V. (Tel. 0382 08 606 72, www.landurlaub.m-vp.de). Der Katalog wie auch die Website geben ausführliche Informationen über Bauernhöfe, Reiterhöfe, Gutshöfe und Heuherbergen. Des Weiteren werden auch Veranstaltungen, Freizeitangebote und Erlebnistouren beschrieben.

Jugendherbergen

Die Jugendherbergen stehen allen offen, Bedingung ist die Mitgliedschaft im Jugendherbergswerk, die auch vor Ort erworben werden kann. Statt großer Schlafsäle überwiegen heute Zimmer mit zwei, vier oder sechs Betten. Es gibt auch Familienzimmer, in denen Familien und Paare gemeinsam übernachten können. Die Übernachtung mit Frühstück kostet zwischen 19,50 € und 36,20 € pro Person. ›Senioren‹ (ab 27 Jahre) zahlen einen Aufschlag von 4 €. Für Familien und Gruppen ist in der Regel eine schriftliche Anmeldung erforderlich, die Familienzimmer sind häufig frühzeitig ausgebucht.

Jugendherbergen gibt es von West nach Ost in Beckerwitz/Hohenkirchen, Wismar, Warnemünde, Born-Ibenhorst, Zingst, Barth, Stralsund, Greifswald, Prora, Binz und Sellin auf Rügen, Heringsdorf auf Usedom.

Infos erteilt das Deutsche Jugendherbergswerk, Landesverband Mecklenburg-Vorpommern, Charles-Darwin-Ring 4, 18059 Rostock, Tel. 0381 77 66 70, www.djh-mv.de.

Schöner Wohnen im Schloss
Wohnen mit historischem Flair kann man in den zahllosen Gutshäusern und Schlössern an der Ostseeküste und auf den Inseln. Teilweise sind die Herbergen sehr edel, mitunter aber auch vergleichsweise einfach und preiswert. Beschrieben sind sie auf der Webseite www.gutshaeuser.de. Dort findet man auch den Link zum jeweiligen Anbieter.

Camping

Campingplätze gibt es entlang der gesamten Küste und auf den Inseln, mit Ausnahme von Hiddensee. Viele wurden in den letzten Jahren modernisiert und auf den neuesten Stand gebracht. Die schönsten und größten Plätze liegen in Strandnähe und bieten in der Sommersaison ein pralles Veranstaltungsprogramm für Kinder sowie Sportmöglichkeiten (u. a. Surf-, Tauch- und Segelkurse) und häufig Bootsverleih. Campen ist nicht billig, die einzelnen Posten (Person, Auto, Zelt, Strom usw.) läppern sich zu Preisen, die an der bundesdeutschen Spitze liegen.

Entlang der gesamten Küste und in den Städten sind in den vergangenen Jahren zahlreiche Wohnmobil-Stellplätze eingerichtet worden. Damit zählt Mecklenburg-Vorpommern zu den ausgesprochen wohnmobilfreundlichen Reisezielen.

Die übersichtliche und informative Karte »Camping&Caravan« enthält detaillierte Angaben zu den Campingplätzen. Man bekommt sie in den Touristen-Informationen und beim Verband für Camping- und Wohnmobiltourismus in Mecklenburg-Vorpommern e. V. (VCWMV, Pläterstraße 2, 18055 Rostock, Tel. 0381 403 48 55, www.camping-caravan-mv.de).

Essen und Trinken

Deftige Hausmannskost

Seeluft macht hungrig. Nach einem Spaziergang am Meer fällt auch einem kalorienbewussten Binnenländer das Zulangen nicht schwer. Aus den selbstgebauten Räucheröfen der Fischer am Meer zieht der Rauch und duftet wunderbar nach Wacholderstrauch- und Buchenholzspänen. Traditionsreiche Gaststätten und Dorfkrüge servieren solide Hausmannskost. Kartoffeln – oder *Tüften* wie sie hierzulande genannt werden –, Kohl, Rüben, Schweinefleisch, Geflügel und Fisch bilden die bodenständige Grundlage.

Die Zusammenstellungen der Zutaten sind bisweilen eigenwillig; süß und sauer werden gerne kombiniert. Typische Gerichte sind der Mecklenburger Rippenbraten, gefüllt mit Trockenobst und Rosinen, sowie ein Eintopf mit Birnen, Bohnen, Kartoffeln und Speck. Arme-Leute-Essen waren Himmel und Erde (Kartoffeln mit Äpfeln) sowie *Tüften un Plum* – eine dicke Kartoffelsuppe mit Pflaumen und Speck. Eine Spezialität ist das Mecklenburger Sauerfleisch – das sauer eingekochte Schweinefleisch wird kalt – oft portionsweise im Glas – zu Bratkartoffeln serviert wird. Große Portionen mit schön viel Soße und ordentlich Speck galten lange als Inbegriff guten Essens. Mittlerweile geht es vielerorts aber leichter, kreativer und bewusster zu.

Für Genießer

Es wird zunehmend Wert auf nachhaltig und umweltverträglich produzierte Zutaten gelegt. Gastronomische Betriebe und Lebensmittelproduzenten, die mit dem Gütesiegel ›Regionale Esskultur‹ ausgezeichnet werden, verwenden überwiegend regionaltypische und frische Produkte aus dem Umland. Mit Stolz verweisen Fischbuden und rustikale Dorfkneipen ebenso wie besternte Gourmettempel auf dieses Prädikat, das bei der Restaurantwahl recht nützlich sein kann. Denn mittlerweile werben auch Lokale, die lieblos aufgetaute oder konservierte Speisen servieren, gerne mit regionalem Flair.

Mecklenburg-Vorpommern ist im bundesweiten Vergleich mit überdurchschnittlich vielen Feinschmeckerrestaurants gesegnet. Vor allem in den Seebädern aber auch abseits der Touristenströme haben sich Spitzenköche weit über die Region hinaus einen Namen gemacht. Einige der Besten ihres Fachs treffen sich alljährlich zum Gourmet-Gipfel an der Ostseeküste, so 2011 im Grand Hotel in Heiligendamm. Die Menüs der preisgekrönten Köche werden auf der Webseite www.desas.de veröffentlicht. Hier erfährt man auch, in welchen Restaurants sie normalerweise arbeiten.

Fisch in allen Variationen

Überaus reich ist das Angebot an Fisch und Meeresfrüchten. Gefischt wird das ganze Jahr über – Hering, Aal, Dorsch, Zander und Scholle – in der Ostsee und den Boddengewässern, in Flüssen und Seen. So mancher Wirt fährt noch selber aus, die Regel ist es allerdings nicht. Vielerorts wird tiefgefrorene Ware aus fernen Weltmeeren zubereitet. Das muss nichts Schlechtes bedeuten, denn auch Tiefkühlware gibt es aus verantwortungsvoll gemanagter Fischerei (www.msc.org).

Essbare Landschaften
In immer mehr guten Lokalen werden die Speisen mit frischen Kräutern und vitaminreichen Blüten verfeinert. Wer keinen eigenen Kräutergarten hinter dem Haus hat, muss keineswegs darauf verzichten: In einer vorpommerschen Gärtnerei werden essbare Blüten, Wild- und Würzkräuter angebaut, die deutschlandweit verschickt werden – auch an Privathaushalte (Gutshaus Boltenhagen, 18516 Süderholz, Tel. 038326 53 57 80, www.essbare-landschaften.de)

Der wichtigste Ostseefisch ist der Hering. Er wird im Frühjahr gefangen und in vielen Variationen serviert: gebraten, gegrillt, im Bierteig gebacken oder geräuchert. Eingelegt kommt er als Brathering oder als Rollmops auf den Tisch. Im Frühjahr laden Heringswochen auf Usedom, in Wismar und Warnemünde zum Schlemmen und Probieren ein. Auch der Aal präsentiert sich vielseitig: frisch aus dem Rauch, gebraten, gedünstet oder kalt in Aspik. Eine Spezialität ist der pfeilförmige Hornfisch, der Anfang Mai zum Laichen an die Ostseeküste kommt, man isst ihn mitsamt den grünen Gräten.

Zum Nachspülen

»En goden Happen brukt en goden Sluck to Verdauung.« Mecklenburger und Pommern vereint die Vorliebe für Kümmel *(Köm)* und Bier. Die einheimischen Biersorten waren schon zu hanseatischen Zeiten berühmt. Gebraut wird heute noch in Rostock, Stralsund, Lübz und in der Darguner Klosterbrauerei. Vielfach prämiert sind die Biere der Stralsunder Brauerei. Eine Erfolgsgeschichte ist die Störtebekerreihe – dazu gehören aromatisch würziges Schwarzbier, herbes Pilsener und fruchtig spritziges Bernstein-Weizen.

Aktivurlaub, Sport und Wellness

Angeln

Die Ostsee, Haff- und Boddengewässer sind ein Paradies für Angler: Hauptfischarten in der Ostsee sind u. a. Hering, Dorsch, Flunder, Scholle und Hornfisch. Im Bodden leben auch Süßwasserfische wie Barsch, Zander, Hecht und Blei. Hinzu kommen Wanderfische wie Aale und Salmoniden, also Lachse und Meerforellen, die zur Laichablage zwischen Salz- und Süßwasser wechseln.

Wer innerhalb der 12-Meilen-Zone angeln möchte, benötigt eine Angelgenehmigung. Für die ist wiederum ein Fischereischein notwendig. Touristen können einen sogenannten **Touristenfischereischein** erwerben (20 €). Genaue Auskünfte erhält man in den Tourist-Informationen vor Ort. Eine Liste von Anbietern ein- und mehrtägiger Angeltouren findet man im Internet unter www.mv-maritim.de.

Baden

Die von der DLRG bewachten **Badestrände** sind beflaggt. Bei starkem Wind und entsprechend hohem Wellengang sollte man auf das Schwimmen im Meer verzichten. Eine rotgelbe Flagge am Mast der Wachstation bedeutet, dass die Station besetzt ist. Eine zusätzliche gelbe Flagge signalisiert ein Badeverbot für ungeübte Schwimmer und Kinder, eine einzelne rote Flagge bedeutet generelles Badeverbot.

Gut versorgt ist die Küste mit **Freizeitbädern**. Am Festland findet man sie u. a. in Wismar, Graal-Müritz, Ribnitz-Damgarten und Stralsund. Weitere Bäder gibt es auf Rügen in Binz, Sellin und Neddesitz bei Sagard sowie auf Usedom in Ahlbeck/Heringsdorf und Zinnowitz.

Radfahren

Die Ostseeküste ist Fahrradland, das Wegenetz ist gut ausgebaut. Der **Ostseeküsten-Radweg** verläuft 400 km entlang der Küste zwischen Lübeck/Travemünde und Ahlbeck auf Usedom. Der **Stettiner Haff Radweg** führt 114 km von Kamminke auf Usedom über Anklam nach Altwarp. Beliebt sind auch **mehrtägige Rundtouren:** Fischland-Darß-Zingst (ca. 205 km, 4-Tagesetappen), Rügen Rundweg (ca. 275

km, 5 Tage), Usedom Rundweg (ca. 156 km, 3 Tage), Stettiner Haff Rundweg (ca. 310 km, 7 Tage). Letzterer, auch Oderhaff Rundweg genannt, führt von Ueckermünde über Usedom, Wolin und Stettin zurück nach Ueckermünde. Details zu den Etappen findet man unter www.urlaub-am-stettiner-haff.de. Informationen über das gesamte Wegenetz und Unterkünfte entlang der Strecken gibt die Website www.auf-nach-mv.de.

Spezialisiert auf organisierte Radreisen sind die **Reiseveranstalter** Mecklenburger Radtour (Zunftstr. 4, 18437 Stralsund, Tel. 03831 30 67 60, www.mecklenburgerradtour.de) und Radreisen-Mecklenburg (Am Feldweg 6, 19386 Kreien, Tel. 038733 22 98 16, www.radreisen-mecklenburg.de). Neben Rund-, Strecken- oder Sternfahrten hat Radreisen-Mecklenburg auch kombinierte Rad- und Kanutouren im Programm.

Golf

An der Küste gibt es traumhaft gelegene Plätze, die schönsten bieten einen Blick auf das Meer. Von West nach Ost sind es: **Golfclub Hohen Wieschendorf** bei Wismar (www.howido.de), **Ostsee Golf Club Wittenbeck** zwischen Heiligendamm und Kühlungsborn (www.golf-und-meer.de), **Golfclub Zum Fischland** bei Ribnitz-Damgarten (www.golfclub-fischland.de), **Golfpark Strelasund** zwischen Greifswald und Stralsund (www.golfpark-strelasund.de) **Golfzentrum Rügen Schloss Karnitz** (www.inselgolf-ruegen.de) und

Aktivurlaub auf dem Wasser

Tour d'Allée
Die im Oktober vom Radsportverein Tour d'Allée auf Rügen organisierte **Radwanderung** ist ein Top-Ereignis für Radsportbegeisterte. Teilnehmer der Tour **Rund um den Jasmunder Bodden** haben die Wahl zwischen Strecken von 111 km, 74 km oder 45 km Länge. Gestartet wird in Binz. Info und Anmeldung beim Radsportverein Tour d'Allée Rügen, Tel. 0163 630 48 28, www.tda-ruegen.de.

Golfclub Balmer See auf Usedom (www.golfpark-usedom.de). Informationen über die Plätze erteilt der Golfverband Mecklenburg-Vorpommern (Bürgermeister-Bade-Platz 5, 19055 Schwerin, Tel. 0385 55 777 88, www.golfverband-mv.de).

Reiten

Zahlreiche **Reiterhöfe** bieten Unterricht und Ausritte, einige sogar Unterkunft für Reiter und Pferd an. Die Adressen sind in den Gastgeberverzeichnissen und auf den Internetseiten der jeweiligen Region aufgelistet. Einen Überblick über die Reiterhöfe und viele Links rund ums Pferd erhält man beim Landesverband Mecklenburg-Vorpommern für Reiten, Fahren, Voltigieren e. V. (Charles-Darwin-Ring 4, 18059 Rostock, Tel. 0381 377 89 07, www.pferdesportverband-mv.de).

Wassersport

Kein anderes deutsches Bundesland ist so reich an Küsten- und Binnengewässern wie Mecklenburg-Vorpommern. Gute **Segel- und Surfreviere** für Anfänger sind die ruhigen Boddengewässer. Könner kommen auf der Ostsee, beispielsweise an der Westküste von Hiddensee, auf ihre Kosten. Ein Surferparadies für Anfänger und Fortgeschrittene ist Thiessow am südöstlichen Ende von Rügen. Immer beliebter wird das **Kite-Surfen.** Wer unter Wasser auf Entdeckung gehen möchte, findet auch attraktive **Tauchspots.** Aktuelle Informationen über Wassersport-Anbieter und Reviere gibt es unter www.mv-maritim.de.

Wellness und Thalasso

Das **Wohlfühlangebot** an der Küste ist riesig. Viele Hotels bieten ein umfangreiches Wellnessprogramm an, das neben Pool und Saunalandschaft verschiedenste Anwendungen umfasst. Internationale Gesundheitstrends fehlen ebenso wenig wie die gute alte Kneippkur, Packungen mit Rügener Heilkreide oder Thalasso.

Wenn man am Meer steht und tief durchatmet, stellt sich das Wohlbefinden von ganz allein ein. **Thalasso** – abgeleitet vom griechischen Wort *thalassa* für Meer – beruht auf einer alten Erkenntnis. Hinter dem gar nicht so neuen Trend verbirgt sich die Behandlung von Krankheiten mit Meerwasser, Meeresluft und Sonne sowie mit Algen, Schlick und Sand, die zahlreiche gesundheitsfördernde Wirkstoffe enthalten. Thalasso ist zugleich Wellness und eine therapeutisch-medizinische Behandlungsmethode.

Adressen von Thalasso-Bädern sowie viele Wellness-Angebote findet man im Internet unter: www.thalasso-guide.de. Über das **Kur-Angebot** der Ostseebäder informiert der Bäderverband Mecklenburg-Vorpommern (Rostocker Str. 3, 18181 Graal-Müritz, Tel. 038206 788 50, www.baederverband.m-vp.de).

Feste und Unterhaltung

Brauchtum

Tonnenabschlagen

Mit dem Tonnenabschlagen hat sich ein 200 Jahre alter Brauch erhalten, der vermutlich einst aus Skandinavien in Deutschlands Norden kam. Es sind wahre Volksfeste, die an verschiedenen Wochenenden im Juli und August in Wustrow, Wieck, Born, Prerow oder Ahrenshoop auf der Halbinsel Fischland-Darß-Zingst gefeiert werden.

Zum Auftakt ziehen Reiter und Reiterinnen hoch zu Ross durch das Dorf zum Turnierplatz. Über die Startfolge der Wettkämpfer entscheidet das Los. Ausgestattet mit dem Tonnenknüppel stürmen sie nacheinander in vollem Galopp auf die hoch aufgehängte und mit Blumen geschmückte Heringstonne zu. Gekämpft wird um drei Königswürden: Bodenkönig wird, wer den Boden des Holzfasses herausschlägt, Stäbenkönig wird derjenige, der das letzte Stück der Tonnenummantelung trifft, neuer Tonnenkönig wird derjenige, der die Tonne endgültig abschlägt. Am Ende des Turniers feiert das ganze Dorf. Auch Gäste sind beim feuchtfröhlichen Tonnenball herzlich willkommen. Termine gibt es unter www.ostsee.de/fischland-darss-zingst/tonnenabschlagen.html.

Zeesbootregatten

Als 1965 die erste Zeesbootregatta mit acht Teilnehmern in Bodstedt stattfand, waren die traditionsreichen Fischkutter mit den braunen Segeln schon fast in den Boddengewässern verschwunden. Seither hat das Rennfieber die ganze Region Fischland-Darß-Zingst erfasst. Regatten finden zwischen Juli und September statt (Termine unter www.braune-segel.de).

Überall Musik und Theater

Benzer Kirchensommer

Immer noch ein Geheimtipp sind die Konzerte, Theateraufführungen und Lesungen, zu denen im Juli und August jeweils dienstags und donnerstags abends (20 Uhr) in die Benzer Kirche auf Usedom eingeladen wird. In den Kirchensommer integriert ist das zehntägige **Benzer Kammermusikfest.**

Blue Wave Festival auf Rügen

Während einer Woche im Juni wird auf den Bühnen von Binz, Sellin, Göhren und Kap Arkona Blues gespielt (www.bluewave.de).

Eldenaer Jazz Evenings

An einem Wochenende Anfang Juli ist die Klosterruine Eldena Bühne für ein lässiges Jazzfestival. Im Park kann man picknicken und die Lütten haben dort Platz zum Spielen (www.greifswald.de).

Festspiele Mecklenburg-Vorpommern

Das drittgrößte Musikfestival Deutschlands lockt von Juni bis Dezember mit erstklassigen Konzerten – sowohl in historischer Architektur als auch in ländlicher Umgebung. Über 70 Spielstätten finden sich zwischen dem Klützer Winkel und der Insel Usedom (www.festspiele-mv.de).

Greifswalder Bachwoche

Das traditionsreiche Festival geistlicher Musik im Norden findet alljährlich Ende Mai/Anfang Juni statt. Spielstätten sind der Dom St. Nikolai, St. Marien, St. Jacobi und der Lutherhof in der Martin-Luther-Straße 8 (www.greifswalder-bachwoche.de).

Internationales Folklorefestival
In ungeraden Jahren ist Wismar während fünf Tagen im Juli Gastgeber für Folkloregruppen, Tänzer und Spielmannszüge aus aller Welt (www.wismar.de).

Jazzfest Ahrenshoop
Am vierten Wochenende im Juni ertönt aus Cafés und Restaurants und in den Straßen von Ahrenshoop Musik. Außerdem Konzerte auf verschiedenen Open-Air-Bühnen – ein Genuss für Jazzliebhaber.

Ostseefestspiele
Stralsund und Greifswald präsentieren im Juli und August Musik, Theater und Tanz an verschiedenen Spielorten. Eine stimmungsvolle Bühne findet sich in der Klosterruine Eldena (www.ostseefestspiele.de).

Usedomer Musikfestival
Im Mittelpunkt des dreiwöchigen Klassikfestivals im September/Oktober steht die Musik des Ostseeraums. Jedes Jahr ist es einem Land gewidmet, dessen Künstler und Musik vorgestellt werden. Die Veranstaltungen finden an verschiedenen Orten der Insel statt, u. a. dem Atelier Otto-Niemeyer und dem Kraftwerk in Peenemünde (www.usedomer-musikfestival.de).

Zappanale
»Die Leute, die auf uns stehen, sind einfach großartig, Mann. Es ist wirklich die Crème de la crème der Sonderlinge aller Städte, und sie kommen von überall her.« Dass die Worte des genialen Rockmusikers und Komponisten Frank Zappa (1940–1993) heute noch Gültigkeit haben, zeigt das mehrtägige Musikfestival, das eine besonders treue Fangemeinde alljährlich im August in Bad Doberan organisiert. Die Veranstaltungen finden auf der Galopprennbahn statt (www.zappanale.de).

Lebendige Vergangenheit

Schwedenfest in Wismar
Alljährlich am dritten oder vierten Wochenende im August wird Wismar wieder schwedisch. Dazu tragen historische Feldlager, ein buntes Markttreiben und zahlreiche Open-Air-Bühnen in der Altstadt und am Alten Hafen bei (www.schwedenfest-wismar.de).

Störtebeker Festspiele
Jahr für Jahr stürzt sich der Robin Hood der Meere auf der Boddenbühne in Ralswiek auf Rügen in neue Abenteuer. Die Schauplätze der Hansezeit sowie die historischen Konflikte zwischen Dänemark, Schweden und den Hansestädten bilden den Rahmen der Handlung, der Rest ist frei erfunden. Vor der großartigen Naturkulisse des Boddens wird geliebt und verraten, geraubt und verteilt, gekämpft und gemordet. Den allabendlichen Abschluss der Vorstellung bildet ein grandioses Feuerwerk. Die Festspiele – Ende Juni bis Anfang September – sind Kult, sie zählen jährlich bis zu 400 000 Zuschauer (http://stoertebeker.de).

Vineta-Festspiele
Theaterspektakel im Juli und August auf der Ostseebühne in Zinnowitz auf Usedom um das untergegangene Vineta (www.vineta-festspiele.de).

Wallensteintage
Seit fast 400 Jahren feiern die Hanseaten am Strelasund den erfolgreichen Widerstand gegen die wallensteinschen Truppen 1628. Ein einwöchiges historisches Volksfest in Stralsund in der zweiten Julihälfte erinnert daran (www.wallensteintage.de).

Festkalender

März/April

Wismarer Heringstage: Ende März/ Anf. April, Fischmarkt und Heringsspezialitäten in den Restaurants.

Baltic Fashion: Ende April, Modepräsentationen auf Usedom.

Stromerwachen: Ende April, Warnemünde. Bunter Markt am Alten Strom.

Mai/Juni

Rhododendronfest: Mai, zur Blüte im Rhododendronpark in Graal-Müritz.

Rügenclassics: Himmelfahrt (Ende Mai/ Anf. Juni), Oldtimerrennen.

Greifswalder Bachwoche: Ende Mai/ Anf. Juni, Festival geistlicher Musik.

Kunst:Offen: Pfingsten, Tag der offenen Ateliers und Werkstätten in ganz Mecklenburg-Vorpommern.

Blue Wave Festival: Juni, Blueskonzerte auf Rügen.

Wismarer Hafentage: Juni, maritimes Volksfest am Alten Hafen.

Störtebeker Festspiele: Ende Juni–Anf. Sept., Open-Air-Theater in Ralswiek.

Jazzfest Ahrenshoop: 4. Wochenende Juni.

Juli/August

Ostseefestspiele: Juli/Aug., Stralsund und Greifswald.

Vineta-Festspiele: Juli/Aug., Open-Air-Theater in Zinnowitz

Benzer Kirchensommer: Juli/Aug. Konzerte, Theater, Lesungen.

Internationales Folklorefestival: Juli (in ungeraden Jahren), Wismar.

Zeesboot-Regatta: 1. Wochenende Juli, Wustrow/Fischland.

Eldeaner Jazz Evenings: Anf. Juli., Greifswald, Klosterruine Eldena.

Internationales Sundschwimmen: 2. Wochenende Juli, Stralsund.

Wallensteintage: 2. Hälfte Juli, historisches Fest in Stralsund.

Zeesboot-Regatta: 3. Wochenende Juli., Dierhagen/Fischland.

Ueckermünder Hafftage: Letztes Wochenende Juli, traditionsreiches Volksfest.

Ostsee-Meeting/Doberaner Rennwoche: Ende Juli/Anf. Aug. Pferderennen in Bad Doberan.

Zappanale: Aug., Rockmusik in Bad Doberan.

HanseSail Rostock: Anf./Mitte Aug., Weltweit das größte Treffen von Traditionsseglern

Lange Nacht der Kunst: 3. Wochenende Aug., Ahrenshoop.

Schwedenfest: 3. oder 4. Wochenende Aug., historisches Fest in Wismar.

BioErleben: Letzter So Aug., Bio-Markt in Warnemünde.

September/Oktober

Usedomer Musikfestival: Sept./Okt., Festival der klassischen Musik.

Lichterfest: 1. Wochenende Sept., Fest zum Saisonausklang in Rerik.

Stromfest: 2. Wochenende Sept., festlicher Saisonabschluss in Warnemünde.

Althäger Fischerregatta: Mitte Sept., Ahrenshoop.

Heringsdorf goes Fashion: Mitte Sept., elegante Modenschau in Heringsdorf.

Woche des Kranichs: Ende Sept./Anf. Okt., Groß Mohrdorf bei Zingst.

Tour d'Allée: Okt., Radtour auf Rügen.

Kunstfest Rügen: 1. Hälfte Okt., Kulturfestival zur Romantik.

Baltic Fashion: Ende Okt. Auf Usedom.

November/Dezember

Weihnachtsmärkte: Ende Nov./Dez., in Rostock und vielen anderen Orten.

Reiseinfos von A bis Z

Ärztliche Versorgung

Als Kurorte haben die Seebäder eine lange Tradition. Die ärztliche Versorgung ist überall gesichert. Es gibt viele Kurkliniken und Ärzte sowie in jedem Badeort Notdienste. In der lokalen Tageszeitung sind die Apotheken- und Arztnotdienste verzeichnet.

Krankenhäuser
Hanse-Klinikum Wismar: Störtebekerstr. 6, Tel. 03841 330, www.hanse-klinikum-wismar.de.
Universitätsklinikum Rostock: Schillingallee 35, Tel. 0381 49 40, www.med.uni-rostock.de.
Hanse-Klinikum Stralsund: Große Parower Straße 47–53, Tel. 0381 350, www.klinikum-stralsund.de.

Feiertage

1. Januar: Neujahr
Ostern: Karfreitag bis Ostermontag
Pfingsten: Montag
1. Mai: Tag der Arbeit
Christi Himmelfahrt
3. Oktober: Tag der Deutschen Einheit
31. Oktober: Reformationstag
25./26 Dezember: Weihnachten

Kinder

Wer mit Kindern schöne Ferientage erleben möchte, ist an der Ostseeküste genau richtig. An den feinsandigen Stränden können sie nach Lust und Laune buddeln, Muscheln und Bernsteine im Spülsaum suchen. **Ferienwohnungen,** die genügend Platz für Familien mit Kindern bieten, dominieren das Unterkunftsangebot. In den meisten Gastgeberverzeichnissen wird gesondert auf familienfreundliche Unterkünfte verwiesen. Die Fülle an **Veranstaltungen** speziell für Kinder ist überwältigend. **Erlebnisbäder** versprechen Spaß für die ganze Familie und ganzjähriges Badevergnügen. Dort, wo es in der Nähe keine Erlebnisbäder und öffentliche Schwimmhallen gibt, stehen häufig die Schwimmbäder von Hotels und Ferienwohnanlagen gegen Gebühr auch Nicht-Hotelgästen offen, Informationen dazu sind in der jeweiligen Tourist-Information erhältlich.

Medien

Die größte **Tageszeitung** des Landes ist die in Rostock herausgegebene »Ostseezeitung« mit zahlreichen lokalen Ablegern. Im Internet informiert sie unter www.ostseezeitung.de.

Nordostdeutsche **Radiosender** wie NDR, Antenne MV und Ostseewelle bieten aktuelle Informationen über Verkehr, Wetter und Veranstaltungen.

Es gibt mehrere lokale **Fernsehsender,** u. a. Rügen Campus, TV Rostock, Greifswald TV und Fernsehen am Strelasund. Eine Liste findet man auf der Homepage der Landesrundfunkzentrale (www.lrz-mv.de/radiotv/veranstalter.html).

Öffnungszeiten

Im Urlaubsland Mecklenburg-Vorpommern gilt eine (eingeschränkte) Bäderregelung. Die Geschäfte in touristischen Schwerpunktgebieten, Kur- und Erholungsorten, in den Innenstädten von Rostock und Greifswald sowie in den UNESCO-Welterbestädten Stralsund und Wismar dürfen zwischen März und Oktober auch sonntags von 13 bis 18 Uhr öffnen, mit Ausnahme von Baumärkten, Möbelhäusern und Autohändlern.

Reisekasse und Preise

Übernachtung

In den renommierten Seebädern erhält man meist keine Unterkunft zum Schnäppchenpreis. Viele der nach der Wende aufwendig renovierten und umgebauten Hotels bestechen mit edlem, geschmackvollem Interieur und luxuriösen Wellnessbereichen. Aber selbst einfache Pensionen, die schon bessere Tage gesehen haben, lassen sich die Strandnähe bezahlen. Seeblick kostet immer extra, Balkon mit Seeblick noch mal mehr.

Die Preise ziehen im Sommerhalbjahr enorm an, in der Nebensaison können sie drastisch fallen. Im vorliegenden Reiseführer sind die Hochsaisonpreise angegeben. Es gibt viele Angebote, mit denen Hotels Gäste auch außerhalb der Saison an die Küste locken. Jugendherbergen sind mit einem Übernachtungspreis von etwa 20–36 € pro Bett nicht immer preisgünstig. Für eine Familie mit mehreren Kindern stellt eine Ferienwohnung, in der man selber kochen kann, auf jeden Fall eine Alternative dar. Im bundesweiten Preisvergleich nehmen die Ostseecampingplätze einen der obersten Ränge ein. Die Gebühren für Personen, Zelt, Auto, Strom etc. summieren sich schnell zu einem stattlichen Betrag.

Essen & Trinken

Essen gehen ist natürlich immer ein Kostenfaktor. Für den Hunger zwischendurch gibt es viele Imbisse und Räucherfischbuden. Einfachere Restaurants bieten sättigende Gerichte ab 7 €, wer etwas höhere Ansprüche stellt, legt deutlich mehr hin. Die Feinschmeckerküche hat natürlich ihren Preis. Die gängigen Supermarktketten sind überall vertreten und haben in der Regel auch sonntags geöffnet. Die Zeiten sind vorbei, wo man sich vor Urlaubsantritt mit mit allem Nötigen eindecken musste.

Kurtaxe

Die Urlaubskosten in die Höhe treibt die Kurtaxe bzw. Kurabgabe, für die man 1–2,60 €/Person in der Hochsaison ansetzen muss. Kinder und Jugendliche bis 12 oder mancherorts 18 Jahre in Begleitung der Eltern sowie Schüler und Auszubildende sind meist frei oder zahlen die Hälfte. Tagesgäste sollten eine Tageskurkarte lösen, entweder bei der Kurverwaltung oder am Automaten. Es kann vorkommen, dass am Strand unvermutet Kontrolleure auftauchen. Auf Hiddensee, das nur per Schiff zu erreichen ist, wird die Kurabgabe gleich beim Kauf des Fährti-

Ein Beitrag zur Klimarettung

Waldaktie heißt das Zauberwort. Das gemeinsam vom Tourismusverband, dem Landwirtschaftsministerium und der Landesforstanstalt entwickelte Projekt ist einfach erklärt: Jede Reise – und sei es auch ›nur‹ an die Ostseeküste – schadet dem Klima durch den Ausstoß von CO_2. Durch den Kauf einer Waldaktie für 10 € trägt eine vierköpfige Familie dazu bei, den eigenen Urlaub CO_2-neutral zu gestalten. Für das Geld wird ein Baum gepflanzt und forstwirtschaftlich gepflegt. Eine Übersicht der auf diese Weise bereits entstandenen Klimawälder wie auch neuer geplanter Aufforstungsflächen in Mecklenburg-Vorpommern findet man unter www.waldaktie.de.

Sanddorn – das saure Powerfrüchtchen

An den Wegesrändern und in den Dünen an der Ostseeküste sind die dornigen Sträucher des Sanddorns verbreitet. Mit ihren ab Ende August lockend orangefarbigen Beeren sind sie nicht nur eine wahre Augenweide, sondern auch extrem gesund: 100 g Sanddorn haben zehn Mal so viel Vitamin C wie die gleiche Menge einer Zitrone. Aber wer denkt, ich pflück mal eben ein Eimerchen voll, wird sich wundern. Es ist zeitraubend und mühselig, die einzelnen Beeren zwischen den Dornen herauszupulen. Kenner ziehen alte Kleidung und dicke Handschuhe an und ›melken‹ Ast für Ast. Wem die Lust vergeht, weiß die zahlreichen Sanddornspezialitäten zu schätzen, die überall auf Märkten und in Läden angeboten werden.

ckets kassiert. Im Gegenzug erhält man mit der Kur- bzw. Gästekarte ermäßigten Eintritt in vielen Hallenbädern und Museen sowie bei Veranstaltungen der Kurverwaltung.

Aktivitäten

Strandkörbe kosten etwa 8 €/Tag, günstiger sind sie wochenweise und/oder mit Vorbestellung. Wer nicht das eigene **Fahrrad** mitbringt, kann problemlos vor Ort Räder mieten. Die Tagesmiete für ein einfaches Tourenrad mit 3-Gang Schaltung beträgt ab 7 €, für ein Luxusrad mit 7-Gang Schaltung und Vollfederung ca. 10 €. Auch hier gilt: Die Wochenmiete ist günstiger.

Reisen mit Handicap

Der Mobilitätsservice der Deutschen Bahn gibt Reiseauskünfte für Menschen mit Handicap sowie Tipps und Links für barrierefreies Reisen (Tel. 0180 5 99 66 33 und 0180 5 512 512, 0,14 €/Min., www.bahn.de/handicap). Im Internet steht die Broschüre der Bahn »Mobil mit Handicap« bereit zum Download. Über barrierefreien Tourismus in Mecklenburg-Vorpommern unterrichtet der Verein Ohne Barrieren e. V. (Elmenhorster Weg 36, 18109 Rostock, Tel. 0381 252 48 48, www.barrierefrei.m-vp.de). Die Kurverwaltungen geben Auskunft über behindertengerechte Einrichtungen. Welche **Unterkünfte** und **Campingplätze** behindertengerecht sind, ist in den Gastgeberverzeichnissen vermerkt. Nützliche Hinweise bietet auch das Internet unter www.rollstuhl-urlaub.de. Viele Ostseebäder verfügen mittlerweile über behindertengerechte **Strandzugänge** und Toiletten. Wo man nur auf Sandwegen und durch die Dünen zum Strand gelangt, haben es Rollstuhlfahrer schwer.

Souvenirs

Souvenirs gibt es in allen Touristenorten für jeden Geschmack und Geldbeutel. Sehr beliebt sind die landestypischen **Sanddornprodukte** sowie **Bernsteinschmuck** in großer Auswahl und sehr unterschiedlicher Qualität. Vorsicht geboten ist bei fliegenden Händlern, die am Strand oder im Bauchladen preiswerte Bernsteinketten vertreiben, es könnten leicht billige Imitate sein.

Vielerorts kann man schöne **Keramiken** kaufen, ein Besuch der Werkstätten lohnt fast immer. Faltblätter der Kurverwaltungen informieren über die Adressen. Maler und Fotografen lassen sich von der Landschaft an der Ostsee inspirieren. In vielen Galerien findet man neben den üblichen Postkartenmotiven auch künstlerisch beeindruckende **Fotografien** und **Bilder** – Drucke wie Originale. Besonders zahlreiche Galerien gibt es in Ahrenshoop. An Pfingsten laden die Kunstschaffenden zum Tag der Offenen Tür (www.kunst-offen.com).

Die schönsten Urlaubssouvenirs aber sind kostenlos: Am Strand findet man **Muscheln** und **Fossile**, rund geschliffene Steine, ausgebleichtes, bizarr geformtes Treibholz, bunte Tau- und Netzreste sowie mit Glück auch Bernstein – vor allem nach Sturmfluten am Flutsaum.

Verhalten in der Natur

Neben den Naturparks wurden eine Reihe von Natur- und Landschaftsschutzgebieten an der Ostsee eingerichtet. Die einzigartige Natur kann allerdings nur bewahrt werden, wenn alle Menschen sorgsam mit ihr umgehen und sich an die Gebote halten. Schilder, die das Betreten von Schutzzonen und Brutgebieten untersagen, sollten unbedingt beachtet, Störungen der Tiere vermieden werden.

Hunde sind immer und überall an der Leine zu führen. Die Umgebung brütender und rastender Vögel darf nicht betreten werden. Allgemein gilt, dass Wanderer und Wassersportler mindestens 300 m Abstand von größeren Vogelansammlungen halten müssen, um die Tiere nicht aufzuscheuchen und bei der Nahrungsaufnahme, der Mauser oder Rast zu stören. Durch flatternde und sausende Drachen werden die Vögel extremem Stress ausgesetzt. Drachensteigen ist daher in allen Naturschutzgebieten untersagt. Nach ausgewiesenen Drachenflugplätzen kann man sich bei der Gemeinde- oder Kurverwaltung erkundigen.

Durch die Dünen, die die Küste zur offenen See hin wie Deiche schützen, darf man nur auf ausgewiesenen Pfaden wandern. Die Überwege zum Strand sind mit Pricken – umgedrehten Reisigbesen – gekennzeichnet. Wer quer durch die Dünen läuft, richtet leicht Schaden an. In die aufgerissene Pflanzendecke greift der Wind ungehindert ein. Die weitere Zerstörung der Düne kann oft nur noch durch Neuanpflanzung von Strandhafer aufgehalten werden. Das Pflücken von Blumen und anderen Pflanzen ist verboten.

Panorama – Daten, Essays, Hintergründe

Blickfang am Ostseestrand – die Seebrücke in Sellin

Steckbrief Mecklenburg-Vorpommern

Daten und Fakten

Name: Mecklenburg-Vorpommern (niederdt. *Mäkelborg-Vörpommern)*

Lage: Bundesland im Nordosten Deutschlands.

Ausdehnung: Die Ostseeküste Mecklenburg-Vorpommerns erstreckt sich von Westen, wo sie an Schleswig-Holstein grenzt, bis zur deutsch-polnischen Grenze im Osten über eine Länge von 340 km. Zählt man die Inseln und die Boddenküsten dazu, beträgt die Gesamtlänge der Küstenlinie 1712 km.

Einwohner: Ca. 1,65 Mio. in Mecklenburg-Vorpommern insgesamt.

Städte: Größte Stadt und einzige Großstadt des Landes ist Rostock (200 000 Einw.), Landeshauptstadt Schwerin (95 000 Einw.), Stralsund (58 000 Einw.), Greifswald (54 000 Einw.), kleinste kreisfreie Stadt Wismar 45 000 (Einw.).

Flagge: Die Farben der Landesflagge stehen symbolisch für Meer und Himmel (blau), Felder (gelb) und Backstein (rot). Auf der Landesdienstflagge findet man zudem die Wappenfiguren der beiden Landesteile, den Mecklenburger Stierkopf und den vorpommerschen Greif.

Geografie und Natur

Mecklenburg-Vorpommern gehört zum Norddeutschen Tiefland, das von flachen Ebenen, sanften Hügeln, Seen und Wäldern geprägt ist. Entlang der Küste wechseln sandige Flachufer mit fossilreichen Steilküsten ab. Der Küste vorgelagert ist eine Vielzahl von Inseln, die bekanntesten und größten sind Usedom, Rügen, Hiddensee und Poel sowie die Halbinselkette Fischland-Darß-Zingst. Nur schmale Fluttore verbinden die lang gestreckten Boddengewässer mit der Ostsee. Größere Flüsse, die in die Ostsee bzw. im Bodden münden, sind Warnow (165 km), Peene (143 km), Recknitz (72 km) und Uecker (41 km).

Geschichte und Kultur

Zwei 16 000 Jahre alte bearbeitete Rentiergeweihe, die bei Garz auf Rügen gefunden wurden, sind die ältesten Hinweise auf die Anwesenheit von Menschen im Gebiet des heutigen Mecklenburg-Vorpommern. In das, seit der Völkerwanderungszeit nur noch dünn besiedelte Land drangen ab 600 n. Chr. slawische Stämme ein. Archäologische Ausgrabungen in Handelsorten an der Küste belegen, dass hier Slawen und Wikinger friedlich miteinander lebten, arbeiteten und Handel trieben. Im 12. Jh. fällt der letzte Slawenfürst im Kampf gegen Heinrich den Löwen, die Slawen werden christianisiert, die ersten Klöster gegründet. Mit dem Aufstieg der Hanse entstehen in den Handelsstädten ab dem 13. Jh. prachtvolle Kirchen, Rathäuser und Kaufmannshäuser im Stil der Backsteingotik. Die schönsten Hansestädte des Landes – Wismar und Stralsund – werden 2002 in die Liste des UNESCO-Welterbes aufgenommen.

Staat und Politik

Im Zuge der Wiedervereinigung erfolgt 1990 die Neugründung des Bundeslandes Mecklenburg-Vorpommern. Landeshauptstadt ist Schwerin. Nach den Landtagswahlen 1998 bildet – zum ersten Mal in der Geschichte der Bundesrepublik – eine Koalition von SPD und PDS die Regierung. Sie wird 2002 bestätigt, jedoch 2006 von einer großen Koalition aus SPD und CDU abgelöst. Bei dieser Wahl erhält die NPD knapp 8 % der Wählerstimmen. Seit Oktober 2008 ist Erwin Sellering (SPD) Ministerpräsident. Mit der Kreisgebietsreform Mecklenburg-Vorpommern wird im November 2011 die Anzahl der Landkreise und kreisfreien Städte im Land reduziert.

Wirtschaft und Tourismus

Die Umstrukturierung der Wirtschaft nach der Wende hat in den Bereichen der Landwirtschaft und im produzierenden Gewerbe zu einem dramatischen Verlust an Arbeitsplätzen geführt. Mecklenburg-Vorpommern zählt zu den wirtschaftlich schwächsten Bundesländern. Trotz einer insgesamt positiven Entwicklung ist die Lage auf dem Arbeitsmarkt vor allem im nicht-touristischen Hinterland angespannt, die Arbeitslosenquote liegt im Landesdurchschnitt bei über 11 %. Die ältesten Wirtschaftszweige des Landes sind Landwirtschaft und Fischerei, knapp 4 % der Bevölkerung sind hier beschäftigt. Wichtige Branchen im verarbeitenden Gewerbe sind die Ernährungswirtschaft und die maritime Industrie. Die Wind- und Solarenergiebranche befindet sich im Aufwind, neue Arbeitsplätze entstehen auch in der Telekommunikations- und Hightechbranche. Unternehmen der Bio- und Umwelttechnologie sowie der Medizintechnik haben sich im Umfeld der Universitätsstädte Greifswald und Rostock angesiedelt. Die Seehäfen sind ein wichtiger Faktor der Außenwirtschaft. Größte Hoffnungen ruhen auf dem (sanften) Tourismus und dem Ausbau Mecklenburg-Vorpommerns zum Gesundheitsland Nr. 1.

Bevölkerung, Sprache und Religion

Seit 1990 hat sich die Einwohnerzahl in Mecklenburg-Vorpommern um mehr als 200 000 auf 1,65 Mio. verringert. Auf einem Quadratkilometer leben durchschnittlich nur 71 Menschen. Damit ist Mecklenburg-Vorpommern das am dünnsten besiedelte deutsche Bundesland. Ein Großteil der Bevölkerung lebt in ländlichen Strukturen. In weiten Teilen des Landes wird heute nur noch von der älteren Generation Niederdeutsch gesprochen. Ein leichter Umschwung ist jedoch in Sicht. Seit einigen Jahren wird die Fähigkeit *Platt zu snacken* an vielen Schulen in Form von Projekten und Kursen gefördert. Der überwiegende Teil der Bevölkerung in Mecklenburg-Vorpommern ist konfessionslos, rund 3,5 % sind katholisch, etwa 18 % gehören einer der beiden evangelischen Landeskirchen an. Eine Fusion der Evangelisch-Lutherischen Landeskirche Mecklenburgs und der Pommerschen Evangelischen Kirche mit der deutlich mitglieder- und finanzstärkeren Nordelbischen Kirche soll bis zum 27. Mai 2012 (Pfingstsonntag) verwirklicht werden. Die neue offizielle Bezeichnung der ›Nordkirch‹ ist Evangelisch-Lutherische Kirche in Norddeutschland.

Geschichte im Überblick

Frühzeit

16.–10. Jt. v. Chr. Ganz Mecklenburg ist von einem 1000 m dicken Eispanzer bedeckt. Mit dem Zurückweichen der letzten Gletscher dringen nomadisierende Sammler und Jäger in den südlichen Ostseeraum vor.

um 3000 v. Chr. Zu Beginn der Jungsteinzeit um 3000 v. Chr. werden die Menschen allmählich sesshaft, sie betreiben Ackerbau und Viehzucht. Ihre eindrucksvollsten Hinterlassenschaften an der Ostseeküste sind die Großsteingräber, beispielsweise in Lancken-Granitz auf Rügen.

Christianisierung, Hansezeit und Reformation

ab 600 n. Chr. In das seit der Völkerwanderungszeit nahezu menschenleere Land dringen slawische Völkerschaften ein. Im Westen bis hinein in das heutige Schleswig-Holstein siedeln die Obodriten, im Osten die Wilzen (auch Liutizen genannt) und auf Rügen die Ranen.

um 900 Archäologische Ausgrabungen belegen intensive Kontakte zwischen Slawen und Wikingern im südlichen Ostseeraum. Beeindruckende Belege nordischer Kultur sind die Bootsgräber in Menzlin bei Anklam.

995 Erste namentliche Erwähnung der Michelenburg – der Stammsitz der Obodriten südlich von Wismar begründet den Namen des Landes.

1147 Mit dem Wendenkreuzzug gelingen Heinrich dem Löwen, Herzog von Bayern und Sachsen, erste Erfolge bei der Unterwerfung und Christianisierung der Slawen.

ab 1160 Obodritenfürst Niklot wird von den Männern Heinrichs des Löwen erschlagen. Im gleichen Jahr verleiht Heinrich Schwerin das Stadtrecht. 1167 erhält Pribislaw, der Sohn Niklots, von Heinrich den größten Teil der unterworfenen Gebiete als Lehen zurück. Er wird zum Stammvater des mecklenburgischen Fürstenhauses, das bis 1918 regiert.

ab 1259 Rostock, Wismar und Lübeck schließen sich unter der Führung Lübecks zusammen, um gemeinsam gegen die Seeräuber vorzugehen. 1278 wird Greifswald als Mitglied des Kaufmannsbundes genannt, 1293 auch Stralsund. Die Kaufmannshanse entwickelt sich zum mächtigen Städtebund, dem schließlich über 200 Städte angehören. Mit dem Stralsunder Frieden 1370 erreicht die Hanse den Höhepunkt ihres internationalen Einflusses.

1419 Gründung der Universität Rostock als erste in ganz Norddeutschland.

1446 Gründung der Universität Greifswald.

1535/1549	Auf dem Treptower Landtag wird 1535 der protestantische Glauben als Landesreligion in Pommern eingeführt. 1549 erklärt auch der Landtag in Sternberg das Luthertum in Mecklenburg zur Landesreligion. Die Kirche verliert ihre Macht, die des Adels wächst.

Unter Schweden und Preußen

ab 1618	Während des Dreißigjährigen Krieges werden Mecklenburg und Vorpommern bei den Kämpfen zwischen kaiserlicher und schwedischer Macht regelrecht zerrieben. 1628 belagert der kaiserliche Feldherr Wallenstein vergeblich Stralsund.
1648	Gewinner des Dreißigjährigen Krieges ist Schweden, dem im Westfälischen Frieden Wismar, die Insel Poel, das Amt Neukloster sowie Vorpommern mit Rügen, Usedom, Wollin und Stettin zugesprochen werden. Das Land ist aufs Schlimmste verwüstet, viele verlassene Bauernstellen bleiben unbewirtschaftet, die Gutsherren vereinnahmen immer mehr Land. Über 70 % des Landes sind Großgrundbesitz.
1669	Der letzte Hansetag findet in Lübeck statt.
1700–1720	Mecklenburg und Vorpommern werden in den Nordischen Krieg verwickelt. Nach dem Krieg wird Vorpommern geteilt: Usedom, Wollin sowie das Gebiet südlich der Peene fallen an Brandenburg-Preußen, das Gebiet nördlich der Peene mit Stralsund, Greifswald und Wolgast sowie die Insel Rügen bleiben unter schwedischer Herrschaft.
1755	Der Landesgrundsätzliche Erbvergleich (bis 1918 gültig) sichert der Ritterschaft die unumschränkte Herrschaft über ihre Untertanen zu.
1793	Gründung des ersten deutschen Seebads in Heiligendamm.
1800–1815	In den Napoleonischen Kriegen werden die mecklenburgischen Staaten besetzt und müssen 1812 Truppen für den Russlandfeldzug Napoleons stellen. Im folgenden Jahr schließen sie sich der Allianz gegen Napoleon an. Nach der Vertreibung Napoleons werden auf dem Wiener Kongress Europas Grenzen neu festlegt. Schwedisch-Pommern und Rügen werden Preußen zugesprochen. Die Mecklenburger Herrscherhäuser werden Großherzogtümer.
1806–1820	Aufhebung der Leibeigenschaft zuerst in Vorpommern, dann in Mecklenburg. Die ständische Verfassung, die die Bauern zu rechtlosen Tagelöhnern macht, bleibt erhalten. Fast die Hälfte des Landes befindet sich weiterhin in Großgrundbesitz, viele Mecklenburger wandern nach Amerika oder Russland aus.

Deutsches Reich und DDR

1871 Mecklenburg-Schwerin und Mecklenburg-Strelitz treten dem neu gegründeten Deutschen Reich bei.

1876 Usedom mit den viel besuchten Seebädern Ahlbeck, Bansin und Heringsdorf erhält Anbindung an die Eisenbahnlinie Berlin-Swinemünde.

1918 Im Zuge der Novemberrevolution kommt es am Ende des Ersten Weltkrieges auch in Mecklenburg zu Aufständen. Adolf Friedrich VI. von Mecklenburg-Strelitz begeht Selbstmord, der Schweriner Großherzog Friedrich Franz der IV. dankt ab. Beide Länder werden 1919 Freistaaten der jungen Weimarer Republik, erst jetzt wird der mittelalterliche Ständestaat offiziell abgeschafft.

1938 Bereits in den 1880er-Jahren nimmt die antisemitische Stimmung in den deutschen Seebädern deutlich zu. Ab Anfang der 1930er-Jahre sehen sich jüdische Villenbesitzer gezwungen, ihre Anwesen am Meer zu verkaufen. Wer bleibt, wird spätestens 1938 enteignet.

1939–1945 Während des Zweiten Weltkriegs werden 1942 Rostock, Stralsund und Wismar durch Bomben stark beschädigt. Am Kriegsende gehören Mecklenburg und Pommern zur sowjetischen Besatzungszone und werden zum Land Mecklenburg-Vorpommern zusammengefasst. Durch den Flüchtlingsstrom aus Ostpreußen, Westpreußen und Pommern verdoppelt sich die Einwohnerzahl des dünn besiedelten Flächenlandes.

1946 Die SED, entstanden durch den Zusammenschluss von KPD und SPD, gewinnt die Landtagswahlen. Im Rahmen der Bodenreform wird aller Großgrundbesitz über 100 ha entschädigungslos enteignet. Die Bodenreform folgt dem Motto ›Junkerland in Bauernhand‹. Ab 1947 heißt das Bundesland nur noch Mecklenburg.

1949 Gründung der Deutschen Demokratischen Republik (DDR)

1952 Im Zuge der Verwaltungsreform wird Mecklenburg in die drei Bezirke Rostock, Neubrandenburg und Schwerin aufgeteilt. Die SED beschließt den planmäßigen Aufbau des Sozialismus. Die ersten LPGs, landwirtschaftliche Produktionsgenossenschaften, werden gebildet. Die Regierung lässt Sperranlagen entlang der Grenze zur Bundesrepublik errichten, die Nationale Volksarmee (NVA) wird aufgebaut.

1953 Im Rahmen der Aktion Rose werden zahlreiche Ermittlungsverfahren wegen angeblicher Wirtschaftskriminalität eingeleitet. 440 Hotels und Pensionen sowie 181 Gaststätten werden beschlagnahmt, viele Häuser vom Freien Deutschen Gewerkschaftsbund (FDGB) übernommen. Beginn des staatlich organisierten Massentourismus des FDGB. Die Ostseeküste ist die wichtigste Urlaubsregion in der DDR.

9.11. 1989 Mauerfall, die Grenzen zur Bundesrepublik werden geöffnet.

Jüngste Entwicklungen

3. 10. 1990 Deutsche Wiedervereinigung und erste freie Wahlen. Neugründung des Bundeslandes Mecklenburg-Vorpommern mit Schwerin als Hauptstadt.

1991 Im Februar demonstrieren rund 50 000 Arbeiter für den Erhalt der angeschlagenen Schiffbauindustrie an der Ostsee. Das Land kämpft mit einer überdurchschnittlich hohen Arbeitslosigkeit von teils 30%.

1995 Das 1990 abgeschaltete Kernkraftwerk Greifswald/Lubmin, einst das größte Kernkraftwerk der DDR, wird endgültig stillgelegt. Das atomare Zwischenlager Nord in Lubmin nimmt 1998 den Betrieb auf, mit den Castor-Transporten im Dezember 2010/Frühjahr 2011 hat der Hochsicherheitstrakt seine maximale Aufnahmegrenze erreicht.

2004 Das Nachbarland Polen tritt der EU bei.

2005 Fertigstellung der Ostseeautobahn A 20 zwischen Lübeck und Stettin in Polen

2007 In Heiligendamm findet der G8-Gipfel statt. Die Zusammenkunft der Staats- und Regierungschefs wird von heftigen Protesten begleitet.

2009/2010 Die in Lubmin am Greifswalder Bodden geplante Einrichtung eines Steinkohlekraftwerks durch den dänischen Energiekonzern Dong Energy wird – zur großen Erleichterung von Anwohnern, Tourismus- und Umweltverbänden – aufgegeben. Im August 2010 übernehmen die bundeseigenen Energiewerke Nord das Kraftwerksvorhaben am Standort Lubmin. Anstelle des Steinkohlekraftwerks soll ein Gas- und Dampfturbinenkraftwerk entstehen.

2012 Die Ostseepipeline Nord Stream transportiert ab 2012 russisches Gas nach Deutschland, in Lubmin trifft sie auf die Küste und führt von hier quer durchs Land. Was die Umweltschützer beklagen, beglückt die Archäologen, die seit Jahren entlang der Trasse graben und auf Kosten von Nord Stream bereits viele archäologisch hoch interessante Funde sowohl in der Ostsee als auch an Land geborgen haben.

Landschaftliche Vielfalt – von Eis, Wind und Wellen geformt

Natur bleibt Natur im Nationalpark Vorpommersche Boddenlandschaft

Die Ostseeküste zwischen Mecklenburger Bucht und Stettiner Haff bietet Naturschätze wie Sand am Meer: mit Buchen bestandene Steilküsten, weiß leuchtende Kreidefelsen, lagunenartige Boddengewässer, schilfgesäumte Haffs, endlose Bernsteinstrände. Es sind bildschöne, faszinierende Landschaften, die im Verlauf von Jahrtausenden entstanden sind und sich bis heute stetig verändern.

Während der Eis- bzw. der Kaltzeiten, vor allem der Weichsel-Kaltzeit, die vor etwa 115 000 Jahren begann und vor 11 700 Jahren endete, erhielt Mecklenburg-Vorpommern seine heutige Gestalt. Ein kilometerdicker Eispanzer bedeckte damals ganz Skandinavien. Gewaltige Gletscher rückten gen Süden vor und wieder zurück, dabei schoben sie Geröll und Gesteine vor sich her, die nach dem Rückzug des Eises aus dem norddeutschen Raum in Form von Grund- und Endmoränen abgesetzt wurden und vielerorts sanft gewellte Hügellandschaften hinterließen. Die abfließenden Schmelzwasserströme gruben die Vertiefungen für Flüsse. Durch das nachträgliche Auftauen großer Eisblöcke entstanden Hohlräume, die sich später mit Wasser füllten und zu den heutigen Seen wurden.

Das Meer gibt, das Meer nimmt

Mit dem Ende der letzten Eiszeit begann sich das skandinavische Festland, von der schweren Eislast befreit, zu heben. Gleichzeitig stieg der Meeresspiegel, die Ostsee dehnte sich aus und überflutete weite Landstriche. Die Regionen um Poel, Rügen, Hiddensee und Usedom verloren ab etwa 7000 v. Chr. ihre Verbindung zum Festland und wurden zu Inseln. Das Meer nagte an der jungen Küste, durch die Gewalt der heranbrechenden Wellen entstanden an besonders exponierten Strandabschnitten Steilküsten. Das abgetragene Material lagerte sich an anderer Stelle wieder an, Buchten verlandeten, wurden vom Meer abgeschnitten und entwickelten sich zu seichten Boddengewässern. Kleinere Inseln wuchsen zu größeren Inseleinheiten zusammen, deutlich zu erkennen an den vielgliedrigen Inseln Rügen, Usedom und der Halbinselkette Fischland-Darß-Zingst.

Der Prozess von Abtragung und Anlandung setzt sich bis heute fort. Junge Anlandungsgebiete wie der Peenemünder Haken auf Usedom, der Bessin auf Hiddensee und der Darßer Ort wachsen stetig weiter. Andere Regionen hingegen wie die Ahrenshooper

Die Eis-Reisenden
Die für die Region typischen Findlinge sind Hinterlassenschaften der letzten Eiszeit. Die größten dieser Steine wiegen viele Tonnen. Die meisten von ihnen bestehen aus Granit oder Gneis, also sehr harten und widerstandsfähigen Gesteinen, die während des langen Transports durch das Inlandeis weniger an Substanz verloren als andere. Die vom Eis und Wasser abgerundeten, großen Kernstücke fanden vielfach Verwendung bei der Anlage von Großsteingräbern und später – in kleinere Stücke geschlagen – beim Bau von Kirchen und der Befestigung von Straßen. Markante Großsteine tragen Namen, beispielsweise der Teufelsbackofen in Everstorf oder der Schwanenstein in Lohme, um sie ranken sich oftmals Sagen und Geschichten.

Steilküste oder die Rügener Kreidefelsen verlieren in jedem stürmischen Winterhalbjahr Land ans Meer.

Der Mensch versucht, den zerstörerischen Naturgewalten entgegenzuwirken. Flache Küstenabschnitte sind mit Seedeichen, Dünenbepflanzungen und Küstenschutzwäldern befestigt. Die Festlegung und Sicherung der Steilküsten ist dagegen problematisch, da sie als Sedimentlieferant benachbarter Flachküsten unentbehrlich sind. Die unbebaute Steilküste wird aus diesem Grund nicht besonders geschützt. Hier kann sich das Meer in den Frühjahrs- und Herbststürmen holen, was es mag. Ausgenommen sind geschlossene Ortschaften wie im Fall von Sassnitz, dessen dicht besiedelter Steiluferbereich durch Steinpackungen, Wellenbrecher und eine Mole vor Abbrüchen gesichert wurde.

Frei von Extremen

Obwohl Naturgewalten das Land geformt haben, wirkt die Küstenlandschaft Mecklenburg-Vorpommerns angenehm undramatisch. Größere Höhenunterschiede sind kaum zu finden, der Piekberg auf der Halbinsel Jasmund auf Rügen erhebt sich 161 m in die Höhe, die Kreidefelsen erreichen knapp 120 m, die Steilküstenabschnitte der Granitz und der Dornbusch auf Hiddensee jeweils 72 m – das sind schon die höchsten Höhen.

Harmonische und milde Formen bestimmen auch die Boddenlandschaften zwischen Rostock und der Insel Usedom. Die durch vorgelagerte Inseln, Halbinseln und Landzungen von der Ostsee fast abgetrennten Boddengewässer bieten wichtige Lebensräume für viele Vogelarten und sind bedeutende Rastplätze für Zugvögel wie Kraniche und viele Gänsearten.

Gut zwei Dutzend Inseln liegen vor der Küste. Einige sind überhaupt nicht, andere nur eingeschränkt zugänglich, da sie unter Naturschutz stehen. Die mit 950 km^2 größte Insel ist Rügen, gefolgt von Usedom mit 373 km^2. Beide sind durch Brücken und Dämme mit dem Festland verbunden. Auch die Halbinselkette Fischland-Darß-Zingst und die Insel Poel bei Wismar haben Landanbindung. Als einzige der größeren, bewohnten Inseln ist Hiddensee nur mit dem Schiff zu erreichen. Noch – muss man fast sagen –, denn Hiddensee und Rügen trennt nur ein schmaler Streifen Ostsee. Ohne die regelmäßig vorgenommene Ausbaggerung wären die beiden längst zu einer Insel zusammengewachsen.

Die Ostsee – ein kleines Meer mit großen Problemen

Verglichen mit den riesigen Ozeanen ist die Ostsee ein winziges Binnenmeer. Es leidet an Sauerstoffmangel und Schadstoffeinträgen und galt lange als das schmutzigste Meer der Welt. Die Ostsee erwärmt sich schneller als die restliche Erde, die Folgen des Klimawandels sind deutlich spürbar.

Die Ostsee ist ein Nebenmeer des Atlantischen Ozeans. Nur schmale Übergänge verbinden sie mit der Nordsee und damit mit den Weltmeeren. Infolge dieser Abgeschlossenheit ist vom Wechsel der Gezeiten kaum etwas zu spüren. Im westlichen Teil schwankt der Meeresspiegel um 7–10 cm, im Osten um gerade mal 1 cm. In der Nordsee dagegen sind es im Schnitt 2–3 m, stellenweise über 4 m.

Mehr süß als salzig

Überwiegend während der Herbst- und Winterstürme aus westlichen Richtungen gelangt salzhaltiges und sauerstoffreicheres Wasser aus der Nordsee in die Ostsee. Süßwasser wird ihr nicht nur durch die Flüsse zugetragen, sondern auch in Form von Regen und Schnee. Das kleine Baltische Meer ist darum weniger salzig als die Nordsee. Es gilt als das größte Brackwassermeer der Erde und bietet Lebensraum für eine einzigartige Tier- und Pflanzenwelt aus Süß- und Salzwasserarten.

Schon eine kleine Veränderung des Salzgehalts hätte gravierende Folgen für das sensible Ökosystem. Inwieweit sich der Klimawandel auf den Salzgehalt der Ostsee auswirken wird, wird kontrovers diskutiert. Wissenschaftler rechnen mit einem Anstieg der Wassertemperatur bis zum Ende des Jahrhunderts um bis zu 4 °C, die Lufttemperatur über der Ostsee könnte sich in dieser Zeitspanne um 3–6 °C Grad erwärmen.

Atemlos, überdüngt, und vergiftet

Zwar werden die oberen Schichten der Ostsee durch den ständigen Gasaustausch mit der Atmosphäre gut durchlüftet, doch mit der Tiefe nimmt der Sauerstoffgehalt rapide ab. Aus Messungen des schwedischen Meteorologischen Instituts aus dem Jahr 2008 ging hervor, dass ungefähr 20 % der Böden der Kern-Ostsee zwischen Dänemark und den Åland-Inseln zu sogenannten Todeszonen gehören, in denen aufgrund des Sauerstoffmangels kein Leben existiert. Nur anaerobe Bakterien, die organische Substanz zersetzen und dabei Schwefelwasserstoff freisetzen, fühlen sich noch wohl in diesem Bereich. Seither hat sich die Lage noch deutlich verschlechtert, die Todeszonen umfassten im Jahre 2010 bereits über 70 000 km^2 – rund ein Sechstel der Ostsee.

Als eine der Hauptursachen nennen Umweltschützer den Eintrag von Phosphor- und Stickstoff-Verbindungen aus der Landwirtschaft. Gedüngt wird gerne und reichlich – nicht zuletzt auch dank der Agrarsubventionen der EU. Die (preiswerten) überschüssigen Nährstoffe gelangen über Gräben, Bäche und Flüsse ins Meer und fördern das Algenwachstum. In warmen, windstillen Sommerwochen kann es dann, wie im Juli 2010, zur explosionsartigen Vermehrung der Algen kommen. Die Folgen für das Leben im Meer sind verheerend. Für die Zersetzung der abgestorbenen Algen verbrauchen die Bakterien nicht nur fast den gesamten Sauerstoff im Wasser, sondern setzen gleichzeitig Schwefel frei. Auf diese Weise entstehen weite Regionen, in denen ein Leben für Fische und Muscheln nicht mehr möglich ist.

Die Ostsee ist mit einer mittleren Tiefe von 55 m ein extrem flaches Meer. Mit seinem eingeschränkten Wasseraustausch ist das Ökosystem Ostsee durch eingeleitete Schadstoffe und Umweltgifte deutlich gefährdeter als die Nordsee. Was an Giften hineinfließt, kann nicht wieder hinaus. Jahr für Jahr muss das kleine Meer tonnenweise Ölrückstände von Tankern, Schwermetalle und andere giftige Industrieabfälle schlucken.

Hinzu kommt die steigende Belastung durch die immer größer werdende Zahl von Kreuzfahrtschiffen. Wer ahnt Böses bei einem Kreuzfahrt-

Am Strand von Warnemünde sind die gigantischen Ostseefähren zum Greifen nahe

schiff, denkt man doch gleich an Sonne, Meer und Relaxen im Deckchair. Tatsächlich aber sind die schwimmenden Urlaubsparadiese ein Albtraum für die Umwelt. Pro Tag stößt ein Luxusliner soviel Ruß- und Schwefelpartikel aus wie mindestens 12 000 Pkw.

Es ist noch nicht zu spät

Um die enorme Umweltbelastung durch die Luxusliner zu senken, wurden mittlerweile einige Initiativen ergriffen. So gibt es erste Versuche, die Kreuzfahrtschiffe während der Hafenliegezeiten von Land aus mit Strom zu versorgen. Zu den Vorreitern in Deutschland gehört dabei Lübeck. Hier wurde 2008 die Landstromversorgung eines Schiffes in Betrieb genommen. Aus gutem Grund: Travemünde, dem Vorort der Hansestadt, drohte die Aberkennung des Titels Ostseeheilbad, weil die Emissionen der Schiffe die Qualität von Luft und Wasser nachweislich massiv beeinträchtigten.

Seit Juli 2010 gelten für Seeschiffe in der Nord- und Ostsee verschärfte Vorschriften für Grenzwerte von Schwefel- und Stickoxid-Emissionen, die bis 2015 stufenweise noch weiter gesenkt werden sollen. Es spräche nichts dagegen – so ein Kommentar der Naturschutzorganisation WWF während eines eintägigen Gipfels der Ostsee-Anrainer im Februar 2010 in Helsinki – endlich mit der Rettung der Ostsee zu beginnen. Die Staaten rund um die Ostsee müssten sich nur einig sein, klare Regelungen treffen und schnell handeln. Leider verfolgen die neun Anrainer Deutschland, Dänemark, Schweden, Finnland, Russland, Estland, Lettland, Litauen und Polen längst nicht immer die gleichen Interessen.

Blaue Engel
Allen ökologischen Problemen zum Trotz ist die Badewasserqualität der Ostsee gut bis sehr gut. Von Mai bis Mitte September werden vierzehntägig entlang der Küste Wasserproben entnommen und entsprechend den EU-Richtlinien untersucht. Viele Ostseebäder, Strände und Sportboothäfen werden regelmäßig mit der Blauen Europaflagge ausgezeichnet. Eine Liste der ausgezeichneten Badestellen findet man unter www.blaue-flagge.de und www.mv-maritim.de.

Natur- und Nationalparks – das Tafelsilber der Vereinigung

Vergängliche Schönheit – die majestätische Kreideküste im Nationalpark Jasmund

Mecklenburg-Vorpommern ist berühmt für seinen Reichtum an natürlichen Landschaften, zu deren Erhalt die ehemaligen Staatsjagden, Grenzgebiete und Truppenübungsplätze der DDR beigetragen haben, die jahrzehntelang für die Öffentlichkeit gesperrt waren. Von den 1990, unmittelbar vor der Wiedervereinigung ausgewiesenen Großschutzgebieten liegen drei an der Ostseeküste.

Unberührte Naturlandschaften sind ein Markenzeichen der südlichen Ostseeküste. Ihnen ist zu verdanken, dass das Land am Meer heute zu den beliebtesten Urlaubsregionen der Deutschen zählt. Der Schutz von Natur und Landschaften, der seit der (Neu)gründung des Bundeslandes im Jahr 1990 erklärtes Landesziel ist, hat eine lange Tradition an der Küste. Zu den ersten ausgewiesenen Schutzgebieten gehörten viele sogenannte Vogelfreistätten, wie der Peenemünder Haken, Struck und Ruden, der 1925 nördlich von Usedom eingerichtet wurde. Bereits 1926 forderte eine Bürgerinitiative die Unterschutzstellung der Rügener Kreideküste. In den 1960er-Jahren wurden die Vogelinseln Kirr und Oie als Naturschutzgebiete ausgewiesen. Die Geschichte der Großschutzgebiete – dazu gehören Nationalparks, Biosphärenreservate und Naturparks – ist dagegen noch jung. Bis kurz vor der Wende gab es in der DDR keine Nationalparks.

Der letzte und zugleich der beste Beschluss

Laut Bundesnaturschutzgesetz ist ein Nationalpark ein Gebiet, das sich »in einem vom Menschen nicht oder nur wenig beeinflussten Zustand befindet und vornehmlich der Erhaltung eines möglichst artenreichen heimischen Pflanzen- und Tierbestandes dienen soll«. Diesem Anspruch gerecht zu werden, ist schwierig in einem besiedelten und bewirtschafteten Land. Und so nimmt der Weg von der Antragsstellung und Genehmigung eines Nationalparks bis zu seiner Einrichtung normalerweise viele Jahre in Anspruch, kann aber – wie im Fall des Parks Elbtalaue (1999) – an unlösbaren Interessenkonflikten auch scheitern.

Bemerkenswert glücklich verlief die Entwicklung großräumiger Flächenschutzgebiete in der Noch-DDR. Engagierte Naturschützer und einsichtige Politiker nutzten die turbulente Zeit der politischen Wende. Von den im März 1990 beantragten 26 Großschutzgebieten wurden bereits im September desselben Jahres 14 vom Ministerrat offiziell genehmigt. Drei von ihnen – der Nationalpark Vorpommersche Boddenlandschaft, der Nationalpark Jasmund und das Biosphärenreservat Südost-Rügen – befinden sich an der Ostseeküste. Teile des Nationalparks Jasmund wurden 2009 als Weltnaturerbe bei der UNESCO angemeldet. Für andere Regionen – wie den 1999 ausgewiesenen Naturpark Usedom – wurden die Grundlagen gelegt.

Dieser letzte Beschluss der letzten DDR-Regierung ist in die Geschichte eingegangen. Die ausgewiesenen Gebiete – fünf Nationalparks, sechs Biosphärenreservate und drei Naturparks – umfassen eine Fläche von insgesamt 4882 km², was 4,5 % des DDR-Territoriums entsprach. Am 3. Oktober 1999 wurden die Schutzgebietsverordnungen in den Vereinigungsvertrag aufgenommen.

Infos zum Naturschutz
Nationalparkamt Vorpommern: Im Forst 5, 18375 Born, Tel. 038234 50 20, www.nationalpark-vorpommersche-boddenlandschaft.de. Zuständig für die Nationalparks Vorpommersche Boddenlandschaft und Jasmund.
Amt für das Biosphärenreservat Südost-Rügen: Postfach 1112, 18599 Binz, Tel. 038303 88 50, www.biosphaerenreservat-suedostruegen.de. Die Webseite wird ständig aktualisiert und beinhaltet auch einen Veranstaltungskalender zum Downloaden.

Kraniche – Vögel des Glücks

Der graue Kranich ist eine von 15 Arten der weltweit verbreiteten Familie der Kraniche. Bei vielen Völkern gelten die Kraniche als Glücksgeschöpfe und Sinnbild für ein langes Leben. Auch für die Boddenküste sind sie ein Glücksfall, denn sie locken Ornithologen und Neugierige in die entlegene Region.

Die Brutgebiete des grauen Kranichs (lat.: *grus grus*) liegen zwischen der Elbe im Westen, Skandinavien, Russland und Nordasien. Ab Ende August finden sich die Brutpaare mit ihren flüggen Jungen auf Sammelplätzen ein, um in großen Schwärmen in die Winterquartiere in Südfrankreich, Spanien, Portugal und Nordwestafrika aufzubrechen.

Auf ihrem Flug nach Süden rasten sie auch im Nationalpark Vorpommersche Boddenlandschaft, der sich von den Halbinseln Darß und Zingst über Hiddensee bis zur Westküste Rügens erstreckt. Bis zu 70 000 Kraniche stärken sich dort im Herbst für den Weiterflug. Tagsüber suchen die Vögel auf abgeernteten Getreide- und Maisfeldern im Umland nach Nahrung. Bei Einbruch der Dämmerung kehren sie zurück in die stehtiefen Flachwasserbereiche der Boddengewässer. Die größten Kranichkonzentrationen werden Ende August/Anfang September registriert.

Ein grandioses Schaupiel

Im Herbst ist der abendliche Einflug von Hunderten oder Tausenden von Kranichen in die Gebiete des Windwatts ein Schauspiel, das nicht nur Vogelfreunde fasziniert. Der beste Platz für Zuschauer ist Pramort östlich des Zingst. Sehr günstig liegt auch die Beobachtungshütte Bisdorf in der Nähe des Kranich-Informationszentrums von Groß Mohrdorf. Am Abend überfliegen die Kraniche dieses Gebiet in langen Ketten in Richtung Windwatt Bock zu ihren Schlafplätzen, die sie morgens nach und nach wieder verlassen.

Auch beim Fressen kann man den Kranichen recht nahe kommen, beispielsweise am Günzer See und in Hohendorf an der Landstraße zwischen Barth und Stralsund. Hier werden die Vögel in unmittelbarer Nähe der Beobachtungsplätze mit Mais und Getreide angelockt. Diese sogenannten Ablenkfütterungen dienen auch dazu, die Felder in einem gewissen Maße vor Fraßschäden zu bewahren. Denn für die Landwirte ist der Kranichflug nicht nur ein Glücksfall.

Informationen über die Kraniche und die besten Beobachtungsstandorte erhält man im Kranich-Informationszentrum an der südlichen Boddenküste in Groß Mohrdorf (s. S. 169).

Faszinierend – der Flug der Kraniche

Alleen – der Stolz des Landes

Prächtige Linden, Ahorne und Rosskastanien säumen die Straßen seit den Tagen, als Reisende noch mit Pferd und Wagen auf Kopfstein gepflasterten Wegen unterwegs waren. Mecklenburg-Vorpommern kann wunderbar altmodisch und natürlich sein. Der Erhalt, die Erneuerung und die Pflege der traditionsreichen Baumreihen sind in der Landesverfassung als Staatsziel verankert.

Die Alleen bieten Insekten, Eulen und Fledermäusen Nahrung und geschützten Lebensraum. Baum für Baum ist ein Biotop und ebenso ein Kulturerbe, dem 1993 mit der Deutschen Alleenstraße ein Denkmal gesetzt wurde. Auf Rügen nimmt sie ihren Anfang. Die am Straßenrand platzierten Schilder ›Auf Rügen mit Licht‹ warnen nicht vor trübem Dauernebel oder arktischer Dunkelheit, sondern vor Tagblindheit beim plötzlichen Wechsel von der offenen, sonnenüberfluteten Landstraße in einen der zahlreichen tiefschattigen Baumtunnel.

Störende Geäste

Es waren die sonnenverwöhnten alten Griechen, die als erste auf die Idee kamen, öffentliche Straßen mit Baumreihen zu versehen: Kilometerlange Zypressenalleen spendeten Schatten gegen die sengende Sonne. Gartenkünstler und Parkgestalter holten diese Zierde nach Italien und Frankreich, von hier gelangte sie nach Mecklenburg. Die meisten Alleen entstanden in der Blütezeit der Gutsherrschaft zwischen dem 17. und dem frühen 20. Jh. Sie wurden als Schattenspender für das Vieh, als Windschutz für Felder oder im Auftrag des Fürsten zur Verschönerung der Landschaft gepflanzt. Mecklenburg-Vorpommern verweist heute mit Stolz auf stattliche 2588 km vollständige Alleen. Zählt man die einseitig bepflanzten Baumchausseen hinzu, kommt man auf 4374 km.

Die Deutsche Alleenstraße führt bis an den Bodensee, jedoch mit einigen Lücken, denn anders als im Osten fielen im Westen der Republik in den 1960er- und 1970er-Jahren zahlreiche Bäume dem modernen Straßenbau zum Opfer. Lange zuvor schon hatte die Satire-Zeitschrift »Kladderadatsch« die Gefährdung erkannt und gelästert: »Schlagt um das störende Geäste,Vom Fels zum Meer ein Axtgedröhn! Vertreibt die Vögel aus dem Neste, auch Autohupen singen schön.« Naturschützer konnten wenig ausrichten, Wirtschaftlichkeit und Verkehrssicherheit gingen vor.

Schluss mit hastig!

Nach 1990 ist das (Über)Leben der Alleenbäume auch im Osten um ein Vielfaches schwerer geworden. Das bis dahin beschauliche Straßenbild änderte sich, viele neue und schnelle Autos kamen ins Land, die Zahl der Verkehrstoten stieg dramatisch. Die pittoresken Baumstraßen sind nicht für Raser gemacht. Wer auf glatter Fahrbahn bei erhöhter Geschwindigkeit ins Schleudern gerät, prallt mit großer Wahrscheinlichkeit gegen einen Baum am Straßenrand. Einfache Maßnahmen wie Geschwindigkeitsbeschränkungen und die Anbringung von Schutzplanken halfen, die Zahl der Verkehrstoten wieder zu reduzieren. Straßen wurden ausgebaut und verbreitert, Kurven begradigt. Es passieren aber immer noch viel zu viele Unfälle.

Denen, die die Abholzung unbequemer Bäume oder ganzer Alleen fordern, steht eine bemerkenswert starke Opposition gegenüber. So haben die Umweltverbände BUND und NABU im Oktober 2010 gegen den dreispurigen Ausbau der B 96 auf Rügen und der damit einhergehenden Fällung von 239 Alleenbäumen Klage eingereicht. Vielerorts haben sich die Alleenfreunde bereits durchgesetzt, und auch der Staat sucht seinen gesetzlich verankerten Pflichten nachzukommen. Die seit den 1990er-Jahren aus verschiedenen Gründen entnommenen und gefällten Alleenbäume wurden im Verhältnis 1 zu 2 durch Neu- bzw. Nachpflanzungen ersetzt.

Dennoch wird sich der gegenwärtige Eindruck eines Alleensterbens in den kommenden Jahren noch verstärken. Ein Großteil der heute in Mecklenburg-Vorpommern vorhandenen Alleen ist alt, Bestände mittleren Alters gibt es kaum. Die neu angepflanzten Baumreihen aber brauchen 40–50 Jahre, um in unserem emotionalen Bewusstsein als Allee wahrgenommen zu werden.

Vielfalt ist notwendig

Mindestens 200 Jahre sollen die Neuanpflanzungen wachsen und gedeihen. Keine Kleinigkeit in der heutigen Zeit, denn etwa ein Viertel aller Alleebäume zeigt bereits Schädigungen. Die Bäume sind weit mehr als früher hohen Umweltbelastungen ausgesetzt. Abgase, Bodenverdichtung und Straßenbauarbeiten bedrohen ihre Existenz. Dazu kommen die Auswirkungen des Klimawandels mit lang anhaltenden Trockenperioden, verstärkter UV-Einstrahlung und zunehmenden Unwetterereignissen.

In den letzten Jahren haben Krankheiten durch Wärme liebende Schädlinge deutlich zugenommen. Das Ulmensterben ist altbekannt. Seit 2006 ist die Esche durch Pilz-Parasiten bedroht, und 2008 gab es die ersten Fälle des Eichenprozessionsspinners im südlichen Mecklenburg-Vorpommern. Bereits seit etwa einem Jahrzehnt werden Rosskastanien von der Miniermotte gestresst – vielerorts färben sich die Alleen bereits im Sommer herbstlich braun.

Um das Risiko des Befalls bei Neuanpflanzungen von Alleenbäumen zu verkleinern, wird die Artenvielfalt auf Kosten von Linde, Ahorn und Kastanie erhöht. Es wird auch verstärkt über nicht-einheimische Baumarten für Neuanpflanzungen an den Straßen nachgedacht, solche, die beispielsweise Trockenperioden besser vertragen und weniger salzempfindlich sind. Denn auch das aggressive Winterstreusalz hat in den vergangenen Jahren die Vitalität vieler Bäume nachweislich verschlechtert. Als im superschneereichen Winter 2009/2010 in Mecklenburg-Vorpommern die Salzvorräte frühzeitig ausgingen, erwies sich das als unverhoffter Segen für die Alleen.

Vineta – das Atlantis der Ostsee

Der Mythos der versunkenen Handelsmetropole Vineta, die Adam von Bremen zufolge an der Odermündung lag, bewegt seit Jahrhunderten die Phantasie der Küstenbewohner. Dichter, Maler und Komponisten verarbeiteten und verbreiteten die Legende. Seither ist Vineta vielerorts gesucht und lokalisiert worden.

Der Chronist Helmold erzählt in seiner um 1170 entstandenen Slawenchronik die Geschichte einer reichen Stadt, die als Strafe für den Hochmut ihrer Bewohner in der Ostsee versank. Vor dem Streckelsberg bei Koserow auf Usedom soll die prachtvolle Metropole untergegangen sein. Archäologische Beweise fehlen indes.

Auf der Suche nach der sagenumwobenen Stadt

Anders im polnischen Wollin: In dem unscheinbaren Städtchen auf der gleichnamigen Nachbarinsel Usedoms entdeckten Archäologen die Überreste eines bedeutenden internationalen Seehandelsplatzes. Man schätzt, dass hier vom 10. bis zum 12. Jh. zwischen 6000 und 10 000 Menschen lebten.

Schlagzeilen machte Ende der 1990er-Jahre eine neue These. Nach jahrelangem Studium historischer Dokumente und Landschaftsformen platzierten zwei Berliner Wissenschaftler, der Historiker Günter Wermusch und Klaus Goldmann, das versunkene Vineta im Bodden vor Barth, in den vor langen Zeiten einmal ein Mündungsarm der Oder floss. Archäologisch belegen lässt sich ihre These nicht. Die Barther Stadtverwaltung aber reagierte prompt, sie richtete ein Vineta-Museum ein und ließ sich den historischen Namen beim Deutschen Patentamt in München schützen. Seither heißt der stille Ort tourismustauglich Vineta-Stadt. Ob die Barther an die These glauben? »So fifty-fifty!«

Mehr jedenfalls als die Zinnowitzer, die seit Jahren erfolgreich die Vineta-Festspiele ausrichten. Dass es außer einer gern erzählten Sage keinen konkreten Hinweis auf ein Vineta vor der Küste Usedoms gibt, macht den Theatermachern nichts aus, ihr Credo lautet: Erst wenn niemand mehr an Vineta denkt, ist es wirklich untergegangen.

Mein Tipp

Wo ist Vineta versunken?
Vorzüglich zu lesen ist das Buch von Klaus Goldmann und Günter Wermusch, egal ob man von ihrer These überzeugt ist oder nicht: Vineta. Die Wiederentdeckung einer versunkenen Stadt. Bergisch Gladbach 2004.

Klaus Störtebeker – ein Outlaw macht Kasse

Klaus Störtebeker – auch als Filmheld immer wieder ein Erfolg

Viele Legenden ranken sich um den bekanntesten deutschen Seeräuber. Seinen Namen soll er seiner Trinkfestigkeit verdanken, denn Störtebeker bedeutet auf Niederdeutsch nichts anderes als ›Stürz den Becher‹. Über seine Herkunft und sein Leben ist so gut wie nichts bekannt.

Die Tourismusindustrie hat kein Problem mit dem vagen Wissen über Störtebeker und nimmt den berühmten Piraten beherzt in Anspruch. Es gibt Stadtführungen auf seinen Spuren durch Wismar, würziges in Stralsund gebrautes Bier mit seinem Namen und nicht zuletzt die legendären Festspiele in Ralswiek auf Rügen. Der Robin Hood der Meere ist an der Ostseeküste allgegenwärtig.

Wer war Klaus Störtebeker?

Möglicherweise wurde er in Wismar geboren, dort jedenfalls taucht der nicht alltägliche Name im »Liber proscriptorum«, dem Verfestungsbuch, auf. In diesem Buch der Ächtungen, das Strafen dokumentiert, ist ein Vorfall aus dem Jahr 1380 festgehalten, in dem zwei Wismarer Bürger nach einer handfesten Schlägerei der Stadt verwiesen wurden. Einer von ihnen war *nicolao stortebeker.*

Ein anderer Hinweis stammt aus dem rügenschen Ruschvitz. Dort soll Störtebeker mit seinem Herrn in Streit geraten und daraufhin mit dem Boot nach Arkona geflohen sein, wo gerade der berüchtigte Seeräuber Gödecke Michels vor Anker lag. Die Lübecker Rufus-Chronik erwähnt einen *Clawes Störtebeker*, der vor Helgoland gefangen genommen und im Herbst des Jahres 1401 in Hamburg auf dem Grasbrook hingerichtet wurde.

Neuere, 2007 in den »Hansischen Geschichtsblättern« publizierte Forschungsergebnisse bringen Störtebeker mit einem aus Danzig stammenden Kaufmann namens Johann Störtebeker in Verbindung. Ein Mann dieses Namens wird in vielen historischen Dokumenten genannt. Er war allerdings kein Pirat, sondern ein professioneller Fehdehelfer und damit keineswegs kriminell. Und da er nachweislich bis mindestens 1413 lebte, kann er 1401 auch nicht auf dem Grasbrook in Hamburg hingerichtet worden sein.

Die hübsche Geschichte, derzufolge Störtebeker nach seiner Enthauptung noch an einigen seiner Gefährten vorbeilief, um sie vor dem Scharfrichter zu retten, stimmt ohnehin nicht. Ein geköpfter Hahn mag zwar noch ein paar Sprünge machen, ein Mann ohne Kopf aber kann, Rechtsmedizinern zufolge, definitiv keinen Fuß mehr vor den anderen setzen.

Gottes Freund und aller Welt Feind…

Störtebekers Lebensweg ist untrennbar mit der Geschichte der historisch nachweisbar in der Ostsee agierenden Vitalienbrüder verknüpft. Im Streit zwischen Herzog Albrecht von Mecklenburg und Königin Margarete I. von Dänemark um den schwedischen Königsthron hatten die Hansestädte Rostock und Wismar Kaperbriefe ausgestellt. Erfahrene Kapitäne und Abenteurer setzten sich an die Spitze der ›Söldner‹, die den in Stockholm belagerten Albrecht mit Lebensmitteln, Viktualien also, versorgten und nebenbei – durch die Kaperbriefe legitimiert – dänische und norwegische Schiffe überfielen. Der Übergang vom legalen Leben als Kaperer zum Seeräuber verlief nach Beendigung des Krieges fließend.

Die Freibeuter wurden auch *Likedeeler* genannt, weil alle Besatzungsmitglieder den gleichen *(like)* Beuteanteil *(deel)* erhielten. Einen Teil der Beute, die sie englischen, dänischen und hansischen Schiffen abjagten, sollen die Piraten den Armen geschenkt haben. Der edle Räuber, der den Reichen nahm und den Armen gab, inspirierte eine ganze Reihe namhafter Dichter wie Achim von Arnim, Clemens Brentano, Theodor Fontane, Willi Bredel, Joachim Ringelnatz und Wilhelm Lobsien zu sozialkritischen Balladen und Romanen. Bereits 1993 wurden die ersten Störtebeker-Spiele in Ralswiek aufgeführt, die inzwischen jährlich bis zu 400 000 Zuschauer an den Jasmunder Bodden locken.

Störtebekers sagenhafte Schätze, die u. a. in der nahen Stubbenkammer versteckt sein sollen, wurden bisher nicht entdeckt. Der wahre Schatz des Störtebeker, so der Filmemacher Arne Lorenz, liege ohnehin in der Bedeutung seines Namens als Wirtschaftsfaktor. Wo Störtebeker draufsteht, und sei es nur ein krosses Vollkornbrötchen, da wird Freiheit, Abenteuer und Kampf um Gerechtigkeit assoziiert. Das nach ihm benannte Bier wird mit dem griffigen Slogan ›Störtebeker – das Bier der Gerechten‹ vermarktet. Da greift man doch gerne zu!

Typisch norddeutsche Baukunst – der gebackene Stein

In der norddeutschen Tiefebene gibt es kaum Natursteine. Seit der Spätromanik wurde hier mit gebranntem Lehm gebaut. Die Blütezeit des Backsteins im 14. und 15 Jh. fällt mit der Hochphase der Hanse zusammen. Damals entstanden hoch aufragende Kirchtürme, prächtige Rathäuser, stattliche Speicher und Kaufmannshäuser – jeder Bau ein Meisterwerk.

Lehm gehört neben Holz, Stein und Pflanzenfasern zu den ältesten Baumaterialien der Menschheit, die ältesten handgeformten Ziegel wurden bei archäologischen Grabungen in Jericho (7500 v. Chr.) gefunden, ab etwa 600 v. Chr. wurde in Mesopotamien die Verwendung von Ziegelformen entwickelt. Auch für die römische und byzantinische Architektur hatte der gebrannte Lehm große Bedeutung: Die berühmte Hagia Sophia in Konstantinopel (532–537 n. Chr.) ist vollständig aus Ziegeln erbaut.

Der Stoff, aus dem die Gotik ist

Nach Norddeutschland kam die Kunst des Ziegelbrennens erst im 12. Jh. im Zuge von Christianisierung und Kolonisation mit den Mönchen aus der Lombardei und anderen Zentren Oberitaliens. Bis heute prägt der überwiegend rote Backstein das Bild norddeutscher Städte und Dörfer.

Anfangs war es schwierig, mit den einfachen Quadern prunkvolle Bauten zu errichten. Die ersten Backsteine waren handgeformt und uneben. Später ermöglichten hölzerne Formkästen gleichmäßigere und größere Tonziegel zu fertigen, aber auch jetzt noch dauerte der Prozess vom Naturmaterial zum gebackenen Stein mehrere Jahre: Zuerst musste der Lehm zum Ausfrieren der Kalkeinlagerungen einen Win-

Wege zum Backstein

EuRoB: Die Europäische Route der Backsteingotik führt entlang der Ostseeküste zu den beeindruckendsten Bauwerken des Mittelalters. Schweden, Dänemark, die baltischen Länder, Polen und Deutschland sind die Gastgeber. Information gibt es per Post oder Internet (Europäische Route der Backsteingotik e. V., Georgenstr. 21, 10117 Berlin, Tel. 030 206 13 25 59, www.eurob.org).

Lesetipps: Informativ und anschaulich ist das Buch »Wege zur Backsteingotik. Eine Einführung« von Gottfried Kiesow (Bonn 2003). In der Monumente Edition der Deutschen Stiftung Denkmalschutz wurde die schön bebilderte und gut lesbare Publikation »Backsteingotik" von Angela Pfotenhauer und Elmar Lixenfeld (Bonn 2005) veröffentlicht.

Jeder Stein von Hand geknetet und geformt – Heiligen-Geist-Kirche in Wismar

ter lang lagern. Danach wurde er mit Wasser und Sand gemischt und per Hand in die Holzform gestrichen. Um Rissen vorzubeugen, musste das geformte Gemisch noch einmal ein Jahr trocknen, bevor es gebrannt bzw. gebacken werden konnte.

Hanseatischer Kunstverstand

Die ersten Verschönerungselemente waren Profil- und Formsteine, doch erst mit der Erfindung des Glasursteins um die Mitte des 13. Jh. erstrahlten die Giebel der Kirchen und Patrizierhäuser in vollem Glanz. Um diesen Effekt zu erzielen, wurden die Steine nach dem ersten Brennen mit einer Schlämme aus Zinn- oder Bleioxid überstrichen. Je nach dem gewünschten Farbton wurden farbige Erden beigemengt. Dann musste der Stein noch einmal ins Feuer. Der Holzbedarf war enorm, angesichts der Millionen von verbauten Backsteinen, ist es kein Wunder, dass Norddeutschland so waldarm ist.

Der kunstvolle Einsatz des Ziegels spiegelt hanseatischen Kunstverstand, die praktische Bestimmung der Bauwerke wurde darüber selten vergessen. Die Türme der Gotteshäuser dienten immer als Seezeichen. Die Kaufmannshäuser waren Kontor, Speicher und Lager. In einigen Fällen aber scheint die Lust an der Gestaltung und am Präsentieren mit den Bauherren durchgegangen zu sein. Das in der Blütezeit der Hanse entstandene Rathaus von Stralsund ist ein solches Beispiel: Eine Schmuckwand ohne praktischen Nutzen, durch die noch dazu der Wind pfiff. Die Lübecker spotteten neiderfüllt: *»Dat Strolsunner Rothus is as sine Kinner: hoch hinaus un nix dorhinner!«*

Klützer Winkel – Träumereien im Junkerland

Um die 2000 Burgen, Schlösser, Guts- und Herrenhäuser soll es in Mecklenburg-Vorpommern geben. Viele der geschichtsträchtigen Häuser wurden nach der Wende von der Treuhand an Privatleute verkauft, die nicht nur Geld, sondern auch viel Arbeit und Herzblut in die maroden Gemäuer steckten. Auch im Klützer Winkel, im äußersten Nordwesten Mecklenburgs, verwirklichten einige neue Schloss- und Gutsherrn ihre Träume.

Die Macht der Ritterschaft in Mecklenburg war enorm und wurde durch den Landesgrundsätzlichen Erbvergleich, 1755 weiter gestärkt. An die Blütezeit des einstigen Landadels, der als Junker bezeichneten Großgrundbesitzer, erinnern ihre ehemaligen Wohnsitze. Zu DDR-Zeiten dienten sie als Sanatorien, Altersheime und Ferienlager und wurden auch mangels Material meist mehr schlecht als recht instand gehalten. Viele der Anwesen sind mittlerweile wieder schick und schön, an einigen wird noch gearbeitet, wieder andere liegen im Dornröschenschlaf und warten darauf wach geküsst zu werden.

Lustwandeln im Park

Am größten barocken Schloss Norddeutschlands wird noch gearbeitet. Nach vielen Jahren des Leerstands und langwierigen Rechtsstreitigkeiten mit einem privaten Investor befindet sich

Ein »Sommernachtstraum« – Musiktheater im Park des auf KulturGutes Dönkendorf

das denkmalgeschützte Schloss Bothmer am südöstlichen Stadtrand von Klütz seit 2008 wieder im Besitz des Landes Mecklenburg-Vorpommern und wird saniert. Es soll Museum und Kulturzentrum werden.

Errichtet wurde der Prachtbau von 1726 bis 1732 nach dem englischen Vorbild von Blenheim Palace nahe Oxford. Die Pläne lieferte der Architekt Johann Friedrich Künnecke, Auftraggeber war Hans Caspar von Bothmer, der Gesandte des preußischen Königs in London. Das stattliche Schlossensemble, das von 1948 an als Altenheim genutzt wurde, musste 1994 wegen Baufälligkeit geschlossen werden; die Jahre des Leerstands haben den Zustand nicht verbessert.

Und doch verzaubert die in warmem Rot gehaltene Anlage, die inmitten eines Parks liegt und deren barocke Grundstrukturen noch gut zu erkennen sind. Die Zeit sollte man sich nehmen, einmal um das Schloss herumzuspazieren und im dichten Grün schattiger Lindenalleen zu lustwandeln – ganz so wie einst die Junker.

Ambitionen als Schlossherr oder Burgfräulein?
Es gibt noch genügend Anwesen, die auf einen neuen Besitzer warten. Einige Beispiele findet man unter www.investguide-mv.de.

Wunderbare Fotomotive bietet die frei zugängliche 270 m lange Festonallee aus Königslinden, die über eine Hügelkuppe von Osten auf das Schloss zuführt (s. S. 86).

Ein Schlossherr mit Bodenhaftung

In Privathand befindet sich das Schloss Kalkhorst, ein neogotischer Backsteinbau aus der Mitte des 19. Jh., der in eine weitläufige, nach englischem Vorbild angelegte Parklandschaft eingebettet ist. Regelmäßig führt der Schlossherr durch den Park, den er von Jugend auf kennt. Damals wurde das Schloss als Tuberkulose-Heilanstalt ge-

Schlösser und Herrenhäuser
Schloss Bothmer: Klütz, www.schloss-bothmer.info, Schloss derzeit nicht zugänglich; Park April–Sept. tgl. 10–20, März, Okt. tgl. 10–18, Nov.–Febr. tgl. 10–16 Uhr, auch Führungen und ein kleines Café.
Schloss Kalkhorst: Kalkhorst, www.schloss-kalkhorst.de; Park April–Sept. Mo–Do 10–15.30 Uhr, 2,50 €; Führungen durch Schloss und Park in der Regel So, 5 €; regelmäßig finden Ausstellungen statt.
Hotel Gutshaus Stellshagen: Lindenstr. 1, Stellshagen, Tel. 038825 440, www.gutshaus-stellshagen.com, DZ 84–174 €.
KulturGut Dönkendorf: Am Hof 3, Dönkendorf, Tel. 038827 508 50, www.kultur-gut-doenkendorf.de, mit B & B, Preise auf Anfrage.

nutzt. Seit 1999 ist Manfred Rohde Eigentümer und hat sich damit einen Kindheitstraum erfüllt.

Er weist auf einen Riesen-Mammutbaum, eine Atlaszeder und verschiedene Zypressenarten und erzählt stolz, dass der Park 2002 aufgrund seines Artenreichtums auf der Internationalen Gartenfachmesse als zweitschönster Park Deutschlands ausgezeichnet wurde. Der Stolz ist angebracht, denn der Schlossherr ist sein eigener Gärtner, alles selbst gemäht sozusagen.

Und nicht nur das! Er schleift Fensterrahmen ab, mauert, malt Fassaden. Dass er hier noch stehe, grenze an ein Wunder, denn heute Vormittag sei er von der Leiter gerutscht, dort – die Blicke folgen ihm zum Herrenhaus aus Backstein, geschmückt mit neogotischen Erkern und Türmchen. Als er das Schloss gekauft habe, hätte seine Frau geweint, unrealisierbar erschien ihr das Projekt. Doch jetzt wohnen sie hier, und Schritt für Schritt gehe es weiter. Während andere für ihre herrschaftliche Immobilie nur 1 € an die Treuhand bezahlt hätten, habe er sein Gespartes für den Kauf des Schlosses ausgegeben. Die Kaufsumme hätte er lieber in die Sanierung gesteckt.

Wünsche werden wahr

Gertrud Cordes hat das urgroßelterliche Gutshaus Stellshagen nach der Wende von der Treuhand gekauft, zum Bio- und Gesundheitshotel umgebaut und nach Regeln des Feng-Shui eingerichtet. Der Tag in dieser Wellnessoase beginnt mit Yoga, QiGong oder Stretching. Nachmittags werden verschiedene Meditationen angeboten, abends Vorträge, Tanzabende oder Besinnliches. Die im hauseigenen Restaurant servierten vegetarischen Delikatessen stammen aus 100-prozentigem Bioanbau. In der Bibliothek stehen Bücher mit Titeln wie »Wer sich ändert, ändert die Welt«.

Eine Welt für sich ist auch das 1850 inmitten eines 7 ha großen Landschaftsparks erbaute ehemalige Gutshaus Dönkendorf. Das Musiker- und Komponistenehepaar Monika und Thilo von Westernhagen hat hier einen ganz besonderen Ort für Konzerte, Naturgespräche und Musiktheater geschaffen. Jeden letzten Freitag im Monat finden um 20 Uhr Liederabende statt. Das alljährliche Musiktheater im Park ist ein Traum, den die neuen Eigentümer mit Schülern und Musikern aus der Region verwirklicht haben. Im Jahre 2007 wurde ihnen dafür der Kulturpreis des Landkreises Nordwestmecklenburg verliehen.

Das Meer tut gut – neues Leben in alten Seebädern

Die Reihe der mecklenburg-vorpommerschen Ostseebäder mit klangvollem Namen ist lang. Sie beginnt im Westen mit dem beschaulichen Familienbad Boltenhagen und endet im Osten mit Bansin, Heringsdorf und Ahlbeck, den drei berühmten Kaiserbädern auf der Insel Usedom. Prachtvolle Promenaden und Seebrücken locken zum Flanieren, traumhafte weiße Sandstrände und natürlich das Meer – zum Baden und Gesunden.

Noch vor 250 Jahren wäre es niemandem in den Sinn gekommen, sich freiwillig ins Meer zu stürzen. Bis Damen und Herren, keusch voneinander getrennt und in Badekarren vor frechen Blicken geschützt, erstmals vorsichtig ihre entblößten Zehen in das salzige Nass hielten, war schon beträchtliche Überzeugungsarbeit für die Gründung eines deutschen Seebades geleistet worden. Den Weg bereitet hatten Philosophen wie Jean-Jacques Rousseau, der im 18. Jh. die Rückkehr zum einfachen Leben in Naturverbundenheit propagierte. Und auch Johann Wolfgang von Goethe, der ausgerufen hatte: »Das freie Meer befreit den Geist!«, trug zum Gesinnungswandel bei.

Badevergnügen anno dazumal

Zu den wirkungsvollsten Argumenten für die Errichtung eines Seebades zählten die Heilkräfte des Meeres. Der Göttinger Philosoph und Mathematik-Professor G. C. Lichtenberg (1742–1799), der auf mehreren Reisen das englische Badeleben kennengelernt hatte, forderte in zahlreichen Zeitungsartikeln die Einrichtung eines Seebades in Deutschland. Nicht an der von ihm eigentlich favorisierten Nordsee, sondern in Heiligendamm bei Bad Doberan an der ›friedfertigeren‹ Ostsee wurde 1793 das erste deutsche Seebad errichtet.

Das Baden im Meer spielte zu Beginn des Bädertourismus keine große Rolle. Für die Gründung eines Seebades war, nach Ansicht des herzoglichen Leibarztes, die Errichtung eines Badehauses erforderlich, wohin man das Seewasser »mit leichter Mühe und geringen Kosten« schaffen könne. Dies erklärt auch, warum man für Deutschlands erstes Seebad keinen besonders schönen Strandabschnitt auswählte, sondern den Heiligen Damm, der nicht aus feinkörnigem Sand, sondern streckenweise aus groben Feuersteinkieseln bestand. Niemand wäre damals auf den Gedanken gekommen, sich länger am Strand aufzuhalten.

Es gab einen Strandabschnitt für die Damen, der streng von dem der Herren getrennt war. Der neutrale Strandabschnitt dazwischen durfte von niemandem betreten werden. Dabei hätte es kaum etwas zu sehen gegeben, denn bis ins 20. Jh. waren nur »undurchsichtige, den ganzen Körper vom Halse bis zu den Knien bedeckende Badeanzüge« erlaubt (Warnemünde 1904).

Bäderboom und Massentourismus

Gegen Ende des 19. Jh. boomte der Bädertourismus, wohlhabende Großstädter, allen voran die Berliner, zog es auf die Inseln Usedom und Rügen. Die Usedomer Seebäder Ahlbeck, Heringsdorf und Bansin erhielten den Beinamen Badewanne Berlins. Auf Rügen entwickelten sich Sassnitz, Binz und Sellin zu Seebädern von internationalem Ruf. Es war Gründerzeit, auswärtiges Kapital floss in Strömen in die Ostseebäder. Villen, Hotels und Pensionen schossen aus dem Ostseesand. Breite Promenaden, Musikpavillons und Kurparks entstanden, Seebrücken erstreckten sich hinaus aufs Meer.

Der Badeaufenthalt wurde zum gesellschaftlichen Ereignis. Die Damen präsentierten sich in langen Schleppenkleidern, die Herren in korrekten, dunklen Anzügen. In den Gästebüchern findet man die Crème de la Crème der Gesellschaft. Berühmte Dichter, Maler und Komponisten trugen zum kulturellen Glanz der Seebäder bei. Die Seebäder waren jedoch, das sei nicht vergessen, immer auch Urlaubsorte für das ›normale‹, wohlhabende Publikum, das sonnige Sommertage an feinen, weißen Sandstränden am blauen Meer genoss.

Erst um die Wende zum 20. Jh. begann sich allmählich das ›Gemischbaden‹ durchzusetzen, in Heringsdorf wurde 1902 das erste Familienbad eröffnet, 1903 folgten Ahlbeck, Bansin und Heiligendamm, 1904 Warnemünde und Binz. Nach dem Zweiten Weltkrieg fluteten Flüchtlingsströme die Sommerfrischen am Meer. Viele Pensionen wurden zu Wohnungen umgebaut. Doch bereits 1946 setzte auch der Badetourismus wieder ein.

Im Sozialismus wurden Besitzer von Cafés, Hotels und Pensionen enteignet, und das nicht erst im Rahmen der berüchtigten Aktion Rose Anfang der 1950er-Jahre. Ihre Häuser wurden von der SED oder dem Freien Deutschen Gewerkschaftsbund (FDGB) vereinnahmt. Die Küste Mecklenburg-Vorpommerns entwickelte sich zum Hauptziel des vom FDGB organisierten Massentourismus. Wer einen Ostseeurlaub genehmigt bekam, entschieden die Kommissionen der Betriebe. Immer mehr Urlauber wurden in den mittlerweile ohnehin maroden Gründerzeithotels untergebracht. Riesige Campingplätze entstanden, volkseigene Betriebe und landwirtschaftliche Produktionsgenossenschaften bauten Fe-

rienheime, Bungalowsiedlungen und Kinderferienlager. Um 1960 überschritten die Urlauberzahlen die Millionengrenze.

Die Renaissance der Ostseebäder

Nach der Wiedervereinigung galt es, die im Laufe der Zeit mächtig verwohnte, notdürftig erhaltene und teilweise auch verfallene Bausubstanz in den Seebädern zwischen Boltenhagen und Ahlbeck grundlegend zu erneuern. Es folgten schwierige Jahre mit anfänglich vielfach ungeklärten Eigentumsverhältnissen, leer stehenden Ferienheimen und Investoren jeglicher Couleur. Rückgabeansprüche und Reprivatisierungen führten zu erheblichen Spannungen zwischen Altmietern und neuen Vermietern.

Mittlerweile sind die Wogen einigermaßen geglättet. Die Ostseebäder präsentieren sich als charmante, moderne Sommerfrischen in schönstem, nostalgischen Gewand. Insgesamt 19 Seebrücken zwischen Boltenhagen und Usedom fungieren als Wahrzeichen der Strandorte und ihrer kapitalen Erneuerung.

Aber damit ist keineswegs nur die Sanierung der Bausubstanz gemeint. Wellness – im Sinne von Wohlbefinden, Entspannen und Gesunden – nimmt einen zunehmend größeren Stellenwert an der Ostsee ein. Dazu gehört die mineralstoffreiche, heilkräftige Seeluft ebenso wie das Schwimmen im offenen Meer und das Entspannen in Jahrmillionen alter Kreide. ›Freude empfängt dich, entsteigst du gesundet dem Bade‹– das Motto aus der Frühzeit des Badetourismus hat die Zeiten überdauert.

Logenplatz am Meer – das altehrwürdige Kurhaus in Binz

Der Reichtum des Meeres – gute Zeiten, schlechte Zeiten

Fangquoten und Überfischung machen den Fischern zu schaffen

Ein auf den weißen Sandstrand gezogener Fischkutter, Reusen im Bodden, hochseetüchtige Trawler im Hafen – die Fischerei prägt nach wie vor das malerische Bild der Küste und ist damit wichtiger Bestandteil der regionalen Tourismuswirtschaft. Die Schlagzeilen von Überfischung und Quoten sprechen eine andere Sprache. Ist alles nur schöner Schein?

Hauptreichtum der Ostsee war und ist der Hering, der die Küstengewässer zum Laichen in großen Schwärmen aufsucht. Die Hansestädte an der Ostsee verdankten ihren Aufschwung in erster Linie dem Heringsfang, für den sie zeitweise sogar das Monopol innehatten. Viele Städte wurden in der Nähe der Laichplätze und Durchzugsgebiete der Heringe gegründet. Als eiweißreiches Nahrungsmittel, vor allem aber als Fastenspeise war der Hering begehrt. Durch das Einlegen in Salz oder Salzlake konnte er haltbar gemacht werden.

Der Hering, die harten Devisen der DDR

Entlang der Küste, beispielsweise auf Rügen und Hiddensee, befanden sich sogenannte Vitten, kleine Umschlagplätze, die zunächst nur im Sommerhalbjahr bewohnt waren. Hier wurde der Hering angelandet und in Tonnen eingesalzen. Mit dem zeitweiligen Ausbleiben der Heringsschwärme in der Ostsee im Verlauf des 16. Jh. wuchs die wirtschaftliche Bedeutung des Nordseeherings. Die große Zeit der Hanse ging ihrem Ende entgegen.

Vom Fischfang zu leben, war immer ein hartes Brot. Die meisten Küstenbewohner waren ›Fischerbauern‹, die sich in der Landwirtschaft ein zusätzliches Einkommen verdienen mussten. Zu DDR-Zeiten änderte sich das. Fisch gehörte zu den wichtigen Exportartikeln des Landes, das harte Devisen aus dem Westen gut gebrauchen konnte. Wer in der DDR Exportwaren lieferte, wurde überdurchschnittlich gut bezahlt. Ab den 1950er-Jahren wurden die See- und Küstenfischer in Fischereiproduktionsgenossenschaften (FPG) zusammengeschlossen. Der Staat garantierte die Abnahme des Fisches zu Festpreisen, die Fischer brauchten sich um die Vermarktung nicht zu kümmern.

Umso so härter traf sie der Konkurrenzkampf, dem sie sich mit der Einführung der Marktwirtschaft nach der Wende ausgesetzt sahen. Die Fischerei brach zusammen, ein Großteil der Verarbeitungsbetriebe schloss, westdeutsche Firmen überschwemmten die neu gewonnenen Märkte mit ihrer Ware.

Der Kampf ums Überleben

Überfischung, Sauerstoffmangel und Schadstoffeinträge haben die Fischbestände in der Ostsee drastisch reduziert. Im Herbst 2010 erreichte der Heringsbestand einen historischen Tiefststand. Das bundeseigene Institut für Ostseefischerei riet daher dazu, die Fangmenge um 36 % zu reduzieren, und das bis ins Jahr 2015. Die Nordseefischer haben es vorgemacht. Nach einem zeitweise kompletten Fangverbot für Heringe in den 1970er-Jahren konnten sich dort die Bestände erholen. Die Fischerei auf Nordseehering bekam 2006 sogar das begehrte MSC-

Mein Tipp

Konservierte Köstlichkeiten aus dem Meer
Eine verlockende Vielfalt an Konserven bietet die Rügen Fisch GmbH & Co in Sassnitz beim Fabrikverkauf zu einem hervorragenden Preis-Leistungs-Verhältnis an. Ein Geheimtipp ist der Fabrikverkauf mittlerweile nicht mehr, denn Rügen Fisch ist auch ein beliebter Stopp für Reisebusse (Fabrikverkauf und Bistro, Str. der Jugend 10, Sassnitz, Tel. 038392 600, www.ruegenfisch.de, Mai–Okt. tgl. 9–18 Uhr, Nov.–April Mo–Sa 10–17 Uhr).

Siegel für eine bestandserhaltende Fischerei.

Die wirtschaftliche Situation der zahlreichen Fischereibetriebe in den kleinen und größeren Häfen entlang der Ostseeküste ist aufgrund der zeitlichen und räumlichen Fangbeschränkungen und der hohen Unterhalts- und Betriebskosten der Fahrzeuge angespannt. Ob Hochseefischerei oder Küstenfischerei betrieben wird, macht dabei keinen großen Unterschied. Die größeren Kutterbetriebe sind vorwiegend in der Schleppnetzfischerei tätig. Hering und Dorsch sind die wichtigsten Fischarten. In der sogenannten Kleinen Küstenfischerei, in der offene Boote und bis zu 12 m lange Kutter unterwegs sind, werden vor allem Stellnetze, Reusen und Angeln eingesetzt. Gefangen werden neben Dorsch und Hering auch Aal, Zander und Barsch. Die Verarbeitung der Fische erfolgt vor Ort. Das von einer holländischen Gesellschaft betriebene Fischwerk Mukran auf Rügen ist einer der größten und modernsten Fischverarbeitungsbetriebe Europas. Einen großen Anteil der zu Filets und Frostware verarbeiteten Frischware liefern Fischer aus Sassnitz und Mecklenburg-Vorpommern, der Rest kommt aus Schleswig-Holstein, Dänemark und Schweden.

Mein Tipp

Das Original
Bismarckhering kann sich jeder sauer eingelegte, entgrätete Hering nennen. Nach dem Originalrezept von 1871 wird er – laut Eigenwerbung – nur noch vom Fischhändler Rasmus in Stralsund hergestellt. Jeder prominente Politiker, der vorpommerschen Boden betritt, bekommt ihn überreicht. ›Landeskind‹ Angela Merkel schmeckt diese Delikatesse sowieso, aber auch Gerhard Schröder und George W. Bush mundete der Hering. Der trotz berühmter Kundschaft immer noch sympathisch normale Laden gehörte laut dem Gourmet-Journal »Der Feinschmecker« 2010 zu den besten Fischgeschäften Deutschlands (Henry Rasmus Fischhandel und Räucherei, Heiliggeiststr. 10, Stralsund, Tel. 03831 28 15 38, www.bismarckhering.com).

Fisch trifft Nudel

Mecklenburg-Vorpommerns Landesmeister im Export ist kein Medizintechnikanbieter, auch kein Hersteller von Windenergieanlagen, sondern ein Hersteller von Fischkonserven. Das traditionsreiche Unternehmen Rügen Fisch in Sassnitz, das Hering, Lachs, Makrele und Forelle verarbeitet, ist eines der seltenen Beispiele für die Umstrukturierung eines ehemals volkseigenen Betriebes in ein mittlerweile weit über die Landesgrenzen hinaus erfolgreich agierendes Unternehmen. Fischkonserven aus Rügen werden in fast alle Länder Europas, nach Asien und Afrika, in die USA, sogar bis nach Australien und Neuseeland geliefert. Andere Länder, andere Geschmäcker erfordern kulinarische Kreativität. Die Mitarbeiter von Rügen Fisch sind ständig auf der Suche nach neuen Rezepten: Wie wär's mit Garnelen in Chan Thai-Dip oder einer Fisch-Pastasauce der neuen italienischen Produktlinie Pasta del Mar?

Auf den Spuren der Künstler – Inspiration Ostsee

Einsame, weite Landschaften und unvergleichliche Lichtstimmungen zogen seit dem frühen 19. Jh. zahlreiche Künstler an die Ostsee, unter ihnen den Romantiker Caspar David Friedrich, dessen Bilder von den Kreidefelsen auf Rügen und der Klosterruine von Eldena Weltruhm erlangten. Noch heute pilgern jährlich hunderttausende Kunstfreunde und Naturschwärmer zu den Orten der Inspiration.

Im Jahr 2005 stürzten die markanten Spitzen der berühmten Wissower Klinken ins Meer, futsch war damit eines der berühmtesten Motive Caspar David Friedrichs, obwohl es nie sicher war, sogar eher unwahrscheinlich, dass es gerade diese bizarren Kreideformationen waren, die Friedrich verewigt hatte. Die schroffe Steilküste der Halbinsel Jasmund ist ständig im Wandel – Wind, Wetter und Wellen nagen an den kreidigen Felsen. Von Sassnitz führt ein Wanderweg entlang der Steilküste zu den herausragenden Felsformationen – den Wissower Klinken, der Viktoriasicht und dem Königsstuhl. Atemberaubend schön ist die Natur,

Ein Sehnsuchtsort der Romantiker – die Klosterruine von Eldena

Mein Tipp

Caspar-David-Friedrich-Bildweg

Der Bildweg beginnt im Geburtshaus des Künstlers in Greifswald, das heute das Caspar-David-Friedrich-Zentrum beherbergt. Je nach Lust und Zeit kann man zwischen unterschiedlich langen Etappen wählen. Der komplette Rundgang (18 km) führt durch die Altstadt (1,5 km) und dann vom Museumshafen am Ufer des Ryck nach Wiek und zur Klosterruine von Eldena (8 km). Informationen zu den mit Kopien markierten Staionen sowie eine Übersichtskarte bietet ein Flyer, den die Tourist-Information und das CDF-Zentrum kostenlos abgeben (s. S. 240).

berührend die Nähe zu dem Romantiker, dessen Größe und Bedeutung erst nach seinem Tod die volle Anerkennung fand.

Romantische Seelenbilder

Caspar David Friedrich wurde 1774 als sechstes von zehn Kindern als Sohn eines Seifensieders in Greifswald geboren. Mit 16 Jahren erhielt er beim Universitätszeichenmeister Johann Gottfried Quistorp den ersten Zeichenunterricht. Nach einigen Jahren an der Königlich Dänischen Kunstakademie in Kopenhagen ließ sich Friedrich in Dresden nieder, kehrte aber immer wieder in den Norden zurück. Er durchwanderte das Land, hielt auf seinem Skizzenblock Ansichten fest – Felsen, Bäume und Wolken –, um sie später nach Bedarf und Stimmung in sorgfältig komponierten, tiefgründigen Gemälden zusammenzusetzen. Sein Gemälde der »Klosterruine von Eldena im Erzgebirge« befindet sich heute im Pommerschen Landesmuseum in Greifswald. Im Jahr 2010 zeigte das renommierte Haus die europaweit beachtete Ausstellung »Die Geburt der Romantik in Pommern: Friedrich, Runge, Klinkowström«. Das Museum ist eine Station des Bildwegs, der den Spuren des Caspar David Friedrich in Greifswald folgt.

Ein Amerikaner auf Usedom

Die Anziehungskraft der Insel- und Küstenlandstriche auf die Künstler blieb auch über die Romantik hinaus ungebrochen. Der 1871 in New York geborene Maler und Bauhausmeister Lyonel Feininger hielt sich zwischen 1908 und 1918 mehrmals mehrere Wochen auf der Insel Usedom auf. Quartier nahm der passionierte Radfahrer in Heringsdorf, in Neppermin und in Benz. Viele der Motive, die er auf seinen Streifzügen auf der Insel fand, sind noch vorhanden, unter ihnen die Holländerwindmühle in Benz, die er in verschiedensten Ansichten und Techniken malte.

Die Mühle ist eine Station der Lyonel-Feininger-Tour, die zu den identifizierbaren Malorten im Südosten Usedoms bis nach Swinemünde führt. Die Plätze, an denen der Künstler seinen Skizzenblock zückte, sind durch Bronzeplatten im Boden kenntlich gemacht. Welche Bilder vor Ort entstanden, entnimmt man dem liebevoll gestalteten Routenführer »Papileo auf Usedom«, der für 20 € in der Benzer Mühle erhältlich ist. Übrigens unterzeichnete Feininger mit Papileo, das sich aus Papi Lyonel zusammensetzt, eine Widmung für seinen Sohn. Auf der Webseite www.papileo.de findet man Informationen über die Feininger Tour.

Die Malweiber von Hiddensee

Dank zauberhafter, natürlicher Schönheit und idyllischer Abgelegenheit entwickelten sich die Insel Hiddensee wie auch das Fischerdorf Ahrenshoop auf dem Darß im 19. Jh. zu paradiesischen Rückzugsorten für Künstler und Künstlerinnen. Zu den ersten Künstlern, die Ahrenshoop entdeckten, gehörte Paul Müller-Kaempff, der sich hier 1892 niederließ und eine Malschule für höhere Töchter gründete – an den deutschen Kunstakademien wurden Frauen erst nach dem Ersten Weltkrieg offiziell zugelassen.

Das Leben fernab der ›Zivilisation‹, in der sich die ambitionierten und begabten Malerinnen bei einer Fischerfamilie statt in einem luxuriösen Logierhaus oder Grand Hotel einmieteten, hatte viele Vorzüge. Es war nicht nur viel preiswerter, sondern bot auch die Möglichkeit, einen selbst bestimmten Weg zu gehen.

Die Künstlerinnen versetzten mit ihren neumodischen Anwandlungen die Einheimischen nicht selten in Erstaunen. So nahm beispielsweise die Malerin Elisabeth Büchsel (1867–1957), die 1904 erstmals nach Hiddensee kam und fortan bis an ihr Lebensende einen Teil des Jahres hier verbrachte, jeden Morgen ein erquickendes Bad im Meer. Dieser argwöhnisch beäugten Tatsache zum Trotz mochten die ansonsten eher spröden Insulaner die warmherzige und eigensinnige Tante Büchsel, die plattdeutsch sprach und wie kein Künstler nach ihr über Jahrzehnte das alltägliche Leben der Hiddenseer festhielt: Kinder beim Spielen, Fischer beim Flicken der Netze, Frauen auf dem Feld.

Elisabeth Büchsel wurde Mitglied des 1922 von den jüdischen Malerinnen Henni Lehmann und Clara Arnheim gegründeten Hiddenseer Künstlerinnenbundes, dem zeitweise bis zu 20 Frauen angehörten. Die Nationalsozialisten besiegelten das Ende des Zusammenschlusses. Henni Lehmann beging 1937 Selbstmord, Clara Arnheim wurde 1942 im Konzentrationslager ermordet. Vielen – bekannten wie unbekannten – Ahrenshooper und Hiddenseer Künstlerinnen wird erst heute in Ausstellungen und Veröffentlichungen die gebührende Anerkennung zuteil.

Mein Tipp

Zum Kennenlernen
Schön zu lesen und anzusehen sind die beiden Bücher »Die Malweiber: Unerschrockene Künstlerinnen um 1900« von Katja Behling und Anke Manigold (München 2009) sowie »Wie sich die Malweiber die Ostseeküste eroberten« von Marion Magas (Berlin 2003). Im Sommerhalbjahr bietet Marion Magas Führungen auf den Wegen der Malweiber an (Termine unter www.hiddensee-kultur.de).

Literarische Streifzüge – Gerhart Hauptmann und Kollegen

Zeit zu Schmökern – Literaturhaus Uwe Johnson in Klütz

Der Dramatiker und Literaturnobelpreisträger Gerhart Hauptmann, der viele Jahrzehnte den Sommer auf Hiddensee verbrachte, schwärmte von der Insel in höchsten Tönen. Für die Einheimischen und ihr Leben zeigte er kein besonderes Interesse. Die echten Kinder des Landes – Fritz Reuter, Uwe Johnson und Walter Kempowski – beschäftigten sich schon eher mit den Mecklenburgischen Umständlichkeiten, wie sie Johnson nannte – jeder auf seine Art.

»Allens bliwwt bi´n Ollen«. Treffender hätte Fritz Reuter die mecklenburgischen Befindlichkeiten kaum zusammenfassen können als im Paragraphen Eins der mecklenburgischen Landesverfassung seiner »Urgeschicht«. Kein anderer Dichter hat den mecklenburgischen Volkscharakter so eindrücklich und lebensnah, so kritisch und humorvoll beschrieben wie Fritz Reuter. 1810 wurde er als Sohn des Bürgermeisters und Stadtrichters in Stavenhagen geboren. Das ehemalige Rathaus des Städtchens nordwestlich von Neubrandenburg ist heute das Fritz-Reuter-Literaturmuseum.

Fritz Reuter – der Bestsellerautor

Als Student wurde Reuter 1837 vom Berliner Kammergericht wegen Teilnahme an hochverräterischen burschenschaftlichen Verbindungen zum Tode verurteilt, gleich darauf zu 30 Jahren Festungshaft begnadigt, von denen er sieben absitzen musste. Nach seiner Entlassung trat er eine Stelle als *Strom,* landwirtschaftlicher Volontär, bei einem Gutspächter im mecklenburgischen Demzin an. Das dreiteilige Werk *»Ut mine Stromtid«,* in dem er das mecklenburgische Landleben in der ersten Hälfte des 19. Jh. beschreibt, wurde zum Höhepunkt seines literarischen Schaffens.

Das viel zitierte Fragment *»De Urgeschicht von Meckelnborg«* wurde 1874 als nachgelassene Schrift veröffentlicht. Reuter war der meist gelesene deutsche Autor seiner Zeit, obwohl er plattdeutsch schrieb und keine hochdeutschen Übersetzungen zuließ. Wer Platt nicht konnte, musste es lernen. Diese Reuter-Begeisterung, verbunden mit der Bereitschaft, sich eine fremde Sprache zu erlesen, vergleichen die Autoren des Titels »Mecklenburg-Vorpommern – Anleitung für Ausspanner« kühn, aber treffend mit jener Euphorie, die die letzten beiden Harry-Potter-Bände in der englischen Originalausgabe in die deutschen Bestsellerlisten katapultierte.

Gerhart Hauptmann – der Urlauber

Als der 23-jährige Schlesier Gerhart Hauptmann 1885 das erste Mal für einen Kurzbesuch mit nur einer Übernachtung auf die damals noch völlig unbekannte Insel Hiddensee reiste, entstand das Gedicht »Mondscheinlerche«. Auch während späterer Aufenthalte inspirierte ihn die Atmosphäre der Insel. 1912 verfasste er die Dichtung »Gabriel Schillings' Flucht«. Schauplatz ist Hiddensee, das in dem Drama Fischermeisters Oye heißt.

Hauptmann schätzte die Abgeschiedenheit der Insel, gerne zitiert wird seine Befürchtung: »Hiddensee ist eines der lieblichsten Eilande, nur stille, stille, dass es nicht etwa ein Weltbad werde«. Erstaunliche Worte von einem, der viele Künstler anzog, einen allerdings vertrieb der König von Hiddensee: Die Familie von Thomas Mann, die 1924 zeitgleich mit Hauptmann im Haus am Meer in Kloster den Sommer hatte verbringen wollen, reiste vorzeitig ab. Katja Mann bemerkte verdrießlich, dass Hauptmann doch der König von Hiddensee sei und es keinen Platz für zwei Große gäbe. Das Haus Seedorn in Kloster auf Hiddensee gewährt Einblick in Hauptmanns Leben im Sommerdomizil.

Uwe Johnson – der Ferne

Einer, der seine ersten 25 Lebensjahre mit einer kurzen Unterbrechung in Mecklenburg verbrachte, dann aber nicht mehr zurückkehrte, ist der 1934 im hinterpommerschen Kamin geborene Uwe Johnson. Er wuchs in Anklam auf, studierte in Rostock und Leipzig Germanistik, zog 1959 nach Westberlin, arbeitete lange als Lektor in New York und starb 1984 einsam in Sheerness-on-Sea vor der Themsemündung. Ein bewegtes, auf fast beunruhigende Weise heimatloses Leben.

Johnson sehnte sich nicht zurück nach Mecklenburg, seine Werke nehmen aber unübersehbar Bezug auf seine gewesene Heimat. In seinem Werk sind fiktive Orte eng verwoben mit real existierenden Orten. Sein vierbändiges Hauptwerk »Jahrestage«, dessen letzten Band er ein Jahr vor seinem Tod abschloss, erzählt die Geschichte der Gesine Cresspahl. Die Handlung ist teilweise in New York, teilweise in Jerichow angesiedelt, einem fiktiven mecklenburgischen Städtchen zwischen Lübeck und Wismar, das mit Klütz in Verbindung ge-

Martha Müller-Grählert – die »Ostseewellen«
Im vorpommerschen Barth geboren und in Zingst aufgewachsen, verschlug es Martha Müller-Grählert nach ihrer Heirat zunächst nach Berlin, später nach Japan. Ihr Heimweh verpackte sie in ein Gedicht *»Mine Heimat«*, das mit den berühmten Zeilen beginnt: *»Wo de Ostseewellen trecken an den Strand…«*. Populär wurde das von Simon Krannig vertonte Lied in der ›umgedichteten Nordsee-Version‹. Lange versuchte die Dichterin, die nach ihrer Scheidung in ärmlichen Verhältnissen in Zingst lebte, vergeblich ihre Urheberrechte für das Lied geltend zu machen und Tantiemen zu erhalten. Erst 1936 wurden ihr und dem Komponisten endlich die Urheberrechte zugestanden, für die Dichterin zu spät. Bevor sie von dem Urteil materiell profitieren konnte, starb sie am 19. November 1939 völlig mittellos im Altersheim Franzburg bei Stralsund. Ihr Grab befindet sich auf dem Friedhof in Zingst, auf dem Grabkreuz die Inschrift: *»Hier is mine Heimat, hier bün ick to Hus«*.

setzt wird. Obwohl nicht bewiesen ist, dass Johnson jemals in Klütz gewesen ist, hat die Stadt ihm ein bemerkenswertes Denkmal gesetzt. Das in einem vierstöckigen früheren Bohnen- und Getreidespeicher untergebrachte Literaturhaus Uwe Johnson beherbergt eine Dauerausstellung über den Schriftsteller, der – wie es in vielen Veröffentlichungen heißt – Mecklenburg einen Platz in der Weltliteratur verschaffte. Seit 1994 wird der Uwe-Johnson-Preis verliehen, 1995 ging die Auszeichnung an Walter Kempowski.

Walter Kempowski – Der Chronist

Erst erzählte er seine eigene Geschichte, dann begann er, die Lebensgeschichten anderer Menschen zu sammeln. Walter Kempowski (1929–2007) war ein Chronist aus Leidenschaft. Geboren wurde er als Sohn eines Reeders und Schiffsmaklers in Rostock. Nachdem er die Jahre 1948–1956 wegen angeblicher Spionagetätigkeit in Haft verbringen musste, ging er in den Westen, holte sein Abitur nach und wurde Lehrer.

In dem stark autobiografisch geprägten, detailreichen und sympathisch menschennahen Romanzyklus »Deutsche Chronik« (1971–1984) erzählt er in neun Bänden seine eigene Familiengeschichte. Einige der Bände wurden verfilmt, der ZDF-Zweiteiler »Tadellöser & Wolff« und der nachfolgende Dreiteiler »Ein Kapitel für sich« machten ihn berühmt. Seit Anfang der 1980er-Jahre sammelte Kempowski biografisches Material in Form von Tagebüchern, Briefen, Lebensgeschichten und Fotografien prominenter wie auch unbekannter Menschen. Sie bildeten den Grundstock für sein dokumentarisches Hauptwerk »Das Echolot«, das ihm den oben erwähnten Johnson-Preis einbrachte. Teile seines Werkarchivs sowie Gegenstände, die mit der Familiengeschichte verknüpft sind, werden im Kempowski-Archiv im Hof des Klosters zum Heiligen Kreuz in Rostock aufbewahrt (s. S. 126). Die dort angebotenen, stadtgeschichtlichen Rundgänge ›Mit Kempowski durch Rostock‹ sind ein wahrlich schönes Kapitel für sich.

Strandgut – auf der Suche nach dem Glück

Hühnergötter sind begehrte Sammelobjekte der Strandgänger

Nach einem auflandigen Sturm herrscht Goldgräberstimmung an der Küste. Schon frühmorgens sind Scharen von Strandgängern unterwegs – den Blick nach unten gerichtet. Im Spülsaum der Sandstrände verbirgt sich goldener Bernstein, an den steinigen Abschnitten der Ostseeküste finden sich Jahrmillionen alte Steine und Fossilien. Donnerkeilen, Hühnergöttern & Co. werden magische Kräfte nachgesagt. Sie schützen vor Blitzschlag und verleihen ihrem Träger Kraft und Glück.

›Sonnenstein‹ hieß er bei den Griechen, ›Brennender Stein‹ bei den Germanen – angezündet brennt er mit langsamer, stark rußender Flamme. Daher leitet sich der Name Bernstein ab. Bernstein ist versteinertes Harz und auf fast allen Kontinenten zu finden.

Das Gold der Ostsee

Der wegen seiner goldgelben Farbe besonders begehrte Ostsee-Bernstein – auch Baltischer Bernstein genannt – entstand vor etwa 40–50 Millionen Jahren. Als Schmuckstein erfreut er sich seit alters her großer Beliebtheit. Bereits in jungsteinzeitlichen Gräbern fand man Amulette und Schmuck aus Bernstein. In der Antike gelangte das Gold des Nordens auf den legendären Bernsteinstraßen zu den Griechen und Römern. Bei seinen Ausgrabungen in Mykene entdeckte Heinrich Schliemann Hunderte von Bernsteinperlen baltischer Herkunft.

Als Blütezeit der Bernsteinkunst gelten das 16. und 17. Jh., als Fürsten aus ganz Europa bei den Bernsteinschnitzern in Königsberg und Danzig Arbeiten in Auftrag gaben. Das berühm-

Auf Schatzsuche im Nationalpark Jasmund

teste Kunstwerk ist das legendäre Bernsteinzimmer, das seit dem Zweiten Weltkrieg verschollen ist. Im Deutschen Bernsteinmuseum in Ribnitz-Damgarten ist seine spannende Geschichte dokumentiert. Hier kann man auch sogenannte Inklusen – vom Harz eingeschlossene Insekten und Pflanzenteile – von Nahem betrachten. Die Chancen, am Strand selber einen Bernstein zu entdecken, in dem eine ahnungslose Mücke für die Ewigkeit eingeschlossen wurde, sind gering – aber vorhanden. Man sollte der Versuchung widerstehen, am Strand billig angebotene Inklusensteine zu kaufen. Oft handelt es sich um Fälschungen – in Kunstharz eingelegte Stubenfliegen sind keine Seltenheit.

Steine mit magischen Löchern

Zu den begehrtesten Sammelobjekten der Strandgänger gehören Hühnergötter. Der Name weckt Neugier, dabei handelt es sich um ganz normale Feuersteine, die im Strandgeröll aller Strände der südlichen Ostseeküste zu finden sind: dunkelgrau, fast schwarz mit weißer Rinde. Sie sind hart, aber sie splittern leicht, eine Eigenschaft, die die Menschen der Steinzeit nutzten, um Werkzeuge herzustellen. Am Geröllstrand findet man sie häufig in Form unregelmäßiger, durch die Brandung abgerundeter Knollen. Einige von ihnen haben mit Kreide gefüllte Hohlräume, wenn diese in der Meeresbrandung frei gespült werden, entstehen die geheimnisvollen Löcher auf ganz natürliche Weise.

Über den Ursprung des seltsamen Namens Hühnergötter gibt es verschiedene Theorien. Ihnen werden seit alters her magische Kräfte zugesprochen: Legt man sie in Hühnernester, sollen sie die Gesundheit und Legefreudigkeit des Federviehs fördern. Weit verbreitet war die Sitte, die Steine am Hühnerstall aufzuhängen, dort klapperten sie im Wind und hielten Marder und Füchse fern. Die größten, teilweise zentnerschweren Exemplare von Hühnergöttern findet man übrigens auf Rügen. Sie wurden von ihren Fundorten an der Kreideküste nach Sassnitz transportiert, dort in die Vorgärten gestellt, mit Erde gefüllt und bepflanzt, daher ihr Beiname: Sassnitzer Blumentöpfe.

Von den Göttern geschickt

Einen Donnerkeil oder Teufelsfinger hat schon mal fast jeder bei einem Spaziergang entdeckt. Er sieht aus wie ein steinzeitliches Geschoss und soll der Rest eines tintenfischähnlichen Kopffüßers (Belemniten) sein – aber welcher Teil, darüber kann man lange nachgrübeln. Allein aus diesem Grunde lohnt es sich, sich mit einer entsprechenden Strand-Lektüre auszustatten. Übersichtlich und für geologische Laien verständlich ist das im Demmler Verlag erschienene Buch von Rolf Reinicke »Steine am Ostseestrand«.

Hier findet man die Zeichnung der Belemniten, die vor etwa 67 Mio. Jahren im Kreidemeer unterwegs waren. Am Ende der Kreidezeit starben sie aus, von ihrem Innenskelett blieb nur der knöcherne Teil der Schnauze (Rostrum) übrig. Am häufigsten sind die kegelförmigen oder zylindrischen Gebilde an der Kreideküste zu finden. Der Name stammt aus einer Zeit, als man noch glaubte, dass der germanische Donnergott Donar (altnordisch Thor) für Gewitter, Blitz und Donner zuständig war. Donars-Keile wurden als die Spitzen der von ihm geschleuderten Blitze angesehen. Die Menschen trugen sie als Amulett, denn ihre pfeilartige Form sollte das persönliche Durchsetzungsvermögen stärken. Zermahlen dienten sie als Medizin gegen eine Vielzahl von Krankheiten. Auch sollten sie das eigene Haus vor Blitzeinschlag und Feuer schützen.

Diese Schutzfunktion wurde auch den sogenannten Göttersteinen zugesprochen: Die teilweise wunderschön gezeichneten, in Form von Feuersteinkernen erhaltenen Seeigel wurden ebenfalls häufig nach schweren Gewitterstürmen gefunden und darum mit dem Donnergott in Verbindung gebracht. Kinder spielen am liebsten mit den sogenannten Klappersteinen. Das sind runde Feuersteine, die einen Kieselschwamm umschließen, der sich zum Teil wieder aufgelöst hat. Die versteinerten Reste rasseln noch immer munter in der steinernen Kugel.

Wirklich alles Bernstein?
Der rohe Bernstein, den man am Strand findet, gleicht nicht dem herbstgolden strahlenden Schmuck im Laden. Wer nicht ganz sicher ist, ob sein Fundstück ein Bernstein ist (und es nicht verbrennen will), kann mit dem Stein gegen die Zähne klopfen. Ein gewöhnlicher Kiesel klickt hell und hart, Bernstein weich und gedämpft. Eine andere Methode: In einem mit zwei Teelöffeln Kochsalz angereicherten Glas Wasser schwimmt Bernstein, da seine Dichte geringer ist als die des Wassers. Der häufig gegebene Tipp, den Bernstein an einem Stück Wolle oder Seide zu reiben, um ihn elektrostatisch aufzuladen und dann kleine Papierschnitzel oder Stofffasern anzuziehen, klappt nur bei großen Bernsteinen.

Unterwegs an der Ostseeküste

Ein Ort zum Träumen – ein Haus in den Dünen bei Ahrenshoop

Das Beste auf einen Blick

Der Nordwesten Mecklenburgs

Highlights !

Wismar: Im Zentrum der Mecklenburger Bucht liegt die ehrwürdige Hansestadt Wismar, eine der schönsten Städte der Ostseeküste. Seit 2002 gehört sie zum UNESCO-Welterbe. S.90

Bad Doberan: Mittelpunkt der zauberhaften Sommerresidenz der großherzoglichen Familie ist der Kamp mit klassizistischen Bauten, in dessen Mitte ein Park mit altem Baumbestand liegt. S. 109

Heiligendamm: Die weiße Stadt am Meer ist aus dem Dornröschenschlaf erwacht und erstrahlt in neuem Glanz. S. 118

Auf Entdeckungstour

Die Schweden in Wismar: In Folge des Dreißigjährigen Krieges fiel die Hansestadt 1648 an das schwedische Königreich. Erst zweieinhalb Jahrhunderte später kehrte Wismar endgültig nach Mecklenburg zurück. Noch heute trifft man auf die Spuren der schwedischen Vergangenheit. S. 94

Das Bad Doberaner Münster: In warmem Backsteinrot leuchtet die 1368 geweihte Kirche des ehemaligen Zisterzienserklosters inmitten eines im frühen 19. Jh. angelegten englischen Landschaftsgartens, den die alte Klostermauer schützend umgibt. S. 114

Kultur & Sehenswertes

Schloss Bothmer: Am Ortsrand von Klütz liegt die größte Barockanlage Norddeutschlands. S. 62, 86

Timmendorf: Der kleine Hafenort auf der Insel Poel hat einen beliebten Badestrand und eine Mole – für den Sonnenuntergang. S. 102

Heinrich-Schliemann-Gedenkstätte: Neubukow hat seinem berühmten Sohn und Entdecker Trojas eine charmante Ausstellung gewidmet. S. 104

Aktiv & Kreativ

Molli Bahn: Eine Fahrt mit dem schnaufenden Nostalgie-Express zwischen Bad Doberan und Kühlungsborn ist ein Erlebnis. S. 107, 109

Quellental: Stille und muntere Bäche durchfließen die idyllische, waldbedeckte Endmoränenlandschaft südlich von Doberan – ein beliebtes Ziel für Wanderer und Radfahrer. S. 113

Genießen & Atmosphäre

Zum Weinberg: Typisch für Wismar ist diese traditionsreiche Gaststätte, hier passt einfach alles – uriges Flair, viel Holz, bunt verglaste Fenster und eine bemalte Balkendecke von 1648. S. 100

Café Alte Löwenapotheke: In der 1645 erbauten Apotheke in Wismar genießt man liebevoll zubereitete Bio-Speisen und besucht Verkostungen von Kaffee, Schokolade oder Wein. Ein kultureller Genuss sind die Musik-, Literatur- und Theaterabende. S. 100

Vielmeer: Angenehmes Ambiente herrscht in dem Café-Restaurant am Yachthafen in Kühlungsborn. Relaxen kann man auf Bänken und Kissen direkt am Wasser. S. 108

Abends & Nachts

Der Schlauch: Die netteste Kneipe in Wismar mit schummrigem Licht und gemütlicher Atmosphäre ist immer gut besucht. S. 101

Die Mecklenburger Bucht zwischen Trave und Warnow

Blaues Meer mit weißem Strand, malerische Steilküsten, Fischkutter mit kreischenden Möwen, eine kleine Insel mit zwei Leuchttürmen, dazu ein stilles, schönes Hinterland mit sanft geschwungenen, weiten Feldern, einigen Alleen und uralten Findlingen – die Region zwischen Klützer Winkel und Kühlungsborn entspricht allen Träumen von einem Urlaub am Meer. Im Zentrum der Mecklenburger Bucht liegt die ehrwürdige Hansestadt Wismar. Mit ihren zahlreichen Baudenkmälern aus der Blütezeit der Hanse gehört sie zu den schönsten Städten der Ostseeküste. In der Umgebung versprechen die traditionsreichen Seebäder Boltenhagen und Rerik mit endlosen weißen Sandstränden sowie zauberhaft stille Landstriche wie der Klützer Winkel, die Insel Poel und das Salzhaff Ruhe und Erholung. Als weiße Stadt am Meer präsentiert sich das älteste deutsche Seebad Heiligendamm, das nach Jahrzehnten des Verfalls heute wieder in neuem Glanz erstrahlt. Kulturhistorischer Höhepunkt ist das Doberaner Münster, eines der herausragenden Beispiele norddeutscher Backsteingotik.

Klützer Winkel ► B6

Westlich von Wismar erstreckt sich ein abgelegener, reizvoller Landstrich – die Kornkammer Mecklenburgs, die einst wegen ihrer Fruchtbarkeit auch Speckwinkel genannt wurde. *Silva Clutse,* der Klutzwald, hieß der Klützer

Infobox

Information

Tourismuszentrum Mecklenburgische Ostseeküste: Kühlungsborner Str. 2, 18236 Kröpelin, Tel. 038292 86 13, www.auf-an-die-ostsee.de. Großes Angebot an Ferienunterkünften, Wellness- und Sportreisen, Radrundfahrten, Arrangements für Angler und Jäger sowie Themenreisen für Kunst- und Kulturinteressierte.

Anreise und Weiterkommen

Bahn: Nächstgelegene IC-Bahnhöfe sind Rostock und Schwerin, von dort geht es mit dem Interregio und Regionalbahnen weiter nach Wismar, Neubukow, Bad Doberan, Kühlungsborn, (www.bahn.de).

Molli: Die historische Dampflok verkehrt ganzjährig zwischen Bad Doberan über Heiligendamm nach Kühlungsborn (www.molli-bahn.de).

Bus: Über Verbindungen im Klützer Winkel und Wismar informieren die Webseiten www.grevesmuehlenerbusbetriebe.de und www.bbw-wismar.de, über Verbindungen zwischen Rerik, Kühlungsborn, Bad Doberan und Rostock die Seite www.verkehrsverbund-warnow.de.

Winkel im frühen Mittelalter. Kaiser Barbarossa gestattete vor 800 Jahren den Lübeckern, hier ihr Holz zu schlagen. Zurück blieb fruchtbares, weitgehend waldloses Bauernland, das von vielen Alleen durchzogen wird. Über sanft gewellte Hügel erstrecken sich saftige Weiden und wogende Kornfelder, an deren Ränder Mohn- und Kornblumen blühen. Dazwischen wie hingetupft stille Dörfer, hier und da ein Gutshaus, ein Schloss. Eingebettet in schöne Parkanlagen sind die sehenswerten Schlösser Bothmer und Kalkhorst (s. S. 62 und 86).

Klütz ▶ B 6

Die ›Hauptstadt‹ der Region bietet beschauliche Kleinstadtidylle – »win Nest aus niedrigen Ziegelbauten entlang einer Straße aus Kopfsteinpflaster«. So wie Uwe Johnson in seinem Romanzyklus »Jahrestage« das Städtchen unter dem Namen Jerichow beschreibt, sieht es heute noch aus.

St. Marien

Am Markt

Im Zentrum von Klütz erhebt sich die spätromanische Backsteinkirche aus dem 13. Jh. Ihr markanter Turm mit achteckigem Helm diente früher als Seezeichen. Solange man den Klützer Kirchturm sieht, befindet man sich im Klützer Winkel, heißt es im Volksmund. Die Marienkirche birgt eine reich geschnitzte, hölzerne Taufe von 1653 und eine Renaissancekanzel, die die Wappen der umliegend ansässigen Adelsgeschlechter zieren.

Literaturhaus Uwe Johnson

Im Thurow 14, Tel. 038825 223 87, www.literaturhaus-uwe-johnson.de, April–Okt. Di–So 10–17, Nov.–März Do–So 10–16 Uhr, 3,50 €

In einem um 1890 erbauten Getreidespeicher in der Nähe des Klützer Marktplatzes werden Lesungen und Workshops abgehalten. Außer der Stadtbibliothek und der Tourist-Information gibt es hier auch eine sehenswerte Dauerausstellung über den Schriftsteller Uwe Johnson (s. S. 75).

Galerie-Holländerwindmühle

An der Mühle 35

Unweit des Klützer Zentrums erhebt sich eine 1904 erbaute Windmühle, die bis 1954 in Betrieb war und in den 1980er-Jahren zur Gaststätte umgebaut wurde. Von der Galerie blickt man weit in den Speckwinkel hinein bis hinüber zur Wismarer Bucht (s. u.).

Steinzeitdorf Kussow ▶ B 6

Kussower Weg, 8 km südl. von Klütz, Tel. 03991 71 50 55, www.steinzeitdorf-kussow.de, April, Okt. tgl. 10–17, Mai–Sept. tgl. 10–18, Nov.–März Mo–Do 9–15 Uhr, 3 €, Familie 7 €

Im Klützer Winkel betrieben die Menschen bereits in der Jungsteinzeit vor etwa 6000 Jahren Ackerbau und Viehzucht. Mit Hilfe der Ergebnisse aus archäologischen Ausgrabungen hat man in Kussow ein Steinzeitdorf rekonstruiert, in dem diese Epoche lebendig wird. An Aktionstagen können sich Besucher an der Herstellung einer mit Lehm verputzten Flechtwand versuchen, den Gebrauch steinzeitlicher Jagdwaffen üben, weben und töpfern.

Großsteingräber im Everstorfer Forst ▶ B/C 6

Östlich von Grevesmühlen, an der B 105 zwischen Wismar und Grevesmühlen, frei zugänglich

Lieblingsort

Schloss Bothmer – ein Juwel der Gartenkunst ► B 6

Ein Traum für alle, die gern fotografieren, ist die Feston-Allee des Schlosses Bothmer im Klützer Winkel – mal kahl und streng zurück geschnitten, mal grazil im zarten Frühlingsgrün, knorrig und bunt zerzaust im Herbst. Der Name leitet sich vom französischen *feston* (Girlande) ab. Die Gestaltung dieser um 1730 gepflanzten, girlandenartigen Baumreihe nahm viele Jahrzehnte in Anspruch. Die jungen Bäume wurden in der Mitte gespalten, sodass zwei Hauptäste aus ihnen wuchsen. Mit zunehmendem Wachstum wurden sie immer wieder beschnitten und seitlich umgebogen. Im Laufe der Jahre nahmen sich die Äste sozusagen bei der Hand und flankieren – wie festlich geschmückt – den Weg zum Schloss (s. S. 62).

Im Dickicht des Everstorfer Forstes, dem ehemaligen Jagdrevier der Mecklenburger Herzöge, verbergen sich zahlreiche Großsteingräber aus der Jungsteinzeit (um 4000 v. Chr.). Die Nordgruppe mit zehn Gräbern wird durch die B 105 von der Südgruppe mit fünf Gräbern getrennt. Ein archäologischer Lehrpfad führt u. a. zum Riesengrab und dem sagenumwobenen Teufelsbackofen.

Übernachten

Schöner Luxus – **Schlossgut Groß Schwansee:** Am Park 1, Groß Schwansee, 12 km nordwestlich von Klütz, Tel. 038827 884 80, www.schwansee.de, DZ ab 168 €. Ein altes, feines Herrenhaus mit zehn Gästezimmern inmitten eines großen Parks, die Ostsee ist nur 300 m entfernt. Nebenan im neuen Parkgebäude gibt es weitere 53 Zimmer. Im Schlossrestaurant wird mediterrane und junge deutsche Küche serviert (ab 15 €).
Im Einklang mit der Natur – **Hotel Gutshaus Stellshagen:** s. S. 64
Alles bio – **Gutshof Brook:** Dorfstr. 1, Brook, 10 km nordwestlich von Klütz, Tel 038827 801 25, www.brook.de, FeWo 80–160 €. Entspannen auf einem ökologisch bewirtschafteten Gutshof. Die geschmackvoll und komfortabel eingerichteten Ferienwohnungen (2–8 Pers.) verteilen sich auf mehrere Gebäude, 800 m sind es zum Sandstrand.

Essen & Trinken

Typisch Mecklenburg – **Klützer Mühle:** An der Mühle 35, Klütz, Tel. 038825 221 02, www.kluetzer-muehle.de, in der Saison tgl. ab 11 Uhr, ab 9 €. Im Erdgeschoss lädt eine urige Gaststube zum deftigen Mühlenschmaus ein. Bei schönem Wetter sitzt man auf der Terrasse mit wunderbarem Weitblick bis zur Wismarer Bucht.
Kinderfreundlich – **Hotel-Restaurant Baumhaus:** Klützer Str. 7, Klein Pravtshagen, 4 km westlich von Klütz, Tel. 038827 264, www.hotel-baumhaus.de, tgl. ab 11 Uhr, Hauptgerichte ab 10 €. Regionale Speisen in einem Blockhaus. Die Lütten können sich auf einem Abenteuerspielplatz austoben.

Infos

Stadtinformation Klütz
Im Thurow 14, im Literaturhaus Uwe Johnson, 23948 Klütz, Tel. 038825 222 95, www.kluetzer-winkel.de.

Boltenhagen ▶ B 6

Das beschauliche Familienbad Boltenhagen ist das zweitälteste Seebad in Mecklenburg. ›Entdeckt‹ wurde der 4,5 m lange feine Sandstrand von der gräflichen Familie Bothmer. Bereits Anfang des 19. Jh. ließ sie hier Logierhaus, Kurhaus und Seestege errichten.

Ein **Seesteg** führt auch heute wieder 290 m aufs Meer hinaus. Hier legen die Schiffe nach Görlitz, Travemünde und Wismar an. Entlang der **Strandpromenade** erinnern villenartige Ferienhäuser und traditionelle, charmante Strandhäuser an die Frühzeit des Badetourismus. In einem niederdeutschen **Hallenhaus** aus der Gründerzeit des Kurortes (Dünenstr. 13) verbrachte Mecklenburgs ›Nationaldichter‹ Fritz Reuter ab 1855 mehrfach die Sommerfrische. Über den kleinen Badeort schrieb er: »Wer mal sein Nerven will upfrischen/ Wer mal sein Sorgen mücht wegwischen/Wer plägen will gaut sienen Magen/ Die kum getrost nah Boltenhagen.«

Wohlenberger Wiek ▶ B/C 6

Die tief ins Land eingreifende, halbrunde Bucht östlich von Boltenhagen ist einer der ruhigsten Urlaubsorte im westlichen Mecklenburg. Der Strand ist extrem kleinkinderfreundlich, die Flachwasserzone mit Tiefen von unter 1 m ist bis zu 300 m breit und fällt bei Niedrigwasserlagen im südlichen Bereich der Bucht ganz trocken. Wer hier richtig schwimmen möchte, muss daher ganz schön weit hinauswaten.

Der beliebteste Badestrand mit ausgewiesenem Surfrevier und einigen Dünen befindet sich im südlichen Teil der Bucht. Zwischen den Parkplätzen und dem Strand verläuft die im Sommer stark befahrene Autostraße. Entlang des Westufers der Wiek zieht sich ein 3 km langes durchgehendes Kliff bis zu dem **Naturschutzgebiet Tarnewitzer Huk** mit einem vorgelagerten schmalen und teilweise steinigen Strand. Wer genau hinschaut, kann in den Kliffs die Wohnröhren der Uferschwalben entdecken.

Das ganze Jahr über sind an der Wohlenberger Wiek Wat- und Wasservögel zu beobachten. Außer Graugänsen, Graureihern, Möwen- und Seeschwalbenarten gibt es Sing- und Höckerschwäne – häufig sogar im Winter. Die Bucht ist auch ein beliebter Stopp von Zugvögeln, die im Frühling und Herbst auf ihrem Weg gen Norden bzw. Süden in den Flachgewässern und Windwattflächen Nahrung in Form von Krebsen, Muscheln und Jungfischen finden.

Redewitsch ▶ B 6

Wenig frequentiert ist der Strand im westlich von Boltenhagen gelegenen Ortsteil Redewisch. Ein schöner Spazierweg führt die Steilküste hinauf zum **Aussichtspunkt Großklützhöved.** In **Steinbeck** westlich von Redewisch gibt es einen kleinen gepflegten Parkplatz mit Imbiss oberhalb der Steilküste; der Strand ist mal mehr, mal weniger steinig bzw. sandig. Hier scheint man der Natur näher zu sein.

Übernachten, Essen

Ideal für Familien – **Dorfhotel Boltenhagen:** Mecklenburger Allee 1, Weiße Wiek, Tel. 038825 38 40, www.weisse-wiek.de, Apartments 2–6 Pers. 170–220 €. Die autofreie, strandnahe Anlage auf der Tarnewitz-Halbinsel östlich von Boltenhagen gehört zu dem riesigen Ferienresort Weiße Wiek. Es gibt eine eigene Marina, einen großzügigen Wellnessbereich und ein großes Sportangebot sowie eine Kinderwelt.

Im Grünen – **Gutshaus Redewisch:** Dorfstr. 46, Tel. 038825 37 60, www.gutshaus-redewisch.de, DZ ab 110 €, Suiten ab 150 €. Knapp 3 km vom Strand und vom Ortskern Boltenhagen. Das unter Denkmalschutz stehende Herrenhaus aus dem Jahr 1817 beherbergt ein stilvolles Hotel mit 21 Zimmern. Auch Ausflügler schätzen die bodenständige Küche (Hauptgerichte ab 10 €).

Charmant und traditionsreich – **Villa Seebach:** Mittelpromenade 28, Tel. 038825 31 50, www.villa-seebach.de, DZ und FeWo 80–120 €. Geschmackvoll eingerichtete Zimmer und Apartments für bis zu vier Personen in einer Mitte des 19. Jh. erbauten Villa. Ein kleiner Spielplatz ist für die Lütten da.

Aktiv & Kreativ

Badespaß – **Ostsee-Therme Boltenhagen:** Ostseeallee 106, Tel. 038825 493, www.ostsee-therme-boltenhagen.de, tgl. 10–21 Uhr, Erwachsene ab 4,50, Kinder ab 2 €. Thermalbad mit 30 °C warmem Meerwasser.

Green mit Blick aufs Meer – **Golfclub Hohen Wieschendorf:** Am Golfplatz 1, Hohen Wieschendorf, Tel. 038428 660, www.howido.de, Tagesgreenfee im Sommerhalbjahr Mo–Fr 45 €, Sa/So 55 €. Traumhaft auf einer Halbinsel in der Wismarer Bucht gelegene 18-Loch-Anlage. Vom angeschlossenen Golf-Hotel (DZ 60 €) blickt man von fast allen Zimmern und Apartments auf den Golfplatz und die Ostsee.

Rund ums Pferd – **Reiterhof Gabriel:** Ostseeallee 40c, Tel. 038825 264 30 oder Tel 0173 990 23 01, www.boltenhagen-reiterhof.de. Reitunterricht und Ausritte, Eltern können ihre Lütten beim Ponyreiten selber führen. Auch Kutsch- und Kremserfahrten, also Fahrten im offenen Wagen mit Verdeck.

Ein junges Team – **Wassersportschule Wohlenberger Wieck:** Wohlenberger Wieck 1, Tel. 0170 444 63 54, www.surf-knopf.de. Surfschule auf dem Campingplatz Liebeslaube (Tel. 038428 602 19), auch Unterkunft möglich.

Infos & Termine

Kurverwaltung/Information

Ostseeallee 4, 23946 Boltenhagen, Tel. 038825 36 00, www.boltenhagen.de.

Termine

Töpfermarkt: Ostertage, tgl. 11–18 Uhr. Große Auswahl an Keramik aus regionalen Werkstätten auf der Festwiese am Kurhaus.

Mecklenburger Markt: Pfingsten, tgl. 11–18 Uhr. Präsentation einheimischer Produkte auf der Festwiese am Kurhaus.

Deutscher Wind Surf Cup: Juli. Deutsche Meisterschaften im Windsurfen.

Boltenhagener Seebrückenfest: Aug. An einem Samstag gibt es Spaß und Spiel für die ganze Familie.

Wismar ! ►C6

Blühender Handel bedeutet Wohlstand. Die Kaufleute, Handelsherren und Stadtpatrizier der Ostseestädte hätten sich im Mittelalter um ihr leibliches Wohl nicht sorgen müssen, wären ihre Warentransporte zur See und auf dem Landweg nicht immer wieder durch Raubüberfälle bedroht und dezimiert worden. Die Verluste waren

enorm, die Handelshäuser waren in ihrer Existenz bedroht. Und so tat man sich zusammen: Im Jahre 1259 unterzeichnete Wismar gemeinsam mit Lübeck und Rostock einen Schutzvertrag gegen Straßen- und Seeraub – ein Pakt, der zur Bildung des berühmten Hansebundes führte. Rund 200 Städte gehörten schließlich zur Hanse. Der Städtebund unterhielt Niederlassungen in London, Brügge, Bergen (Norwegen), Riga und Nowgorod.

Wismar entwickelte sich zu einem seiner bedeutendsten Mitglieder. Der Handel florierte, prachtvolle Bürgerhäuser und Kirchen wurden errichtet, Kanäle für den Warentransport und Bedarf an Trinkwasser gegraben – sie prägen bis heute das Erscheinungsbild der charmanten Stadt – deren mittelalterlicher Grundriss trotz verheerender Bombenangriffe im Zweiten Weltkrieg erhalten blieb. 2002 wurde Wismars Altstadt zusammen mit der Hansestadt Stralsund ins UNESCO-Welterbe aufgenommen.

Der Tourismus ist ein wichtiger Wirtschaftsfaktor. Größter Arbeitgeber der Stadt ist die traditionsreiche und krisengeschüttelte Werft. Deren überdachtes, mit 72 m Höhe und 395 m Länge gigantisches Trockendock ist

Vom Turm der Marienkirche schweift der Blick über den Markt mit der Wasserkunst

Wismar

Sehenswert
1 Wasserkunst
2 Alter Schwede
3 Kommandantenhaus
4 Rathaus
5 Archidiakonat
6 Marienkirche
7 Georgenkirche
8 Fürstenhof
9 Heiligen-Geist-Kirche
10 Zeughaus
11 Wassertor
12 Baumhaus und Schwedenköpfe
13 Gewölbe
14 Nikolaikirche
15 Schabbellhaus
16 Provianthaus
17 Alter Wasserturm

Übernachten
1 Hotel Reuterhaus
2 Steigenberger Hotel Stadt Hamburg
3 Pension Chez Fasan
4 To'n Zägenkrog

Essen & Trinken
1 Zum Weinberg
2 Café Alte Löwenapotheke
3 Fürstenhof Café
4 Brauhaus am Lohberg

Einkaufen
1 Wochenmarkt
2 Karstadt
3 Fisch- und Flohmarkt
4 Das Alte Gewölbe/ Sektkellerei

Aktiv & Kreativ
1 Stadtführungen
2 See- und Hafenrundfahrten
3 Poeler Kogge
4 Tierpark Wismar
5 Wonnemar

Abends & Nachts
1 Der Schlauch
2 Mensa

von weither zu sehen und bildet einen interessanten Kontrast zur hanseatischen, von den mächtigen Kirchtürmen dominierten Stadtkulisse.

Am Marktplatz

Zentrum und Herzstück der Altstadt ist der weiträumige, von prächtigen Giebelhäusern gesäumte Markt. Mit einer Ausdehnung von 10 000 m² zählt er zu den größten Plätzen im norddeutschen Raum. Im Mittelalter fanden hier Jahrmärkte und Ritterturniere statt. So lagerte im Jahr 1489 der dänische König Johann mit seinem Rittergefolge, der Schwarzen Garde und 600 Pferden auf dem Platz. Ein ähnliches Bild bietet sich noch heute beim Schwedenfest, das die schwedische Ära der Stadt lebendig werden lässt. Aber auch das Jahr über kann man Wismar auf den Spuren der Schweden erkunden. Eine kostenlose Broschüre gibt es in der Tourist-Information am Markt (s. auch Entdeckungstour S. 94).

Wasserkunst 1

Im südöstlichen Bereich des Marktes, frei zugänglich

Das Wahrzeichen der Stadt ist ein zwischen 1580 und 1602 nach Plänen des Utrechter Baumeisters Philipp Brandin im Stil der niederländischen Renaissance über einem Wasserreservoir erbauter Pavillon. Im Mittelalter und darüber hinaus bezeichnete der Begriff Wasserkunst Schöpf- und Pumpwerke. Die Wismarer hatten keine eigene Quelle. Um sich Wasser in ausreichender Menge zu beschaffen, bauten sie gegen Ende des 16. Jh. eine Wasserleitung von den Metelsdorfer Quellen bis zum Wismarer Marktplatz. Dazu wurden 6000 m Fichtenstämme ausgehöhlt und mit Metallmanschetten zusammengefügt. Bis 1897 diente die Wasserkunst der Wasserversorgung der Stadt.

Reuterhaus 1

Neben dem **Alten Schweden** 2, ein Paradeexemplar hanseatischer Baukunst, und schräg gegenüber vom

Kommandantenhaus 3 im Stil der niederländischen Renaissance wendet das **Reuterhaus** eine schön gestaltete Jugendstilfassade dem Markt zu. Lange diente das Gebäude dem renommierten mecklenburgischen Hinstorff-Verlag als Domizil. Seinen Namen verdankt es dem Dichter Fritz Reuter, der hier seinen ersten Verlagsvertrag unterschrieb. Das 1988 wegen Baufälligkeit komplett abgetragene und aufwendig rekonstruierte Haus beherbergt heute ein namhaftes Hotel-Restaurant.

Rathaus 4

Am Markt 1, an Wochentagen tagsüber frei zugänglich

Der klassizistische Prachtbau wurde in den Jahren 1817 bis 1819 nach Plänen des Ludwigsluster Hofbaumeisters Johann Georg Barca erbaut. Im Kellergewölbe lohnt die stadtgeschichtliche Ausstellung einen Besuch. ▷ S. 97

Auf Entdeckungstour

Die Schweden in Wismar – unter den drei Kronen

Südschweden wird die Gegend um Wismar mitunter spöttisch und liebevoll genannt. In Folge des Dreißigjährigen Krieges fiel die Hansestadt 1648 zusammen mit der Insel Poel und dem Amt Neukloster an Schweden. Noch heute trifft man überall in Wismar auf die Spuren der schwedischen Vergangenheit.

Cityplan: Wismar S. 93

Start/Dauer: Ab Markt, ca. 3 Std.

Infos: Kostenlose Broschüre ›Auf den Spuren der Schweden‹ in der Tourist-Information. Wissenswertes im Internet unter www.schwedenstrasse.com.

Rathauskeller: Eingang rechts neben dem Rathaus, tgl. 10–18 Uhr, Eintritt frei. **Marienkirchturm:** Führungen in der Saison tgl. 11, 13, 15, 17 Uhr.

Es kann nicht die schlechteste Zeit gewesen sein, als die Schweden im Nordosten Deutschlands das Sagen hatte, sonst gäbe es kaum die überlieferte Redewendung ›Unter den drei Kronen, da ist gut wohnen‹. Die drei Kronen sind eine Anspielung auf das schwedische Wappen. Die schwedische Herrschaft endete de facto 1803, als Schweden im Malmöer Pfandvertrag seinen Besitz an der Mecklenburger Küste für 1 250 000 Taler auf 99 Jahre dem Herzog von Mecklenburg-Schwerin verpfändete. Weil das Pfand nicht eingelöst wurde, fiel Wismar 1903 endgültig an Mecklenburg zurück.

Historisches Heerlager im Stadtzentrum

Doch einmal im Jahr steht die Stadt unter schwedischem Kommando. Beim Schwedenfest im August verwandelt sich der weiträumige Markt in ein historisches Heerlager. Auch der **Alte Schwede** 2 am Markt erinnert an die lange Zugehörigkeit Wismars zu Schweden. Ein gotischer Stufengiebel und ein holzgeschnitzter Soldatenkopf über dem Spitzbogenportal zieren das 1380 erbaute Kaufmannshaus. Dieses älteste der schönen Wismarer Bürgerhäuser wurde gegen Ende des 19. Jh. zur Gastwirtschaft umfunktioniert. Aus dieser Zeit stammt der heutige Name.

An der Südseite des Marktes macht das **Kommandantenhaus** 3 (Markt 23) mit verputzter Fassade und auffälligem Doppelgiebel auf sich aufmerksam. Das denkmalgeschützte Gebäude entstand zwar erst 1819 nach Plänen des Ludwigsluster Hofbaumeisters Georg Barca, wurde aber auf den Resten eines im Jahre 1319 erbauten und 1807 teilweise eingestürzten Gebäudes errichtet, das von 1646 bis 1647 einer der bekanntesten schwedischen Kommandeure bewohnt hatte – General Helmuth von Wrangel.

Vom Kommandantenhaus bietet sich ein hervorragender Blick auf das gegenüberliegende **Rathaus** 4, in dem seit jeher die Geschicke der Stadt gelenkt wurden. Der gotische Ratshauskeller beherbergt unter einem schönem Kreuzrippengewölbe die stadtgeschichtliche Ausstellung ›Wismar – Bilder einer Stadt‹. Zu den herausragenden Exponaten gehört das Grabmal Wrangels: Zwei in der Werkstatt eines Wismarer Bildschnitzers entstandene, überlebensgroße Holzfiguren zeigen den schwedischen Kommandanten und seine Frau. Ursprünglich waren sie Bestandteil der Wrangelschen Grabkapelle in der 1945 zerstörten Marienkirche.

Hoch über der Stadt – Zeitansage auf Schwedisch

Wenige Schritte führen zur **Marienkirche** 6. ›Schwedisch‹ ist die Kirchturmuhr, deren Zeigerwerk 1647 von Wrangel gestiftet wurde. Von unten sieht die Turmuhr gar nicht so gewaltig aus, aber sie misst stattliche 5 x 5 m. Der Minutenzeiger ist 3,30 m und der Stundenzeiger 2,40 m lang. Wer die Stufen zur Uhr und zu den Glocken hinaufsteigt, wird mit einem tollen Ausblick über die Stadt und die Stationen der Entdeckungstour belohnt. Eine kostenfreie Attraktion!

In unmittelbarer Nachbarschaft der mächtigen Georgenkirche wirkt der prunkvolle **Fürstenhof** 8 (Vor dem Fürstenhof 1) kleiner als er ist. Das ›kleine Schlösschen‹, das sich Johann Albrecht I. anlässlich seiner Hochzeit mit der brandenburgischen Prinzessin Anna Sophia im Jahre 1553 im Stil der italienischen Renaissance umbauen bzw. neu errichten ließ, diente lange als höchstes schwedisches Gericht für die Besitzungen in Norddeutschland. Heute tagt hier das Amtsgericht.

Grimmige Gesellen wachen am Alten Hafen

Innerhalb weniger Jahrzehnte nach der Herrschaftsübernahme bauten die Schweden Wismar zur größten Festung Europas aus. Auf der dem Hafen vorgelagerten Insel Walfisch entstand ein Fort. Um die Stadt wurde ein Ring mächtiger Verteidigungsanlagen gezogen, dank derer sich Wismar im Nordischen Krieg (1700–1721) fünf Jahre lang der Belagerung durch die Dänen widersetzen konnte. Im April 1716 aber waren die Schweden besiegt, die Stadt wurde an die Dänen übergeben, die gerade erst entstandenen Festungsanlagen mussten von den Wismarer Bürgern wieder abgetragen werden.

Eines der herausragenden Zeugnisse schwedischer Militärarchitektur in Deutschland ist das **Zeughaus** 10 (Ulmenstr. 15). Als Waffenarsenal und Munitionslager für die schwedische Garnison wurde es 1701 nach Plänen des schwedischen Baumeisters Erik Dahlberg fertig gestellt, nachdem im Sommer 1699 der Vorgängerbau durch eine Explosion zerstört worden war. Das imponierende Bauwerk, das im Laufe der Jahrhunderte unterschiedlichen Zwecken diente, wird seit der Sanierung (1993–2000) als Stadtbibliothek genutzt. An der Wiederherstellung des schwedischen Königswappens über dem Eingangsportal beteiligte sich König Carl XVI. Gustaf von Schweden mit 80 000 Kronen. Während der Öffnungszeiten sollte man einen Blick ins Innere werfen. In der Regel liegt dort auch Informationsmaterial über das Bauwerk aus.

Über die verkehrsreiche Umgehungsstraße des Altstadtkerns geht es weiter zum Hafen. Im **Baumhaus** 12, einem Barockbau aus der Mitte des 18. Jh., der heute als Galerie genutzt wird, versahen früher die sogenannten *Bohmschlüter* (Baumschließer) ihren Dienst. Der Baum war ein schwimmendes Langholz, das zur Absperrung der Hafeneinfahrt während der Nacht oder bei drohender Gefahr diente.

Am Hafenkai vor dem Baumhaus stehen zwei viel fotografierte Duplikate der historischen **Schwedenköpfe.** Möglicherweise sollten die markanten Köpfe, die bis 1945 die Fahrrinnen der Hafenzufahrt markierten, als Warnung für die Seeräuber dienen. Heute sind sie das Wahrzeichen der Stadt.

Bevor man ins Stadtzentrum zurückkehrt, sollte man einen Moment den schönen Blick auf die pastellfarbenen Giebel der Altstadthäuser und die alles überragende Nikolaikirche genießen. Auf dem Weg entlang der Grube kommt man am **Schabbellhaus** 15 (Schweinsbrücke 8) vorbei. Hier befindet sich das einzig erhaltene Original der 1672 erstmals erwähnten Schwedenköpfe.

Einer der beiden Festungsbauten, die sich bis in die Gegenwart erhalten haben, ist das 1690 erbaute **Königlich-Schwedische Provianthaus** 16 (Mühlenstraße 32). Heute beherbergt es das Arbeitsamt. Gegenüber steht der **Alte Wasserturm** 17 aus der zweiten Hälfte des 15. Jh. Ursprünglich als Wehrturm errichtet, wurde er ab 1682 in das Netz der Wasserversorgung der Stadt eingebunden und speiste bis 1897 Wasser in das Leitungsnetz ein. Hinter dem Wasserturm erstreckt sich der **Lindengarten.** Er wurde 1815 als Bürgergarten auf dem Gelände der ehemaligen schwedischen Befestigungsanlage errichtet. Die hübsche parkähnliche Anlage nutzen die Wismarer gerne für eine Pause im Grünen.

Hinter dem Rathaus

Nördlich des Marktes erstrecken sich verkehrsberuhigte Einkaufsstraßen. Nicht nur die **Lübsche Straße,** die im Mittelalter auf der wichtigen Handelsroute von Lübeck nach Rostock lag, überrascht mit architektonischer Vielfalt. Sehenswert ist die 1355 errichtete, und um das Jahr 1575 im Renaissancestil gestaltete **Gaststätte zum Weinberg** 1. Am Ende der Krämerstraße beeindruckt die (ehemalige) **Löwenapotheke** 2 mit einem prachtvollen Barockgiebel. Der viergeschossige Jugendstilbau an der Ecke Krämer Straße /Lübsche Straße ist das **Karstadt-Stammhaus** 2, das Rudolph Karstadt 1881 mit nur einem Angestellten gründete und heute wieder zum Shoppen einlädt.

Gotisches Viertel

Erst seit Mitte der 1980er-Jahre wird das Quartier westlich des Marktplatzes Gotisches Viertel genannt. Seine historische Bausubstanz wurde bei einem Bombenangriff in der Nacht vom 14. auf den 15. April 1945 zwar stark beschädigt, konnte aber dennoch teilweise erhalten bzw. rekonstruiert werden, wie beispielsweise das kurz nach 1400 erbaute **Archidiakonat** 5 in der Sargmachergasse. Das ehemalige Verwaltungsgebäude und Wohnhaus des bischöflichen Stellvertreters ist ein Juwel spätgotischer Backsteinornamentik mit rot und schwarz glasierten Ziegeln und einem mit Zinnen gekrönten Staffelgiebel.

Marienkirche 6

St.-Marien-Kirchhof, Tel.03841 251 30 26, www.wismar-marien.de, *ständige Ausstellung ›Gebrannte Größe – Wege zur Backsteingotik‹ Mitte April–Anf. Okt. tgl. 10–18, Juli/Aug. 10–20, im Winter tgl. 11–16 Uhr, Eintritt frei, Spende erwünscht*

Der Turm der im 13. und 14. Jh. erbauten Marienkirche gilt als Wahrzeichen Wismars. Das dazugehörige, im Krieg beschädigte Kirchenschiff wurde gegen den Widerstand der Bevölkerung 1960 gesprengt. Im Internet sind unter dem Motto ›Erinnern für die Zukunft‹ Bilder der Kirche vor und nach der Sprengung zu sehen. Dort findet man auch Berichte über den Bombenangriff im April 1945, bei dem große Teile des Gotischen Viertels zerstört wurden. Der Turm ist nur mit Führung zugänglich (s. Entdeckungstour S. 94).

Georgenkirche 7

Bliedenstr. 49, Ostern bis Herbst tgl. 10–18, Juli/Aug. 10–20 Uhr, im Winter tgl. 11–16 Uhr

Neben St. Marien und St. Nikolai gehört die um 1295 begonnene Georgenkirche zu den drei monumentalen gotischen Sakralbauten der Wismarer Altstadt. Im Zweiten Weltkrieg von einer Luftmine getroffen, verfiel die Ruine bis 1990, als sich die Deutsche Stiftung Denkmalschutz zusammen mit der Partnerstadt Lübeck daran machte, sie wieder aufzubauen. Nach 20-jähriger Bauzeit wurde im Mai 2010 die Wiedereinweihung gefeiert. Der Kirchenneubau überragt den benachbarten, einem Palazzo ähnlichen **Fürstenhof** 8 (s. Entdeckungstour S. 94).

Heiligen-Geist-Kirche 9

Lübsche Straße/Ecke Neustadt, tgl. 10–18 Uhr

Die schlichte Saalkirche mit angeschlossenem Spital wurde Mitte des 13. Jh. für die Versorgung und Pflege kranker und gebrechlicher Menschen eingerichtet. Das **Lange Haus** beherbergte Zellen für die Unterbringung der Kranken, es war zur Kirche hin offen, damit auch die Bettlägrigen dem

Gottesdienst folgen konnten. Beeindruckend ist die bemalte Balkendecke, idyllisch die kleine Grünanlage im Innenhof der Kirche. Wer von hier weiter zum Hafen geht, folgt entweder der Straße Neustadt oder macht einen Umweg durch die Lübsche Straße und die Ulmenstraße und passiert dabei das **Zeughaus** 10 (s. Entdeckungstour S. 94).

Alter Hafen und Grube

Der Alte Hafen war Dreh- und Angelpunkt des hanseatischen Wismars. Wo einst die mit wertvoller Fracht aus aller Welt beladenen Kaufmannsschiffe festmachten, liegen heute Ausflugsdampfer, Segelyachten und Kutter, die Räucher- und Frischfisch anbieten. An der Nahtstelle zwischen Hafen und Altstadt erhebt sich das letzte von ehemals fünf, in die Stadtmauer integrierten Stadttoren. Zur Stadt hin präsentiert sich das **Wassertor** 11 mit einem typischen gotischen Stufengiebel aus der Mitte des 15. Jh., die Silhouette zum Hafen hin bestimmt ein schlichterer Giebel aus der Zeit um 1600. Neben einem nachgebildeten, kleinen Abschnitt der historischen **Stadtmauer** stehen ein paar alte **Bastionskanonen** aus der Hansezeit. Wer ein Stück auf dem Kai hinausbummelt, gelangt zum **Baumhaus** 12 (s. Entdeckungstour S. 94).

Am Lohberg

Am Alten Hafen findet man eine große Auswahl an Kneipen und Restaurants. Idyllisch zeigt sich vor allem die Straße **Am Lohberg**, in der zur Hansezeit viele Brauereien angesiedelt waren. Um 1480 gab es sage und schreibe 180 Brauer in der Stadt. Heute wird im **Brauhaus am Lohberg** 4 Bier nach alten Rezepten frisch gebraut.

Die Grube

Der schmale, im 13. Jh. angelegte Wasserlauf, der die nördliche Altstadt durchzieht, erinnert an die idyllischen Grachten Hollands. Lange bevor die Wasserkunst auf dem Markt errichtet wurde, versorgte er die Wismarer mit frischem Wasser und diente zugleich als Transportweg zwischen der Ostsee und dem Schweriner See. Im Stadtgebiet heißt er **Frische Grube** und **Mühlengrube,** außerhalb der Innenstadt führt er als **Wallensteingraben** über den Lostener See gen Süden in den 20 km entfernten Schweriner See. Ein schöner Spaziergang verläuft vom **Gewölbe** 13, einem berückend schiefen Fachwerkgebäude, das sich beim Hafen über die Grube spannt, immer am Kanal entlang in Richtung Nikolaikirche.

Nikolaikirche 14

www.kirchen-in-wismar.de, Mai–Sept. 8–20, April, Okt. 10–18, Nov.–März 11–16 Uhr

An der Frischen Grube erhebt sich die von 1381–1487 erbaute Nikolaikirche, die vom Bombenhagel verschont blieb. Der Blick in den Kirchenraum mit seinen hoch emporstrebenden Pfeilern ist überwältigend: 37 m ist das Mittelschiff hoch und damit das vierthöchste Deutschlands. Viele der Ausstattungsstücke stammen aus den zerstörten Kirchen Wismars: der Krämeraltar (1430) aus der Marienkirche, der Thomasaltar (15. Jh.) aus der Dominikanerkirche. Der prachtvolle, vierflüglige Schnitzaltar (1430) war Hochaltar der Georgenkirche.

Schabbellhaus 15

Schweinsbrücke 8, www.schabbellhaus.de

Das imposante Wohn- und Brauhaus ist nach seinem Bauherrn Heinrich Schabbell benannt, der im 16. Jh. zu den ein-

Früher ankerten hier die Hansekoggen – der Alte Hafen von Wismar

flussreichsten Persönlichkeiten der Stadt zählte. Als Bierbrauer verschiffte er sein Bier bis nach Spanien, als Bürgermeister verhandelte er mit den mecklenburgischen Herzögen u. a. über die städtischen Freiheiten. Der repräsentative Giebelbau wird seit Sommer 2010 saniert und soll ab 2014 mit dem Nachbargebäude Schweinsbrücke 6 und den dazugehörigen Höfen wieder für Besucher des **Stadtgeschichtlichen Museums** geöffnet werden.

Übernachten

Im ehemaligen Verlag – **Hotel Reuterhaus 1**: Am Markt 19, Tel. 03841 222 30, www.hotel-reuterhaus.de, DZ 80–110 €. Zehn gepflegte Zimmer. Das Restaurant mit gediegener, fast 300-jähriger Einrichtung pflegt traditionelle Mecklenburger Küche (ab 9 €).

Super Lage – **Steigenberger Hotel Stadt Hamburg 2**: Am Markt 24, Tel. 03841 23 90, www.wismar.steigenberger.de, DZ ab 115 €. Zum Teil recht kleine Zimmer, am schönsten ist die großzügige Markt-Suite, im hauseigenen **Restaurant Weinwirtschaft** werden Mecklenburger Spezialitäten und mediterrane Tapas serviert.

Preiswert und zentral – **Pension Chez Fasan 3**: Bademutterstr. 19/20a, Tel. 03841 21 34 25, www.pension-chez-fasan.de, DZ 55 €. Eine Minute vom historischen Markt befindet sich die in drei nebeneinander liegenden Altstadthäusern untergebrachte Pension. 25 einfach eingerichtete, saubere Zimmer.

Ein besonderes Ambiente – **To'n Zägenkrog 4**: Ziegenmarkt 10, Tel 038 41 28 27 16, www.ziegenkrug-wismar.de, FeWo ab 90–110 €. Geschmackvoll eingerichtete Wohnungen mit ein bis drei Zimmern am Alten Hafen. Das Apartment Kapitän W. Schmidt bietet maritimes Flair, Jettes Apartment skandinavische Gemütlichkeit, das Advokat Düberg Apartment gehobenen Landhausstil.

Essen & Trinken

Gemütlich und traditionsreich – **Zum Weinberg** 1: Hinter dem Rathaus 3, Tel. 03841 28 35 50, www.weinberg-wismar.de, ab 10 €. Hier stimmt einfach alles, uriges Interieur aus Holz, eine bemalte Balkendecke von 1648, bunt verglaste Fenster, schmackhafte mecklenburgische Spezialitäten und freundlicher Service.

Vielseitige Genüsse – **Café Alte Löwenapotheke** 2: Bademutterstr. 2, Tel. 03841 25 25 38, www.alte-loewen apotheke.de, Juni–Sept. tgl. 9–22, Okt.–Mai 9–19 Uhr. In der 1645 erbauten Apotheke werden außer verschiedenen Kaffeesorten und Kuchen kleine, leckere Bio-Speisen serviert. Verkostungen von z. B. Kaffee, Schokolade oder Weine, aber auch Ausstellungen, Musik- und Liederabende.

Ein verborgener Garten – **Fürstenhof Café** 3: Bliedenstr. 32, Tel. 03841 38 81 90, tgl. 10–18 Uhr. Etwas abseits, in der Nähe des prunkvollen Fürstenhofs, liegt ein nettes, kleines Café. Der Kuchen ist selbst gebacken, der Service persönlich. Im Sommer sitzt man im wunderbar stillen Garten auf einfachen Stühlen unter Obstbäumen, entsprechend schnell sind bei schönem Wetter die wenigen Tische besetzt

Maritim – **To'n Zägenkrog:** Im gleichnamigen Hotel 4, Ziegenmarkt 10, Tel. 03841 28 27 16, www.ziegenkrug-wismar.de, ab 10 €. Traditionsreiches, gemütliches Gasthaus, in das auch gerne Einheimische einkehren, vom Gourmetjournal »Feinschmecker« 2010 ausgezeichnet als eines der besten Fischrestaurants Deutschlands.

Mittelalterliche Bierfreuden – **Brauhaus am Lohberg** 4: Kleine Hohe Straße 15, Tel. 03841 250238, www.brauhaus-wismar.de, tgl. ab 11 Uhr, ab 10 €. Bereits zur Hansezeit wurde in Wismar reichlich Bier getrunken und gebraut. Beliebt war *Mumme,* ein dunkles Starkbier, das auch heute wieder gebraut wird. Die Küche ist mecklenburgisch. Am Wochenende gibt es abends Livemusik.

Einkaufen

Die Fußgängerzone mit zahllosen Geschäften und Boutiquen befindet sich in der Krämerstraße, hinter dem Rathaus und in der Altwismarstraße.

Frische Produkte – **Wochenmarkt** 1: Auf dem Markt Di, Do, Sa ganztägig. Gemüse, Fisch, Käse, Wurst- und Backwaren.

Alles unter einem Dach – **Karstadt** 2: Krämerstr./Ecke Lübsche Str. Mitten in der Fußgängerzone, das einzige Kaufhaus der Stadt.

Trödeln – **Fisch- und Flohmarkt** 3: In der Saison Sa 9–18 Uhr am Alten Hafen. Frischer Fisch vom Kutter, Händlerstände und viel Trubel.

Spitzensekt in historischem Ambiente – **Das Alte Gewölbe** 4: Turnerweg 4c, Tel. 03841 484 80, www.hanse-sekt kellerei.de, Mo–Sa 10–16 Uhr. In den Kellergewölben gären vielfach ausgezeichnete Sekte im traditionellen Flaschengärverfahren nach Art der Champagnerherstellung.

Aktiv & Kreativ

Zu Fuß und per Bus – **Stadtführungen** 1: Ab der Tourist-Information am Markt werden zwei je zweistündige Fußtouren angeboten, ›Auf den Spuren einer Stadtgeschichte von Weltformat‹ Ostern bis Okt. Mo, Mi, Fr, So 10.30 Uhr, 4 €, ›Störtebeker zeigt den Gästen sein Wismar‹ April–Okt. sowie einige Termine Nov.–Jan. Sa 15 Uhr, 6 €. Ebenfalls an der Tourist-Information starten die Panoramabusse, April–

Okt., tgl. 10–17 Uhr alle 30 Min., Nov.–März stdl. zwischen 11–15 Uhr, 8,50 €.
Mit dem Schiff – **See- und Hafenrundfahrten** 2: Alter Hafen Ostkai, Tel. 03841 22 46 46, www.reederei-clermont.de. April–Okt. Hafenrundfahrten 10–17 Uhr alle 30 Min., Dauer etwa 1 Std., 9 €. Die Reederei bietet von Mai–Sept. auch Ausflugsfahrten zur Insel Poel an, die sich gut mit einer Radtour kombinieren lassen.
Willkommen an Bord – **Poeler Kogge** 3: Alter Hafen, Tel. 03841 22 72 49, www.poeler-kogge.de. 1999 bargen Archäologen vor der Insel Poel das Wrack eines mittelalterlichen Frachtschiffes. Die sogenannte Poeler Kogge wurde originalgetreu nachgebaut und kann besichtigt werden, auch Tagesfahrten und mehrtägige Segeltörns.
Für die ganze Familie – **Tierpark Wismar** 4: Am Tierpark 5, Tel. 03841 327 30, www.tierpark-wismar.de, 3,50 €, im Sommer tgl. 9–18, im Winter nur Sa/So 10–17 Uhr. Zu sehen gibt es vor allem einheimische Wild- und Haustiere, Kinder lieben den Abenteuer- und Wasserspielplatz.
Badefreuden – **Wonnemar Wismar** 5: Bürgermeister-Haupt-Str. 38, Tel. 038 41 32 76 23, www.wonnemar.de. Mai–Sept. tgl. 10–21, Okt.-April tgl. 10–22 Uhr, Tageskarte Badebereich 11,50 €, Familie 35,50 €. Erlebnisbad, Saunawelt, Wellness & SPA.

Abends & Nachts

Viele Kneipen und Restaurants haben sich am Alten Hafen und Am Lohberg niedergelassen.
Beliebt – **Der Schlauch** 1: Lübsche Str. 18, Tel. 03841 28 29 60, www.der-schlauch.de, tgl. ab 20 Uhr. Gemütliche Kneipe für ein bunt gemischtes Publikum, Biergarten im Hof, gelegentlich gibt es Livemusik.
Disco – **Mensa** 2: Käthe-Kollwitz-Promenade 7, www.mensakeller.de, Fr, Sa. Jeden Sa ab 22 Uhr Studentenclub, auch Ü30-Partys.

Infos & Termine

Tourist-Information

Am Markt 11, 23966 Wismar, Tel 03841 194 33, www.wismar.de.

Termine

Wismarer Heringstage: Ende März/ Anf. April, www.heringstage-wismar.de.

Mein Tipp

Zurück zu den Ursprüngen – Dorf Mecklenburg ► C 6/7
Im 8. Jh. errichteten die obodritischen Stammesfürsten 7 km südlich vom heutigen Wismar ihre Stammburg. Erstmals erwähnt wird die **Michelenburg** in einer von Otto III. am 10. September 995 vor Ort ausgestellten Urkunde. Der Name, der sich später zu Mecklenburg entwickelte und dem ganzen Land den Namen gab, kann mit ›große Burg‹ übersetzt werden. Als Sitz der mecklenburgischen Fürsten war sie bis 1256 in Gebrauch. Erhalten blieb ein mächtiger Burgwall, den man zu Fuß umrunden kann. Hinauf gelangt man über den Zugang zum Gemeindefriedhof. Sehenswert ist auch das **Agrarmuseum.** Ein Rundgang führt den Besucher durch die Regionalgeschichte seit 1820 – dem Jahr der Aufhebung der Leibeigenschaft im Herzogtum Mecklenburg. (Rambower Weg, Tel. 03841 79 00 20, April–Okt. tgl. 10–16 Uhr, Nov.–März Mo–Fr 10–16 Uhr, 2,50 €).

Die letzte Märzwoche und erste Aprilwoche stehen im Zeichen des Herings, der für Wismar seit dem 11. Jh. große wirtschaftliche Bedeutung hatte. In vielen Restaurants werden Heringsspezialitäten angeboten. Dazu findet ein Fischmarkt am Alten Hafen statt.
Wismarer Hafentage: Wochenende im Juni, www.wismarer-hafentage.de. Traditionsreiches Volksfest mit Veranstaltungen für die ganze Familie am Alten Hafen.
Internationales Folklorefestival: Juli, in ungeraden Jahren, s. S. 30.
Schwedenfest: 3. oder 4. Wochenende Aug., www.schwedenfest-wismar.de, s. S. 30.

Groß Strömkendorf ▶ C6

9 km nördlich von Wismar
Als Wismar kurz nach seiner Stadtgründung der Hanse beitrat, blickte der Handel in der Wismarer Bucht bereits auf eine lange Tradition zurück. Ab Mitte der 1990er-Jahre wurden in Groß Strömkendorf die Reste einer Siedlung aus dem 8. Jh. freigelegt.

Zahlreiche Fremd- und Importfunde sprechen für einen überregional bedeutenden Handelsplatz, an dem Händler und Käufer aus dem gesamten Ostseeraum zusammenkamen. Die Präsenz von skandinavischen Siedlern belegen mehrere Bootsgräber. Zu sehen gibt es nichts mehr außer Wiese und Wasser, die frühstädtische Siedlung in Groß Strömkendorf ist oberirdisch verschwunden.

Insel Poel ▶ C5/6

In Groß Strömkendorf zweigt die L 121 zur Insel Poel ab, die seit 1760 durch einen Damm mit dem Festland verbunden ist. Das flache und fast baumlose Eiland ist das jüngste Ostseebad des Landes. Die südlichste Insel Skandinaviens wird das stille, von Wasser umgebene Bauernland auch genannt. Sonnengelbe Rapsfelder, saftige Weiden, schöne Strände und kleine Dörfer prägen die Landschaft. Der höchste ›Berg‹ ist gerade mal 26 m hoch. Richtung Süden schweift der Blick hinüber zur geschäftigen Hansestadt Wismar.

Kirchdorf ▶ C5
Hauptort der Insel ist Kirchdorf, das durch seine Lage am Kirchsee Zugang zur Wismarer Bucht und damit zur Ostsee hat. Die kleine, wuchtige Backsteinkirche stammt in ihren ältesten Teilen aus dem 13. Jh. Von der zu Beginn des 17. Jh. von Herzog Adolf Friedrich I. errichteten **Festung** blieb nur der Wall erhalten. Von hier bietet sich ein schöner Blick über den Hafen. In der alten *Dorfschule* von 1806 ist das Heimatmuseum Insel Poel untergebracht. (Möwenweg 4, Tel. 038425 207 32, Mai–Sept., Di–So 10–16, Okt.–April Di/Mi, Sa 10–12 Uhr, 2,50 €).

Timmendorf ▶ C6
Der kleine Touristenort im Südwesten der Insel bietet einen hübschen Hafen mit dem netten **Restaurant Poeler Kogge,** eine **Mole** (für den Sonnenuntergang), einen **Leuchtturm** und einen beliebten **Badestrand.** Der Autoverkehr wird auf einem gebührenpflichtigen Parkplatz am Ortseingang abgefangen. Von hier geht es nur zu Fuß oder mit dem Rad weiter.

Am Schwarzen Busch ▶ C5
»Mord am Schwarzen Busch« – der Krimi ist eine passende und kurzweilige Lektüre für einen Strandtag in dem kleinen Seebad im Norden der Insel Poel. Der Ortsname bezieht sich auf das letzte Wäldchen der Insel, das der

Abholzung möglicherweise nur entging, weil es als Landmarke für die Seefahrer diente. Nach Timmendorf gehört der bewachte (kostenpflichtige) **Sandstrand** zu den Lieblingszielen der Inselbesucher. Das Ende des 19. Jh. erbaute **Kurhaus** stammt aus der Frühzeit des Bädertourismus.

Am Ortseingang erinnert eine **Gedenkstätte** an die Opfer des Unterganges des **Luxusliners Cap Arcona**, der im Mai 1945, nur wenige Tage vor Kriegsende durch Jagdbomber der Royal Air Force in der Lübecker Bucht vor Neustadt versenkt wurde. Dabei verloren die meisten der an Bord befindlichen etwa 4600 KZ-Häftlinge ihr Leben. 28 Opfer wurden am Schwarzen Busch an Land gespült und fanden auf dem Friedhof in Kirchdorf ihre letzte Ruhe.

Gollwitz ▶ C5

In Gollwitz, am Nordende der Insel, gibt es einen hübschen, sanft abfallenden **Sandstrand.** Der Blick fällt auf die nahe Insel Langenwerder, ein Vogelschutzgebiet, das nicht betreten werden darf. Ein auch für Kinder empfehlenswerter **Spaziergang** führt vom Gollwitzer Strand zum **Leuchtturm,** die Wegstrecke ist 1,2 km lang. Man kann verschiedene Wege wählen: durch den Wald (mit Rad möglich), am Strand entlang (nur zu Fuß) oder auf asphaltierter Straße und in einem Bogen durch die offenen Felder zurück. In der Nähe des Leuchtturms oberhalb des Strandes lädt ein **Biergarten** zur Einkehr.

Übernachten

Jugendstilvilla im Park – **Gutspark Wangern:** Haus Nr. 17, Wangern, Tel. 03842 44 40, www.ferienresidenz-steinhagen.m-vp.de, FeWo 80–112 €. 13 Ferienapartments (2–6 Pers.) in einem ehemaligen Gutshaus zwischen Kirchdorf und Timmendorf, mit Sauna, nur ein paar Schritte entfernt das 1999 neu errichtete Wirtshaus Steinhagen.

Essen & Trinken

Mit Fischräucherei – **Poeler Forellen Hof:** Niendorf 13, Tel. 0384 25 42 00, www.poeler-forellenhof.de, ab 10 €. Am kleinen Yachthafen wird mit Blick auf das gegenüberliegende Kirchdorf, schmackhafte Küche, vor allem Fisch, serviert. Es gibt auch Ferienwohnungen und Ferienhäuser (4–8 Pers., 71–145 €).

Schöne Lage – **Strandperle:** Am Schwarzen Busch, Tel. 038425 207 12, in der Saison tgl. ab 11 Uhr, im Winter nur Sa/So, ab 9 €. Restaurant und Terrassencafé direkt am Strand. Die Küche ist zwar nichts Besonderes, aber wegen der Lage lohnt die Einkehr.

Aktiv & Kreativ

Finde den Künstler in dir – **Galerie Atelier Nass:** Hinterstr. 1, Kirchdorf, Tel. 038425 202 95, www.atelier-nass.de. Mal- und Zeichenkurse, 5-tägige Malworkshops (Mo–Fr 10–15 Uhr) inkl. Wohnen ab 290 €, Kurse für Urlauber Mo 15–17, Mi 11–21 Uhr, 10 €.

Ausritte und Unterricht – **Gestüt Neuhof:** Neuhof 20, 23999 Neuhof, Tel. 038425 206 15, www.gestuet-neuhof.de. **Reitanlage Plath:** Strandstr. 31, Timmendorf, Tel. 038425 207 60, www.reitanlage-plath.de.

Tauchen – **Tauchschule Timmendorf:** Strand, Tel. 038425 420 38. Angeboten werden Tauchfahrten und Hochseeangelfahrten ab Timmendorf (oder Alter Hafen in Wismar, Tel. 0178 501 90 83). **Tauchfahrten** auch mit dem Traditionskutter Inga Tel. 0172 596 83 87.

Infos

Kurverwaltung Insel Poel
Wismarsche Str. 2, 23999 Insel Poel/OT Kirchdorf, Tel. 038425 203 47, www.insel-poel.de.

Verkehr
Bahn und Bus: Der nächste Bahnhof ist Wismar, von dort aus fahren mehrmals tgl. Busse nach Gollwitz, Kirchdorf und Timmendorf, im Sommer auch zum Schwarzen Busch, Busfahrplan im Internet unter www.p-schmidt-co.de.
Schiff: Fahrgastschifffahrt Steußloff, Tel. 0328296 747 61, www.ms-ostseebad-rerik.de. 3 x tgl. Fährverkehr (Personen und Fahrräder) mit der MS Salzhaff zwischen Rerik und Gollwitz mit Zwischenstopp in Pepelow und Boiensdorf (Zeltplatz).

Salzhaff ▶ C/D 5

Nordöstlich der Insel Poel liegt das Salzhaff, das durch die weit ausgreifende Nehrung der Halbinsel Wustrow und die fast einen Kilometer in die Ostsee ragende Halbinsel Boienswerder fast vom Meer abgeschlossen ist. An seiner Küste erstrecken sich Dünen und Salzwiesen, sie sind Brutgebiet und während des Vogelzugs auch Rastgebiet für viele Vögel. Das Gewässer ist wegen seiner geringen Tiefe als Einstiegsrevier bei Surfern und Seglern beliebt. Größere Orte und Sehenswürdigkeiten kann man an einer Hand abzählen, immer mehr Urlauber aber wissen gerade das zu schätzen.

Mein Tipp

Easy living am Salzhaff – Boiensdorf ▶ C 5
In Boiensdorf erstreckt sich ein angenehmer, grasiger Parkplatz mit Kiosk und Toiletten direkt am Wasser. Der Ort ist bei Surfern beliebt. Hier stehen Wohnmobile, hier verbringen Familien mit Kindern den Tag. Es gibt nichts weiter außer dem Wind über dem Haff und dem Schreien der Möwen.

Stove ▶ D 5

Mühle und Museum, Mühlenstraße, Tel. 038427 247, April– Juni, Sept/Okt. Di–So 10–16, So 14–16, Juli/Aug. tgl. 10–18 Uhr, Mühle 2,50 €, Museum 2 €
Die 1889 erbaute **Erdholländerwindmühle** erhebt sich am Ortseingang (von Wismar kommend) auf einem Hügel mit wunderbarer Aussicht über das Salzhaff und das eher unscheinbare Dorf. Die Mühle war bis 1977 in Betrieb und ist noch heute funktionsfähig. Besucher können das gut erhaltene Mühleninnere besichtigen, regelmäßiges Schaumahlen (Mi, So). 50 m weiter auf der anderen Straßenseite befindet sich das **Dorfmuseum** mit historischem Hausrat und alter Landtechnik.

Neubukow ▶ D 5

Heinrich-Schliemann-Gedenkstätte, Am Brink 1, Tel. 038294 166 90, Mitte Mai–Mitte Sept. Di–Fr 10–17, Sa 11–17, So 14–17, sonst Di–Fr 10–16, Sa 14–16 Uhr, 2 €
Heinrich Schliemann, der Entdecker Trojas, wurde am 6. Januar 1822 als Sohn des Pfarrers in Neubukow geboren. Dank seiner Erfolge als Kaufmann konnte Schliemann sich auf die Suche nach dem von Homer beschriebenen Troja machen. Die Heinrich-Schliemann-Gedenkstätte befindet sich in der Nähe der Kirche. In der kleinen Ausstellung sind neben Fotos und Schautafeln einige Originalfunde aus

Troja sowie Nachbildungen zu besichtigen, darunter die goldene Maske des Agamemnon.

Übernachten

Idyllische Alleinlage – **Villa Seeheim:** Zum Breitling 58, Stove, Tel. 038427 321 10, www.villa-seeheim.de, FeWo 70–80 €. Etwas außerhalb des Ortes werden in einer Villa fünf Apartments für zwei bis sechs Personen vermietet. Großer Garten, Spielplatz für die Kleinen, Surfstrand in unmittelbarer Nähe.
Familienfreundlich – **Feriendorf und Surfschule Pepelow:** Sandweg 1, Pepelow, Tel. 038294 142 03, www.surfschule-pepelow.de, 50 € pro Tag und Person inkl. Halbpension und Sportangebot. Eine mediterran inspirierte Sport- und Wellnessoase mit unterschiedlichen Unterkunftsmöglichkeiten im Villino, im Beacholino, Casa oder Wohnwagen (2–5 Pers.).

Infos

Infos über das Salzhaff findet man unter **www.salzhaff-info.de.** Vor Ort kann man sich u. a. im **Dorfmuseum Stove** informieren (Tel. 0384 27 644 46, Mitte April–Mitte Okt. Di–So 10–16 Uhr).

Rerik ▶ D5

Auf der schmalen Landzunge zwischen Ostsee und Salzhaff liegt das ehemalige Fischerdorf Alt-Gaarz, das seit dem 1. April 1938 den Namen Rerik trägt. An der schmalsten Stelle sind es nur ein paar hundert Meter zwischen dem weißen Sandstrand und der schönen Uferpromenade am Salzhaff. Unmittelbar am Strand liegt der **Schmiedeberg,** ein slawischer Burgwall, der seit jeher als Aussichtspunkt genutzt wird. In der Ortsmitte erhebt sich eine stattliche, Mitte des 13. Jh. erbaute **Backsteinkirche,** sie überrascht mit einer außergewöhnlich schönen Ausmalung aus dem 17. Jh. 96 Stufen führen zum Turm hinauf mit Ausblick über Rerik und die Halbinsel Wustrow.

Heimatmuseum

Dünenstr. 4, Mitte Mai–Mitte Sept. Di, Mi, Fr 10–12, 14–17, Do, Sa 14–17, So 15–17 Uhr, im Winter reduzierte Öffnungszeiten, 2 €
In der alten Schule findet man eine Ausstellung über die Geschichte des Seefahrerdorfes Alt-Gaarz, aus dem das Ostseebad Rerik hervorgegangen ist. In einer kleinen Galerie werden Gemälde und Zeichnungen einheimischer Künstler gezeigt.

Großsteingräber ▶ D5

Zwischen Rerik und Meschendorf, Führungen Mitte Mai–Mitte Sept. Di 10 Uhr, Treffpunkt bei der Kurverwaltung, ein Flyer informiert über die genaue Lage der Gräber, auch als Download unter www.rerik.de
In der näheren Umgebung von Rerik befinden sich mehrere Großsteingräber (Dolmen) aus der jüngeren Steinzeit. Schautafeln vor Ort informieren über ihre Geschichte und die Funde, von denen einige im Reriker Heimatmuseum zu besichtigen sind.

Halbinsel Wustrow ▶ C/D5

www.insel-wustrow.de
Bis 1993 wurde die Halbinsel als Militärbasis genutzt und war für die Öffentlichkeit gesperrt. Zum Unmut der Reriker und engagierter Naturschützer

wurde das gesamte Areal nach dem Abzug des Militärs an eine Investmentgruppe verkauft, die eine gigantische Ferienhausanlage mit Golfplatz, Wassersportzentrum und Yachthafen bauen will. Das Betreten der Halbinsel ist verboten, vom Hafen am Haff werden Führungen per Schiff angeboten.

Übernachten

Familienfreundlich – **AWO Sano:** Familienferiendorf Rerik, Haffwinkel 18, Tel. 038296 721 12, www.awosano.de, FeWo 4–7 Pers. ab 665 € pro Woche. In ruhiger Lage zwischen Salzhaff und Ostsee. Gepflegte Anlage mit 75 Apartments und Ferienhäusern für bis zu sieben Personen, Betreuung für Kinder ab drei Jahre, Vollpension möglich.
Unverbaute Aussicht – **Ostseecamp Seeblick:** Meschendorfer Weg, OT Meschendorf, Tel. 038296 784 80, www.ostseecamp.de. Stellplätze auf offener Wiese oder im Kiefernwäldchen oberhalb der naturbelassenen Steilküste, auch Bungalows und Apartments, WLAN (kostenlos), Tauchschule (s. u.).

Essen & Trinken

Schöne Lage – **Steilküste:** Parkweg 10, Tel. 038296 78386, Di–So 11.30–14 und ab 17.30 Uhr, ab 10 €. Die Einrichtung könnte hübscher sein, aber der Service ist freundlich, es gibt vor allem Fisch – frisch und gut zubereitet.

Aktiv & Kreativ

Surfen – **Surfschule Rerik:** Am Bootsanleger Wilke (Salzhaff), Tel 0173 243 25 01, www.surfschule-rerik.de. Von Juni bis August Kurse für Kinder ab sechs Jahre.
Segeln – **Segelschule Torsten Chudzik:** Haffplatz 7, Tel. 0162 216 24 66, www.segelschule-rerik.de. Schnupperkurse, Einsteiger- und Aufbaukurse
Tauchen – **Ostseebasis Seeblick:** Auf dem Gelände des Ostseecamp Seeblick, Tel. 038296 705 51 (in der Saison), www.ostseebasis.eu. Schnuppertauchen, Wracktauchen, Angelfahrten.
Kiten – **Kranni's Kite Schule:** Am Hafen, Tel. 0176 22 39 26 05, www.kranni.de. Schnupperkurs (gratis), Einsteiger- und Aufsteigerkurse.

Infos & Termine

Kurverwaltung Ostseebad Rerik
Dünenstr. 7, 18230 Rerik, Tel. 038296 784 29, www.rerik.de.

Termine

Kleines Theaterfestival: 3. Wochenende Aug. Theateraufführungen auf dem Haffplatz – Puppentheater, Musical, Kabarett. Der Eintritt für alle Veranstaltungen ist frei.
Lichterfest: 1. Wochenende Sept. Fest zum Saisonausklang. Schwimmkerzen bringen das Haff zum Leuchten.

Kühlungsborn ▸ D 4/5

Die Grüne Stadt am Meer beeindruckt mit kilometerlangem Sandstrand und prachtvoller Bäderarchitektur. Die drei weißen Möwen im Wappen Kühlungsborns erinnern an die Fischerdörfer Arendsee, Brunshaupten und Fulgen, die 1938 zum größten Badeort an der Ostseeküste zusammengefasst wurden. Er besteht heute aus den Ortsteilen West und Ost, die durch den Stadtwald voneinander getrennt sind.

Die 2007 vollendete 3150 m lange **Strandpromenade** verbindet die beiden Ortsteile. Sehr nobel präsentiert sich **Kühlungborn-West** – in der parallel zur Strandpromenade verlaufenden Ostseeallee und der Poststraße entdeckt man zahlreiche repräsentative, elegante Bauten. **Kühlungsborn-Ost** wirkt in seiner Bebauung nicht ganz so edel, hat dafür aber eine 240 m lange **Seebrücke** – die 1991 als erste nach der Wende fertig wurde. In der Nähe der neuen Seebrücke erinnert einer der letzten noch erhaltenen **Ostsee-Grenztürme** an die Geschichte der deutschen Teilung. Eine kleine Dokumentation berichtet über das Schicksal der Menschen, die zu DDR-Zeiten versuchten, über die Ostsee in die Freiheit zu fliehen. Das östliche Ende der Promenade am neuen **Yachthafen** hat sich nicht nur für Segler zu einem beliebten Treffpunkt entwickelt.

Kunsthalle

Ostseeallee 48, Kühlungsborn-West, Tel. 038293 75 40, www.kunsthalle-kuehlungsborn.de, Di–So 12–17 Uhr
In einer ehemaligen Lesehalle aus der Zeit um 1900 residiert der Kunstverein Kühlungsborn. In dem an der Strandpromenade gelegenen Jugendstilbau finden jährlich etwa acht Ausstellungen sowie verschiedene Veranstaltungen statt.

Molli-Museum

Am Endbahnhof Kühlungsborn-West,www.molli-bahn.de, zugänglich während der Öffnungszeiten des angrenzenden Museumcafés, im Sommer tgl. 10–17.30, im Winter tgl. 11–16 Uhr, Eintritt frei
Seit 1886 verbindet der Molli, Mecklenburgs älteste Schmalspurbahn, die großherzogliche Sommerresidenz Doberan mit dem Meer bei Heiligendamm, seit 1910 zuckelt sie weiter nach Kühlungsborn. Der schnaufende Nostalgie-Express erlangte 2007 weltweite Berühmtheit als offizielles und einziges Transportmittel der Pressevertreter zum G8-Gipfel in Heiligendamm. Eine kleine Ausstellung gibt Einblicke in die Geschichte der Bahn.

Die Ostsee ist wieder eröffnet – Chillen im Strandkorb oder Zelt

St. Johannis
Schlossstr., Ortsteil Mitte, www.kirche-kuehlungsborn.de, tgl. 9–16 Uhr
An der Straße Richtung Kröpelin liegt die im 13. Jh. erbaute spätromanische Feldsteinkirche, die um 1400 um den gotischen Chorraum und das Gewölbe erweitert wurde. Der später hinzugefügte hölzerne Turm stammt in seiner jetzigen Form von 1680. Von der mittelalterlichen Ausstattung blieben die Triumphkreuzgruppe und die Madonnenfigur erhalten. 1707 erhielt die Kirche einen Barockaltar, die Kanzel stammt aus dem Jahr 1698. Die 42 barocken Glasmalereien in den Chorfenstern wurden um 1660 von einheimischen Familien gestiftet.

Leuchtturm Bastorf

4 km südwestlich von Kühlungsborn, www.leuchtturm-bastorf.de, im Sommer tgl. 11–17, im Winter 11–16 Uhr, bei Schiedwedder geschl., 2 €
Vom Parkplatz am nördlichen Rand des kleinen Dorfes **Bastorf** sind es fünf Spazierminuten zu dem 1878 erbauten **Leuchtturm,** der vor Hannibal, einer Sandbank in der Einfahrt zur Wismarer Bucht, warnt. Seine mit knapp 21 m geringe Höhe gleicht der runde Backsteinbau durch seine Panoramalage auf dem 78 m hohen Bastorfer Signalberg aus. Köstliche Kuchen,Torten und Sanddornspezialitäten gibt es nebenan im **Café Valentins** (Tel. 038293 41 02 70, www.valentins-cafe.de, Mo–Fr 11–18, Sa/So 10–18 Uhr).

Der **Kägsdorfer Strand,** ca. 3 km nordwestlich von Bastorf, ist teilweise etwas steinig, im Sommer mit Imbisswagen und Toiletten alleridngs ein beliebter Wohnmobil-Stellplatz. An Bastorf vorbei gelangt man zum **Naturschutzgebiet Riedensee** (s. Lieblingsort S. 110).

Übernachten

Belle Epoque – **Schloss am Meer:** Tannenstr. 8, Kühlungborn Ost, Tel. 038293 853 00, www.schloss-am-meer.de, DZ ab 160 €. Das prachtvolle, mit viel Liebe zum Detail restaurierte Fachwerk- und Sandsteinschlösschen liegt direkt am Wasser, von der Hotelsauna kann man über den Sandstrand ins Tauchbecken Ostsee gelangen.
Wellness- und Familienurlaub – **Gutshof Bastorf:** Kühlungsborner Str. 1, Bastorf, Tel 038293 6450, www.gutshof-bastorf.de, FeWo 135, Ferienhaus 175 €. Wohnungen für zwei bis acht Personen auf einem ehemaligen Gutshof, der auf Familienferien spezialisiert ist. Es gibt ein Saunahaus, einen Hofladen mit Bioprodukten und ein Restaurant.
Schöner Wohnen im Park – **Gut Klein Bollhagen:** Fulgenweg 3, Klein-Bollhagen/Wittenbeck, Info Tel. 040 41 35 20 86, www.landleben-am-meer.de, FeWo ab 105 €, Häuser ab 158 €. Liebevoll restaurierter alter Gutshof, im weitläufigen, gepflegten Gutspark gibt es zwei Apartments (je 2–3 Pers.) und sieben Ferienhäuser (je 2–6 Pers.). Den Gästen steht ein Wellness-Bungalow mit Sauna und beheiztem Außen-Whirlpool zur Verfügung.

Essen & Trinken

In der Saison ist Kühlungsborn überfüllt, ohne Reservierung geht am Abend gar nichts.
Immer gut besucht – **Rossini:** Unter den Kolonnaden 2, Kühlungsborn West, Tel. 038293 436 40. **Gallo Nero** Strandstr. 39, Kühlungsborn Ost, Tel. 038293 433 66. Zwei beliebte Italiener.
Für tagsüber und abends – **Vielmeer:** Am Yachthafen, Kühlungsborn Ost, Tel. 038293 417 41, www.vielmeer.

com, Pasta/Pizza ab 8,50 €, Fisch und Fleisch ab 11 €. Beliebtes Restaurant, Bar und Café mit großer Terrasse, Bänke und Kissen direkt am Wasser, vielseitige leichte Küche, am Wochenende abends oft Livemusik.

Einkaufen

Künstlerbotschaften – **Drahtwelle:** Hafenstr. 8, Tel. 038293 43 17 36, www.drahtkunst.de, tgl. ab 10 Uhr, bis keine Leute mehr kommen. Eine kleine Kunstmeile hat sich an der Yachthafenpromenade etabliert. Drahtkunstwerke entstehen in Minutenschnelle, es gibt eine Glasbläserei und einen Bernsteinladen.

Aktiv & Kreativ

Im Stadtwald – **Kletterwald Kühlungsborn:** Hermann-Häcker-Str. 11b, Tel. 038293 41 76 23, www.kletterwald-kuehlungsborn.de, in der Hochsaison 10–19 Uhr, 18 €, Kinder 10–13 €.
Surfen und Segeln – **Wassersport Center:** Anglersteig 2, Kühlungsborn West, Tel. 038293 140 26, www.wassersport-center.de. Kurse und Törns. Mit Übernachtungsmöglichkeit in der Hotel-Pension Sailers Inn (www.sailersinn.de, DZ 80 €).

Abends & Nachts

Frisch gezapft – **Irish Pub Grace O'Mally:** Strandstr. 40, Tel 038293 87 74 88. Irische Biere, Apfelwein und über 50 Whiskeysorten.
Flirten und Tanzen – **39° Dance&Lounge:** Bahnhof West, Doberaner Str./Ecke Strandstr., www.39grad-kuehlungsborn.de, Do–Sa ab 21 Uhr, im Sommer tgl. Bunt gemischtes Publikum.

Infos & Termine

Tourist-Service-Kühlungsborn GmbH (TSK)
Ostseeallee 19, 18225 Kühlungsborn, Tel. 038293 84 90, www.kuehlungsborn.de.

Termine
Internationales Gitarrenfestival: Aug. Eine Woche lang Konzerte in der Kühlungsborner Kunsthalle.
Kleinkunst- und Kabaretttage: Okt. Viertägiges Kulturfest.
Kammermusiktage: Okt. Viertägiges Musikfest.
Gourmet-Tage: Nov. www.gourmet-tage.com. Edle Menüs in verschiedenen Hotels.

Verkehr
Schmalspurbahn Molli: Mecklenburgische Bäderbahn Molli, Tel. 038203 41 50, www.molli-bahn.de. Ganzjährig mehrmals tgl. von Bad Doberan über Heiligendamm nach Kühlungsborn, im Sommerhalbjahr stündlich, Tarife einfache Fahrt je nach Länge der Strecke 2,40–6,20 €, Familie 11,50–17 €, Fahrrad 2,70 €.

Bad Doberan ! ► E5

Berühmt ist Bad Doberan für das Münster, das bis zur Mitte des 16. Jh. die Kirche des ortsansässigen Zisterzienserklosters war und mit seiner kostbaren Ausstattung zu den bedeutendsten mittelalterlichen Bauwerken des Nordens zählt. Für das unbedeutende Dorf im Schatten des Klosters brachen erst gegen Ende des 18. Jh. glanzvolle Zeiten an, als die herzogliche Familie am Heiligen Damm *bey Doberan* das erste deutsche Seebad gründete und Doberan zu seiner Sommerresidenz erkor.

Lieblingsort

Riedensee – ein Strandsee für stille Genießer ► D 4/5

Das Biotop westlich von Kühlungsborn ist ein Refugium für eine Vielzahl geschützter Tier- und Pflanzenarten und steht unter Naturschutz. Der Sandstrand am westlichen Ende des Sees ist ein himmlischer Ort für ein Picknick. Hier ist es warm und windstill, während gleich nebenan die Ostseewellen auf den Strand schlagen und einem der Wind um die Nase pfeift. Ein Paradies gleich hinter dem Dünenstrandwall und dem offenen Meer. Der See – ursprünglich eine nach der Eiszeit mit Schmelzwasser gefüllte Senke – wurde durch Sandverlagerungen nach und nach von der Ostsee abgeschnitten.

Namhafte Baumeister wie Johann Christoph von Seydewitz (1748–1824) und vor allem dessen Nachfolger Carl Theodor Severin (1763–1836) prägten den Aufbau der herzoglichen bzw. ab 1815 großherzoglichen Sommerfrische. Es entstanden feine Logierhäuser. Unterhaltung bot die erste Galopprennbahn Deutschlands, die auf halbem Weg zwischen Doberan und Heiligendamm entstand. Zum Baden fuhr man nach Heiligendamm ans Meer. Die Blütezeit Doberans währte nur wenige Jahrzehnte, die nachfolgenden Großherzöge zeigten mehr Interesse an Doberans Anhängsel – Heiligendamm entwickelte sich zu einem eigenständigen, repräsentativen Seebad.

Der Kamp

Das Zentrum des gesellschaftlichen Lebens in Doberan schlug am Kamp. Die Linden umstandene, dreieckige Grünanlage ließ der Herzog um 1800 auf der ehemaligen Kuhweide des Dorfes anlegen. Reizvolle Akzente setzen zwei hübsche, von Severin entworfene Pavillons, die heute ein Café und eine Galerie beherbergen. Um den Kamp gruppieren sich mehrere klassizistische weiße Prachtbauten. Die schönsten Bauwerke befinden sich in der August-Bebel-Straße auf der Ostseite des Parks, darunter das **Logierhaus** (Nr. 2) von 1796, das in den Jahren 1801/1802 erbaute **Großherzogliche Salongebäude** (Nr. 3) und das **Großherzogliche Palais** (Nr. 4).

Alexandrinenplatz

Die August-Bebel-Straße führt vom Kamp südwärts zum verkehrsreichen Alexandrinenplatz. Auch hier findet man eine stattliche Anzahl von denkmalgeschützten Häusern, darunter wiederum klassizistische Prachtbauten Severins. Das repräsentative **Prinzenpalais** (Nr. 8) hatte sich Severin als eigenes Wohnhaus errichtet (1821/22). Kurz nach der Fertigstellung verkaufte er es als Sommerresidenz an das Prinzenpaar, heute dient es als Hotel. Sein neues, etwas bescheideneres Wohnhaus entstand 1823/24 gegenüber dem Prinzenpalais, es trägt inzwischen den Namen **Haus Gottesfrieden** (Nr. 5) und wird als Bildungs- und Freizeitstätte genutzt.

In eine ganz andere Zeit versetzt das, vom tschechischen Künstler Vaclav Casak geschaffene **Denkmal von Frank Zappa** am Übergang vom Kamp zum Alexandrinenplatz. Fans der amerikanischen Rocklegende treffen sich jährlich hier zur Zappanale (s. S. 30).

Stadt- und Bädermuseum Möckelmann

Beethovenstr. 8 , Tel. 038203 620 26, www.stadtmuseum.moeckelhaus.de, Mitte Mai–Mitte Sept. Mo–Fr 10–12, 13–17, Sa/So 12–17, sonst Di–Fr 10–12, 13–16, Sa 12–16 Uhr, 3 €, Familie 6 €

Das neogotische Wohnhaus des Baumeisters Gotthilf Ludwig Möckel, der ab Mitte der 1880er-Jahre u. a. für die Restaurierung der Klosterkirche verantwortlich war, beherbergt eine Ausstellung zur Geschichte Doberans. Neben historischen Dokumenten zeigt es eine Vielzahl von Exponaten wie medizinische Geräte, Reiseutensilien, Badekarren und Strandkorb aus der Kaiserzeit.

Ehm-Welk-Haus

Dammchaussee 23, Mitte Mai–Mitte Sept. Di–Fr 10–12, 13–16.30, Sa 13–16.30, Mitte Sept.–Mitte Mai Di–Fr 10–12, 13–16, Sa 13–16 Uhr, 2 €

In dem schlichten Klinkerbau verbrachte der Schriftsteller Ehm Welk (1884–1966) zusammen mit seiner Frau Agathe die letzten 16 Jahre seines Lebens. Eine Ausstellung informiert über das Leben und Werk des Autors, der u. a. durch seinen erfolgreich verfilmten Roman »Die Heiden von Kummerow« bekannt wurde. Das Welksche Wohnzimmer wird heute als Veranstaltungsort für Lesungen, Konzerte und Theatervorführungen genutzt.

Übernachten

First class – **Hotel Prinzenpalais:** Alexandrinenplatz 8, Tel. 038203 731 60, www.prinzen-palais.de, DZ ab 105 €, Suite ab 145 €. Das 2008 in Doberan eröffnete Hotel bietet 30 komfortable, schöne Zimmer. Leider nicht ganz leise zur Straße hin, darum eher etwas für einen kürzeren Aufenthalt.
Ruhige Lage – **Pension Schwark:** Am Dorfteich 4, OT Althof, Tel. 038203 910 60, www.pension-schwark.m-vp.de, DZ 41–60 €. Familiäres, kleines Haus mit sechs einfachen Zimmern im alten Dorfkern direkt am Dorfteich.

Essen & Trinken

Einheimische schätzen das **Bistro im Kino** für einfache, aber schmackhafte Speisen (Severinstr. 4). Sehr nett sitzt man im **Café Zikke** (s. u.).
Gourmet – **Zum weißen Schwan:** Am Markt 9, Tel 038203 778 20, www.zumweissenschwan.de, ab 16,50 €. Das beste Haus am Platz, gehobenes, stilvolles Ambiente, sonnige Terrasse zum Markt hin.

Einkaufen

Kunst und Kultur – **Alexandrinenhof:** Alexandrinenplatz 2, www.alexandrinen-hof.de. Der begrünte idyllische Hinterhof beherbergt die **Werkstätten** einiger Handwerker und Künstler, eine **Galerie** und das empfehlenswerte **Café Zikke** (tgl. 10–20 Uhr).

Mein Tipp

Im Quellental ► E 5
Nur 3 km südlich von Doberan fühlt man sich weit entfernt vom Touristentrubel. Muntere Bächlein durchfließen glucksend eine idyllische, waldbedeckte Endmoränenlandschaft. Hier, wo die Zisterziensermönche im Mittelalter Wein angebaut haben sollen, sprudelt auch die Quelle für das Glashäger-Mineralwasser. Die **Ausflugsgaststätte Quellental** ist seit Jahrzehnten Ziel von Wanderern und Radfahrern (Am Wege 5, Hohenfelde, Tel. 038203 628 79, www.quellental-mv.de, Di–Fr 12–21, Sa 11–22, So 11–21 Uhr).

Infos & Termine

Tourist-Information Bad Doberan-Heiligendamm

Severinstr. 6, 18209 Bad Doberan, Tel. 038203 621 54, www.bad-doberan.de.

Termine

Sommerkonzerte: Juni–Sept. Jeden Freitag um 19.30 Uhr klassische Konzerte im Doberaner Münster. Info unter www.doberanermuenster.de.
Ostsee-Meeting/Doberaner Rennwoche: Ende Juli/Anf. Aug. Tel. 038203 176 40, www.ostseerennbahn.de, Eintritt 5–15 €. Die Renntage auf der ältesten Galopprennbahn Deutschlands sind ein sportliches und kulturelles Großereignis. Während der viertägigen Veranstaltung hält der Molli an der Rennbahn. ▷ S. 118

Auf Entdeckungstour

Das Bad Doberaner Münster – ein guter Ort

Der himmelwärts strebende gotische Bau, der seit der Reformation als evangelische Kirche genutzt wird, zählt zu den Perlen norddeutscher Backsteinkunst. Wie durch ein Wunder blieb er über die Jahrhunderte von Kriegszerstörungen und Bilderstürmen weitgehend verschont.

Reisekarte: ▶ E 5

Dauer: Ca. 2 Std.

Münster: Klosterstr., www.muenster-doberan.de, Mai–Sept. Mo–Sa 9–18 Uhr, So 12–18 Uhr, Rest des Jahres reduzierte Öffnungszeiten, 2 €, ganzjährig Führungen. **Klosterpark** frei zugänglich. Kostenlose Broschüre im Münster und in der Touristen-Information oder als Download.

Nordöstlich der Altstadt erstreckt sich die ehemalige Klosteranlage mit dem Münster. In warmem Backsteinrot leuchtet die 1368 geweihte Kirche des ehemaligen Zisterzienserklosters inmitten eines schönen Landschaftsparks. Auf dem gebührenpflichtigen Parkplatz gegenüber dem Münster stauen sich Reisebusse und Autos. In der Saison warten Reisegruppen vor dem Eingang, und vor der Kasse im Münster bilden sich lange Warteschlangen. Man kann an einer der öffentlichen Führungen teilnehmen, wenn es zeitlich passt, oder aber auch auf eigene Faust die ehemalige Klosterkirche und das Klostergelände erkunden. Vor Ort gibt es Literatur in jeder erwünschten Ausführlichkeit.

Es war der Schwan

Im Jahre 1171 gründeten Bischof Berno von Schwerin und der kurz zuvor getaufte Obodritenfürst Pribislaw in Althoff ein Zisterzienserkloster. Die Anlage, die sich 3 km südöstlich des heutigen Doberan befand, wurde bereits acht Jahre später infolge der Erbstreitigkeiten nach Pribislaws Tod völlig zerstört. Der Legende zufolge gelobte der am Ende siegreiche Thronerbe ein neues Kloster zu gründen. Dort, wo der erste von ihm erlegte Hirsch zusammenbrechen werde, sollte gebaut werden.

Das Jagdglück war ihm in einem sumpfigen Gelände hold. Und während die Jagdgesellschaft noch überlegte, ob dies überhaupt ein geeigneter Bauplatz sei, kam ein Schwan herangeflogen und rief *»dobr, dobr«*. Damit war nicht nur die Standortfrage, sondern auch die Namensgebung entschieden, denn im Slawischen bedeutet *dobr* ›gut‹ und *an* Ort. Im Klosterpark erinnert ein Schwan an die Gründungslegende.

Die weißen Mönche

Entsprechend den strengen Regeln zisterziensischer Baukunst, die jeglichen Bauschmuck ablehnte, besitzt das Münster keinen Glockenturm, sondern nur einen aufgesetzten Dachreiter. Die Kirche war eine Klosterkirche, sodass eine kleine Glocke ausreichte, um die Mönche zum Gebet zu rufen – siebenmal am Tag und einmal in der Nacht.

Die Ordenstracht bestand aus einem weißen Gewand aus Schafswolle, über dem die Mönche eine dunkle Arbeitsschürze mit Kapuze trugen. Zum Beten hüllten sie sich in ein weißes Chorgewand, das ihnen auch ihren Beinamen ›Weiße Mönche‹ einbrachte. Wenn sie nicht beteten, arbeiteten sie – vollkommen dem Motto des heiligen Benedikt von Nursia verpflichtet *ora et labora* (bete und arbeite).

Die Zisterzienser gründeten ihre Klöster in den abgelegensten Gegenden. Dort, wo sie Wasser und fruchtbaren Boden fanden, ließen sie sich nieder und machten das Land urbar, sie entwässerten Sümpfe und rodeten Wälder, sie führten die Dreifelderwirtschaft ein – und sie brachten das Christentum in die heidnische Wildnis an der Ostseeküste.

Stein auf Stein

Gegen Ende des 13. Jh. begannen die Mönche mit dem Bau des gotischen Münsters. Der Vorgängerbau – eine um 1232 fertig gestellte romanische Basilika – war 1291 durch einen Blitzeinschlag beschädigt worden, zudem waren Ansehen und Reichtum des Klosters weit über die kleine Kirche hinausgewachsen. Nach dem Vorbild französischer Kathedralen wuchs nun ein Musterbeispiel perfekt proportionierter Backsteinkunst in die Höhe. Fünf Millionen Backsteine wurden verbaut. Im Münster zeigen die Führer den Besuchern gern einen der handgefertigten Klostersteine und lassen sein Gewicht schätzen. 4 kg? 5 kg? Es sind 8 kg. Gerade noch leicht genug, um ihn in der einen Hand zu halten und mit der anderen zu verfugen – so heißt es in der Literatur. Kaum jemand der Besucher kann den Backstein in einer Hand halten, gefühlte 20 kg. Undenkbar, hunderte dieser Steine im Verlauf eines Tages zu vermauern.

Das Mauern war nicht die einzige Knochenarbeit im Verlauf des langen Bauprozesses. Das Baugelände war sumpfig, es kostete unglaubliche Mühen, ein solides Fundament zu schaffen. Dazu wuchteten die Mönche gespaltene Granitfindlinge in die 5 m tiefe Baugrube, die Hohlräume füllten sie mit Steinschüttungen auf und verbanden das ganze schließlich mit Heißkalk – einer Mischung aus ungelöschtem Kalk, Sand und Ziegelbruch. Erst danach konnten die Mauern gesetzt werden. Drei Generationen bauten am Münster, um 1368 war der Prachtbau fertig. Das Kloster entwickelte sich weiter zu einem der herausragenden wirtschaftlichen, geistlichen und kulturellen Zentren des Landes. In einem Dokument von 1478 wird es als reich und glücklich bezeichnet.

Fromme Armut?

Von zisterziensischer Bescheidenheit ist im Inneren des Doberaner Münsters nichts zu spüren. Geradezu überwältigend ist die Fülle originaler Ausstattungsstücke unter dem kunstvoll gerippten Gewölbe. Der reich vergoldete, mit unzähligen Schnitzfiguren geschmückte **Hochaltar** entstand vermutlich um 1310 in einer Lübecker Werkstatt. Links daneben beeindruckt der nadelschlanke, um 1350 in Eichenholz geschnitzte **Sakramentsturm.** Ein zauberhaftes Prunkstück ist die im Chorraum schwebende **Madonna im Strahlenkranz auf der Mondsichel.** Der um 1360/70 geschaffene **Kreuzaltar** im Zentrum des Hauptschiffs trennte den Kirchenraum der Mönche von dem der Laienbrüder ab. Das ihn überragende monumentale Kreuz ist als Lebensbaum aus Blüten, Laub und Früchten gestaltet.

Beachtenswert sind auch die kunstvoll geschnitzten Seitenwände des **Chorgestühls** der Laienmönche aus der Zeit um 1280. Die sogenannte Adlergestühlswange am Abschluss zum Hochaltar hin zeigt, wie der Teufel einen Laienbruder in Versuchung führen will. Die lateinische Inschrift lautet übersetzt: »Bruder, was machst du hier, komm mit mir!« Keine Chance, der Konverse bleibt standhaft. Der Teufel mit seinen zwei kleinen Hörnern ist schon ganz blank geputzt – ihn zu berühren, bringt nämlich Glück.

In Folge der Reformation wurde das Kloster 1552 aufgelöst und in einen herzoglichen Landwirtschaftsbetrieb umgewandelt. Ein Klostermodell nördlich des Chorraumes zeigt das Kloster und den Gebäudebestand zur Zeit der Klosterauflösung. Während überall im Lande Klöster zerstört wurden, entging die Doberaner Klosterkirche dem drohenden Abriss durch das Eingreifen Herzog Ulrich III. von Mecklenburg-Güstrow, nicht zuletzt wegen ihrer Bedeutung als Grablege der herzoglichen Familie. Insgesamt fanden 50 Mitglieder der Fürstenfamilie im Münster ihre letzte Ruhe. Die Kapellen in den Seitenschiffen sowie der Chorumgang bergen imposante Grabmäler der Landesherren. Prunkvoll ist das **Grabmal der Königin Margarete Sambiria von Dänemark.** Die Plastik der 1282 gestorbenen Königin ist die älteste Frauengrabfigur aller Zisterzienserklosterkirchen europaweit.

Alte Gemäuer und ein idyllischer Park

Auch der Park rund um das Münster zeugt von der Bedeutung des ehemaligen Zisterzienserklosters. Eine zwischen 1283 und 1290 errichtete, rund 1,4 km lange **Backsteinmauer** 1 umschließt das Gelände weiträumig und dokumentiert eindrücklich den Wunsch der Zisterzienser nach Abgeschiedenheit. Einen Park wie heute gab es damals noch nicht. Das von Bachläufen und zum Teil über 200 Jahre alten Baumgruppen geprägte Klosterareal wurde erst ab 1793 vom Ludwigsluster Hofgärtner zu einem englischen Landschaftsgarten umgestaltet. Doberan war aus langem Dornröschenschlaf erwacht und kam nach der Gründung des ersten deutschen Seebades im nahen Heiligendamm als Sommerresidenz der herzoglichen Familie zu neuem Glanz.

In unmittelbarer Nähe des Eingangsbereichs der **Klosterkirche** 2 befanden sich einst die Klausurbauten mit dem Kreuzgang und den Schlaf-, Aufenthalts und Arbeitsräumen der Mönche. Nur ein Mauerrest des **Kreuzgangs** 3 blieb erhalten. Auch nur wenige, der um 1280/90 errichteten klösterlichen Wohn- und Wirtschaftsgebäude haben die Zeiten überdauert. Nachdem sie ihre Funktion verloren hatten, wurden sie abgetragen und dienten als Steinbruch, die kostbaren Backsteine fanden u. a. beim Schlossbau in Güstrow Verwendung.

Im Südteil des Parks steht das **Kornhaus** 4, dessen Sanierung Ende 2010 abgeschlossen wurde. Der ehemalige Speicher für Getreide und andere landwirtschaftliche Produkte dient heute als Zentrum für Begegnungen, Workshops, Ausstellungen (www.kornhaus-baddoberan.de). Ein Café lädt zu einer Rast ein. Für junge Gäste des Münsters wurde ein Spielplatz angelegt. Frei zugänglich ist der kleine Klostergarten mit Kräuterbeeten hinter dem Kornhaus. Das klösterliche **Wirtschaftsgebäude** 5 gegenüber vom Kornhaus, das auch die Brauerei beherbergte, wurde 1979 durch Brandstiftung zerstört. Die gesicherte Ruine bildet heute den interessanten Rahmen für verschiedene Veranstaltungen.

Bei dem weiteren Streifzug durch den Park entdeckt man nördlich des Münsters die Ruine der **Wolfsscheune** 6, die vermutlich Hospiz oder Herberge war. Aus der Mitte des 13. Jh. stammt das frühgotische **Beinhaus** 7, ein achtseitiger, bildhübscher kleiner Backsteinturm neben der Kirche. Er wurde zur Aufbewahrung der Gebeine verstorbener Klosterbrüder genutzt, die bei der Neubelegung ihrer Gräber hier die letzte Ruhestätte fanden. Spätestens an diesem Backstein-Kleinod trifft man nach einem fast einsamen Spaziergang wieder auf Scharen von fotografierenden und fachsimpelnden Besuchern.

1 Klostermauer
2 Klosterkirche
3 Kreuzgang
4 Kornhaus
5 Wirtschaftsgebäude
6 Wolfsscheune
7 Beinhaus

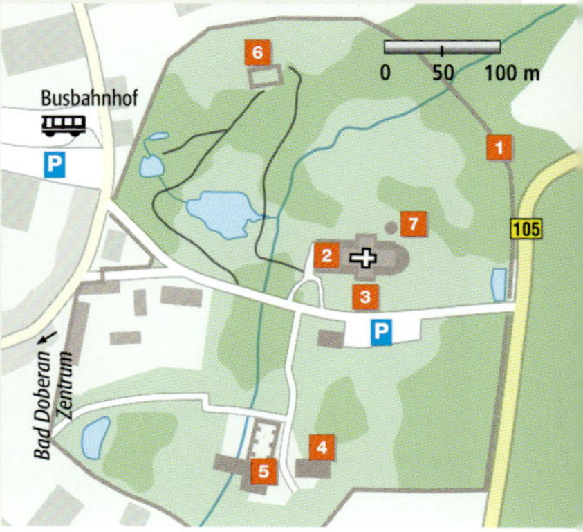

Zappanale: Aug., www.zappanale.de, s. S. 30.

Verkehr

Bäderbahn Molli: s. S. 109

Heiligendamm! ▸E5

»Friedrich Franz I. gründete hier Deutschlands erstes Seebad 1793« – so steht es auf dem gewaltigen Findling im Kurzentrum. Die Liste exklusiver Gäste ist lang, sie umfasst Mitglieder der russischen Zarenfamilie, Dichter wie Rainer Maria Rilke und Marcel Proust sowie in jüngster Zeit (2007) die Häupter der G8-Staaten. Von der Promenade fällt der Blick auf die beeindruckende Kulisse säulengeschmückter Bauten und blendend weißer Villen. Nach Jahren des Verfalls ist die weiße Stadt am Meer aus dem Dornröschenschlaf erwacht.

Das repräsentativste Gebäude des klassizistischen Bäderensembles ist das zwischen 1814 und 1816 erbaute **Kurhaus,** ein Bade-Tempel im wahrsten Sinne des Wortes, an dessen Giebel die lateinische Inschrift dem Eintretenden verspricht: *Heic te laetitia invitat post balnea Sanum* (Freude empfängt dich hier, entsteigst du gesundet dem Bade). 1996 kaufte die Kölner Fundus-Gruppe das Areal. Im Frühjahr 2003 wurde das Fünf-Sterne-Haus Kempins-

Da ist es wieder, das feine Sommerleben – neuer Glanz im ältesten deutschen Seebad

ki Grand Hotel Heiligendamm feierlich eröffnet, das inzwischen aber nicht mehr von der Kempinski AG betrieben wird. Abseits der aufwendig sanierten Hotelgebäude bietet Heiligendamm noch immer auch maroden Charme. Es bleibt viel zu tun.

Nienhagen ► E4

An der Kliffküste zwischen Heiligendamm und Warnemünde liegt das kleine Ostseebad Nienhagen, in dem der Maler Lovis Corinth (1858–1925), einer der bedeutendsten deutschen Impressionisten, zwischen 1909 und 1917 längere Aufenthalte verbrachte.

Westlich des Seebads erstreckt sich direkt am Meer der berühmte **Gespensterwald.** Schmale Wege schlängeln sich durch dieses besondere Waldstück – viele der Eichen, Buchen, Hainbuchen und Eschen trotzen schon 170 Jahre der harschen Salzluft und dem Wind.

Übernachten

Luxuriös – **Grand Hotel Heiligendamm:** Prof.-Dr.-Vogel-Str. 6, Tel. 038203 740 76 76, www.grandhotel-heiligendamm.de, DZ ab 260 €, Zustellbett 100 €, Parkservice 25 €. Auf mehrere Villen in der Umgebung des prachtvollen Kurhauses sind die exklusiven Suiten und Zimmer verteilt. Im historischen Kurhaus befindet sich das Nobel-Restaurant **Friedrich-Franz,** über dem ein Michelin-Stern glänzt. Preisgekrönt ist auch das **Heiligendamm SPA:** 3000 m^2 umfasst allein der Wellnessbereich im Severin Palais.

Essen & Trinken

Italienisch – **Medini's:** Prof.-Dr.Vogel-Str. 16–18, Tel. 038203 74 00, Mo, Do 17–22, Fr–So 12–22, in der Saison auch Di 17–22 Uhr, Pizza und Pasta ab 9, Fisch und Fleisch ab 24 €. Strandnah, mit Blick auf das Grandhotel, schönes Ambiente und feine Küche.

Infos

Es gibt weder eine Touristen-Information noch Einkaufsmöglichkeiten. Auskunft erhält man am Molli-Bahnhof. Über die Architekturgeschichte und das aktuelle Baugeschehen im Seebad informiert die interessante Webseite www.zeit-am-meer.de.

Das Beste auf einen Blick

Von Rostock bis Graal-Müritz

Highlight !

Warnemünde: Das Fischer- und Seefahrerstädtchen wird liebevoll und zu Recht Rostocks schönste Tochter genannt. Schnuckelige Giebelhäuser säumen den Alten Strom, in dem Fischerboote und Ausflugsdampfer, kleine und große Yachten vor Anker liegen. Und wenn man an Warnemündes berühmtem Strand entspannt, bieten die riesigen Fähren eine prachtvolle Fernweh-Kulisse. S. 133

Auf Entdeckungstour

Der IGA-Park in Rostock: Anlässlich der Internationalen Gartenausstellung – IGA 2003 entstand am Ufer der Warnow in Rostock ein Platz für die ganze Familie mit dem größten Bau(m)werk der Welt, einem Badestrand und einem Schiffbau- und Schifffahrtsmuseum auf dem Wasser. S. 134

Kultur & Sehenswertes

Marienkirche: Die im 13. Jh. erbaute Hauptkirche der Hansestadt Rostock zählt zu den herausragenden Beispielen norddeutscher Backsteingotik. S. 123

Jagdschloss Gelbensande: Eine kleine Residenz mit russischen Stilelementen mitten im Wald der Rostocker Heide. S. 143

Aktiv & Kreativ

Rundfahrt auf der Warnow: Die geruhsame Schiffsfahrt vom Rostocker Stadthafen in das Seebad Warnemünde vermittelt spannende Informationen über das Wirtschaftsleben der Stadt. S. 132

Robben Watching: An der Ostmole in Warnemünde kann man die in der Ostsee seltenen Seehunde hautnah erleben. S. 139

Genießen & Atmosphäre

Albert und Emilie: Charmantes Ambiente in Rostock in einem etwas abseits gelegenen, liebevoll restaurierten Haus aus dem 16. Jh., dazu feine französisch-norddeutsche Küche. S. 130

Zur Kogge: Einen Steinwurf vom Stadthafen befindet sich Rostocks älteste Kneipe, die für ihr urig-maritimes Flair bekannt ist. S. 132

Seekiste zur Krim: In der traditionsreichen Warnemünder Seefahrerkneipe werden seit 140 Jahren Einheimische und Besucher verwöhnt. S. 139

Abends & Nachts

Schusters Café und Cocktailbar: Ein angenehmer Platz zum Entspannen ist die Strandbar in bzw. neben dem Teepott in Warnemünde – sowohl am Abend als auch tagsüber. S. 140

Backsteingotik, feine Sandstrände und Wälder

Die Hanse- und Universitätsstadt Rostock war und ist Mecklenburgs Tor zur Welt. Die größte Stadt Mecklenburg-Vorpommerns bietet hanseatische Pracht, mehrere Häfen und ein lebendiges Kulturleben. Nur wenige S-Bahn-Stationen entfernt verspricht das Seebad Warnemünde entspanntes Badeleben. Östlich der Zwillingsmetropole erstreckt sich die waldreiche Rostocker Heide bis fast zur Halbinselkette Fischland-Darß-Zingst. In Graal-Müritz lässt sich ein Badeurlaub am feinsandigen Ostseestrand bestens mit langen Waldtouren kombinieren.

Infobox

Information

www.wellenbrecher.org: Das Ostseemagazin präsentiert Wissenswertes rund um die Ostsee und das Seebad Warnemünde.

Anreise und Weiterkommen

Flugzeug: Im Sommer Linienflüge zum Flughafen Rostock-Laage (www.rostock-airport.de).

Fähren: Ab Rostock internationale Fährverbindungen nach Dänemark und Schweden.

Bahn: Rostock ist IC-Bahnhof (www.bahn.de).

S-Bahn: Verbindungen mit Warnemünde.

Busse: Landbusse verbinden Rostock mit der weiteren Umgebung, u. a. den Ostseebädern Bad Doberan, Kühlungsborn, Rerik, Graal-Müritz.

Innerorts: In der Stadt verkehren Straßenbahnen und Busse, auch nach Warnemünde und in die Rostocker Heide. Vor allem Familien fahren sehr günstig mit der Rostock-Card (www.verkehrsverbund-warnow.de)

Rostock ► E/F 5

In Rostocks Wappen finden sich neben dem goldenen Greif, der Stolz und Stärke symbolisiert, die Farben der Hanse: ein silberner (weißer) und ein roter Balken. Rostock ist mit Leib und Seele Hansestadt. Im Jahre 1259 begründete die Stadt an der Warnow mit Hamburg und Lübeck die deutsche Hanse, die mehr als drei Jahrhunderte ihre Geschicke bestimmte.

Die stolze Schönheit dieser Stadt hielt der Kaufmann Vicke Schorler zwischen 1578 und 1786 für die Nachwelt fest. Auf einer fast 19 m langen und eine Elle breiten Papierrolle stellte er Straße für Straße, Haus für Haus mit größter Genauigkeit dar: Giebelhäuser, Kirchen, Klöster und Hospitäler, Stadttore und -mauer, Hafenanlage, Speicher, Kräne und Brücken sowie die umliegenden Ortschaften zeichnete er in Frontalansicht, so wie sie ein vorbeigehender Passant sieht. Die kostbare Rolle hat sich bis heute erhalten und wird im Rostocker Stadtarchiv verwahrt und zu besonderen Anlässen, beispielsweise am Tag der Archive, hervorgeholt.

Von dem alten Rostock, wie es Vicke Schorler gezeichnet hat, ist heute vieles nicht mehr vorhanden. Im Zweiten

Weltkrieg fielen über 40 % der Gebäude der Stadt im Bombenhagel in Schutt und Asche. Auch schon vorher war viel historische Bausubstanz der Spitzhacke zum Opfer gefallen: Die alten gotischen Kaufmannshäuser, die Kontor, Wohnung und Dienstbotenkammern, Speicher und Kornböden, Ställe und Werkstätten unter einem Dach vereint hatten, waren dem modernen Handel nicht mehr gewachsen gewesen. So klagte man schon um 1900 darüber, dass die Architekten häufig ohne jede Rücksicht auf das gotische Rostock ihre neuen Gebäude errichteten. Umso größere Kostbarkeiten stellen die erhalten gebliebenen Meisterwerke hanseatischer Baukunst dar, die bei einem Bummel durch das historische Zentrum zu entdecken sind.

Neuer Markt

Einen Stadtrundgang kann man gut am Neuen Markt beginnen. Von ursprünglich 34 Giebelhäusern, die den Platz bis zu den Zerstörungen im Zweiten Weltkrieg säumten, blieben nur sieben unbeschädigt, die Lücken füllen funktionale Neubauten. Auch in den umliegenden Straßenzügen – im mittelalterlichen und frühneuzeitlichen Rostock – das Domizil der städtischen Oberschicht – wurde ein Großteil der historischen Bebauung durch Bomben zerstört. Doch auch hier – beispielsweise in den Straßen Hinter dem Rathaus und der Großen Wasserstraße – findet sich noch so manches architektonische Kleinod aus der Hansezeit.

Rathaus 1

Neuer Markt 1
Die Ostseite des Marktes nimmt das Rathaus ein, dessen ursprüngliche Bausubstanz zwei unterkellerte Bürgerhäuser aus der ersten Hälfte des 13. Jh. bildeten. Wie andere Rathäuser im Ostseeraum diente es zunächst auch als Kaufhaus und Warenlager. Mit der Stadt wuchs das Rathaus im Verlauf der Jahrhunderte, es wurde an- und umgebaut. Die im 14./15. Jh. entstandene prächtige und von sieben Türmchen gekrönte gotische Backsteinfassade verdeckt seit 1727 ein mehrgeschossiger barocker Vorbau. Neben der Stadtverwaltung beherbergt der Rathauskomplex auch die gut ausgestattete Tourist-Information.

Kerkhoffhaus 2

Hinter dem Rathaus 5
Schräg hinter dem Rathaus an der Ecke zur Großen Wasserstraße findet man eines der wenigen erhaltenen spätgotischen Giebelhäuser, die einst die Straßen des historischen Stadtkerns säumten. Benannt ist das mit einem siebenachsigen Staffelgiebel geschmückte Patrizierhaus nach dem Rostocker Ratsherrn und späteren Bürgermeister Bartold Kerkhoff, der es um 1470 erbauen ließ. Heute sind hier das Stadtarchiv und das Standesamt untergebracht.

Krahnstöverhaus 3

Große Wasserstraße 30, www.weineck-kranstoever.de, Mo–Fr 10–23, Sa 10–14, 17–23 Uhr
Ein Kleinod ist auch das Kranstöverhaus. Seinen Namen erhielt das spätestens Mitte des 14. Jh. errichtete Kaufmannshaus mit dem prächtigen Staffelgiebel von der ehemaligen Likörfabrik Julius Krahnstöver, die das Haus 1874 erwarb. Seit 2004 kann man im **Weineck Kranstöver** Wein kosten – sehr gemütlich auch für ein Gläschen am Abend.

Marienkirche 4

Am Ziegenmarkt 4, http://marienkirche-rostock.de, Gottesdienst So 9.30 Uhr, Besichtigung Mai–Sept.

Lieblingsort

Brunnen der Lebensfreude – Wasserspiele der besonderen Art 6

In der größten Stadt Mecklenburg-Vorpommerns gibt es bereits seit 1419 eine Universität. Wer ein bisschen Studentenflair schnuppern möchte, macht eine Pause auf dem Universitätsplatz. Für heitere Atmosphäre sorgt hier auch der Brunnen der Rostocker Künstler Reinhard Dietrich und Jo Jastram. Vor allem Kids sind begeistert. Zwischen den wunderbar lebensfrohen Bronzefiguren kann man umherlaufen und plantschen, eine Riesengaudi nicht nur bei heißem Wetter. Gleich nebenan die lebhafte Bummelmeile der Stadt und der Klosterhof, ein zauberhaft stiller Winkel.

Mo–Sa 10–18, So 11.15–17, Okt.–April Mo–Sa 10–12.15, 14–16, So 11–12.15 Uhr, Führung Mo–Sa 11 Uhr
Die im 13. Jh. erbaute Marienkirche ist die Hauptkirche Rostocks und ein Hauptwerk der norddeutschen Backsteingotik. Das wohlhabende Rostocker Handelspatriziat stellte die Gelder für den Bau zur Verfügung. Er sollte seinem architektonischen Vorbild – der Lübecker Marienkirche – in nichts nachstehen. Zu den kostbarsten Ausstattungsstücken gehören das knapp 3 m hohe, von vier knienden Figuren getragene **Bronzetaufbecken** aus der Zeit um 1290 sowie der spätgotische, um 1530 geschnitzte **Rochusaltar,** der dem Schutzheiligen der Barbierer und Wundärzte geweiht war. Er ist der einzige erhaltene von ursprünglich 36 Altären – für jede Innung gab es einen.

Hinter dem Hauptaltar befindet sich die 1472 geschaffene und im 17. Jh. erneuerte **astronomische Uhr.** Das Kalendarium dieses mechanischen Wunderwerks liefert noch bis zum Jahre 2017 detaillierte Informationen zu jedem Tag. So kann man beispielsweise herausfinden, an welchem Wochentag man geboren ist. Jeden Mittag um zwölf Uhr öffnen sich über dem Ziffernblatt zwei Türchen, und die Apostel wandern einmal herum. Wenn sich die Türen wieder schließen, bleibt nur der verräterische Judas draußen.

Kröpeliner Straße

Pulsierende Lebensader und Hauptgeschäftsstraße der Stadt ist die Kröpeliner Straße, die vom Neuen Markt über den Universitätsplatz zum Kröpeliner Tor führt. Seit Verlegung der Straßenbahn in die Lange Straße im Jahre 1961 ist die ›Kröpi‹ Fußgängerzone. Zahlreiche Renaissance- und Barockhäuser flankieren die Einkaufsmeile, ein spätgotisches Kleinod ist das **Spitalpfarrhaus** (Nr. 82, heute Sitz der Stadtbibliothek).

Fünfgiebelhaus 5

Der Neubau aus dem Jahr 1986 fügt sich gut in die historische Bausubstanz ein. Die industrielle Plattenbauweise wurde hier individuell abgewandelt. Die vorgefertigten Betonelemente erhielten Fassaden, die durch Lauben, Erker und Bänder aus grün glasierten Backsteinen belebt wurden.

Universitätsplatz

Zentrum der Kröpeliner Straße ist der dreieckige Universitätsplatz mit dem wunderbaren **Brunnen der Lebensfreude** 6 (s. Lieblingsort S. 124). An der dahinter liegenden **Universität** wird seit 1419 gelehrt und geforscht. Heute sind hier etwa 9000 Studenten in neun Fakultäten eingeschrieben. Das unter Denkmalschutz stehende **Hauptgebäude der Universität** 7 begrenzt das westliche Ende des Platzes. Es wurde zwischen 1867 und 1870 nach Plänen des Schweriner Baumeisters Hermann Willebrand errichtet. Die Südseite des Platzes schmückt das barocke **Herzogliche Palais** 8, das 1714 als Quartier für die herzogliche Familie entstand und dessen Barocksaal heute einen schönen Rahmen für Konzerte bietet.

Kloster zum Heiligen Kreuz 9

Kulturhistorisches Museum: Klosterhof 7, Tel. 0381 20 35 90, www.kulturhistorisches-museum-rostock.de, Di–So 10–18 Uhr, Eintritt frei, Spende erwünscht; Kempowski-Archiv-Rostock: Klosterhof 3, Tel. 0381 203 75 40, www.kempowski-archiv-rostock.de, Di–So 14–17, Do 9.30–12 Uhr
In unmittelbarer Nähe des Universitätsplatzes lädt der idyllische Hof des

Klosters zum Heiligen Kreuz mit einem Café zum Verweilen ein. Das Zisterzienserinnenkloster wurde 1270 von der dänischen Königin Margarete Sambiria gegründet. Um 1300 lebten hier um die 20 Nonnen, später wuchs die Zahl beträchtlich, sodass sie 1354 auf 60 reduziert werden musste.

In dem gut erhaltenen Gebäudeensemble residiert heute das 1859 gegründete **Kulturhistorische Museum.** Es zeigt eine der umfassendsten kunst- und kulturgeschichtlichen Sammlungen des Landes. Die Exponate reichen von der Archäologie über Münzen und Spielzeug, Alltags- und Wohnkultur bis zu Malerei und Kunsthandwerk. Im Rahmen des Museumsbesuches ist auch die **Klosterkirche,** eine dreischiffige, um 1350/60 fertig gestellte Backsteinhallenkirche, zugänglich.

Eine kleine Ausstellung im Klosterhof ist dem in Rostock geborenen und aufgewachsenen Schriftsteller **Walter Kempowski** (s. auch S. 76) gewidmet. Neben der Sammlung seiner Werke und Sekundärliteratur umfasst sie auch persönliche Gegenstände, die mit der Familiengeschichte verknüpft werden können – Bücher aus der elterlichen Bibliothek, das Koffergrammophon seines Bruders Robert. Außer dem Schreibtisch des Autors, an dem er Romane wie »Tadellöser und Wolff« schrieb, wird sogar der Brotkanten, der als Reiseverpflegung nach seiner Entlassung aus Bautzen gedacht war, aufbewahrt.

Kröpeliner Tor 10

Tel. 0381 45 41 77, Mi–So 10–18 Uhr

Den westlichen Abschluss der Kröpi bildet das Kröpeliner Tor, eines der vielen Rostocker Stadttore, die im 13. und 14. Jh. zur Verteidigung der Stadt errichtet wurden. Der 54 m hohe, gotische Backsteinbau, der um 1400 um fünf Geschosse aufgestockt wurde, beherbergt heute eine Dauerausstellung zur Stadtgeschichte.

Eine Möwe und vier Meeresgötter verkünden die Nähe des Meeres – der Möwenbrunnen auf dem Neuen Markt in Rostock

Rostock

Sehenswert
1 Rathaus
2 Kerkhoffhaus
3 Krahnstöverhaus
4 Marienkirche
5 Fünfgiebelhaus
6 Brunnen der Lebensfreude
7 Universität Hauptgebäude
8 Herzogliches Palais
9 Kloster zum Heiligen Kreuz mit Kulturhistorischem Museum und Kempowski-Archiv
10 Kröpeliner Tor
11 Wallanlagen
12 Nikolaikirche
13 Petrikirche
14 Hausbaumhaus
15 Dokumentations- und Gedenkstätte
16 Kunsthalle
17 Zoologischer Garten Rostock

Übernachten
1 Steigenberger Hotel Sonne
2 Hotel Verdi

Essen & Trinken
1 Albert und Emile
2 Zur Kogge
3 Kaminstube
4 Borwin

Einkaufen
1 Rostocker Hof
2 Bernstein-Haus
3 Schokoladerie de Prie

Aktiv & Kreativ
1 Blaue Flotte
2 Theater am Stadthafen
3 Volkstheater Rostock

Abends & Nachts
1 Restaurant & Bar Silo 4
2 M.A.U.
3 KTV (Kröpeliner-Tor-Vorstadt)

Wallanlagen 11

Zwischen Kröpeliner Tor und Kloster zum Heiligen Kreuz verläuft ein Abschnitt der bei Spaziergängern, Joggern und Radfahrern beliebten Wallanlagen. Teile der alten Befestigung aus dem 13./14. Jh. sind noch erhalten: ca. 450 m Stadtmauer, dazu **Kröpeliner Tor, Steintor, Kuhtor** und **Mönchentor** – vier von ehemals 22 Stadttoren – sowie der Lagebuschturm und acht halbrunde Wiekhäuser am Oberwall.

Östliche Altstadt

www.oestliche-altstadt.de
Dem Gebiet um die Kirche St. Petri und den Alten Markt verlieh Fürst Borwin im Jahre 1218 das lübsche Stadtrecht. Nach Zusammenlegung mit anderen Stadtteilen in der zweiten Hälfte des 13. Jh. geriet die östliche Altstadt in eine Randlage, blieb aber über Jahrhunderte ein Quartier der Handwerker. Die Zerstörungen im Zweiten

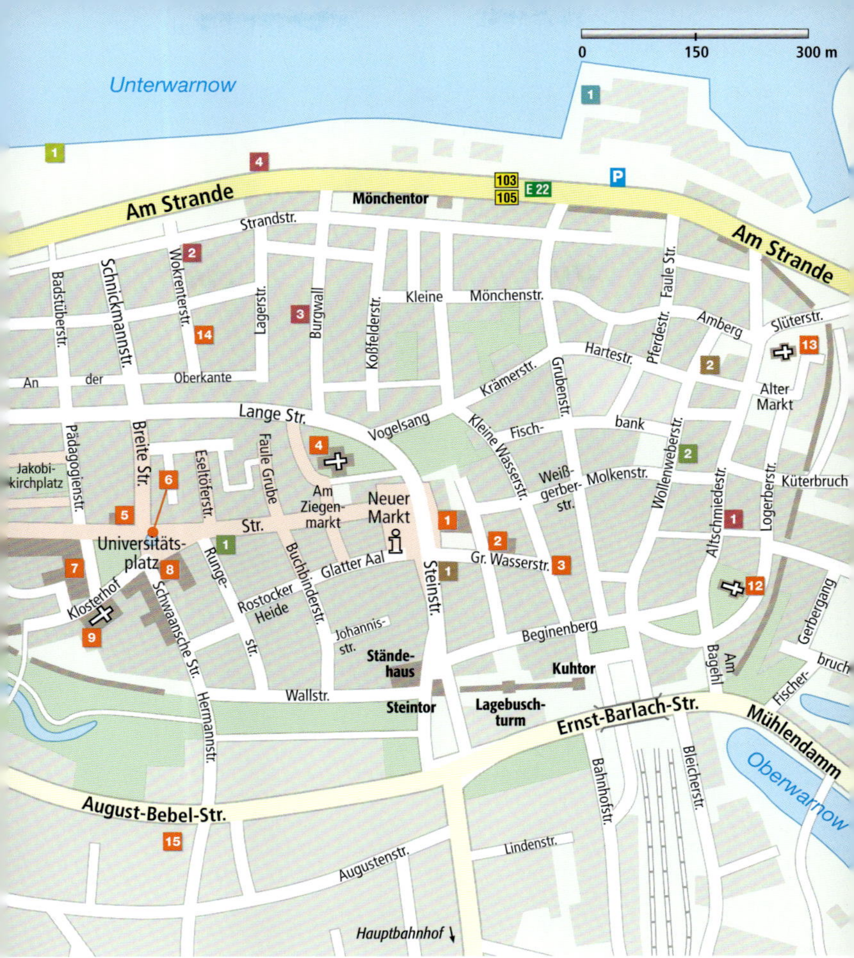

Weltkrieg sowie die Vernachlässigung des Gebäudebestands in DDR-Zeiten führten zum starken Verfall des Viertels. Nach seiner Integration in das Sanierungsgebiet ›Stadtzentrum Rostock‹ 1991 hat sich die östliche Altstadt jedoch zu einem selbstbewussten und charmanten Stadtviertel entwickelt.

Nikolaikirche 12

Bei der Nikolaikirche 1,
www.nikolaikirche-rostock.de

Die frühgotische, in Backstein errichtete Hallenkirche wurde 1312 zunächst ohne Turm und ohne Chor geweiht. Der quadratische Westturm kam im 15. Jh. dazu. Das durch einen Bombenangriff 1942 schwer beschädigte Gotteshaus wurde seit 1976 umfangreich rekonstruiert und umgebaut. Das hohe gotische Hallendach beherbergt heute 20 Wohnungen. Das Kirchenschiff wird für Ausstellungen und Konzerte genutzt.

Mein Tipp

Bonjour – Bei Albert und Emile 1

Das Restaurant nahe der Nikolaikirche in einem etwas abseits gelegenen, liebevoll restaurierten Haus aus dem 16. Jh. besticht mit einem charmanten, persönlichen Ambiente. In der Küche mischen sich französische und norddeutsche Einflüsse. Gekocht wird mit ausgewählten Produkten aus regionaler oder französischer Herkunft (Altschmiedestr. 28, Tel. 0381 493 43 73, Di–Sa 18–22 Uhr, ab 16 €, 2 Gänge 24 €, 3 Gänge 29 €).

Petrikirche 13

Alter Markt, www.petrikirche-rostock.de, Aussichtsturm April–Okt. tgl. 10–19, Nov.–März tgl. 10–16 Uhr, 2 €

Nähert man sich der Stadt aus dem Osten ist er nicht zu übersehen. Der Turm der 1252 erstmals urkundlich erwähnten Petrikirche wurde im frühen 15. Jh. fertiggestellt. Mit einer Gesamthöhe von 126 m diente er zur Orientierung der Schiffe auf See und ist bis heute auf den Seekarten als Landmarke eingetragen. Vom Turm (Lift oder 196 Stufen) bietet sich ein weiter Blick über Rostock und Umgebung.

Nördliche Altstadt und Stadthafen

Das Gebiet zwischen Langer Straße und Warnow, wo der Stadthafen liegt, wurde seit den 1980er-Jahren großzügig saniert. Alte Speicher- und Kaufmannshäuser konnten vor dem Verfall gerettet werden. Nicht selten verwendete man dabei historische Bauelemente aus anderen Straßenzügen, wie der im Zweiten Weltkrieg zum großen Teil zerstörten Langen Straße. Bei der Gestaltung und Planung des Stadtbilds dienten die detailreichen Zeichnungen der Stadtansichten der Vicke-Schorler-Rolle von 1586 als Vorlage. Aus finanziellen Gründen ging man 1983 dann zur Flächensanierung über, ein Großteil der alten Gebäude wurde abgerissen und in Plattenbauweise neu errichtet, die Neubauten jedoch mit Backsteinverblendungen und Giebelelementen ausgestattet.

Wokrenterstraße

In der Wokrenterstraße findet man 15 Häuser mit historischen Giebelformen, doch nur zwei Gebäude stehen an ihrem ursprünglichen Platz. Das eine ist Rostocks älteste Kneipe **Zur Kogge** 2 an der Ecke Wokrenterstraße/Strandstraße, das andere das sogenannte **Hausbaumhaus** 14. Der um 1490 erbaute spätgotische Giebelbau ist in wesentlichen Teilen im Original erhalten und wird heute von den Städtischen Museen für Veranstaltungen und Ausstellungen genutzt.

Am Stadtrand

Dokumentations- und Gedenkstätte 15

Hermannstr. 34b, Zufahrt über Augustenstr./Grüner Weg, Tel. 0381 498 56 51, www.bstu.bund.de, März–Okt. Di–Fr 10–18, Sa 10–17, Nov.–Feb. Di–Fr 9–17, Sa 10–17 Uhr, Führungen Mi, Sa 14 Uhr, Eintritt frei

Die Ausstellung in der ehemaligen Untersuchungshaftanstalt der Staatssicherheit (Stasi) dokumentiert anhand von Originaldokumenten, Berichten von Zeitzeugen und Videovorführungen die Geschichte, Methoden und Wirkungsweise der Stasi. Man erhält einen bedrückenden Einblick in den Zellentrakt.

Kunsthalle 16

Hamburger Str. 40, B 105, Tel. 0381 381 70 00, www.kunsthallerostock.de, Di–So 10–18 Uhr, Eintritt frei

1969 entstand der einzige Neubau eines Kunstmuseums in der Geschichte der DDR. Der Schwerpunkt der Sammlung liegt auf ostdeutscher Kunst des frühen 20. Jh. bis heute. Wechselnde Ausstellungen präsentieren zeitgenössische Künstler aus dem Ostseeraum, hübsch sitzt man im Café mit Blick auf den Schwanensee.

Zoologischer Garten Rostock 17

Rennbahnallee 21 (Navigationsgerät Eingabe Barnstorfer Ring), Tel. 0381 208 20, www.zoo-rostock.de, April–Okt. tgl. 9–19, Nov.–März tgl. 9–17 Uhr, 11,50 €, Familie 21–31 €.

Der 1899 gegründete Tierpark ist der größte Zoo an der Ostseeküste. Eingebettet in eine alte Park- und Waldlandschaft leben hier 1700 Tiere in 250 Arten. Für Kinder gibt es viele unterschiedliche Spiel- und Erlebnisbereiche.

Übernachten

Zentral – **Steigenberger Hotel Sonne** 1: Neuer Markt, 2, Tel. 0381 497 30, www.rostock.steigenberger.de, DZ ab 120 €. 124 komfortable Zimmer und Suiten direkt im Stadtzentrum. Ausgezeichnetes Restaurant **Weinwirtschaft** und Bar, moderner Spa- und Fitnessbereich, WLAN.

Persönlich – **Hotel Verdi** 2: Wollenweberstr. 28, Tel. 0381 25 22 40, www.hotel-verdi.de , DZ ab 79 €, FeWo ab 84 €. Kleines Hotel mit acht Zimmern in der Nähe der Petrikirche, zwei Spazierminuten vom Hafen entfernt.

Essen & Trinken

Bonjour – **Albert und Emile** 1: s. Mein Tipp S. 130
Rostocker Urgestein – **Zur Kogge** 2: Wokrenter Str. 27, Tel. 0381 493 44 93, tgl. ab 11.30 Uhr, im Winter So geschl., ab 9 €. Einen Steinwurf vom Stadthafen befindet sich die älteste Kneipe Rostocks. Das rote Eckhaus ist für sein uriges Flair über die Landesgrenzen bekannt. Zur gediegenen Hausmannskost wird gelegentlich maritime Musikunterhaltung geboten, am imposanten Tresen kann man bei einem frisch Gezapften den Abend verbringen.
Ausgesprochen nett – **Kaminstube** 3: Burgwall 17, Tel. 0381 313 37, www.kaminstube-rostock.de, Di–So ab 18 Uhr, ab 11 €. Klein, fein und gemütlich. Kamin im Winter, Dachterrasse im Sommer. Dazu exzellente Küche, viele thailändische Gerichte.
Ein Klassiker – **Borwin** 4: Am Strande 2, Tel. 0381 490 75 25, tgl. ab 12 Uhr, Hauptgerichte ab 12 €. Maritimes, gemütliches Hafenrestaurant, draußen sitzt man fast direkt am Wasser mit Blick auf Segelschiffe, Parkplätze kein Problem.

Einkaufen

Unter Glas – **Rostocker Hof** 1: Kröpeliner Str., www.rostocker-hof.de, Mo–Sa 10–20 Uhr. An der Haupteinkaufsstraße der Stadt verbirgt sich hinter der Fassade des 1888 im Neorenaissancestil erbauten ehemaligen Hotels Rostocker Hof ein modernes Einkaufszentrum. Unter einer mächtigen Glaskuppel vereint es mehr als 40 Läden und verschiedene Restaurants.
Viele Unikate – **Bernstein-Haus** 2: Wollenweberstr. 46, Tel. 0381 490 03 70, www.bernsteinwerkstatt.de, Mo–Sa 10–18 Uhr. Das Geschäft dient zugleich als Galerie, in der Arbeiten von Künstlern aus Mecklenburg-Vorpommern gezeigt werden.
Terrasse zur Warnow – **Schokoladerie de Prie** 3: Warnowufer 59, Tel. 0381 375 99 54, www.feine-schokoladen.de, tgl. 10–18, in der Hochsaison 10–22 Uhr. Schoko- und Kaffeeköstlichkeiten aus aller Welt, italienisches Eis, auch Schokoladenseminare und Verkostungen.

Aktiv & Kreativ

Nach Warnemünde – **Blaue Flotte** 1: Ab Stadthafen, Tel. 0381 69 09 53, www.hafenrundfahrten-in-rostock.de. Juni–Sept. 10.30–15.30 Uhr im Halbstundentakt, Okt.–Mai 2–3 x tgl., Dauer ca. 100 Min., 12 €, Familie 32 €. Schiffsfahrt vom Stadthafen in Rostock über die Warnow nach Warnemünde. Es ist möglich, die Fahrt in Warnemünde zu unterbrechen und ohne Aufpreis ein späteres Schiff für die Rückfahrt zu nehmen.
Attraktiver Spielort– **Theater am Stadthafen** 2: Warnowufer 65, Programminfo unter www.volkstheater-rostock.de
Vielseitig – **Volkstheater Rostock** 3: Doberaner Str. 134, Tel. 0381 381 47 00, www.volkstheater-rostock.de, Straßenbahn 1, 4, 5. Alle Sparten sind vertreten: Musiktheater, Schauspiel, Tanztheater, Jugend-, Kinder- und Puppentheater, Weihnachtsmärchen und klassische Konzerte.

Abends & Nachts

Mit Blick über den Stadthafen – **Restaurant & Bar Silo 4** 1: Am Strande 3d, Tel. 0381 458 58 00, www.silo4.de, Restaurant Di–Sa 18–24 Uhr, So Brunch 10–14, Bar Do–Sa 18–2 Uhr, Menü 9,90 €

bzw. 19,90 €. Modernste Einrichtung im alten Silo. In der Showküche werden die von den Gästen am Buffet ausgewählten Zutaten zubereitet.
Disco – **M.A.U.** 2: Warnowufer 56, Tel. 0381 202 35 77, www.mauclub.de. Beliebter Club in attraktiver Lage, abwechslungsreiches Programm mit kleinen und großen Bands.
Für jeden Geschmack – **KTV** 3: In der Kröpeliner-Tor-Vorstadt zwischen Heiliger-Geist-Kirche und Doberaner Platz spielt sich das studentische Nachtleben ab. Es gibt viele internationale Restaurants, hippe Bars und Lounges, u. a. das **Farellis** mit leckeren Cocktails (Am Brink 1).

Infos & Termine

Touristen-Information

Neuer Markt 3, 18055 Rostock, Tel. 0381 381 22 22, www.rostock.de, www.rostock.travel

Termine

HanseSail: Anf./Mitte Aug., www.hansesail.com. Traditionelle Segelschiffe und Museumsschiffe aus über zehn Nationen geben sich während vier Tagen ein Stelldichein zwischen Warnemünde und dem Rostocker Stadthafen – ein Eldorado für Segelfans und zukünftige Weltenbummler. Möglichkeit zur Besichtigung und zum Mitsegeln (Anmeldung im Internet).
Weihnachtsmarkt: Ende Nov./Dez. In der Adventszeit gibt es Budenzauber inkl. Glühwein zwischen Neuem Markt und Universitätsplatz. Der größte Weihnachtsmarkt Norddeutschlands.

Verkehr

Regionalverkehr: Küstenbus GmbH, Platz der Freundschaft (am Hauptbahnhof), Tel. 0800 150 70 90, www.rvk-rostock.de/kuestenbus.
Stadtverkehr: Tel. 0381 492 36 96, www.verkehrsverbund-warnow.de. Die Fahrpläne der Busse und S-Bahnen in Rostock sowie in den Landkreisen Güstrow und Bad Doberan sind aufeinander abgestimmt.

Warnemünde ! ▶ E/F 4

Das Fischer- und Seefahrerstädtchen, liebevoll auch Rostocks schönste Tochter genannt, gehört bereits seit 1323 zu Rostock. Damals kaufte die reiche und mächtige Hansestadt das kleine Fischerdorf und sicherte sich damit freien Zugang zur Ostsee. Vom Seehafen verkehren Fähren nach Dänemark, Schweden, Finnland, Estland – sie bieten eine prachtvolle Fernweh-Kulisse, wenn man an Warnemündes berühmten, 7 km langen und bis zu 150 m breiten Strand entspannt. Im Sommerhalbjahr ist Warnemünde ein beliebter Ankerplatz für Kreuzfahrtschiffe. Wer einen der großen Pötte von nahem sehen will, sollte am Passagierkai am Neuen Strom vorbeischauen. Hier legen auch die Schiffe der Großen Hafenrundfahrt an.

Am Alten Strom

Kapitäns- und Fischerhäuser säumen den Alten Strom, in dem Fischerboote und Ausflugsdampfer, kleine und große Yachten vor Anker liegen. Die schnuckeligen Giebelhäuser – viele von ihnen mit vorgesetzten Holzveranden und überdachten Balkonen – erinnern an die Zeit, als die ersten Badegäste nach Warnemünde kamen. Zahlreiche Straßencafés, Fischerkneipen, Eisdielen und Souvenirshops laden zum Schlemmen und Shoppen ein. Wem das Getümmel zu viel ist, kann sich in die zweite Reihe begeben, ▷ S. 137

Auf Entdeckungstour

Der IGA-Park in Rostock – zu Lande und zu Wasser

Am Ufer der Warnow entstand 2003 anlässlich der Internationalen Gartenausstellung (IGA) eine 100 ha große Parklandschaft mit einem außergewöhnlichen Bauwerk. Am Flusskai liegt das Traditionsschiff Typ Frieden mit dem Schiffbau- und Schifffahrtsmuseum.

Reisekarte: ► F4

Dauer: Ca. 3 Std..

Öffnungszeiten: IGA-Park, www.iga-park-rostock.de, April–Okt. tgl. 9–18, Nov.–März tgl. 10–16 Uhr, Eingang Hansemesse/Parkplatz Nord, Bahn Lütten-Klein und Bus Nr. 31, 1 €. **Schiffbau- und Schifffahrtsmuseum Rostock:** Schmarl-Dorf 40, Tel. 0381 12 83 13 64, www.schifffahrtsmuseum-rostock.de, Okt.–März Di–So 10–16, April–Juni, Sept. Di–So 9–18, Juli/Aug. tgl. 9–18 Uhr, Park- und Museumseintritt 4 €.

Wer eine Hafenrundfahrt vom Rostocker Stadthafen die Warnow hinunter nach Warnemünde unternimmt, passiert das Traditionsschiff Typ Frieden mit dem Schiffbau- und Schifffahrtsmuseum und einen Schwimmkran, der merkwürdig gebeugt dasteht. Unwillkürlich fragt man sich, was denn mit dem passiert ist. Der Kapitän antwortet prompt, als hätte er die Gedanken der Fahrgäste erraten: »Hat sich verhoben, wurde mal zu schwer beladen und so ist es passiert«. Die Fahrgäste gucken sich an, der will uns wohl verschaukeln. Es folgt keine weitere Erklärung – irgendwie unbefriedigend, könnte an der Geschichte was dran sein? Die Lösung des Rätsels erfährt man erst bei einem Besuch im IGA-Park.

Plattenbauten auf freiem Feld

Schmarl, Lütten Klein, Lichtenhagen – die Ortsteile an der Warnow im Nordwesten Rostocks tragen Namen, deren Ursprünge in die Zeit zurückreichen, als das Land noch spärlich besiedelt war. Der Legende nach soll Königin Margarete Sambiria von Dänemark am Warnowufer beim Dorf Schmarl von Fischern gerettet worden sein, nachdem sie während eines Sturmes in Seenot geraten war. Zum Dank stiftete sie 1270 das Nonnenkloster zum Heiligen Kreuz in Rostock. Schmarl gehörte zum Kloster und trug zur Ernährung der Nonnen bei.

Als 1886 die Eisenbahnlinie Rostock – Warnemünde in Betrieb genommen wurde, erhielt der Ort einen Bahnhof, 1934 wurde er nach Rostock eingemeindet, doch erst in den 1960er-Jahren wurden Rostock und Warnemünde samt der umliegenden Gemeinden zu einer ›sozialistischen Großstadt‹ zusammengefügt. In Lütten Klein, westlich von Schmarl, entstanden auf freiem Feld die ersten Großwohnsiedlungen in Plattenbauweise für 26 000 Menschen, ab Ende der 1970er-Jahre wurde in Schmarl gebaut für rund 16 000 Menschen. Anders als bei den sonst üblichen monotonen Wohnsiedlungen wurden die Blocks in geschwungenen Reihen aufgestellt. Dazu kam der grandiose Blick über die Warnow.

Nach der sogenannten Wende verloren die Stadtteile an der Warnow rasant an Einwohnern. Weltweites Entsetzen erregten die massiven ausländerfeindlichen Ausschreitungen im August 1992 in Lichtenhagen. Sie sind auch nach fast 20 Jahren nicht vergessen. Ein Großteil der Plattenbauten zwischen Rostock und Warnemünde wurde seit den 1990er-Jahren modernisiert, farblich aufgefrischt und mit Grünflächen versehen. Weit mehr als eine der Standardmaßnahmen war die Anlage des IGA-Parks an der Warnow. Nicht nur für die Stadtteilbewohner ist er etwas Besonderes.

Ein gepflanztes Bauwerk

Die fünfgeschossigen Wohnschlangen im Rücken gelangt man vom Parkplatz Nord am Mecklenburger Hallenhaus vorbei zum Eingang des IGA-Parks – eine Brücke führt in eine andere Welt. Über breite Schilfgürtel und den renaturierten Schmarler Bach geht es zum weltweit größten gepflanzten Bau(m)werk.

Auf der IGA 2003 präsentierten sich die Kirchen Norddeutschlands mit einem besonderen Projekt: dem Ökumenischen Weidendom, ein beeindruckender, 52 m langer Bau, der ausschließlich aus Naturmaterialien und ohne maschinelle Hilfe hergestellt wurde. Das achtjochige Kirchenschiff hat die Form einer dreischiffigen Basilika, in kleineren Kuppeln sind ein

Café, ein Raum der Stille und Ausstellungsbereiche untergebracht. Die Kirche wird als Begegnungszentrum für die umliegenden Stadtgebiete genutzt.

Ein schwimmendes Museum

Das Kontrastprogramm bildet nur ein paar hundert Meter weiter das Traditionsschiff – ein großer, grauer Riese, auf den eine fast zarte Brücke führt. Man kann es erkunden, vom Maschinenraum bis zum Achterdeck. In den Laderäumen des ehemaligen Frachtschiffes befindet sich eine Ausstellung über den Schiffbau, deren Exponate bis in die Steinzeit zurückreichen.

Vor der Insel Poel stießen Unterwasserarchäologen auf die Spuren einer Küstensiedlung aus der Steinzeit und Überreste von Booten. Die urzeitlichen Fischer fuhren in Einbäumen zum Fang hinaus. Ihre Siedlung ging wie viele andere durch den Anstieg des Meeresspiegels in den Fluten unter.

Ein Einbaum ist in der Ausstellung im Original zu besichtigen. Von seinen Nachfolgern wie der hansischen Kogge gibt es nur Modelle. Schwerpunkt der Sammlung ist jedoch der Schiffbau und die Seefahrt in der DDR. In der ehemaligen Turnhalle des Traditionsschiffes werden Spezialthemen präsentiert.

Grenzenlos schien das Meer

Eine kleine Abteilung ist der Flucht von DDR-Bürgern über die Ostsee in die Freiheit gewidmet. Der Weg über das Meer erschien vielen Ausreisewilligen gefahrenloser als die Flucht gen Westen über die Mauer und durch verminte Grünstreifen. Tausende suchten zwischen 1961 und 1989 den Weg über das baltische Meer – ein lebensgefährliches Unternehmen. Die 600 km lange Küstenlinie wurde von Grenzsoldaten mit Hunden und Schiffen gesichert. Beobachtungstürme entlang der Küste waren mit Suchscheinwerfern und Radargeräten ausgestattet.

Die meisten Fluchtversuche fanden im Spätsommer und Herbst statt, wenn die Nächte schon wieder länger und die Ostseegewässer noch warm waren. Mehr als 900 Menschen gelang die Flucht. Dazu dienten ihnen Falt-, Schlauch-, Ruder- und Segelboote sowie in heimlichen Verstecken selbstgebaute U-Boote, Aquascooter und Surfbretter. Viele Menschen, mitunter ganze Familien verloren ihr Leben bei der Flucht. Über die Fluchtversuche informiert auch die Webseite www.ostseefluchten.de.

Der Lange Heinrich

Zum Abschluss der Museums- und Schiffserkundung klettern wir an Deck, und da steht er plötzlich vor uns: der krumme Kran, genannt Langer Heinrich. Der 1907 in Duisburg gebaute Schwimmkran ist hinter dem Traditionsschiff am Museums-Anleger vertäut. Mit 100 t Hebepotential war er seinerzeit einer der größten Kräne der Welt. 1946 wurde er erstmals in Rostock eingesetzt – auf der Warnowwerft, 1980 wurde er stillgelegt und vom Schifffahrtsmuseum übernommen. ›Verhoben‹ hat er sich übrigens niemals, krumm war er von Anfang an. Es handelt sich nämlich um einen sogenannten Wippauslegerkran. Gleich daneben liegt das 1945 in einer Periode akuten Stahlmangels erbaute Betonschiff Capella.

In unmittelbarer Nähe des Anlegers erstreckt sich ein schöner Sandstrand mit Strandkörben, die geradezu zum Chillen auffordern. Im Sommerhalbjahr sollten Sie bei einem Besuch im IGA-Park auf keinen Fall das Badezeug vergessen.

auch in der parallel verlaufenden Alexandrinenstraße findet sich viel alte Bausubstanz und die beschauliche Atmosphäre des alten Fischerdorfes.

Edvard Munch Haus 1

Am Strom 53, Tel. 0381 548 66 08, www.edvard-munch-haus.de, geöffnet zu Ausstellungen und Lesungen
In dem unter Denkmalschutz stehenden Fischerhaus lebte der norwegische Maler Edvard Munch (1863–1944) in den Jahren 1907/08. Der in Oslo geborene Expressionist, dessen Gemälde »Der Schrei« zu den weltweit bekanntesten Werken gehört, genoss zunächst die Ruhe und Beschaulichkeit des Seebads und erlebte hier eine intensive Schaffensperiode, reiste dann aber nach 18 Monaten fast fluchtartig ab, weil ihm das Seebad unerträglich bürgerlich erschien. 1998 wurde das Haus als kulturelle deutsch-norwegische Begegnungsstätte neu eröffnet.

Heimatmuseum 2

Alexandrinenstr. 30/31, Tel. 0381 526 67, www.heimatmuseum-warnemuende.de, April–Okt. Di–So 10–18, Nov.–März Mi–So 10–18 Uhr, 3 €
Ein 1767 erbautes, unter Denkmalschutz stehendes Fischerhaus in der *Achterregg* (Hinterreihe) beherbergt das sehenswerte Heimatmuseum. Die Ausstellung dokumentiert den beschwerlichen Alltag der Seeleute und Fischer im 19. Jh., das Lotsenwesen sowie die Entwicklung Warnemündes zum Badeort.

An der Promenade

Die Promenade und die parallel zu ihr verlaufende Seestraße führen vom Alten Strom immer nach Westen – vom Meer nur durch den breiten Sandstrand getrennt. Am Leuchtturm vorbei gelangt man auf die 541 m lange Westmole – ganz nah passieren große Fähren, Ausflugsdampfer, kleine Jollen und alte Segelschiffe.

Leuchtturm und Teepott 3

Seepromenade 1, *Leuchtturm: Mai–Sept. tgl. 10–19 Uhr, 2 €*
Seit 1897 weist das steinerne Seezeichen Schiffen den Weg in den sicheren Hafen. Wer sich einen Überblick verschaffen möchte, kann im Turm emporsteigen. Direkt neben dem Leuchtturm befindet sich ein eigenwilliges Bauwerk mit kühn geschwungenem Betondach – der 1968 erbaute **Teepott.** Nach 10-jährigem Leerstand und aufwendiger Sanierung kann man hier sehr stilvoll leckeren Fisch mit Blick auf die Hafenzufahrt speisen.

Hotel Neptun 4

Seestr. 19, www.hotel-neptun.de
Überragt werden Promenade und der breite Sandstrand vom 17-stöckigen Hotel Neptun, das 1971 mit dem ersten Wellenbad der DDR erbaut wurde. Hotel und Bad wurden seit der Wende rundum erneuert, sodass das Neptun heute wieder zu den ersten Häusern an der Ostseeküste gehört. Alle Zimmer haben Meerblick. Wer mag, kann den Promenadenbummel hier unterbrechen und in 64 m Höhe im Panorama Café einen Capuccino genießen.

Übernachten

Familiär – **Antik-Pension Birnbom 1:** Alexandrinenstr. 30, Tel. 0381 54 81 60, www.birnbom.de, DZ ab 80 €. Sechs Zimmer, einige mit WLAN, in einem alten Fachwerkhaus neben dem Heimatmuseum, fünf Minuten sind es zum Strand.

Mit Bistro und Pub – **Hotel & Appartementhaus Stephan Jantzen 2:** Am

Warnemünde

6 Baltic Camping- und Ferienpark

Essen & Trinken
1 Zum Stromer
2 Seekiste zur Krim

Einkaufen
1 Warnemünder Fischmarkt
2 Handweberei Heinrich

Aktiv & Kreativ
1 MS Baltica
2 Rostock Ostsee-Welten 5D
3 Beach 23
4 Angel- und Seetouristik
5 Marine Science Center

Abends & Nachts
1 Seehund

Sehenswert
1 Edvard Munch Haus
2 Heimatmuseum
3 Leuchtturm und Teepott

Übernachten
1 Antik Pension Birnbom
2 Hotel & Appartementhaus Stephan Jantzen
3 Strandhotel Hübner
4 Hotel Neptun
5 Yachthafen Residenz Hohe Düne

Strom 109, Tel. 0381 519 83 30, www.appartementhaus-stephan-jantzen.de, DZ und FeWo 80–135 €. Von außen ist's schöner als von innen, aber die Lage ist klasse, mit Balkon oder ohne, mit Blick zum Alten Strom oder Leuchtturm.

Vier Sterne – **Strandhotel Hübner** 3: Seestr. 12, Tel. 0381 543 40, www.hotel-huebner.de, DZ ab 175 €. Privat geführtes Hotel in unmittelbarer Strandnähe. 95 komfortable Zimmer und Suiten, die schönsten mit Balkon und Meerblick. Schwimmbad- und Saunabereich im 4. Stock zum Relaxen.

Dominierend – **Hotel Neptun** 4: Seestr. 19, Tel. 0381 77 70, www.hotel-neptun.de, DZ 220–440 €, Suite/Apartement 320–510 €, Parken 10 € (s. 137).

Eine Luxuswelt für sich – **Yachthafen Residenz Hohe Düne** 5: Am Yachthafen 1–8, Tel. 0381 504 00, www.hohe-duene.de, DZ und Suiten ab 205–800 €. Eine exklusive, edle Hotelanlage mit 5-Sterne-Hotel, drei Residenzen und modernem Yachthafen auf der anderen Seite des Neuen Stroms, großzügiger Wellness- und Spa-Bereich, verschiedene Restaurants, Bars und Boutiquen.

Familienfreundlich – **Baltic Camping- und Ferienpark** 6: Budentannenweg 2 , Rostock-Markgrafenheide, Tel. 0381 661 15 10, www.baltic-freizeit.de, FeWo und Häuser ab 85 €. Ein gepflegter Platz am Meer, mit Restaurant, einer Bar, zwei Squashhallen, Tennisplätzen und vielen Kinderaktivitäten.

Essen & Trinken

Feine Weine – **Zum Stromer** 1: Am Strom 32, Tel. 0381 857 97 86, www.stromer-wein.de, tgl. 17–24 Uhr, ab 10 €. Etwas abseits des Touristenstroms

liegt die urige Gaststätte, hier kommt eine herzhafte Küche mit mediterranem Einschlag auf den Tisch.
Wirklich nett – **Seekiste zur Krim** 2: Am Strom 47, Tel. 0381 521 14, www.seekiste-zur-krim.de, Mo–Fr ab 17, Sa/So ab 12 Uhr, ab 10 €. In der traditionsreichen Seefahrerkneipe am stillen Ende des Alten Stroms werden seit 140 Jahren Einheimische und Besucher verwöhnt. Die Küche ist bodenständig norddeutsch.

Einkaufen

Zahlreiche Boutiquen, Galerien und Andenkenläden befinden sich am Alten Strom und seiner Umgebung.
Frisch aus dem Meer – **Warnemünder Fischmarkt** 1: Auf der Ostseite des Alten Stroms, Sa/So 8–20 Uhr.
Etwas versteckt – **Handweberei Heinrich** 2: Georginenplatz 5, Tel. 0381 522 61, Mo–Fr 9–12, 14–16, Do bis 18 Uhr. Ein schöner, ruhiger Platz, nur ein paar Schritte vom Trubel am Strom. In dem kleinen Laden entstehen individuelle Textilien - dekorativer Fensterschmuck und Wandbehänge.

Aktiv & Kreativ

Ausflugsfahrten – **MS Baltica** 1: Baltic Schiffahrt und Touristik GmbH, Anleger am Alten Strom, Tel. 0381 510 67 90, www.msbaltica.de. Hafenrundfahrten, Schiffsfahrten nach Kühlungsborn, Graal-Müritz und Grömitz (Schleswig-Holstein).
3D Kino plus – **Rostock Ostsee-Welten 5D** 2: Am Leuchtturm 15, Tel. 0381 510 50 44, www.ostsee-welten.de. 3D war gestern, heute ist 5D angesagt. Filme - zum Teil auch historische und naturwissenschaftliche Info-Filme - für Erwachsene und Kinder.
Kite- und Windsurfen – **Beach 23** 3: Beach 23, Tel. 0172 268 84 69, www.beach23.de. Dreitägige Kurse, Mo–Mi und Fr–So jeweils 10–14 Uhr. Oder auch nur 2 Std. zum Schnuppern. Auch Materialverleih.
Für Petrijünger – **Angel- und Seetouristik** 4: Am Bahnhof 5, Tel. 0381 519 20 12, www.angel-seetouristik.de. Ganzjährig Angelfahrten, auch See-, Hafen- und Erlebnisfahrten. Anglerhomepage www.dorschangeln.eu.

Abends & Nachts

Bier und Cocktails – **Seehund** 1: Am Strom 110–111, Tel. 0381 51 98 50, www.seehund-warnemuende.de, tgl. ab 10 Uhr. Hier kehren gerne Segler

Mein Tipp

Robben Watching – Marine Science Center 5
An der Ostmole der Warnow, nördlich der Yachthafen Residenz, kann man die in der Ostsee seltenen Seehunde hautnah erleben. Ein ehemaliges Fahrgastschiff wurde zum schwimmenden Institut ausgebaut, auf dem sich knapp ein Dutzend Seehunde tummeln. Das Rostocker Forschungsinstitut Marine Science Center (MSC) erforscht die Sinneswahrnehmung und die Unterwasserorientierung der Säugetiere. Vom Sonnendeck ist es Besuchern möglich, die im Tagesverlauf wechselnden Experimente zu beobachten (Am Yachthafen 1, Tel. 0381 50 40 81 81, www.msc-mv.de, tgl. 10–16 Uhr, So keine Experimente, 6 €, Parkplatz am Fähranleger Hohe Düne).

Teepott und Leuchtturm – ein ungewöhnliches Ensemble am Dünenstrand

auf ein Bier oder einen Drink ein. Ab und zu wird Livemusik gespielt– griechisch, spanisch oder von der Waterkant.

Abends am Strand – **Schusters Café und Cocktailbar:** Seepromenade 1. Ein angenehmer Platz zum Entspannen ist Schusters Strandbar und Café in bzw. neben dem **Teepott** 3 – sowohl tagsüber als auch abends.

Dem Himmel ganz nah – **Sky Bar:** Seestr. 19. Im 19. Stock des **Hotels Neptun** 4, Fr und Sa ab 21 Uhr. Ideal für einen Cocktail zum Tagesausklang – an lauen Sommerabenden, wenn das Hoteldach geöffnet wird, unter offenem Sternenhimmel, Livemusik.

Infos & Termine

Tourist-Information

Am Strom 59, 18119 Rostock-Warnemünde, Tel 0381 54 80 00, www.warnemuende.de.

Termine

Leuchtturm in Flammen: 1. Januar wird der Leuchtturm mit Feuerwerk, Laser, Licht und Musik in Szene gesetzt.

Stromerwachen: Ein Wochenende Ende April/Anf. Mai. Bummelmeile am Alten Strom mit Marktständen und Drehorgeltreffen, zu dem Leiermänner und -frauen aus ganz Deutschland anreisen.

Warnemünder Woche: Juli. Traditionsreiches, großes internationales Segelevent mit einem attraktiven Beiprogramm und viel Musik vom Shanty bis zum Jazz.

HanseSail Rostock: Anf./Mitte Aug, s. S. 133.

BioErleben: Letzter So Aug, www.biomv.de. Auf der Strandpromenade von Warnemünde findet Mecklenburgs

größter Bio-Markt statt. Mit vielen Attraktionen für Groß und Klein.
Stromfest: 1. Wochenende Sept. Festlicher Saisonausklang mit bunter Marktmeile am Alten Strom, abendlichem Bootskorso, Laternenumzug und Feuerwerk.
Kreuzfahrtschiffe: Die Termine der Anläufe findet man auf der Webseite des Rostocker Cruise Port (www.cruiseport-warnemuende.de).

Verkehr

S-Bahn: Verbindung nach Rostock, alle 15 Min. Der S-Bahnhof befindet sich auf der Bahnhofsinsel zwischen Altem und Neuem Strom.

Graal-Müritz ▶ F4

Das traditionsreiche Ostseeheilbad entstand 1938 durch den Zusammenschluss der Orte Graal und Müritz. Der Ortsname Müritz ist aus dem slawischen *Muryz* abzuleiten und bedeutet am Meer gelegen. Zwischen den beiden Ortsteilen, die durch den Dünenweg (Strandpromenade) verbunden sind, erstreckt sich der schattige, von Spazierwegen durchzogene **Stadtpark.** Von der 350 m weit aufs Meer hinausführenden Seebrücke bietet sich ein schöner Blick auf die waldreiche Küste.

Die günstige Lage zwischen dem Wald auf der einen und dem Meer auf der anderen Seite bietet ideale Kurbedingungen. Das erste Kinderhospital wurde in Müritz bereits 1884 gegründet. Berühmtester Feriengast war der an Lungentuberkulose erkrankte Dichter Franz Kafka, der hier im Juli 1923, ein Jahr vor seinem Tod, Erholung suchte. Den nicht gerade für sein heiteres Naturell bekannten Kafka erfreuten die Kinder eines nahen Ferienheims: »Die halben Tage und Nächte ist das Haus, der Wald und der Strand voll Gesang. Wenn ich unter ihnen bin, bin ich nicht glücklich, aber vor der Schwelle des Glücks.«

Der westliche Ortsteil Graal ist berühmt für seinen **Rhododendron-Park,** der im Mai und Juni den Spaziergänger mit einer unvergleichlichen Farben- und Blütenpracht bezaubert.

Übernachten, Essen

Ruhige Lage – **Restaurant-Hotel Waldperle:** Parkstr. 9, Tel. 038206 14 70, www.hotel-waldperle.de, DZ ab 85 €. Traditionsreiches Haus in der Nähe des Rhododendronparks und nur fünf Minuten entfernt vom Strand. Das hauseigene Restaurant pflegt eine gutbürgerliche Küche.
Persönlich geführt – **Pension Witt:** Am Tannenhof 2, Tel. 038206 772 21, www.pension-cafe-witt.m-vp.de, DZ ab 70–90 €. Pension mit 16 komfortablen Zimmern in einem rohrgedeckten Haus im Ortsteil Müritz. Im Caféstübchen gibt es Windbeutel und Mecklenburger Spezialiäten, im Sommer im hübschen Garten.
Wald und Wasser – **Ostseecamp Rostocker Heide:** Wiedortschneise 1, Tel. 038206 775 80, www.ostseecamp-ferienpark.de. Ein beliebter Platz etwa 1 km westlich von Graal-Müritz, angenehm schattige Stellflächen im lichten Buchenwald nur eine Dünenlänge vom Meer entfernt.

Essen & Trinken

Fisch – **Zur Boje:** Mittelweg 1, Tel. 0382061 49 26, www.zur-boje.com, ab 9 €. Ein kleines Holzhaus mit Biergarten hinter der Düne kurz vor dem Strand, es gibt viel Fisch, aber auch hausgemachtes Sauerfleisch.

Einkaufen

Wunderbarer Kleinkram – **Windfee:** Ribnitzer Str. 7, Tel. 038206 141 83. Kleines grünweißes Holzhaus an der Spaziermeile Richtung Strand, Wohnaccessoires und Kunstgewerbe.

Aktiv & Kreativ

Badespaß – **Aquadrom Graal-Müritz:** Buchenkampweg 9, Tel. 038206 879 00, www.aquadrom.net, tgl. 9.30–21.30, Di–Do ab 8 Uhr, Wasserwelt ab 6,50 €, Kinder ab 4,50 €.

Infos & Termine

Tourismus- und Kur GmbH Graal-Müritz (TuK)
Im Haus des Gastes, Rostocker Str. 3, 18181 Graal-Müritz, Tel. 038206 70 30, www.graal-mueritz.de.

Temine
Rhododendronparkfest: Drei Tage Ende Mai. Zur Rhododendronblüte lädt der Park zu einem bunten Mix aus Kulturellem, Kulinarischem und Kunsthandwerk ein. Höhepunkt ist die Wahl der Rhododendronkönigin.

Rostocker Heide ► F4

Nordöstlich von Rostock erstreckt sich die Rostocker Heide, das größte geschlossene Waldgebiet Norddeutschlands, das sich bereits seit 1252 im Besitz der Hansestadt Rostock befindet. Ein ausgedehntes Netz von Wander- und Radfahrwegen erschließt das Gebiet, an das im Osten das Ostseeheilbad Graal-Müritz grenzt. Von hier aus werden mehrere geführte Touren in die nähere und weitere Umgebung angeboten, darunter zum Jagdschloss Gelbensande mitten im Wald.

Karls Erdbeer- und Erlebnis-Hof Rövershagen ► F4
Graal-Müritzer Str., Rövershagen, etwa 5 km südl. von Graal-Müritz, www.karls.de, in der Saison Bauernmarkt tgl. 9–19, Erlebnis-Dorf je nach Saison wechselnde Öffnungszeiten, s. Homepage
Aus einem kleinen Erdbeer-Hofladen hat sich ein ganzjährig geöffneter Bauernmarkt entwickelt mit Hof-Bäckerei, jahreszeitlich passender Verkaufsausstellung und Bunzlauer Keramik. Dazu gibt es ein Erlebnisdorf mit Kinderbauernhof, das man am besten bei aller-

schönstem Strandwetter besuchen sollte, dann ist es nicht ganz so voll.

Forst- und Köhlerhof Wiethagen ▶ F4

Wiethagen, Tel. 038202 20 35, www.koehlerhof-wiethagen.de, April–Anf. Okt. Di–Fr 9–17, Sa/So 10–17 Uhr, Anf. Okt–März Di–Fr 9–16, So 10–16 Uhr, 3 €, Familie 7 €

Der Geruch von harzigen Kiefern und Holzteer liegt über der historischen Teerschwelerei. 1837 erbaut, wurde sie 1984 zum Technischen Denkmal erklärt. Kinder erfreut ein Skulpturenpfad im Wald mit Holzplastiken und Reliefs aus der Märchen- und Sagenwelt der Rostocker Heide.

Jagdschloss Gelbensande ▶ F4

Am Schloss 1, Gelbensande, Tel. 038201 475, www.jagdschloss-gelbensande.de, Museum tgl. 11–17 Uhr, 3 €, Familie 7 €

Lange war der östliche Teil der Rostocker Heide das Hofjagdrevier der mecklenburgischen Landesfürsten. Das Jagdschloss wurde nach Plänen des Hofbaurates Gotthilf Ludwig Möckel von 1885 bis 1887 errichtet. Auftraggeber waren Großherzog Friedrich Franz III. und dessen russische Gemahlin Anastasia. Die auf Wunsch der Großherzogin integrierten russischen Stilelemente geben dem Backsteinbau mit einem Obergeschoss aus Fachwerk seinen besonderen Charme.

Treffpunkt Seebrücke: besonders schön am Abend, wenn die Sonne im Meer versinkt

Das Beste auf einen Blick

Fischland-Darß-Zingst

Highlight !

Darßer Ort: Das urwüchsige Waldgebiet westlich von Prerow ist ein Herzstück des Nationalparks Vorpommersche Boddenlandschaft. Seine üppige Vegetation erinnert fast an subtropische Urwälder. Durch den Wald gelangt man von Prerow zum Darßer Ort mit dem atemberaubenden Weststrand. An diesem schönsten Strand der Ostseeküste reicht der Wald stellenweise direkt bis ans Meer, und was für ein Meer! Nirgends sonst sind die Naturgewalten so eindrucksvoll zu erleben. S. 163

Auf Entdeckungstour

Törn auf dem Saaler Bodden: Jahrhundertelang prägten Zeesboote das Erscheinungsbild von Bodden und Haff, sie waren Arbeitsboote. Heute nehmen die Kapitäne Gäste an Bord. Eine Segeltour ist nicht nur informativ, sondern auch ein Genuss für die Seele. S. 150

Radtour durch die Sundische Wiese: Im Herbst legen Zehntausende von Kranichen auf dem Weg nach Süden einen mehrwöchigen Zwischenstopp in den Küstengewässern des Nationalparks Vorpommersche Boddenlandschaft ein. Seeadler sind hier das ganze Jahr über zu Hause. Mit dem Fahrrad geht es durch die Sundische Wiesen zum Vogel-Utkiek. S. 166

Kultur & Sehenswertes

Bernsteinmuseum: Die umfangreichste Bernsteinsammlung Deutschlands ist im historischen Klarissenkloster in Ribnitz-Damgarten untergebracht. Die Klosterkiche beherbergt die sehenswerte Ausstellung ›Dame von Welt, aber auch Nonne‹. S. 147

Darßer Arche: Das Nationalpark- und Gästezentrum in Wieck präsentiert die verschiedenen Lebensräume des Nationalparks Vorpommersche Boddenlandschaft. Zur Einkehr lädt ein Bio-Café mit dem poetischen Namen Fernblau. S. 159

Aktiv & Kreativ

Barnstorf: Ein hübscher Spaziergang führt vom Wustrower Hafen zu vier malerischen, unter Denkmalschutz stehenden Gehöften auf einer Landzunge im Saaler Bodden. Die Kunstscheune in der Hufe IV feierte 2010 ihr 25-jähriges Bestehen. S. 154

Genießen & Atmosphäre

Elisabeth von Eicken: Wohnen, Speisen und Kunstgenuss im ehemaligen Wohn- und Atelierhaus der Künstlerin Elisabeth von Eicken in Ahrenshoop. S. 156

Pension Walfischhaus: Die sympathische Bio-Pension am Hafen von Born hat Zimmer mit nordischem Flair. Im Café und Restaurant werden sorgsam zubereitete Speisen mit Produkten aus biologischem Anbau serviert. S. 160

Hotel Schlösschen Sundische Wiese: Restaurant, Hotel und ein wundervoller Biergarten in idyllischer Alleinlage am Eingang zum Nationalpark östlich von Zingst. S. 164

Abends & Nachts

Tute: Eine beliebte Adresse für Nachtschwärmer ist die Cocktailbar im Hotel Fischländer in Ahrenshoop. S. 158

Im Land der Kraniche

Der Bindestrich-Name Fischland-Darß-Zingst ist etwas umständlich und gelegentlich wird die Halbinselkette auch zu einem lockeren Auf dem Darß zusammengefasst. Die drei ursprünglich einzelnen Ostseeinseln wuchsen im Verlauf der Jahrhunderte zusammen und umschließen heute buchtenreiche, schilfgesäumte Boddengewässer – den Saaler Bodden, den Bodtstedter Bodden und den Barther Bodden. Über einen Damm bzw. eine schmale Landenge sind sie mit dem Festland verbunden. Der auf diese Weise vom Meer und Bodden gleichermaßen umschmeichelte Landstrich bietet berückend schöne Landschaften – endlose Strände und Dünen, urwüchsige Wälder und bizarre Windflüchter, blumenreiche Wiesen und Windwatt. Die flachen Boddengewässer suchen im Herbst Zehntausende von Kranichen auf ihrem Weg gen Süden als Rastplatz auf. Der Tourismus ist der Haupterwerbszweig. Auch die für die Region typischen Zeesboote dienen schon lange nicht mehr dem Fischfang, sondern geben Sommerfrischlern die Möglichkeit, ganz entspannt über den Bodden zu segeln.

Jede der drei Inseln hat ihren ganz eigenen Charakter bewahrt. Auf dem schmalen, lang gestreckten Fischland, dem westlichen Teil der Halbinselkette, liegen die Ostseebäder Dierhagen, Wustrow und Ahrenshoop. Sehr viel dünner besiedelt ist der Darß, das breite, waldreiche Eck- und Mittelstück. Am östlichen Rand des Darßer Urwaldes erstreckt sich das weitläufige Seebad Prerow. Vom Touristenstrom vergleichsweise wenig berührt sind die Boddendörfer Wieck und Born. Der Darß bildet zusammen mit dem sich östlich anschließenden Zingst das Herzstück des Nationalparks Vorpommersche Boddenlandschaft. Von Zingst, dem mit über 3000 Einwohnern weitaus größten Ort der gesamten Halbinselkette, gelangt man nach Pramort, dem östlichsten Inselzipfel und einem der bekanntesten Plätze zum Beobachten der Kraniche.

Zwei gediegene kleine Städtchen an der Boddenküste bilden die Eingangstore zum Fischland-Darß-Zingst: die Bernsteinstadt Ribnitz-Damgarten und die Vinetastadt Barth. Sie sind beliebte Tagesausflugsziele für Darßurlauber und die touristischen Zugpferde dieser ansonsten eher ruhigen Region.

Infobox

Information

Tourismusverband Fischland-Darß-Zingst e. V.: Storchenhaus, Barther Str. 31, 18314 Löbnitz, Tel. 038324 64 00, www.fischland-darss-zingst.de.

Anreise und Weiterkommen

Bahn: Ribnitz-Damgarten (West) ist IC-Station, zudem regelmäßige Regionalzugverbindungen nach Rostock und Stralsund (www.bahn.de).

Usedomer Bäderbahn (UBB): Zwischen Barth und Stralsund verkehrt die Lokalbahn stündlich (www.ubb-online).

Bus: Zwischen Barth und Ribnitz-Damgarten fahren Busse mindestens im Zweistundentakt, entweder entlang der Boddenküste oder über die Halbinsel mit Stopps in allen größeren Orten, u. a. in Zingst, Born, Ahrenshoop, Dierhagen. Fahrplanauskunft tgl. 8–17 Uhr unter Tel. 03821 88 65 65 oder im Internet unter www.nvp-bus.de.

Ribnitz-Damgarten

► G 4

Seit 2009 trägt das beschauliche Doppelstädtchen stolz die Bezeichnung Bernsteinstadt vor ihrem Namen und verweist damit auf seine größten Sehenswürdigkeiten: das Bernsteinmuseum und die Bernsteinmanufaktur. Die Stadt liegt an der Mündung des Flusses Recknitz in den Ribnitzer See, den südlichen Teil des Saaler Boddens, der die Halbinsel Fischland vom Festland trennt. Jahrhundertelang markierte die Recknitz die Grenze zwischen Mecklenburg und Vorpommern. Westlich des Flusses, also in Mecklenburg liegt Ribnitz mit dem Bernsteinmuseum, östlich des Flusses, also in Vorpommern, Damgarten. 1950 wurden die Städte zusammengelegt.

Stadtbefestigung

Im Ortsteil **Ribnitz** befindet sich das einzig erhaltene von ehemals fünf Toren der Stadtbefestigung aus der ersten Hälfte des 15. Jh. Der mit reicher Blendbogengliederung versehene, von einem kleinen achteckigen Turm gekrönte Backsteinbau gehört nicht nur zu den ältesten, sondern auch schönsten Stadttoren an der Küste. Erst seit 2002 ist die Durchfahrt für den Autoverkehr gesperrt.

Ribnitzer Markt

Der Markt im Zentrum von Ribnitz präsentiert sich als ein netter, kleinstädtischer Platz – Donnerstag ist Markttag. In seiner Mitte erhebt sich **St. Marien,** eine stattliche dreischiffige Hallenkirche, deren älteste Teile aus dem 13. Jh. stammen. Die Ostseite des Marktes dominiert die prachtvolle klassizistische Fassade des nach einem Entwurf von Georg Barca 1834 fertig gestellten **Rathauses.** Sehr schön ist der begehbare **Bernsteinbrunnen**, der Bernsteinsucher am Meer zeigt. An ihm vorbei gelangt man in die Klosterstraße, die in wenigen Spazierminuten zur Hauptattraktion des Ortes führt.

Bernsteinmuseum

Im Kloster 1–2, Ribnitz, Tel. 03821 46 22, www.bernsteinmuseum.info, März–Okt. tgl. 9.30–18, Nov.–Feb. Di–So 9.30–17 Uhr, 7,50 €, inkl. Klosterkirche 9 €, mit Museumscafé

Die umfangreichste Bernsteinsammlung Deutschlands ist im historischen **Klarissenkloster** untergebracht. Das 1329 fertig gestellte Kloster war eine Stiftung Heinrich II. des Löwen von Mecklenburg, dessen Tochter Beatrix hier als erste Äbtissin waltete. Nach der Reformation wurde das Kloster in ein evangelisches Damenstift umgewandelt, das zwölf Frauen – in der Regel unverheiratete Töchter aus dem Mecklenburger Adel – Platz bot. In ihren ehemaligen Wohnungen befindet sich die Ausstellung über die Kulturgeschichte des Bernsteins, seinen Ursprung, Lagerstätten, Gewinnung und Verarbeitung. In der Klosterkiche, dem einzigen von der ursprünglichen Klosteranlage aus dem Ende des 13. Jh. erhaltenen Bau, zeigt die Ausstellung ›Dame von Welt, aber auch Nonne‹ die Entwicklung vom Klarissenkloster zum adligen Damenstift. In einem Nebengebäude des Klosters sind wechselnde Kunstausstellungen zu sehen.

Bernstein-Schau-Manufaktur

An der Mühle 30, Damgarten, Tel. 03821 885 80, www.ostseeschmuck.de, Mo–Fr 9.30–18, Sa 9.30–16 Uhr, 3 €

Die größte Bernsteinverkaufsausstellung Europas liegt an der B 105 im Gewerbegebiet im Ortsteil Damgarten. Bei einem sehr informativen Rund-

Mein Tipp

Ribnitzer Moor – ein geheimnisvoller Landstrich ▶ F4
Verborgen im Wald liegt ein 6000 Jahre altes Moorgebiet. Dieses Regenmoor, das nur durch Niederschlag gespeist wird, ist eine Nische für viele seltene Pflanzen und Tiere. Beispielsweise fühlt sich der Fleisch fressende Sonnentau wohl, der darauf wartet, dass ein Insekt in den klebrigen Drüsenhaaren seiner rosettenförmigen Blätter stecken bleibt. Merkwürdig schöne Namen tragen manche Tiere, etwa Perlmutterfalter oder Große Moosjungfer – eine von 20 Libellenarten im Moor. Auf ausgeschilderten Wegen kann das Moor auf eigene Faust erkundet werden. Empfehlenswert ist auch eine geführte Wanderung (Informationszentrum Wald und Moor, Ribnitzer Landweg 3, Ortsteil Neuheide, Tel. 038206 144 44, www.ribnitz-damgarten.de, Mai–Okt. Mi–So 9–17 Uhr).

gang durch die gläserne Schmuckproduktion kann man die Entstehung des Schmucks vom Entwurf bis zum Endfertigung verfolgen. Eine große Auswahl an Bernsteinobjekten gibt es in der Verkaufsausstellung. Ein Café lädt nach der Besichtigung zur Pause ein.

Freilichtmuseum Klockenhagen ▶ G4

Mecklenburger Str. 57, Ribnitz-Damgarten/Klockenhagen, Tel. 03821 27 75, www.freilichtmuseum-klockenhagen.de, April–Okt. tgl. 9–17 Uhr, 3,50 €
Ländliche Idylle vermittelt das liebevoll zusammengetragene Ensemble historischer Gebäude aus Dörfern der Region, duftende und nützliche Pflanzen findet man im Bauern-Kräuter-Garten. Die Gaststätte **Up dei Däl** pflegt die Mecklenburger Küche.

Übernachten

Harmonisch – **Hotel Wilhelmshof:** Lange Str. 22, Ribnitz, Tel. 03821 22 09, www.hotel-wilhelmshof.de, DZ 100–120 €. Zehn freundlich eingerichtete Zimmer in einem über 300 Jahre alten Wohn- und Speichergebäude an der Hauptstraße, angeboten werden ayurvedische Anwendungen und Speisen (ab 7,50 €).

Essen & Trinken

Am Wasser – **Hafenschenke:** Am See 1a, Ribnitz, Tel. 03821 89 48 30, www.hafenschenke.de, tgl. 11.30–22, Sa bis 24 Uhr, im Winter Mo Ruhetag. Das einst als Atelier für die Kunstmalerin Natali von Modl errichtete Haus bietet gutbürgerliche Küche mit viel Fisch.

Die schöne Aussicht über den Ribnitzer See ist besonders zum Sonnenuntergang stimmungsvoll.

Einkaufen

Das Gold des Nordens – **Bernsteinmeile:** Das Doppelstädtchen ist von Kopf bis Fuß auf Bernstein eingestellt. Zahlreiche Geschäfte bieten Bernsteinschmuck an, u. a. die Bernstein-Galerie **Eridanos** (Neue Klosterstr. 8) und die **Ribnitzer Bernstein-Drechslerei GmbH** (Lange Str. 48).

Aktiv & Kreativ

Ganzjähriger Badespaß – **Bodden-Therme:** Körkwitzer Weg 15, Ribnitz, Tel. 03821 390 99 61, www.boddentherme.de, Di/Mi 14–22, Do/Fr, So 10–22 Uhr, in den Ferien tgl. 10–22 Uhr, 3 Std. 9 €. Erlebnisbad mit Sport- und Wellenbecken.

Info

Stadtinformation Ribnitz-Damgarten
Am Markt 1, 18311 Ribnitz-Damgarten, Tel. 03821 22 01, www.ribnitz-damgarten.de.

Dierhagen ▶ F/G 3/4

Das Ostseebad gehört eigentlich noch zum Festland, wird aber touristisch zum Fischland gezählt, wobei es hier um einiges ruhiger und familiärer zugeht als in den größeren Badeorten der Halbinsel. Dierhagen besteht aus sechs, entweder am Bodden oder zum Ostseestrand hin gelegenen Siedlungen. Besonders hübsch ist der ältere Teil **Dierhagen-Dorf** mit einer Backsteinkirche aus der Mitte des 19. Jh., rohrgedeckten Fischer- und Kapitänshäusern und einem idyllischen Hafen am Bodden. **Dierhagen-Strand** war bereits zu DDR-Zeiten ein beliebter Badeort. Das heutige Strandhotel Fischland diente seinerzeit als Gästehaus des DDR-Ministerrats. Die Ortsteile **Dierhagen Ost** und **Neuhaus** sind ebenfalls dem Meer zugewandt. Abseits vom Trubel der Seebäder liegen **Dändorf** mit einem kleinen Boddenhafen und **Körkwitz,** das den landschaftlich reizvollen Eingang auf die Halbinsel Fischland-Darß-Zingst bildet.

Übernachten, Essen

Logenplatz an der Ostsee – **Dünenmeer:** Dierhagen-Neuhaus, Birkenallee 20, Tel. 038226 50 10, www.duenenmeer.de, DZ und Suiten ab 240 €. Ein Wellnesshotel der Premiumklasse. Für den Spa-Bereich inkl. Schwimmbad gilt ein Mindestalter von 16 Jahren. Zur Anlage gehören geschmackvolle reetgedeckte Dünenappartements (ab 175 €) und Dünenhäuser (ab 385 €).

Luxus für Eltern mit Kindern – **Strandhotel Fischland:** Ernst-Moritz-Arndt-Str. 6, Dierhagen-Strand, Tel. 038226 520, www.strandhotel-fischland.de, DZ, Suiten und FeWo 180–290 €. Eine große, familienfreundlich geführte Hotelanlage hinter den Dünen mit 58 Zimmern und neun Suiten. Im Hotelpark liegen verstreut 55 Apartmentvillen sowie sechs Landhausvillen für bis zu acht Personen. Der großzügige Wellnessbereich mit Schwimmbad und Sauna-Landschaft wird Fischland-Oase genannt. Es gibt mehrere Restaurants, die alle Ansprüche erfüllen – vom feinen Menü *à la carte* (Hauptgang ab 17 €) bis zum zwanglosen Imbiss in der Strandbude. ▷ S. 152

Auf Entdeckungstour

Törn auf dem Saaler Bodden – braune Segel im Wind

Jahrhundertelang prägten Zeesboote das Erscheinungsbild von Bodden und Haff an der mecklenburgischen, vor allem aber an der pommerschen Küste. Heute flattern ihre braunen Segel nur noch in den Boddengewässern der Halbinsel Fischland-Darß-Zingst.

Reisekarte: ► G 3

Zeesbootfahrten: Zeesboot Butt, Tel. 038220 201, www.zeesboot.de; Zeesboot Bill, Tel. 038220 663 65, www.fischlaender-segelschule.de. Ab Wustrow, Mai–Okt., Dauer 1,5 Std., Kosten etwa 12 €.

www.braune-segel.de: Alles Wissenswerte über Zeesboote sowie Termine für Regatten.

Die Zeiten, in denen die Boddenfischer in hölzernen Traditionsseglern unterwegs waren, sind lange vorbei. Nur noch etwa zehn ehemalige Zeesboote sind heute als motorisierte Kleinkutter zwischen Ummanz auf Rügen und Bodstedt am Saaler Bodden im Einsatz. Gesegelt werden die alten Boote hauptsächlich in der Freizeit. Man entdeckt sie in allen Häfen am Saaler Bodden. Volksfestcharakter haben die Regatten. Voll Stolz präsentieren sich dort die liebevoll gepflegten Traditionssegler. Klar, der Butt aus Wustrow ist auch immer dabei! Viele der Oldtimer nehmen in der Saison Gäste an Bord. Zum Mitsegeln dürfen mittlerweile nur noch Skipper einladen, die im Besitz eines Schifferpatents sind, und zudem einen zweiten Mann mit Schifferdienstbuch an Bord haben.

Willkommen an Bord

In Wustrow liegen die Zeesboote Butt und Bill vor Anker. Sie segeln zeitlich versetzt, mehrmals am Tag. In der Nebensaison kann man einfach mal gucken, wer als nächstes hinausfährt, in der Hochsaison ist es besser, sich vorher anzumelden.

Der Butt wird klargemacht, die Segel sind bereits gesetzt. Der Kapitän begrüßt jeden Gast persönlich und reicht ihm die Hand ins Boot. Nach einem kleinen Begrüßungsschluck wird kurz der Motor angeworfen, um aus dem Hafen zu manövrieren. Aber schon bald blähen sich die Segel des Zweimasters im leichten Sommerwind.

Fünf Segel kann ein Zeesboot führen, maximal etwa 100 m² Tuch. Die Segel sind nicht schneeweiß, wie man sie von Freizeityachten kennt, sondern braun, mal dunkler, mal ein bisschen heller: In früheren Zeiten wurde das Tuch mit Holzteer, Lebertran, Gerblauge aus Eichenrinde und Rindtalg imprägniert, um sie haltbarer zu machen. Jeder Schiffer hatte sein eigenes Rezept. Viele der alten Segel, die sich bei Regen und stürmischem Wellengang mit Wasser voll sogen und schwer zu hantieren waren, sind heute in altersgrauen Bootsschuppen verstaut. Die neuen Segel bestehen aus einem imprägnierten, mit Polyesterfasern verwebten Persenningtuch, das wie Baumwolle aussieht, aber viel leichter zu handhaben ist.

Quer vor dem Wind

Backbord voraus, also linkerhand, taucht Barnstorf auf, eine denkmalgeschützte Idylle mit vier mittelalterlichen Gehöften auf einer weit in den Bodden hineinragenden Landzunge. Wohin der eineinhalbstündige Törn geht, entscheidet der Wind. Während die Wellen leise an die Bordwand schlagen, ist Zeit zum Klönen. Der Skipper erzählt von den neuen Sicherheitsauflagen und von alten Zeiten, als die Bodden noch voller Fische waren und die Zeesboote bei Wind und Wetter zum Fang ausfuhren

Dabei wandten sie eine besondere Fangmethode an: Die Zeese, das sackförmige Schleppnetz, wurde seitlich am Boot ausgebracht. Damit die Öffnung des Netzes trotz der geringen Bootslänge weit genug war, wurde es an ›Driftbäumen‹ befestigt, die voraus und achtern ausgeschoben wurden. Das Schwert des Bootes wurde aufgeholt, die Segel dichtgezogen und das relativ breite Boote trieb (driftete) quer vor dem Wind über den Bodden.

Die bootsmännischen Erklärungen mag ein Segler verstehen, den meisten der hochdeutschen Landratten an Bord genügt die bündige Zusammenfassung des Kapitäns: *»De Zeese ist dat Nett, und zeesen is dat, wat man damit mogt«*.

Ausgezeichnete Küche – **Blinkfüer:** An der Schwedenschanze 20, Dierhagen-Ost, Tel. 038226 535 70, www.hotel-blinkfuer.m-vp.de, Zimmer und Suiten ab 125 €. Behagliches, freundlich geführtes Haus. Gehobenes Restaurant mit kreativer Küche, gespeist wird im Wintergarten oder auf der Café-Terrasse. 50 m sind es zum Strand.

Einkaufen

Sommerfrische – **Regional- und Biomarkt:** Dierhagen Hafen, Mai–Okt. Di und Fr 14 Uhr.

Aktiv & Kreativ

Segeln wie in alten Zeiten – **Bootstouristik & Segelschule Dierhagen:** Dierhagen Hafen, Tel. 0170 451 26 71 (Hafenmeister), www.boddenskipper.de. Ausflüge mit dem Zeesboot, auch Segelkurse.

Infos & Termine

Kurverwaltung Dierhagen

Ernst-Moritz-Arndt-Str. 2, 18347 Dierhagen Strand, Tel. 038226 201, www.dierhagen-fischland.de.

Termine

Dierhäger Zeesenbootregatta: 3. Wochenende Juli. Im Dierhäger Hafen starten die traditionellen Fischerboote zur Regatta im Saaler Bodden. Am Abend großer Seglerball.

Wustrow ► G3

Der älteste und größte Ort auf dem Fischland erstreckt sich an der schmalsten Stelle der Halbinsel zwischen Ostseestrand und Boddenufer. Vom Turm der 1873 erbauten **Backsteinkirche,** der ursprünglich als Ausguck nach ankommenden Schiffen diente, bietet sich ein wunderbarer Blick auf das charmante Städtchen (Aufstieg 1 €). Der alte Dorfkern erstreckt sich von der Kirche aus in Richtung **Hafen** am Bodden. Entlang der Neuen Straße und der Osterstraße stehen noch einige **Kapitänshäuser** und Fischerkaten mit den typischen geschnitzten und farbenfroh bemalten Türen. Der nördliche Ortsteil ist der Ostsee zugewandt. Die **Strandstraße,** die Hauptflaniermeile Wustrows, führt zur **Seebrücke und** an den weitläufigen, feinen **Sandstrand.** »Folgen Sie den blauen Steinen« lautet das Motto des Kulturpfads, der durch den Ort führt. Die zugehörige Broschüre ist in der Kurverwaltung erhältlich.

Fischlandhaus

Neue Str. 38, Tel. 038220 804 65, Mo/Di 10–12,14–17, Do 10–12,14–18, Fr–So 11–16 Uhr

In dem um 1800 erbauten Bauernhaus sind die Bibliothek und eine Galerie untergebracht. Geboten werden wechselnde Ausstellungen zu Malerei und Grafik regionaler Künstler, Konzerte, Lesungen und Kleinkunstabende.

Übernachten

Vier Sterne am Meer – **Dorint Strandresort & Spa:** Strandstr. 46, Tel. 0382 20 650, www.dorint.com/wustrow, DZ ab 198 €. Sehr angenehm für einen Familienurlaub mit Kindern. 97 komfortable Zimmer. Restaurants **Quarterdeck** mit Wintergarten. Wellness und Badespaß im Vital-Spa.

Ruhe und Weite am Wasser – **Hof Zeesenblick:** Barnstorf Hufe II, Tel. 038220 60 30, www.meinostseetraumurlaub.

de, 100–180 €. Sechs unterschiedlich große Ferienwohnungen, eingebettet in Gärten und Wiesen direkt am Boddenufer. Mit Sauna und Fitness.
Am Bodden – **Scheune:** Barnstorf Hufe III, Tel. 038220 803 54, www.scheune-peters.de, 55–80 €. Eine liebevoll sanierte Hofscheune auf einem 400 Jahre alten Hof. Fünf Wohnungen für 2–3 Personen Idyllische Sitzplätze im Garten, Sauna.

Essen & Trinken

Im Dorf – **Schimmel's:** Parkstr. 1, Tel. 038220 665 00, www.schimmels.de, Hauptgänge ab 17,50 €. Vorzügliche Landhausküche. Auch drei geschmackvoll eingerichtete Zimmer. Die Südzimmer haben einen Balkon und Blick zur Kirche. Der Balkon der Ferienwohnung wird von der Abendsonne beschienen (DZ 70 €).
Maritim – **Kapitänshaus Am Unterfeuer:** Hafenstr. 8, Tel. 038220 809 80, tgl. 12–22 Uhr, ab 10 €. Viel Fisch, im Sommer sitzt man draußen mit Blick auf die Zeesboote im Hafen.

Aktiv & Kreativ

Unter braunem Segel – **Zeesbootsegeln:** s. Entdeckungstour S. 150.
Unterricht auf dem Zeesboot – **Fischländer Segelschule:** Tel. 038220 663 65, www.fischlaender-segelschule.de. Jollen-, Cat- und Yachtsegeln, Sportbootführerschein, Zeesboottörn.
Schiffsausflüge – **Boddenrundfahrten:** Info am Hafen oder Tel. 038320 588 , www.boddenschifffahrt.de. In der Hochsaison bis zu 4 x tgl., im Juli/Aug. auch Abendfahrten, Dauer ca. 2 Std. Abfahrtshäfen sind außer Wustrow noch Althagen/Ahrenshoop, Born und Bodstedt. Außerdem Linienfahrten zwischen Ribnitz-Damgarten, Dierhagen, Wustrow und Pütznitz mit Fahrradtransport.
Wellenreiten – **Surfcenter Wustrow:** An der Nebelstation 2, Tel. 038220 802 50, www.surfcenter-wustrow.de, 1 km südlich von Wustrow, Surfspot an der schmalsten Stelle des Fischlandes, strandnaher Wohnmobilstellplatz, nette Beachbar.

Infos & Termine

Kurverwaltung Ostseebad Wustrow

Ernst-Thälmann-Str. 11, 18347 Wustrow, Tel. 038220 251, www.ostseebad-wustrow.de.

Termine

Strandgalopprennen: Ostersamstag. Rennen am Hauptstrand an der Seebrücke, abends Osterfeuer.
Zeesbootregatta: 1. Sa Juli. Mit Hafenmarkt, Theater für Kinder und viel Livemusik.
Tonnenabschlagen: 2. So Juli. Zum Auftakt Sa abends Disco, zum Abschluss So abends traditioneller Reiterball.
Seebrückenfest: Letzter So Aug. Buntes Kulturprogramm, Markt an der Seebrücke.

Ahrenshoop ▸ G 3

Ein Ort wie gemalt – ein beeindruckendes Hochufer über einem traumhaften Sandstrand, schilfgesäumte Boddenküste, liebevoll gepflegte Fischerkaten und Kapitänshäuser, schöne Villen inmitten blühender Gärten. Die ehemalige Künstlerkolonie ist tatsächlich so hübsch, wie sie auf unzähligen stimmungsvollen Bildern und Fotografien dargestellt wird. Zahlreiche **Galerien** prägen den Ort, regelmä-

Lieblingsort

Kunstscheune Barnstorf – Inspiration am Bodden ► G 3
Ein netter Spaziergang führt vom Wustrower Hafen in den abgelegenen Ortsteil Barnstorf. Auf einer Landzunge im Saaler Bodden liegen vier malerische, alte Bauernhöfe. Die Scheune der Hufe IV wurde kurz vor dem Verfall gerettet und traditionsbewusst restauriert. Sie bietet jetzt den stilvollen Rahmen für wechselnde Ausstellungen von Malern, Bildhauern, Keramikern und Schmuckgestaltern überwiegend aus dem norddeutschen Raum (Hufe IV, Tel. 038220 201, www.kunstscheune-barnstorf.de, Juni–Mitte Okt., tgl. 10–13, 15–18 Uhr, außerdem Ostern und Weihnachten, 1 €).

ßige Ausstellungen locken kunstinteressierte Besucher an. Der riesige, an Stelle des alten **Kurhauses** auf dem Schifferberg am Ortsausgang errichtete Hotelkomplex wirkt wie ein Fremdkörper, bietet aber 5-Sterne-Luxus (www.kurhaus-ahrenshoop.de).

Künstlerhäuser

Entdeckt wurde das kleine Fischerdorf kurz vor der Wende vom 19. zum 20. Jh. von dem Maler **Paul Müller-Kaempf,** der hingerissen war von der friedlichen Bilderbuchidylle am Meer und bald weitere Künstler um sich scharte. Sein ehemaliges **Wohnhaus** liegt an der in der Saison verkehrsreichen Dorfstraße (Nr. 18).

Ein paar Schritte weiter stößt man auf die St.-Lukas-Pension (Nr. 35), in der Müller-Kaempf seine Malschülerinnen einquartierte. Heute ist das **Künstlerhaus Lukas** ein Stipendiatenhaus, in dem Kunstschaffende aus den Ostseeanrainer-Staaten zeitweise leben und arbeiten.

An der Ecke zum Strandweg ließ der Gründer der Künstlerkolonie 1909 einen **Kunstkaten** als Ausstellungsraum bauen. Anders als viele der Künstlerhäuser, die sich nicht am regionalen Baustil orientierten, wurde er mit Rohrdach und bemalter Haustür ausgestattet.

Ein markantes Wahrzeichen des Ortes ist auch die **Bunte Stube.** 1922 als Laden gegründet, entwickelte sie sich rasch zum kulturellen Treffpunkt. Beides ist sie auch heute noch (s. u.).

Schifferkirche

Paetowweg 5, www.schifferkirche-ahrenshoop.de, Juni–Sept. Di–So 10–16, Okt.–Mai Do–So 10–16 Uhr, Gottesdienst So 9 Uhr

Das 1951 aus einheimischen Baustoffen – Holz und Reet – errichtete Gotteshaus ist einem kieloben liegenden Schiffsrumpf nachempfunden. In die Taufschale, die von drei Kindern getragen wird, werden seit 1951 die Namen und Daten aller Täuflinge eingraviert. Von der Decke herab hängen vier Schiffsmodelle als Symbole für Glaube, Liebe, Hoffnung und Frieden, die in den 1950er-Jahren ein Ahrenshooper Kapitän baute und stiftete. Mit derErneuerung der stark sanierungsbedürftigen Kirche wurde 2001 der Architekt Hardt-Waltherr Hämer beauftragt, der sie auch seinerzeit entworfen hatte.

Übernachten

Landhausstil – **Der Fischländer:** Dorfstr. 47e, Tel. 038220 69 50, www.hotelderfischlaender.de, DZ ab 125 €, Suiten ab 175 €, Wohnungen (2–4 Pers.) 120–165 €. Das quittengelbe, rohrgedeckte 4-Sterne-Haus gehört zu den ersten Adressen im Ort. 29 im Landhausstil eingerichtete Zimmer, drei Suiten sowie behagliche Ferienwohnungen in der ebenfalls strohgedeckten Dependance (Schifferberg 12).

Wohnen-Essen-Kunst – **Elisabeth von Eicken:** Dorfstr. 39, Tel. 038220 69 90, www.artsleeper.com/elisabeth-von-eicken.htm, DZ 110–150 €. Sechs individuell von Künstlern eingerichtete Zimmer im Wohn- und Atelierhaus der Künstlerin Elisabeth von Eicken, einige mit Blick in den Garten, andere mit Aussicht aufs Meer. In der **Galerie Peters-Barenbrock** im ersten Stock werden fünf bis sechs Ausstellungen pro Jahr gezeigt. Das **Restaurant** bereitet saisonale Genüsse für Feinschmecker zu, auch für Außerhausgäste, mit ruhiger Terrasse (Gerichte ab 16 €).

Die Spur der Künstler – **Romantik Hotel Namenlos & Fischerwiege:** Schifferberg 2, Tel 038220 60 60, www.hotelnamenlos.de, DZ und Suiten 90–260 €. Ein auf vier sorgsam sanierte Häuser verteiltes Hotel. Die Häuser sind sehr unterschiedlich, aber in allen sind Gemälde aus der Zeit der Ahrenshooper Künstlerkolonie ausgestellt. Der Wellnessbereich mit Hallenbad in der Fischerwiege und die Saunalandschaft des Hotels Namenlos stehen allen Gästen zur Verfügung.

Nur wenige Schritte zum Meer – **Pension Nordlicht:** Dorfstr. 34, Tel. 038220 696 10, www.haus-nordlicht.m-vp.de, DZ ab 88 €, Apartment 2–4 Pers. 115 €. Familiengeführte Pension und Restaurant mit feiner Küche direkt am Strandübergang. Die meisten Zimmer haben Balkon oder Terrasse, mehrere mit Blick aufs Meer. Einen Rundumblick genießt man aus dem Apartment.

Essen & Trinken

Viel gelobt werden sowohl das Ambiente als auch die Küche im Künstlerhotel Elisabeth von Eicken sowie im Hotel Namenlos (s. o.).

Beliebt – **Restaurant Räucherhaus:** Am Hafen, OT Althagen, Tel. 038220 69 49. Renommiertes Gasthaus beim Althäger Hafen, viel Fisch. Nebenan in der Schauräucherei kommt der Fisch frisch aus dem Rauch, im Fischgeschäft kann man fangfrischen Bodden- und Ostseefisch kaufen (tgl. 9–18 Uhr).

Einkaufen

Kunst und Kultur – **Kunstkaten Ahrenshoop:** Strandweg 1, Tel. 038220 803 08, www.kunstkaten.de, in der Saison tgl. 10–18, sonst Di–So 10–13, 14–16 Uhr. Der leuchtend blaue, rohrgedeckte Katen birgt die älteste Galerie des Ortes. Gezeigt werden wechselnde Ausstellungen über die Künstlerkolonie Ahrenshoop sowie die nachfolgenden Künstlergenerationen bis zur Gegenwart. Schwerpunktthemen sind Landschaft, Mensch und Meer. Hier finden auch Lesungen, Kammerkonzerte, Jazz- und Liederabende statt.

Rein und stöbern – **Bunte Stube:** Dorfstr. 24, Tel. 038220 238, www.bunte-stube.de, Kernzeit Mai–Okt. Mo–Sa 10–18, So 13–17, Feb.–April Di–Sa 11–18, Nov.–Jan. Do–Sa 11–18 Uhr. Eine Ahrenshooper Institution. Im Kunstkabinett werden wechselnde Ausstellungen gezeigt, zu kaufen gibt es Bücher, Kunsthandwerk und Naturwaren.

Jährliche Kunstauktion – **Strandhalle:** Dorfstr. 16b, Tel. 038220 825 22, tgl. 10–18, im Winter 10–13, 14–16 Uhr. Veranstaltungshaus und Ausstellungsgebäude. Werke zeitgenössischer Künstler und Kunst der Künstlerkolonie, das angeschlossene Gästehaus bietet Platz für Studien-, Mal- und Künstlergruppen.

Klassische Moderne und Zeitgenössisches – **Galerie Alte Schule:** Dorfstr. 16, Tel. 038220 663 30, www.galerie-alteschule-ahrenshoop.de, in der Saison Mi–So 10–13, 14–18 Uhr. Überwiegend Kunst aus Norddeutschland und dem Ostseeraum.

Mein Tipp

Traumhafte Lage – Buhne 12

Eine windgeschützte Terrasse oberhalb des Strandes mit freiem Blick aufs Meer und auf die berühmten Pappeln, leckere Kuchen, schmackhafte Küche, und dazu ein freundlicher Service – ein zu Recht beliebtes Café. Wunderbar ist es, hier zum Sonnenuntergang einzukehren (Buhne 12, Grenzweg 12, Ahrenshoop, Tel. 038220 232, ab 11 €).

Zeitgenössische Kunst – **Neues Kunsthaus Ahrenshoop:** Bernhard-Seitz-Weg 3a, Tel. 038220 807 26, www.neues-kunsthaus-ahrenshoop.de, tgl. 10–17 Uhr. Fünf bis sechs Ausstellungen jährlich, in enger Zusammenarbeit mit dem Künstlerhaus Lukas (www.kuenstlerhaus-lukas.de), dazu Grafik, Kleinplastik, Kunstbücher.

Töpferei unter Reet – **Galerie im Dornenhaus:** Bernhard-Seitz-Weg 1, Tel. 038220 809 63, www.dornenhaus.de, in der Saison tgl. 10–18 Uhr. In der Keramikwerkstatt Friedemann Löber finden wechselnde Ausstellungen – Keramik, Malerei, Metall- und Textilarbeiten – sowie Lesungen und Konzerte statt.

Aktiv & Kreativ

Reiten – **Islandpferdehof Fischland:** Weg zum Kiel 12, OT Niehagen, Tel. 038220 693 28, www.islandpferdehof-fischland.de. Unterricht und Ausritte u. a. zum Darßer Weststrand.

Abends & Nachts

Beliebt bei Nachtschwärmern – **Cocktail Bar Tute:** Dorfstr. 47e, im Hotel Fischländer (s. 156). Plaudern oder tanzen zu vorgerückter Stunde? Wenn es schon überall still ist, ist in der Tute noch etwas los.

Infos & Termine

Kurverwaltung Ahrenshoop

Kirchnersgang 2, 18347 Ostseebad Ahrenshoop, Tel. 038220 66 66 10, www.ostseebad-ahrenshoop.de.

Termine

Jazzfest: 4. Wochenende Juni. Aus Cafés und Restaurants sowie von verschiedenen Openair-Bühnen und auf der Straße ertönt Livemusik – ein Genuss für Jazzliebhaber.

Tonnenabschlagen: 3. So Juli. Tagsüber Reitwettbewerb, abends traditioneller Reiterball.

Ahrenshooper Kunstauktion: 1. Sa Aug. Versteigert werden Werke von Künstlern aus Ahrenshoop und der gesamten Ostseeregion.

Lange Nacht der Kunst: 3. Sa Aug. Alle Kunsthäuser, Galerien und Werkstätten haben bis Mitternacht geöffnet. Dazu verschiedene kulturelle Veranstaltungen und Vorführungen. Eintritt 10 € (bis 18 Jahre frei).

Althäger Fischerregatta: 3. Wochenende Sept. Die alljährlich letzte der Zeesbootregatten auf den Boddengewässern der Region, mit Hafenfest, Markt und Tanz.

Born und Wieck ▸ G 3

Umgeben von Wiesen, Weiden und dem Darßwald liegen die hübschen Fischerdörfer an der Darßer Boddenküste. Die viel befahrene Bäderstraße streift die Orte nur am Rande. Zur Blütezeit der Segelschifffahrt erreichten die Darßer Boddendörfer einen nicht unbeachtlichen Wohlstand, heute wirken ihre kleinen Häfen eher verträumt als geschäftig.

Beim Bummel über kopfsteingepflasterte Wege entdeckt man so manches Kleinod: niedrige Häuser mit tief herabgezogenen Rohrdächern und geschwungenen Gauben aus dem 18. und 19. Jh., bemalte Türen, blühende Gärten. Sehenswert ist die schlichte, 1934/35 ganz aus Holz erbaute **Fischerkirche** in Born. Sie ist rohrgedeckt und wird im Innern von einem hölzernen Tonnengewölbe überspannt (geöffnet Mi 14–16, Sa 11–12 Uhr).

Idylle auf dem Darß – das Walmdach tief in die Stirn gezogen, die sonnengelben Fensterläden weit geöffnet

Darßer Arche

Bliesenrader Weg 2, Wieck, Tel. 038233 703 80, www.darsser-arche.de, Mai–Okt. tgl. 10–18, Nov.–April Mi–So 10–16 Uhr, 4,50 €

Ein Besuchermagnet ist das Nationalpark- und Gästezentrum. Es dokumentiert die verschiedenen Lebensräume des **Nationalparks Vorpommersche Boddenlandschaft**: Schilf, Wasser, Düne, Wald, Steilküste usw. Im Nebengebäude befindet sich die **Galerie Künstlerdeck** (Tel. 038233 70 38 12, www.kuenstlerdeck.de). Das dazugehörige Bio-Café trägt den poetischen Namen **Fernblau**.

Übernachten

Ein Wohlfühlort – **Teekaten:** Brake 5, Wieck, Tel. 04103 188 83 74, www.darsser-teekaten.de, FeWo 70–122 €. Der mit viel Liebe zum Detail umgebaute Teekaten beherbergt vier hübsche Ferienwohnungen für 2–4 Personen. Vor der Tür blühen Stockrosen. Stühle und Sitzgelegenheiten auf der Terrasse oder im Garten laden zum Aufenthalt im Freien ein.

Im Darßer Wald – **Jugendherberge Born-Ibenhorst:** Ibenhorst 1, Born, Tel. 038234 229, Übernachtung 22,90–33 €. Etwa 3 km außerhalb von Born, Richtung Ahrenshoop, mitten im Darßer Wald. Man wohnt in zwölf Bungalows und bunt angestrichenen Schwedenhäusern aus Holz oder auf dem Zeltplatz unter Bäumen.

Übernachten, Essen

Vielseitige Küche – **Haferland:** Bauernreihe 5a, Wieck, Tel. 038233 680, www.hotelhaferland.de, DZ 125–164, FeWo

152–180 €. Die Hotelanlage besteht aus mehreren miteinander verbundenen Reetdachhäusern gegenüber dem kleinen Wiecker Hafen. Schwimmbad mit Blick in den weitläufigen Garten, in dem auch frische Kräuter und Blüten für die drei hauseigenen Restaurants geerntet werden.
Fein, klein und mit Herz – **Pension Walfischhaus:** Chausseestr. 74, Born, Tel. 038234 557 84, www.walfischhaus.de, DZ ab 116 €. Sympathische Bio-Pension am Hafen von Born. Sieben geschmackvoll eingerichtete Zimmer mit nordischem Flair, vier davon verfügen über eine Terrasse oder Balkon mit Blick auf den Hafen. Zudem ein beliebtes Café und Restaurant, in dem die Speisen mit Produkten aus biologischem Anbau sorgsam zubereitet werden (Hauptgerichte ab 13 €).

Essen & Trinken

Ein Genuss – **Peterssons Hof:** Bäckergang 12b, Born,Tel. 038234 557 20, www.peterssons-hof.de, Hauptgerichte ab 14 €. Mitten im Dorf liegt das im 17. Jh. erstmals erwähnte Anwesen. Das gemütliche Café-Restaurant ist in der alten Scheune untergebracht. Hier kehrt man sowohl zu Kaffee und Kuchen ein, als auch zu kleineren Gerichten und delikater, gehobener Küche. Wer mag, kann hier auch wohnen (www.capitaenshausvonpetersson.de).
Im alten Kapitänshaus – **Café TonArt:** Chausseestr. 58, Born, Tel. 038234 559 57, www.cafe-tonart.de. Rustikale Holzdielen, ofenwarmer Kuchen und individuelle Töpferkunst.

Aktiv & Kreativ

Wassersport – **Kitesurf & Kanu Born:** Regenbogen-Camp, Born, Tel. 038234 555 82, www.kiten-lernen.de. Kurse und Kajakverleih.
Abwechslungsreiches Programm – **Darßer Sommertheater:** Chausseestr. 90, Born, Kartenvorbestellung Tel. 038234 504 21, April–Okt. Lesungen, Konzerte, Kabarett- und Theaterabende in der alten Schule in Born.

Infos

Touristen-Information

Kurverwaltung Born: Chausseestr. 73b, 18375 Born a. Darß, Tel. 038234 504 21, www.darss.org.
Kur- und Tourist GmbH Darß: Bliesenrader Weg 2, 18375 Wieck a. Darß, Tel. 038233 201, www.erholungsort-wieck.de.

Prerow ► G 2/3

Das ehemalige Fischer- und Seefahrerdorf am Prerowstrom ist heute ein beliebtes Familienbad. Sein 5 km langer und bis zu 100 m breiter, feinsandiger **Nordstrand** war zu DDR-Zeiten einer der beliebtesten und freizügigsten (FKK-)Strände an der Ostsee. Im Westen grenzt das weitläufige Seebad an den berühmten **Darßer Urwald.** Das Dorf liegt ein Stück vom Meer entfernt und ist von diesem durch ein Stück Küstenwald und den Prerowstrom getrennt.

Hauptstraße von Prerow – mit Geschäften, Cafés, der Touristen-Information und dem Heimatmuseum – ist die **Waldstraße,** die den Ort von West nach Ost quert. Fotogene Beispiele des traditionellen Baustils entdeckt man u. a. in der, von der Waldstraße abzweigenden **Grünen Straße** und der **Buchenstraße.** Den Ursprung des Dorfes und seine älteste Bebauung findet man am **Hafen.**

Seemannskirche

Kirchenort 2, Tel. 038233 691 33, Mo–Sa 13–16 Uhr

Nördlich des Hafens steht das von 1726 bis 1728 zunächst als Fachwerkbau errichtete und später in eine Backsteinkirche umgewandelte Gotteshaus. Den in den Meeresfarben grau, grün und blau gehaltenen Innenraum schmücken Schiffsmodelle und Schiffsbilder. Sie wurden als Votivgaben für eine erhoffte oder geglückte Rettung aus Seenot gestiftet.

Darß-Museum

Waldstr. 48, Prerow, Tel. 038233 697 50, Mai–Okt. Di–So 10–18, Nov.–April Fr–So 13–17 Uhr, 2 €

Das Landschaftsmuseum präsentiert Wissenswertes über Natur und Geschichte sowie die Künstler der Region. Ein Herzstück des Museums ist eine Sammlung Darßer Haustüren, deren Schnitzwerk und Farben großen Symbolwert haben.

Übernachten

First class – **Hotel Bernstein:** Buchenstr. 42, Tel. 038233 640 00, www.travelcharme.com/bernstein, DZ ab 168 €. Eine schöne und komfortable Hotelanlage am Darßwald, den Gast erwarten Spa, Wellness und Außenpool sowie eine vielseitige, exquisite Küche. Die Übernachtung ist kein Schnäppchen, aber das Preis-Leistungs-Verhältnis stimmt.

Zur Ruhe kommen – **Carpe Diem:** Grüne Str. 31b, Tel. 038233 70 80, www.carpe-diem-prerow.de, DZ 120 €, FeWo 130–185 €. Ein edles Gesundheits- und Wellnesshotel mit zehn Wohneinheiten. Auf dem Programm stehen alternative Heil- und Entspannungstherapien. Nichts für Familien mit quirligen Kindern.

Familiär – **Sterngucker:** Schulstr. 15, Tel. 038233 602 06, www.sternengucker-prerow.de, FeWo ab 85 €. Sieben sehr unterschiedliche und individuell eingerichtete Apartments in ruhiger Lage. Wer mag, kann das Frühstücksbuffet auf der Südveranda genießen. Der Nordstrand ist nur 1000 m entfernt.

Urlaub am Meer – **Regenbogen Camp Prerow:** Waldstr. 8, Tel. 038233 331 oder 276, www.regenbogen-camp.de. Ein lang gestreckter Platz (zwei Stationen des Darßer Bimmelbähnchen) im Nordwesten des Ortes. Vermietet werden Wohnwagen und Zelte mit und ohne Fußbodenheizung. Es besteht die Wahl zwischen Schattenplätzen im Wald und sonnigen Plätzen direkt in den Dünen.

Essen & Trinken

Für Gourmets – **Restaurant Titania:** Bernsteinweg 4, Tel. 038233 61 70, www.waldschloesschen-prerow.de, ab 17 €. Das Restaurant Hotel Waldschlösschen verwöhnt mit delikaten Fischkreationen, aber auch vegetarischen Gerichten aus frischen regionalen Zutaten. Schöne Terrasse.

Gute Fischküche – **Seeblick:** Hauptübergang zum Strand, Tel. 038233 348, www.wolff-prerow.de, April–Okt. tgl. 11.30–22 Uhr, ab 10 €. Nettes Ambiente im über 100 Jahre alten Fachwerkhaus am Hauptübergang zum Strand.

Beliebt – **Teeschale:** Waldstr. 50, Tel. 038233 608 45, www.teeschale.de, tgl. 12–22 Uhr, Teeladen Mo–Sa 10–18, So 13–18 Uhr. In einer alten reetgedeckten Fischerkate neben dem Darß-Museum befindet sich das gemütlichste Café in Prerow. Außerdem gibt es einen Teeladen mit 130 Teesorten, Konfekt, Kerzen und Keramik.

Einkaufen

Darßer Türen – **Kunst-Tischlerei Roloff:** Lange Str. 30, Tel. 038233 465, www.kunsttischlerei-roloff.de. Nicht nur komplette Türen, sondern auch einzeln geschnitzte Motive, Gartenmöbel, Giebelzeichen und Holzbildhauerarbeiten fertigt der traditionsreiche Betrieb, der seit 1832 im Familienbesitz ist.

Aktiv & Kreativ

Nationalpark erleben – **Darsstour:** Henrik Schmidtbauer, Buchenstr. 11a, Tel. 0178 188 66 80, www.darsstour.de. Geführte Touren durch die Nationalparkregion der Vorpommerschen Boddenlandschaft im Seekajak, zu Fuß oder mit dem Rad. Ausführliche Beschreibung der Touren inkl. Preise auf der Webseite.

Infos & Termine

Kur- und Tourismusbetrieb Ostseebad Prerow
Gemeindeplatz 1, 18375 Prerow, Tel. 038233 61 00, www.ostseebad-prerow.de.

Termine
Prerower Seebrückenfest: Mai/Juni. Am Samstag nach Himmelfahrt maritimes Volksfest auf dem Hauptübergang der 1993 erbauten Seebrücke.
Tonnenabschlagen: Letzter So Juli. Reiterfest und abends Tonnenball.
Prerower Hafenfest: Ende Juli oder Anfang Aug. An einem Wochenende traditionelles Handwerk und Kunsthand-

Das Leben ist zu kurz, um woanders Urlaub zu machen

werk sowie Aktivitäten rund um den Prerower Hafen.

Verkehr
Darßbahn: www.darssbahn.info. Die Bimmelbahnen verkehren von April bis Oktober etwa stündlich vom Hafen am Prerowerstrom durch den Ort zur Haltestelle Nothafen am Darßer Ort, einem Ausgangspunkt für die Wanderung zum Leuchtturm

Darßer Ort! ►G2

Das urwüchsige Waldgebiet westlich von Prerow ist ein Herzstück des Nationalparks Vorpommersche Boddenlandschaft. Seine üppige Vegetation erinnert fast an subtropische Urwälder. Liane, Efeu, Waldgeißblatt hängen von den Bäumen, meterhoher Farn

wuchert um kleine Wasserstellen. Mehrere Rad-Wanderwege durchziehen das (zeitweise) mückenreiche Waldgebiet, das für Autofahrer gesperrt ist. Hier ist man nur zu Fuß, mit dem Rad oder der Kutsche unterwegs.

Etwa 4 km sind es von Prerow zum Darßer Ort mit dem atemberaubenden **Weststrand.** An dem schönsten Strand der Ostseeküste reicht der Wald stellenweise direkt bis ans Meer, und was für ein Meer! Nirgends sonst sind die Naturgewalten so eindrucksvoll zu erleben. Zu gucken gibt es immer reichlich. Hier findet man zahlreiche Windflüchter, das sind vom Wind bizarr verformte, manchmal zu Boden gezwungene Bäume. Die sogenannte Wald-Kampfzone macht hier ihrem Namen alle Ehre.

Leuchtturm Darßer Ort mit Natureum
Tel. 038233 304, www.meeresmuseum.de/natureum, Mai–Okt. tgl. 10–18, Nov.–April Mi–So 11–16 Uhr, 4 €, Familie ab 8,50 €
Alle Wege führen zum 1848 erbauten Leuchtturm mitten im Nationalpark. In dem ehemaligen Haus des Leuchtturmwärters und dem benachbarten Stallgebäude ist das **Natureum,** eine Abteilung des Deutschen Meeresmuseums untergebracht. Die Ausstellung informiert über die Flora- und Fauna in der Ostsee- und Boddenregion. Besonders eindrucksvoll ist die Darstellung der Dynamik und Schutzbedürftigkeit der Natur und Landschaft am Darßer Ort.

Ein Blick vom 35 m hohen **Leuchtturm** macht die theoretischen Erklärungen über die Küstenformungsprozesse sofort augenscheinlich. Von oben unterscheidet man deutlich die Zonen der Abtragung und Anlandung. Das im ehemaligen Oberwärterhaus untergebrachte **Café** ist nur für Museumsbesucher zugänglich. Wer den Leuchtturm nicht besucht, wandert ein paar Schritte weiter zu einem Picknick am Strand.

Zingst ► H 2/3

Das aus mehreren Siedlungen zusammengesetzte Ostseebad Zingst ist das touristische Zentrum der gesamten Region. Seit der Wende sind hier viele neue Ferien- und Apartmenthausanlagen aus dem Boden geschossen, nicht immer anheimelnd, aber komfortabel und familienfreundlich. Nicht nur im Herbst, wenn die Kraniche ziehen, ist Zingst Treffpunkt von Vogel- und Naturkundlern, die es in die nahe Sundische Wiese zieht (s. Entdeckungstour S. 166).

Spuren des alten Zingst – 1880 lebten hier noch etwa 80 Kapitäne und 200 Seeleute – entdeckt man auf einem Bummel zwischen Strand und Hafen. Der Dorfspaziergang beginnt an der 1992/93 erbauten **Seebrücke,** die 270 m auf die Ostsee hinausführt. Der **Strand** ist in diesem Abschnitt durch Buhnen geschützt, in den letzten 100 Jahren hat die Küste hier über 70 m Substanz verloren. Am 1873 erbauten **Zingster Seenotrettungsschuppen** vorbei führt die Strandstraße Richtung **Hafen.** Die Zeit der Segelschiffe ist lange vorbei, heute liegen hier Ausflugsdampfer und Zeesboote vor Anker.

Peter-Pauls-Kirche

Kirchweg 9, www.ev-kirche-zingst.de

Der neogotische Bau wurde in der zweiten Hälfte des 19. Jh. nach Plänen des Schinkel-Schülers Friedrich August Stüler erbaut und besitzt noch weitgehend seine originale Ausstattung. Auf dem Friedhof befindet sich das Grab von Martha Müller-Grählert. Sie schrieb den Text für das Lied »Mine Heimat«, das mit den berühmten Zeilen beginnt: »Wo die Ostseewellen trecken an den Strand…«.

Heimatmuseum mit Pommernstube

Strandstr. 19, Tel. 038232 561, Di–Fr, So 10–16, Juni–Aug. auch Sa 10–16 Uhr, 3 € bzw. 2 € mit Kurkarte

Das denkmalgeschützte, 1867 errichtete **Haus Morgensonne** dokumentiert Darßer Geschichte und bietet Einblicke in das Alltagsleben der Darßer. Eine kleine Dauerausstellung ist der Heimatdichterin Martha Müller-Grählert gewidmet.

Übernachten

Wunderbar abgelegen – **Hotel Schlösschen:** Landstr. 19, Tel. 038232 81 80, www.hotelschloesschen.de, DZ 124–149 €, Suite/Apartment ab 159 €. Restaurant, Hotel und Biergarten in idyllischer Alleinlage am Eingang zum Nationalpark. Das um 1900 als Jagdschloss in der Sundischen Wiese erbaute Landhaus mit Kaminzimmer und Wintergarten ist ein heißer Tipp für Kranichfreunde.

Strandnah – **Hotel Seebrücke:** Seestr. 53, Tel. 038232 840, www.hotel-seebruecke.net, DZ ab 100 €, FeWo ab 145 €. Eine zuvorkommend geführte Anlage mit Zimmern und Suiten in zwei Häusern, gute Küche, ideal für Badeurlauber.

Freundlich – **Pension Hus Sünnenkringel:** Schulstr. 21, Tel. 038232 88 30, www.hus-suennenkringel.de, DZ und Suiten 80–90 €. Persönliche, angenehme Pension in einer traditionsreichen, 1996/97 grundsanierten Villa mit 22 Zimmern mitten mit Ort.

Familienfreundlich – **Wellness-Camp Düne 6:** Inselweg 9, Tel. 038232 176 17, www.wellness-camp.de. Großer 5-Sterne-Platz am östlichen Ortsrand, auch Apartments (2–4 Pers. 77–98 €). Gratis für alle Gäste ist der Wellnessbereich mit Schwimmbad, in der Saison abwechslungsreiches Animationsprogramm. Mit Steakrestaurant.

Essen & Trinken

Für Genießer – **Meerlust:** Seestr. 72, Tel. 038232 88 50, www.hotelmeerlust.de, tgl. 12–22.30 Uhr, Hauptgang ab 12,50 €, Abendmenü 42 €. Das vom Deutschen Wellnessverband 2009 als bestes Wellnesshotel ausgezeichnete Haus (DZ, Suiten, Apartments 190–320 €) muss sich auch kulinarisch nicht verstecken: Für ihre kreative Gourmetküche wurden sie im Gault Millau und Feinschmecker hoch gepriesen.

Mit Meerblick – **Kurhaus Zingst:** Seestr. 57, Tel. 038232 815 76, ab 10 €. Das hübsche Fachwerkhaus, in dem auch die Touristen-Information untergebracht ist, bietet gute regionale Küche und eine Spielecke für Kinder.

Einkaufen

Etwas versteckt – **Der Weinladen:** Lindenstr. 9, Tel. 038232 895 57, April–Okt. tgl. ab 14 Uhr, Nov.–März Do–Sa ab 14 Uhr. Weine, Sekte, Brände, Sherry und Grappa in einem Zingster Wohngebiet. Zum feinen Tropfen wird Fingerfood oder ein Käseteller gereicht.

Aktiv & Kreativ

Zeit zusammen verbringen – **Experimentarium:** Seestr. 76, Tel. 038232 846 78, www.experimentarium-zingst.de, April–Juni, Sept./Okt. Di–So 10–17, Nov.–März Mi–So 10–16 Uhr, Juli/Aug. tgl. 10–18 Uhr, Preise nach Alter gestaffelt, Erwachsene ab 4,90 €, Familie ab 15 €. Spannende Experimente für die ganze Familie. ▷ S. 168

Die bunten Wimpel dienen den Fischern zur Markierung der ausgeworfenen Netze

Auf Entdeckungstour

Radtour durch die Sundische Wiese – Naturbeobachtungen

Es ist ein magischer Moment, wenn die Sonne am Horizont verschwindet und das flache Land in mildes Abendlicht taucht. Ein Trompetenruf aus der Ferne kündigt die herannahenden Kraniche an. Angesichts der Schönheit der majestätischen Tiere stockt so manchem Besucher der Atem.

Reisekarte: ▶ H/J 2/3

Dauer: Ab Parkplatz Hotel Schlösschen Sundische Wiese ca.16 km lange Radtour plus 3 km Fußmarsch. Fahrradverleih vor Ort.

Nationalparkausstellung, April–Aug. tgl. 10–17, Sept.–Dez. tgl. 10–16 Uhr, Eintritt frei. **Nationalparkkarte** erforderlich Sept./Okt. tgl ab 15 Uhr, 5 €, erhältlich am Kontrollpunkt in der Nähe der Ausstellung.

Im Herbst legen die Kraniche auf dem Weg von ihren Brutgebieten in Skandinavien und Osteuropa Richtung Süden einen mehrwöchigen Zwischenstopp in den Küstengewässern des Nationalparks Vorpommersche Boddenlandschaft ein. Das grandiose Naturschauspiel wird von Vogelfreunden und Fotografen in jedem Jahr ungeduldig erwartet.

Die Natur erobert das militärische Sperrgebiet zurück

Pramort ist ein wunderbarer Ort, um den abendlichen Einflug der Kraniche zu ihren sicheren Schlafplätzen im Ostzipfel des Zingst zu erleben. So wunderbar, dass die Anzahl der Kranich-Fans schließlich begrenzt werden musste. Während der Kranichzeit im Herbst ist das Gebiet ab nachmittags nur noch mit Nationalparkkarte zugänglich. Tagsüber aber darf jeder Pramort aufsuchen.

Vom Parkplatz führt eine schnurgerade Betonstraße gen Osten. Da Autos hier nicht erwünscht sind, steigt man am besten aufs Rad um. Kaum aufgestiegen, bietet sich die Nationalparkausstellung für einen ersten Stopp an. Wie zu erwarten, stehen hier die Kraniche im Vordergrund, doch auch die Geschichte der Sundischen Wiese wird dokumentiert

Einst war sie im Besitz der Stadt Stralsund, deren Ackerbürger hier ihr Vieh weiden ließen. 1937 errichtete die Deutsche Wehrmacht einen Flugplatz samt Flakschießplatz. Auch nach 1945 wurde das Gebiet weiterhin militärisch genutzt. Seit der Gründung des Nationalparks im Jahre 1990 kehrt die Natur zurück. Man entdeckt nur noch wenige Spuren der militärischen Nutzung.

Die Radfahrt führt durch eine wenig aufregende Landschaft: Mischwald zur Linken, eine flache Wiesen- und Weidelandschaft zur Rechten, Kühe, ein Schwarm Vögel, am Horizont das Festland, der Kirchturm von Barth, einige Windräder. Etwa 500 m vor Pramort weist ein Schild zur Hohen Düne.

Sehen, aber nicht gesehen werden

Nach dem Abzweig von der Betonpiste gelangt man zum neuen Deich, der den vogelreichen Ostzingst vor Überflutung schützen soll. Hier bleibt das Rad stehen. Zunächst folgt man der Deichkrone, dann geht es weiter über Bohlenwege durch unberührte Landschaft mit kleinen Sümpfen, Heidehügeln und Kiefernwäldchen. Nach gut 1,5 km ist die Hohe Düne erreicht. Sie gehört zu einem über 2 km langen und bis zu 13 m hohen Weißdünenmassiv. Traumhaft ist der Blick von der Aussichtsplattform unmittelbar oberhalb des Strandes. Trotz verlockender Strandnähe ist das Baden nicht möglich, die Natur ist geschützt, die Vogelspuren im Sand werden nur vom Wind verweht.

Zurück am Hauptweg ist es nicht mehr weit zum Kranich-Utkiek am Pramort. Von der Aussichtshütte auf dem Deich schweift der Blick in die Ferne. Linkerhand erstreckt sich der Große Werder – sandig und spärlich bewachsen. Dahinter liegen die drei Inseln des Kleinen Werder und noch ein Stück weiter der bewaldete Bock, dazwischen das Windwatt. In dieser Region verbringen Tausende von Kranichen stehend im flachen Gewässer die herbstlichen Nächte. Der Seeadler zieht ganzjährig seine Kreise. Sieben Revierpaare und etwa zehn Jungtiere wurden in den letzten Jahren im Nationalpark registriert. Ein guter Grund, auch außerhalb der Kranichzeit hierher zu kommen.

Abends & Nachts

Bar mit Flair – **Abraxas:** Strandstr. 38, Tel. 038232 163 42, Di–So ab 18 Uhr. Mexikanische Snacks und Cocktail.

Infos & Termine

Kur- und Tourismus GmbH
Seestr. 56, 18374 Zingst, Tel. 038232 81 50, www.zingst.de.

Termine
Zingster Kunstmagistrale: Aug. Während vier Tagen präsentieren mehr als 100 Künstler und Kunsthandwerker ihre Arbeiten, dazu gehören Töpferware, pflanzengefärbte Naturstoffe, Schmuck- und Schmiedestücke.
Nationalparktage Zingst: Anf. Okt. An einem Wochenende Veranstaltungen rund um den Nationalpark auf dem Gelände des Schlösschens. Fotografen und Künstler präsentieren ausgewählte Werke.

Barth ▸ H3

Das beschauliche Städtchen am Barther Bodden passieren viele Urlauber ohne Zwischenstopp auf dem Weg nach Zingst, mit dem es seit 1909 durch eine Brücke verbunden ist. Wenig erinnert an seine große Vergangenheit, als Herzog Bogislaw XIII. die Stadt am Bodden 1574 zu seiner Residenz wählte. Er baute ein Schloss und gründete 1582 die Fürstliche Hofdruckerei, aus der u. a. die berühmte Niederdeutsche Barther Bibel hervorging. Nach dem Dreißigjährigen Krieg war es mit den Glanzzeiten vorbei, Land und Stadt waren verwüstet, das Schloss verfiel, an seiner Stelle gründete König Friedrich I. von Schweden 1733 das **Adlige-Fräulein-Stift,** das Wohnungen für unverheiratete Frauen oder Witwen bot. Der zweiflügelige barocke Gebäudekomplex befindet sich östlich des Marktes.

Einen wunderbaren Panoramablick auf die alten Stadtstrukturen erlaubt der Turm der mittelalterlichen Backsteinkirche **St. Marien.** Der weitläufige **Hafen** wird seit 1990 verschönert, Restaurants entstanden, ein alter Getreidespeicher wurde zum Hotel umgebaut, andere Backsteinbauten wie die ehemalige Fischkonservenfabrik warten noch auf kapitalstarke Investoren.

Vineta-Museum
Lange Str.16, Tel. 03823 817 71, www.vineta-museum.de, Di–Fr 10–17, Sa/So 11–17 Uhr, 4 €
Das kleine regionalgeschichtliche Museum ist in einem Kaufmannshaus aus dem 18. Jh., das von 1870 bis 1946 als städtisches Rathaus diente, untergebracht. Einer der Schwerpunkte liegt auf der Vinetaforschung. Die übersichtliche Darstellung des Quellenmaterials enthält Begründungen dafür, dass das versunkene Vineta bei Barth gelegen haben könnte.

Übernachten

Blick über den Bodden – **Ring-Hotel Speicher:** Am Osthafen 2, Tel. 038231 633 00, www.speicher-barth.de, DZ und Suiten 110–300 €. Edles Ambiente im alten Getreidespeicher am Hafen. Kulinarische Genüsse bietet das Restaurant im Wintergarten oder auf der Sommerterrasse.
Jedem sein Plätzchen – **Jugendherberge Barth Donnerberg/Reiterhof Boddenblick:** Glöwitz 1, Tel. 038231 28 43, Übernachtung 19,50–28,60 €. Ein großzügiger Platz mit Reiterhof und Reithalle, etwa 2,4 km östlich vom Barther Zentrum. Wohnen kann man

im Zelt, in Holz-Bungalows oder im festen Steinhaus, insgesamt 172 Betten. Geboten werden zudem ein Ruderbootverleih und Surfschule.

Aktiv & Kreativ

Kombinierte Schiff- und Radtour – **Ausflugsdampfer nach Zingst:** Ab Barth/Hafen, Juni–Aug. stdl. 10.30–17.30 Uhr, Sept./Okt. stdl. 11–16 Uhr. Das Rad kann mitgenommen werden.
Theater – **Boddenbühne:** Trebin 35 a, Tel. 03821 663 80, www.boddenbuehne.de. Schauspiel, Konzerte und Lesungen im ehemaligen Kulturhaus der Zuckerfabrik.

Infos & Termine

Barth Information

Lange Str. 13, 18231 Barth, Tel. 038231 24 64, www.stadt-barth.de. In der Saison befindet sich eine Filiale der Touristen-Information im Steuerhaus am Hafen.

Termine

Segel- und Hafentage: Ende Juli/ Anf. Aug. Vier Tage Segelregatten, Traditionsschiffe, Drachenbootrennen, Kunsthandwerk.
Barther Metal Openair: Aug., www.barther-metal-openair.de. Das Festivalgelände ist nur 5 Min. Fußweg vom Bahnhof, Karten für das ganze Wochenende 25 €.

Südliche Boddenküste

► H/J 2/3

Einige sanfte, kleine Badebuchten am schilfgesäumten Bodden, verschlafene Dörfer, verkehrsarme Straßen, hier und da ein Wäldchen und Äcker, auf denen Kraniche während der Zugsaison tagsüber ihr Futter suchen. Von der Autostraße aus sind die scheuen Tiere selten zu entdecken, doch von versteckten Beobachtungsplätzen lassen sie sich vor allem in der östlich von Barth gelegenen Region gut beobachten.

Kranich-Informationszentrum

► J 2

Lindenstr. 27, Groß Mohrdorf, Tel. 038323 805 40, www.kraniche.de, Feb. Mo–Fr 10–16, März–Mai tgl. 10–16, Juni/Juli Mo–Fr 10–16.30, Aug. tgl. 10–16.30, Sept./Okt. tgl. 9.30–17.30, Nov. tgl. 10–16.30 Uhr, Eintritt frei

In der Dauerausstellung erfährt man alles Wissenswerte über die Kraniche und bekommt Informationen über das aktuelle Zuggeschehen, Standorte und Futterplätze der Vögel. In der Woche des Kranichs Ende September/Anfang Oktober lockt ein buntes Programm mit Vorträgen und Erkundungen.

Barhöft ► J 2

Etwa 12 km nördlich von Stralsund liegt der kleine Hafenort, von dem in der Saison täglich ein Schiff nach Hiddensee und im Herbst Boote zu den Schlafplätzen der Kraniche starten.

Das Auto bleibt am Ortseingang stehen, denn der **Hafen,** neben dem sich ein kleiner Sandstrand erstreckt, ist autofrei. Ein Weg führt zur **Nationalpark-Ausstellung** im Wald, und ein Stück weiter erreicht man am Bodden den **Barhöfter Aussichtsturm** (tagsüber geöffnet, 1 €). Von der Aussichtsplattform schweift der Blick hinüber zur bewaldeten **Insel Bock** (s. S. 44/45).

Ein Spazierweg führt zwei Kilometer am Wasser entlang nach **Zarrenzin.** Hier gibt es einen großen Parkplatz, eine Beobachtungsplattform mit Picknicktisch und traumhaftem Sonnenuntergangsblick über den Bodden.

Das Beste auf einen Blick

Rügen und Hiddensee

Highlights !

Nationalpark Jasmund: Das kleinste Naturschutzgebiet Deutschlands steht für grandiose Naturschönheiten und mehrere Superlative. Hier befinden sich die weltberühmten Kreidefelsen, die höchste Erhebung der Insel Rügen sowie das größte zusammenhängende Waldgebiet der Insel. S. 200

Hiddensee: *Dat söte Lännecken* bezaubert mit einer unvergleichlich schönen und vielfältigen Insellandschaft, mit Steilküste im Norden und Dünenheide im Süden. Kein Motorenlärm stört die Ruhe, Fahrräder bestimmen den Verkehr, Pferdekutschen zuckeln über größtenteils noch unbefestigte Wege. S. 218

Auf Entdeckungstour

Rügener Kreide: Das stillgelegte Kreidewerk in Gummanz auf der Halbinsel Jasmund fasziniert mit einer Dokumentation zur Erdgeschichte und gewährt Einblicke in eine nahezu unbekannte Industrie. S. 204

Die Slawen auf Rügen: Im Frühsommer 1168 zerstörten dänische Truppen den berühmten Tempel von Arkona und besiegelten das Ende der Eigenständigkeit der slawischen Stämme und ihrer Religion. Auf Rügen gibt es unzählige Fundorte aus der Slawenzeit, zu den eindrucksvollsten gehören die Jaromarsburg am Kap Arkona und die Herthaburg nahe dem Königsstuhl. S. 210

Kultur & Sehenswertes

Vitt: Ein faszinierendes Reiseziel ist die Nordspitze Rügens mit den berühmten Leuchttürmen, der Jaromarsburg und dem Bilderbuchdorf Vitt. S. 213

Leuchtfeuer Dornbusch: Seit über 100 Jahren weist der 28 m hohe Leuchtturm im landschaftlich hinreißend schönen Hochland von Hiddensee Schiffen den Weg. S. 220

Aktiv & Kreativ

Rasender Roland: Die Entdeckung der Langsamkeit im nostalgischen Expresszug zwischen Göhren und Lauterbach ist Kult. S. 179

Schiffsausflug zur Insel Vilm: Die kleine Insel südlich von Lauterbach galt schon im 19. Jh. ihrer Urwüchsigkeit wegen als Geheimtipp. S. 180

Genießen & Atmosphäre

Strandhalle: Besonderes Flair und behagliches Ambiente unter hoher Balkendecke in der über 100 Jahre alten Strandhalle in Binz. S. 185

Naturparadies Teutenberg: Auf dem Reddevitzer Höft gedeihen leckere Äpfel und Birnen. Von der Terrasse schweift der Blick über den Bodden zum Granitzer Jagdschloss. S. 191

Zum kleinen Inselblick: Ein Platz zum Wohlfühlen ist das Café-Restaurant mit originellem Trödelladen in Kloster auf Hiddensee. S. 219

Abends & Nachts

Bergen: Mehrere nette Kneipen und ein großes Kino gibt es in der Inselhauptstadt. S. 176

Störtebeker Festspiele: Jahr für Jahr stürzt sich der Robin Hood der Meere auf der Boddenbühne in Ralswiek in neue Abenteuer. S. 30, 58, 177

Deutschlands größte Insel – Rügen

›Ich werde mich noch im Himmel an diese Insel erinnern‹ beschreibt der Weimarer Kunstprofessor und Hofmaler Friedrich Preller d. Ä. seine Rügenaufenthalte zwischen 1837 und 1847. Noch immer ist Rügen mit seiner grandiosen Vielfalt an Naturschätzen für viele die schönste deutsche Insel, mit ca. 930 km² ist sie in jedem Fall die größte. Das war nicht immer so, ein Blick auf die Karte macht deutlich, dass sie einmal aus vielen einzelnen Inseln bestand, die im Verlauf der Zeit zusammengewachsen sind. Weit ins Meer ragen die Halbinseln Wittow, Jasmund, Mönchgut, Zudar und Drigge. Zwischen ihnen erstrecken sich zum Teil nur schmale Landstreifen und Boddengewässer, von denen sich einige im Verlauf der Jahrhunderte zu Binnenseen entwickelt haben. Nur die kleine Insel Ummanz im Westen und das benachbarte Hiddensee haben sich bisher dem natürlichen Anschluss widersetzt. Ummanz verbindet eine Brücke mit Rügen, doch das zauberhafte Hiddensee ist weiterhin nur mit dem Schiff zu erreichen.

Bergen und das Mutland ► J–L 2/3

Die südwestliche Ecke Rügens – das Mutland – wird von vielen Urlaubern kaum wahrgenommen. Die B 96 führt von der Rügenbrücke durch eine landwirtschaftlich geprägte und wenig spektakuläre Region direkt zur alten,

Infobox

Information

Tourismuszentrale Rügen GmbH: Bahnhofstr. 15, 18528 Bergen auf Rügen, Tel. 03838 80 77 80, www.ruegen.de.

Anreise und Weiterkommen

Bahn und Bus: Sassnitz ist IC-Station (www.bahn.de). Ab Berlin besteht in der Saison Busverbindung mit dem Rügen-Express.

Auto: Seit Okt. 2007 führt die neue **Rügenbrücke** von Stralsund über den Strelasund nach Rügen. Daneben verläuft die alte **Ziegelgrabenbrücke,** die 6 x tgl.für den Autoverkehr gesperrt wird, damit Schiffe den Strelasund passieren können. In Stahlbrode östlich von Stralsund setzt die **Rügenfähre** Autos und Personen über nach Glewitz auf Rügen (www.ruegen-schifffahrt.de).

Inselverkehr: Die Verbindung zwischen den Inselortschaften gewährleisten **Busse** des RPNV (Tel. 03838 20 29 55, www.rpnv.de). Zwischen Putbus bzw. Lauterbach und den Seebädern an der Südostküste verkehrt die **Rügensche BäderBahn** (Tel. 03838 81 35 94, www.ruegensche-baederbahn.de). Fähren und Ausflugsboote unterhält die Weiße Flotte (www.weisse-flotte.de).

beschaulichen Inselhauptstadt Bergen und von dort weiter zu den Seebädern im Südosten der Insel. Wer Letztere als Reiseziel hat und sich ein bisschen mehr Zeit fürs Ankommen nehmen möchte, wählt als Alternative zur viel befahrenen Bundesstraße die südlich verlaufende **Deutsche Alleenstraße,** die durch stille Ortschaften wie Gustrow, Poseritz und Garz führt. Von Garz lohnt ein Abstecher zur Halbinsel Zudar.

Altefähr ►J3

Seinen Namen verdankt Altefähr seiner Funktion als Fährort zwischen Stralsund und der Insel Rügen. Erstmals erwähnt wurde der Ort ›bei der ollen Fähre‹ im Jahr 1240. Seit dem Bau des Rügendamms und der Einstellung des Fährverkehrs im Jahr 1936 rauscht der Verkehr an dem kleinen Ort vorbei. Geblieben ist der schöne Blick über den Strelasund hinüber nach Stralsund – besonders schön in den Abendstunden, wenn die Sonne die alten Speicher oder die Stralsunder Backsteinkirchen in mildes Licht taucht.

Altefähr ist ein beliebtes Naherholungsziel der Stralsunder. Die **Hafenpromenade** mit kleiner **Marina** lädt zum Bummeln ein, ein **Sandstrand** zum Baden. Oberhalb des Hafens lohnt die Besichtigung der aus dem 15. Jh. stammenden Kirche **St. Nikolai** mit einem Altar aus dem Jahre 1746.

Mein Tipp

Eine Welt für sich –
Die Insel auf Rügen ►K3

Inmitten weiter Felder im Nirgendwo zwischen Altefähr und Garz liegt ein Landgasthaus mit acht Zimmern unter tief gezogenem Reetdach. Es trägt den bezeichnenden Namen **Die Insel auf Rügen.** Möbel und Fußböden sind aus Naturholz, in der gemütlichen Gaststube gibt es eine kleine, aber feine Auswahl an regionalen Speisen (Götemitz 27, 4 km südöstl. von Rambin, Tel. 038306 61 10, www.die-insel-auf-ruegen.de, DZ 75 €, Atelier für max. 5 Pers. 130 €, Restaurant 18–21 Uhr). Gleich gegenüber kann man in der **Töpferei Peter Dolacinski** Rügener Fayencen in Blauweiß – Teekannen, Krüge, Eierbecher, Vasen und Windlichter – als Erinnerung für daheim erwerben (Tel. 038306 13 61, www.dolacinski.de, in der Regel tgl. 10–18 Uhr).

Aktiv & Kreativ

Wassersport – **Sail & Surf Rügen:** Am Fähranleger, Tel. 038306 235 53, www.segelschule-ruegen.de. Segel-, Surf- und Kiteschule. Verleih von Kajaks, Jollen und Katamaranen, Surfmaterial. Verkauf von Surfmaterial und Bootszubehör. Dazu gibt es ein nettes Café sowie Unterkunft im Jugendgästehaus Haus am Sund mit 50 Betten und zwei Ferienwohnungen. Die Surfkurse finden in Thiessow statt.

Abenteuerlich – **Waldseilpark:** Klingenberg 25, Tel. 038306 23 97 58, www.waldseilpark-ruegen.de, 3 Std. 19 €, Kinder ab 15 €, Familie 39–68 €. Hangeln und Klettern mit Blick auf den Sund.

Infos

Touristenbüro

Tourist-Information Altefähr: Fährberg 9, 18573 Altefähr, Tel. 038306 750 37, www.altefaehr.de

Verkehr
Bus: Die Linie Nr. 2 des Stralsunder Nahverkehrs fährt bis Altefähr, Info: www.stadtwerke-stralsund.de.
Bahn: Die Regionalbahn , die etwa stdl. von Stralsund über Bergen nach Sassnitz verkehrt, hält am Bahnhof etwas außerhalb des Dorfzentrums.
Fähre: Personenfähre von Stralsund nach Altefähr, 10–17 Uhr, Mai–Sept. tgl. 4 x, in der Hochsaison stdl., Info: www.weisse-flotte.de.

Garz ► K 3

Die älteste und kleinste Stadt der Insel war bis Mitte des 12. Jh. Sitz der Ranenfürsten, die über die Insel herrschten. In ihrer Tempelburg verehrten sie – mittelalterlichen Chronisten zufolge – die slawischen Gottheiten Porevit, Pernut (Porenut) und den siebenköpfigen Rugivit. Von der Burg blieb nur ein mächtiger Wall erhalten, der frei zugänglich ist und gut zu Fuß erkundet werden kann. Informationen über das imponierende Bodendenkmal findet man auch im gegenüber liegenden Ernst-Moritz-Arndt-Museum.

Ernst-Moritz-Arndt-Museum

An den Anlagen 1, Tel. 038304 122 12, www.stadt-garz-ruegen.de/ema-museum, Mai–Okt. Di–Sa 10–16, Nov.–April Mo–Fr 11–15 Uhr, 1,50 €
Das älteste kulturhistorische Museum der Insel erhielt bei seiner Einweihung den Namen des streitbaren politischen Schriftstellers, der 1769 im benachbarten Dorf Groß Schornitz geboren wurde. Ernst Moritz Arndt setzte sich für den Widerstand gegen Napoleon und die Einheit des zerstückelten Deutschlands ein. Durch seine Schriften über die Leibeigenschaft trug der Sohn eines ehemaligen Leibeigenen zur Abschaffung der Leibeigenschaft bei. Sein Werk, das antisemitische Äußerungen enthält, wurde auch von den Nationalsozialisten vereinnahmt. Die Ausstellung thematisiert die kritische Auseinandersetzung mit seinem Werk sowie regionalhistorische Themen.

Halbinsel Zudar ► K 3/4

Wer Ruhe und Entspannung abseits des touristischen Trubels sucht, ist auf der südlich von Garz gelegenen Halbinsel Zudar richtig. Den südlichsten Zipfel Rügens verbindet seit 1994 die Glewitzer Fähre mit dem Festland. In **Zudar,** dem größten und namensgebenden Ort der Halbinsel, steht die sehenswerte Laurentiuskirche aus dem 14. Jh. Die Halbinsel lockt ansonsten vor allem mit Natur, wie dem vogelreichen **Naturschutzgebiet Schoritzer Wiek,** und naturbelassenen **Badestränden.** Kinderfreundlich ist der flache Sandstrand in Zicker am kleinen Naturcampingplatz Pritzwald. Das Gelbe Ufer beeindruckt mit Steilküste, der Strand hier liegt allerdings nur vormittags in der Sonne. Am Palmer Ort, dem südlichsten Punkt Rügens, fällt der schmale Strand rasch ins Meer ab.

Einen Besuch wert ist auch das **Geburtshaus von Ernst Moritz Arndt** in **Groß Schornitz** im Norden der Halbinsel. Der restaurierte Gutshof ist Geschäftsstelle der Ernst-Moritz-Arndt-Gesellschaft. Während der Geschäftszeiten kann die jeweilige Ausstellung besichtigt werden (in der Regel Mo–Fr 10–16 Uhr).

Übernachten, Essen

Mit Boddenblick – **Port Puddemin:** Hafen 1, Puddemin, Tel. 038307 295 59 79, www.port-puddemin.de, FeWo 105–

Die Ruhe selbst – die Halbinsel Zudar

125 €. 2009 erbautes Apartmenthaus direkt an der Puddeminer Wiek am Eingang zur Halbinsel Zudar. Komfortable, hochwertige Ausstattung, Sauna, eigene Bootsliegeplätze, im Restaurant Luv gibts Kaffee und Kuchen und eine feine leichte Küche, (Pasta ab 7 €, Fisch und Fleisch ab 9 €).

Infos

Rügenfähre: Stahlbrode – Glewitz April–Okt. tgl. 6–20.10, Mai–Sept. bis 21.40 Uhr alle 20–30 Min., PKW mit Fahrer 4,80 €, Erwachsene 1,20 €.

Bergen ► K/L 2/3

Nicht zu vergleichen mit dem norwegischen Bergen, aber doch bemerkenswert gebirgig ist die charmante Kleinstadt im Herzen Rügens. Sie ist nicht nur der größte Ort, sondern auch das Verwaltungszentrum der Insel. Den gepflasterten Marktplatz säumen gediegene steinerne Häuser und die reich ausgestattete Marienkirche.

Im Norden der Stadt liegt der 90 m hohe **Rugard,** eine der höchsten Erhebungen Rügens. Auf dem Bergplateau befinden sich die Reste einer slawischen Höhenburg, die bis ins 14. Jh. Residenz der Ranenfürsten war. Die Aussicht kann man vom 1877 fertig gestellten **Ernst-Moritz-Arndt-Turm** genießen (Ostern-Okt. tgl. 10–18, sonst bis 16 Uhr).

Marienkirche

Kirchplatz, www.kirche-bergen.de, tagsüber frei zugänglich

Die Marienkirche aus der Zeit um 1180 ist das älteste auf Rügen erhaltene Gebäude. Ab 1193 diente sie als Kirche eines in der Reformation aufgelösten Klosters. In der äußeren Westwand ist ein slawischer Bildstein aus Granit eingemauert. Er zeigt die Konturen eines bärtigen Mannes mit Mantel, Mütze und vor der Brust gekreuzten Armen;

hierbei könnte es sich um den Slawengott Swantevit oder um den Fürsten Jaromar (gestorben 1217) handeln.

Stadtmuseum im Klosterhof
Billrothstr. 20 a Tel. 03838 25 22 26, Mai–Okt. Di–Sa 10–16.30 Uhr, im Winter eingeschränkt, 2 €
Die im ehemaligen Klosterhof untergebrachte Sammlung dokumentiert u. a. die Glaubenswelt der Slawen auf Rügen, die Klostergeschichte und die Schwedenzeit. Sonderausstellungen werden im zweiten Stock gezeigt.

Übernachten, Essen

Zentral – **Romantik Hotel Kaufmannshof Hermerschmidt:** Bahnhofstr. 6–8, Tel. 03838 804 50, www.kaufmannshof.com, DZ 90–130 €, Suiten 110–140 €. Aus einem Kolonialwarenladen hat sich im Verlauf der letzten 100 Jahre ein komfortables 4-Sterne-Hotel entwickelt. Anspruchsvolle regionale Gerichte werden im Restaurant **Kontor** serviert.
Zeit zum Genießen – **Gutshaus Kubbelkow**: Im Dorfe 8, Klein Kubbelkow, 4,5 km südwestl. von Bergen, Tel. 038 38 822 77 77, www.kubbelkow.de, Hauptgänge 20–25 €. Leckere, vielfach ausgezeichnete Küche auf einem ruhig inmitten eines Parks gelegenen alten Gutshof. Wer mag, kann hier auch stilvoll wohnen (DZ und Suiten 120–190 €). Zum Entspannen gibt es ein kleines, aber feines Gutsherrenbad.

Einkaufen

Viele schöne Dinge – **Schauwerkstatt im Klosterhof:** Billrothstr. 20a, Tel. 03838 82 83 56, www.ruegen-kerzen.de, Mo–Fr 10–18, Sa 10–16 Uhr. Gleich neben der Marienkirche arbeiten Kerzenmacher, Kunsttöpfer und Rakukeramiker.
RügenBio – **Butterblume:** Bahnhofstr. 56, Tel. 03838 82 87 57, Di/Mi, Fr 10–18, Do 10–20, Sa 10–13 Uhr. Auf Rügen erzeugte Bio-Produkte und Sanddornköstlichkeiten.

Aktiv & Kreativ

Im Sommer und im Winter – **Inselrodelbahn:** Rugardweg 7, Tel. 03838 82 82 82, www.inselrodelbahn-bergen.de, April–Okt 10–18, Juli/Aug. bis 19 Uhr, Nov.–März 13 Uhr bis Sonnenuntergang, Fahrt 2 €. 700 m-Rodelbahn mit sieben Steilkurven und Dreierwelle.
Spaß im Seilpark – **Kletterwald Rügen:** Rugardweg 9, Tel. 0176 62 21 21 70, www.kletterwald-ruegen.eu, Mai–Okt. 9–19.30 Uhr, 2 Std. 19 €, Kinder 10–15 €, Familie 30–48 €.
Abheben – **Ostsee-Flug-Rügen GmbH:** Flugplatz Rügen, 8 km südl. von Bergen, Tel. 038306 12 89, www.flugplatz-ruegen.de. Auf dem kleinen Flugplatz bei Güttin starten Inselrundflüge.

Abends & Nachts

Auch tagsüber – **Bibo ergo sum:** Markt 14, Tel. 03838 255 22 59, www.biboergosum.de, Tagesgerichte für unter 5 €. Die gemütliche Gaststätte mit Sitzgelegenheit auf dem Markt ist abends Kneipe, am Wochenende gibt es Livemusik oder DJs legen auf.
Cooler Treff – **Wapatiki Lounge**: Bahnhofstr. 11a, Tel. 03838 82 88 88, www.wapatiki.de, tgl. ab 18 Uhr. Eine interessante Mischung aus Café, Bar und Kneipe.
Filmtheater – **Kino Bergen:** Ringstr. 140, Tel. 03838 20 21 22, www.kino-bergen-ruegen.de, So 11 Uhr Familienkino. Volles Kinoprogramm in sechs Sä-

len, in der Nähe des Bahnhofs auf dem Gelände des Rügencenters.

Infos

Touristen-Information Bergen
Markt 23, 18528 Bergen auf Rügen, Tel. 03838 81 12 06, www.stadt-bergen-auf-ruegen.de.

Ralswiek ► K/L 2

Das kleine Dorf am Südufer des Jasmunder Bodden, 5 km nördlich von Bergen, ist berühmt für das im Sommer allabendlich stattfindende Störtebeker-Schauspiel (s. S. 30). Der berühmte Pirat soll in Ralswiek einen Schlupfwinkel unterhalten haben, die Geschichte des Ortes aber reicht nachweislich viel weiter zurück. Während langjähriger Grabungskampagnen wurde eine ausgedehnte slawisch-wikingische Handelssiedlung archäologisch untersucht. Oberirdisch ist die Siedlung nicht mehr sichtbar. Über dem Bodden thront das von 1893 bis 1896 nach dem Vorbild französischer Loire-Schlösser errichtete Schloss, in dem man fürstlich wohnen kann. Die weitläufige, das Anwesen umgebende Parkanlage ist frei zugänglich.

Übernachten, Essen

Alles vom Feinsten – **Schlosshotel Ralswiek:** Parkstr. 35, Tel. 03838 203 20, www.schlosshotel-ralswiek.de, DZ 110–180 €, Suiten 140–210 €. Schöne Lage über dem Jasmunder Bodden. 65 Zimmer und Suiten, ein luxuriöser Wellness- und Beautybereich sowie ein Restaurant mit Terrasse zum Park, in der Grafenschänke im Schlossgewölbe kann man den Tag ausklingen lassen.

Putbus ► L 3

Die jüngste Stadt auf Rügen ist zugleich das älteste vorpommersche Seebad. Planmäßig gegründet und angelegt wurde die Stadt in Weiß von Fürst Wilhelm Malte I. zu Putbus (1783–1854) zu Beginn des 19. Jh. Ihren Mittelpunkt bildet der **Circus,** ein kreisrunder, eleganter Platz, um den sich klassizistische Bauten gruppieren. An der Kastanienallee, die vom Circus direkt in den Schlosspark führt, steht die Marmorstatue des Residenzgründers.

Schlosspark
Der weitläufige Park wurde unter Wilhelm Malte I. nach englischem Vorbild angelegten. Viele der uralten, zum Teil seltenen Bäume, darunter mächtige Ginkos, kalifornische Mammutbäume und Steinfichten, stammen noch aus der Zeit des Fürsten. Sein Schloss sucht man vergebens, es wurde – obwohl nur leicht kriegsbeschädigt – 1962 abgerissen. Am idyllischen **Schwanenteich** findet man noch die Reste der Schlossterrasse. Erhalten blieben der **Marstall,** einer der stimmungsvollen Hauptspielorte der Putbus-Festspiele und die **Schlosskirche,** die ursprünglich als Kursalon mit Tanzsaal konzipiert war und erst später zur Kirche umfunktioniert wurde.

Rügener Puppen- und Spielzeugmuseum
Kastanienallee, Tel. 038301 609 59, tgl. 10–18 Uhr, 3,50 €
Das ehemalige **Affenhaus,** das 1846 auf Wunsch der Fürstin Luise zu Putbus erbaut wurde, beherbergt eine Sammlung von Puppen, Puppenstuben, Plüschtieren, Zinnsoldaten und Modelleisenbahnen aus lang vergangenen Zeiten. Entspannen kann man im **Café** mit Blick auf den Schwanenteich.

Orangerie Putbus

Alleestr. 35, Tel 038301 745, Mai–Okt.. tgl. 10–17, Nov.–April Di–Sa 10–17 Uhr, 2,50 €

Die um 1824 errichtete Orangerie diente der Überwinterung der im Sommer um das Schloss gruppierten Kübelpflanzen wie auch der Akklimatisierung fremdländischer, kälteempfindlicher Gehölze. Heute ist in dem aufwendig sanierten Bauwerk das **Kunst- und Kulturzentrum** der Stadt Putbus untergebracht. In verschiedenen Galerien, die mecklenburgische aber auch internationale Kunst zeigen, sowie den zwei Torhäusern, die als **Café** und **Keramikatelier** genutzt werden, sind Besucher willkommen.

Historisches Uhren- und Musikgerätemuseum

Alleestr. 13, Tel. 038301 609 88, www.uhrenmuseum-putbus.de, Mai–Okt. tgl. 10–18, Nov.–April tgl. 11–16 Uhr, 4 €

Eine bemerkenswerte Sammlung von über 1000 Uhren, darunter eine barocke Weltzeituhr, eine ganz aus Birnenholz gefertigte Uhr und der Zeitmesser eines Spions. Außerdem kann man mechanische Musikinstrumente bestaunen, etwa eine Jukebox aus dem Jahr 1880.

Lauterbach ► L3

Von Putbus führt eine Allee in den Ortsteil Lauterbach. In dem kleinen Hafenort am Greifswalder Bodden ließ Fürst Malte im Jahr 1818 das **Badehaus an der Goor** bauen, das mit 18 Säulen einem antiken Tempel gleicht. Zu den illustren Gästen gehörten Reichskanzler Fürst Otto von Bismarck und Alexander von Humboldt. Das prachtvolle

Dem Namen ist nicht zu trauen, der Rasende Roland ist mit Tempo 30 unterwegs

Anwesen wird inzwischen wieder als Hotel genutzt (s. S. 180). Das nach dem Vorbild von Doberan gegründete, fürstliche Seebad verlor rasch seine Anziehungskraft, da man hier nicht im offenen Meer baden konnte.

Heute ist Lauterbach aber wieder gefragt. In den letzten Jahren entstanden neue, schicke Hotel- und Apartmentanlagen mit interessanten Wassersportangeboten und Blick auf den Bodden. Am **Hafen** selbst liegt das altgediente **Räucherschiff Berta** vor Anker, bekannt für leckere Fischbrötchen. Abgelegene und darum angenehm ruhige Boddenstrände findet man in den benachbarten Dörfern **Neuendorf** und **Wreechen.**

Wanderung durch die Goor ▶ L3

Kostenlose Führungen des Amtes für das Biosphärenreservat Südost-Rügen Mai–Okt. Do 10.15 Uhr, Dauer 3,5 Std., Treffpunkt Fischladen am Hafen, Tel. 038303 88 50; dreistündige Wanderungen mit Steffi Eickert, 15 €, Anmeldung Tel. 0162 107 53 74, www.natur-beruehrt.de, Treffpunkt an der Infotafel vor dem Badehaus Goor; Begleitbroschüre 5 €

Das 1990 unter Naturschutz gestellte Waldgebiet bei Lauterbach gehört zum Biosphärenreservat Südost-Rügen und wird seit 2003 von der Michael-Succow-Stiftung nach und nach in einen naturbelassenen Zustand zurückgeführt. Auf Initiative der Landschaftsökologin Steffi Eickert wurde durch die Goor der 4,2 km lange **Pfad der Muße und Erkenntnis** angelegt. Er beginnt am Hotel Badehaus Goor und macht auf 19 Stationen auf imposante Bäume, Moore, Hügelgräber und Aussichtspunkte aufmerksam. Es gibt keine Informationstafeln entlang des Weges, nur Findlinge mit Nummern, die auf die Begleitbroschüre verweisen, die man im Hotel Badehaus Goor erhält.

Unterwegs mit Rad und Rasendem Roland ▶ L/M 3

Rügensche BäderBahn, Tel. 03838 81 35 94, www.ruegensche-baederbahn.de oder www.rasender-roland.de, Juni–Aug. 12 x tgl., Sept.–Mai 6 x tgl., Mitnahme von Fahrrädern möglich; Radstrecke ca. 18 km

Seit über 100 Jahren verbindet die Schmalspurbahn Putbus mit den Seebädern am Meer – Binz, Sellin, Baabe und Göhren. Auch unterhalb vom Jagdschloss Granitz dampft er vorbei. Der Name des nostalgischen Expresszugs stammt aus einer anderen Zeit, denn die Reisegeschwindigkeit liegt bei maximal 30 km/h. Etwa 75 Minuten dauert die Fahrt zwischen den Endhaltestellen Putbus bzw. im Sommer Lauterbach Mole und Göhren.

Ein günstiger Startpunkt für die kombinierte Rad-Bahn-Reise im Südosten Rügens ist **Lauterbach** – zumindest in der Saison. Vom Parkplatz am Ortseingang geht es mit dem Rad zum **Badehaus Goor,** dann durch den Wald und weiter entlang der Küste des Rügischen Bodden. Hinter **Groß Stresow,** einem Dorf mit rohrgedeckten Häusern, führt der Radweg ostwärts hinein ins Land und passiert die Dörfer **Klein Stresow** und **Preetz.** Entlang dem verschilften Südufer des **Neuensiener Sees** kommt man nach **Seedorf,** ein hübsches Straßendorf mit einem kleinen idyllischen Hafen, wo sich die Gelegenheit bietet, mit Blick aufs Wasser leckeren Fisch zu genießen. Weiter radelt man auf asphaltierter Piste nach **Moritzdorf.** Der Fährmann bringt Fußgänger und Radfahrer mit Muskelkraft

Mein Tipp

Nichts als Natur – Insel Vilm ► L 3
Südlich von Lauterbach, noch in Sichtweite der Küste, befindet sich eine kleine Insel, die im 19. Jh. ihrer landschaftlichen Urwüchsigkeit wegen als Geheimtipp unter Künstlern galt. Auf Vilm wurde Mitte des 16. Jh. zum letzten Mal Holz geschlagen, danach blieb der Wald weitgehend sich selbst überlassen. Bereits seit 1936 steht die Insel unter Naturschutz. Anfang der 1960er-Jahre ließ sich die SED-Prominenz auf der Insel nieder, das Volk hatte keinen Zutritt. Die rohrgedeckten, ehemaligen Gästehäuser der DDR-Regierung werden inzwischen von der Internationalen Naturschutzakademie genutzt. Zum Schutz der Natur ist Vilm auch heutzutage nur im Rahmen genehmigter Führungen zugänglich. In der Hochsaison sind die Touren mit MS Julchen ab Lauterbach mitunter lange vorher ausgebucht (Info und Anmeldung Fahrgastreederei Lenz, Tel. 038301 618 96, Bordtel. 0171 774 85 58, www.vilmexkursion.de oder in Jenny's Hafencafé in Lauterbach, Dauer 2,5–3 Std., 15 €).

über die 25 m breite **Baaber Beek** zum **Baaber Bollwerk**. Von dort folgt man der Bollwerkstraße durch Wiesen Richtung **Baabe** und zur Haltestelle des **Rasenden Roland.**

Übernachten

Komfortabel – **Ringhotel Wreecher Hof:** Kastanienallee, zwischen Putbus und Neukamp, Tel. 038301 850, www.wreecher-hof.de, DZ 71–209 €, Suiten 161–269 €. Ein 4-Sterne-Hotel mit sieben reetgedeckten Häusern in einer parkähnlichen Gartenanlage etwas außerhalb von Putbus. Entspannung garantieren Hallenbad und Sauna, Wellness- und Beautyangebot. Im eleganten Restaurant wird rustikale Feinschmeckerküche geboten.

Am Wald – **Hotel Badehaus Goor:** Fürst-Malte-Allee 1, Lauterbach, Tel. 03830 88 260, www.hotel-badehaus-goor.de, DZ und Suiten 138–182 €. Ein grandioses Hauptgebäude und vergleichsweise schlichte, neue Anbauten nach hinten raus. Mit Schwimmbad, Saunalandschaft und Fitnessbereich. Das Restaurant mit einem schönen Blick auf den Bodden ist auch für Außerhausgäste geöffnet. Nachmittags gibt es Kaffee und Kuchen, ab 18 Uhr feine, regionale Küche mit mediterranem Einschlag.

Auf dem Wasser – **im-jaich – wasserferienwelt:** Am Yachthafen, Lauterbach, Tel. 038301 80 90, www.im-jaich.de, FeWo 65–130 €, Ferienhäuser für 2–4 oder bis zu 6 Personen 135–159 €. Schwimmende Ferienapartments in traumhafter Lage. Die Häuser sind zweistöckig, modern und geschmackvoll eingerichtet, die Terrassen mit Teakmöbeln ausgestattet. Hauseigenes Restaurant Kormoran. Mit Sauna- und Wellnessbereich sowie großem Wassersportangebot.

Essen & Trinken

Für Jules-Verne-Fans – **Nautilus:** Dorfstr. 17, Putbus-Neukamp, ca. 2 km südl. am Bodden, Tel. 038301 830, www.ruegen-nautilus.de, tgl. ab 11.30 Uhr, Hauptgerichte 9–19 €. Die Räumlichkeiten sind dem U-Boot des Kapitän Nemo aus dem Roman »20 000 Meilen unter dem Meer« von Jules Verne nachempfunden. Die Speisekarte entführt auf kulinarische Fernreisen – nach China, Indonesien, Südamerika oder Australien. Auch stilgerecht eingerichtete Zimmer (DZ 87 €, Kapitänssuite ab 120 €).

Aktiv & Kreativ

Vielseitig – **Insel-Theater Putbus:** Markt 13, Putbus, Tel. 038301 80 80, Kartenservice Tel. 038301 808 30, www.theater-putbus.de. Im 1821 eröffneten Theater, ein prachtvoller klassizistischer Bau, werden klassisches Schauspiel, Ballett, Musiktheater und Konzerte gegeben.
Spaß für Kids – **Pirateninsel Rügen GmbH:** Lauterbacher Str. 10, zwischen Putbus und Lauterbach, Tel. 0383 01 89 83 66, www.pirateninsel-ruegen.de, Mo–Fr 13–19, Sa/So und Ferientage in MeckPomm 10–19 Uhr, Tageskarte 3,50 €, Kinder 6,10 €. Großer Indoorspielplatz.
Wassersport – **im jaich – wasserferienwelt:** s. o. unter Unterkunft. Segelkurse, Kuttersegeln, Segeltörns und Angeln.
Segeln und Wohnen – **Goor:** Chausseestr. 7c, Lauterbach, Tel. 038301 88 27 80, www.goor.de, Anf. April–Mitte Okt. Hotel, Segelschule und Yachtcharter, Kindersegeln (ab 6 Jahre), auch Segeltörns, Termine und Preise auf der Webseite.
Boddenkreuzfahrt – **Weiße Flotte:** Hafen Lauterbach, Info Tel. 03831 26 81 38, www.weiße-flotte.de oder ms-sundevit.de, Mitte Mai–Okt., bis zu 4 x tgl., 14 €, Kinder (4–14 Jahre) 8 €. Das Fahrgastschiff MS Sundevit schippert auf dem Weg von Lauterbach nach Baabe rund um die Insel Vilm. Tipp: Für den Rückweg von Baabe nach Lauterbach kann man (in der Saison) auch den Rasenden Roland nehmen (s. o.).

Infos

Stadt-Information Putbus
In der Orangerie, Alleenstr. 35, 18581 Putbus, Tel. 038301 431, www.putbus.de. Stadt- und Schlossgartenführungen, April–Okt. Di, Do, 11 Uhr, ab Orangerie.

Binz ► L 2/3

Das größte und traditionsreichste Ostseebad Rügens strahlt im Glanze prachtvoller Villen im Stil der Bäderarchitektur. An der Strandpromenade findet man hübsche ›hölzerne‹ Beispiele aus dem ausgehenden 19. Jh., darunter die Villa Agnes (Nr. 3), die ein Bäckermeister aus Thüringen seiner Frau als Sommerhaus schenkte und die Villa Undine (Nr. 30), eines der aus Fertigteilen erbauten, sogenannten Wolgasthäuser. (Beide Häuser bieten Ferienwohnungen.)

Ein steinerner Prachtbau ist das **Hotel Kurhaus Binz** an der Seebrücke. Das traditionsreiche 5-Sterne-Haus war in den goldenen 1920er-Jahren Treffpunkt des Adels, der Finanz- und Kulturwelt. Im **Café Glashaus** im Atrium des Hauses kann man leiser Pianomusik ein Stück Torte zu genießen, bevor man weiterbummelt. Richtung Norden zieht sich der breite steinfreie **Strand** bis Prora hin. In **Prora** hat man zwar die Ruinen des ›Kolosses‹ (s. u.) im Rücken, doch der Strand ist weniger bevölkert.

Seenotrettungsstation

Strandpromenade, Strandaufgang 6
Ein bemerkenswertes Bauwerk der Architektonischen Moderne ist die Seenotrettungsstation des in Binz geborenen Bauingenieurs Ulrich Müther (1934–2007). Der futuristisch anmutende Baukörper wurde 1968 errichtet und 2004 von Müther selbst saniert.

Müther war für seine Betonschalenbauten bekannt und lieferte u. a. den Entwurf für den Teepott in Warnemünde.

Schmachter See ► L3

Am westlichen Ortsrand von Binz
Als Außenprojekt der Internationalen Gartenausstellung in Rostock 2003 wurde die Promenade am nördlichen Ende des Sees zum **Park der Sinne** ausgebaut. Entspannung bieten Rad- und Wanderwege, terrassenförmig zum Wasser angelegte Ruhezonen, ein Aussichtsturm, eine Brunnenanlage mit Wasserspielen und Spielplätze.

Prora und die Schmale Heide ► L2

Zwischen Binz und Sassnitz erstreckt sich die Schmale Heide, eine bewaldete Hügelkette, die den Kleinen Jasmunder Bodden von der Ostsee trennt. Bis in die 1930er-Jahre war der Landstreifen als Naturschutzgebiet ausgewiesen. 1936 wurde auf Geheiß Hitlers ein gigantisches Bauprojekt in Angriff genommen: In dem geplanten KdF-Bad (KdF = Kraft durch Freude) sollten 20 000 Werktätige zur gleichen Zeit Urlaub machen können. Für den Entwurf erhielt der Chefarchitekt Clemens Klotz auf der Pariser Weltausstellung den Grand Prix. Der Grundstein des Bauwerks wurde 1936 gelegt. Innerhalb von drei Jahren entstanden acht sechsstöckige Bauten von je 500 m Länge, die Fertigstellung der Anlage wurde durch den Ausbruch des Zweiten Weltkriegs verhindert. Auf einer Länge von 4,5 km überschattet seither der unfertige, gleichwohl gigantische und unter Denkmalschutz stehende ›Koloss von Prora‹ den wunderbaren Strand. Teile des Kolosses dienten später als Kaserne für die Volksarmee der DDR. Nach der Wende beherbergte die trostlose, größtenteils leer stehende Anlage eine interessante Museumsmeile. Von den Museen wurden viele wegen unsicherer Besitz- und Zukunftsperspektiven wieder geschlossen. Seither wurde erneut investiert: Block 5 beherbergt eine Jugendherberge (Eröffnung 2011), in den Blöcken 1 und 2 ist eine Hotelanlage geplant (Eröffnung 2013).

Dokumentationszentrum ► L2

Block 3, Prora, www.dokumenations zentrum-prora.de, März–Mai, Sept./Okt. tgl 10–18, Juni–Aug. tgl 9.30–19, Nov.–Feb. tgl. 11–16 Uhr, 5 €, Führungen tgl. 11.45, 14.30 Uhr, plus 2 €
Das 2001 von der Stiftung Neue Kultur gegründete Dokumentationszentrum ist sehenswert. Seit 1992 hat sich die Stiftung mit dem ehemaligen ›KdF-Seebad der Zwanzigtausend‹ befasst. Die beeindruckende Ausstellung MACHTUrlaub thematisiert die Geschichte der Anlage, verschiedene Wander- und Sonderausstellungen beschäftigen sich u. a. mit der Sozialpolitik der NS-Diktatur.

Feuersteinfelder Mukran ► L2

Im Nordteil der Schmalen Heide, frei zugänglich.
Die 40 ha umfassenden Feuersteinfelder entstanden vermutlich, in dem das Meer die Steine aus der Kreideküste herauswusch und diese bei Sturmhochwasser wallartig an der Küste ablagerte. Im ersten Moment ist ein Nicht-Geologe eher enttäuscht: nichts weiter als Geröll- und Kieselflächen zwischen Heidekraut und Heckenrosen. Man muss schon viele Steine umdrehen, bevor man einen der begehrten Hühnergötter findet, wahrschein-

Blickfang im Schloss Granitz – die kunstvolle Wendeltreppe zur Aussichtsterrasse

lich suchen an diesem Ort einfach zu viele.

Granitz ► L3

Zwischen den Seebädern Binz und Sellin erstreckt sich die Granitz, ein bewaldeter Höhenrücken, der im Norden und Osten durch eine Steilküste zur Ostsee begrenzt wird. Das ehemalige Jagdgebiet der Putbuser Fürsten gehört zum Biosphärenreservat Südost-Rügen. Viele Rad- und Wanderwege führen durch das 982 ha große, an Buchen und Traubeneichen reiche Waldgebiet. Fast wie im Mittelgebirge geht es auf und ab. Weithin sichtbar ragt aus dem Wald das Jagdschloss Granitz empor.

Jagdschloss Granitz ► L3

www.jagdschloss-granitz.de, Mai–Sept.tgl. 9–18, Okt.–April Di–So 10–16 Uhr, 3 €, Touristenbähnchen Jagdschlossexpress ab Seebrücke Binz mind. 4 x tgl., in der Saison öfter, ab gebührenpflichtigem Parkplatz Süllitz alle 15 Min. Pendelverkehr zum Jagdschloss

Oben auf dem Tempelberg liegt das Jagdschloss, das Fürst Wilhelm Malte I. zu Putbus zwischen 1837 und 1846 errichten ließ. Eine gusseiserne Wendeltreppe mit filigran durchbrochenen Stufen führt durch den 38 m hohen, von Karl Friedrich Schinkel entworfenen Mittelturm auf die **Aussichtsterrasse.** Der Blick über Rügen ist grandios. Im Gewölbe des Schlosses empfängt das **Wirtshaus Alte Brennerei** (s. u.) durstige und hungrige Besucher.

Granitzhaus ► L3

Auf dem Tembelberg, unterhalb des Jagdschlosses, Tel. 038303 88 50, www.biosphaerenreservat-suedost ruegen.de, Mai–Sept. tgl 10–18, Vor- und Nachsaison tgl. 10–16 Uhr, Eintritt frei

Im ehemaligen Forst- und Gasthaus der Fürsten zu Putbus befindet sich eine Ausstellung zum UNESCO-Biosphärenreservat Südost-Rügen. Sie vermittelt Wissenswertes über das Schutzgebiet und die Geschichte des Hauses. Kinderspielplatz sowie Imbiss mit Biergarten in unmittelbarer Nähe.

Großsteingräber von Lancken Granitz ► L 3

3 km westlich von Sellin

»Die ältesten Annalen wissen nicht von ihnen noch von den Namen derer, die darunter liegen…«, heißt es in einem Reisebericht zu Beginn des 19. Jh über die geheimnisvollen Steinstätten. Von den über 200 Großsteingräbern, die Mitte des 19. Jh. auf Rügen registriert wurden, existiert nur noch ein Viertel. Straßen- und Hausbau sowie dreiste Grabräubereien dezimierten die historischen Schätze. Das größte erhaltene Gräberfeld auf Rügen befindet sich in der Feldmark von Lancken. Die Großsteingräber sind ungefähr 5000 Jahre alt.

Man unterscheidet zwischen Dolmen – einfachen, aus einem Deckstein und vier liegenden Blöcken bestehenden Anlagen – und Ganggräbern, die mit einem Zugang versehen sind. Seit alters her wurden die Dolmen auch Hünengräber genannt – dachte man wohl, es könnten nur Riesen in so großen Steinkammern beigesetzt worden sein. Auch traute man die Errichtung dieser gewaltigen Anlagen nur kraftstrotzenden Großmenschen zu. Bis heute geben die Megalithgräber den Forschern Rätsel auf. Noch immer ist nicht geklärt, wie Menschen – lange vor der Kenntnis des Rades – die großen Findlinge transportiert und die bis zu 50 t schweren Decksteine auf die Wände der Grabkammern gewuchtet haben. Vermutlich rollte man die Findlinge über gefällte Baumstämme und schob sie dann mithilfe von Hebebäumen über Rampen unendlich mühsam an ihren Platz.

Bei den meisten Anlagen handelt es sich um Kollektivgräber: Die gemeinsame Bestattung mehrerer Generationen eines Sippenverbandes war in der Zeit vom 4. bis 2. Jt. v. Chr. in ganz Nord- und Osteuropa, in Nordafrika und in Arabien üblich. War ein Ort über einen längeren Zeitraum besiedelt, entstanden ganze Gräberfelder.

Übernachten

Gesunder Superluxus – **artepuri hotel meerSinn:** Schillerstr. 8, Tel. 038393 66 30, www.meersinn.de, DZ ab 250 €. Modernes Designhotel, das sich ganz der Gesundheit verschrieben hat. 61 Zimmer und Suiten, helle Farben, edle Materialien, sehr klar, fast nüchtern. Verwendet werden ausschließlich Bio-Produkte. Ärzte und Therapeuten arbeiten im Gesundheitszentrum. Das Motto im Bio-Restaurant lautet: »Durch die Küche statt durch die Apotheke zu besserer Gesundheit«.

Edles Ambiente – **Hotel Kurhaus Binz:** Strandpromenade 27, Tel. 038393 66 50, www.tc-hotels.de, DZ ab 164 €. Angenehmer Luxus im Herzen von Binz an der Seebrücke, am schönsten sind die Zimmer mit Balkon oder Terrasse. Großzügiger Wellnessbereich, auch für das kulinarische Wohl ist gesorgt.

Der Name passt – **Haus am See:** Seestr. 5, Tel. 038393 42 00, www.binz-hausamsee.de, DZ 98 €, FeWo ab 118 €. Gepflegtes Haus am Schmachter See, Café-Restaurant mit Sonnenterrasse auch für Außerhaus-Gäste.

Direkt am Meer – **Jugendherberge Binz:** Strandpromenade 35, Tel. 03839 325 97, www.jh-binz.de, Übernachtung 22,90–33 €. Haus in bester Lage, Frühstück mit Blick auf die Ostsee.

Essen & Trinken

Der erste Michelinstern für Rügen – **Nixe:** Strandpromenade 10, Tel. 038393 66 62 00, www.nixe.de, tgl. 11.30–24 Uhr, Küche von 12–14, 18.30–23 Uhr, Hauptgang 26 €. In einer stilvoll restaurierten Bäderstilvilla werden feine Speisen mit innovativen Zutaten wie Asche, Stockfischmilch und Honigshampoo serviert.

Etwas Besonderes – **Strandhalle:** Strandpromenade 5, Tel. 038393 315 64, www.strandhalle-binz.de, tgl. 12–23 Uhr, ab 11 €. Behagliches Ambiente unter hoher Balkendecke in der über 100 Jahre alten Strandhalle, man wirbt mit »fein-bürgerlicher Küche, groß-bürgerlichen Portionen und klein-bürgerlichen Preisen«.

Frisch aus dem Rauch – **Fischräucherei Kruse:** Strandpromenade 3, Tel. 038393 29 70. Direkt am Strand liegt die kleine, traditionsreiche Fischräucherei, es gibt ein paar Tische im Verkaufsraum, bei gutem Wetter kann man auf der Terrasse sitzen.

Zünftige Gaumenfreuden – **Wirtshaus Alte Brennerei:** Im Jagdschloss Granitz, Tel. 038393 328 72, www.alte-brennerei.com, Mai–Sept. tgl. 10–19, Okt.–Ostern Di–So 11–17 Uhr, ab 9 €. Traditionelle und regionale Speisen im altertümlichen Schlossgewölbe oder im Sommer auf der Sonnenterrasse im Schlosshof.

Einkaufen

Die mehrere Kilometer lange Promenade ist im Sommer Treffpunkt von Künstlern und Kunsthandwerkern, Porträtmalern und Bernsteinschleifern. Hier findet jeder etwas, was ihn interessiert.

Einen Abstecher wert – **Confiserie Schokolat:** Binzer Str. 50, Zirkow, einige Kilometer westl. von Binz (Abzweig von der B196), Tel. 038393 66 59 19, www.schokolat.de, Mi–Sa 11–17 Uhr. Die erste Rügener Schokoladenmanufaktur verlockt mit leckeren Trüffelpralinen. Wer mag, kann hier auch ganz gemütlich aus Sammeltassen Kaffee trinken und Kuchen essen.

Aktiv & Kreativ

Klettervergnügen – **Seilgarten Prora:** Objektstr., Block 3, Binz-Prora, Tel. 03831 356 94 73, www.seilgarten-prora.de, Juli/Aug. tgl.10–19 Uhr, Juni, Sept. Di–So 10–18, April/Mai, Okt. Di–So 10–17 Uhr, 2 Std. 19 €, Kinder 13–15 €, Schnupperklettern ab 5 Jahre 10 €.

Abends & Nachts

Tanzen – **Club Löwe:** Hauptstr. 22, Tel. 038393 390, www.club-loewe.de, Mai–Sept. Fr/Sa ab 22 Uhr. Beliebte Clubdisco mit Bar im Untergeschoss des Hotel Loev.

Disco Miami – **M3:** Objektstr. 51, Binz-Prora, Tel. 038393 326 45, www.m3-disco.de, Sa ab 22 Uhr, in der Saison auch Mi. Rügens größte Diskothek sorgt für brandneuen Sound und Party auf mehreren Ebenen.

Infos & Termine

Touristen-Information

Kurverwaltung Binz: Heinrich-Heine-Str. 7, 18609 Ostseebad Binz, Tel. 0383 93 14 81 48, www.ostseebad-binz.de. Im Haus des Gastes, das 1897 als Warmbad erbaut wurde, befindet sich auch die Bibliothek mit Leseecke und Internetzugang.

Fremdenverkehrsverein: Paulstr. 2, 18609 Ostseebad Binz, Tel. 038393 66

57 40, wwww.gastgeber-binz.de. Zimmervermittlung.

Termine

In Binz wird gern und viel gefeiert. Vom **Anbaden** der ansässigen Hoteliers am 1. Mai, über das **Seebrückenfest** Mitte Juni, das Sommerfest Ende Juli und das **Herbstfest** im Oktober ist alles dabei.

Rügenclassics: Mai oder Juni, www.ruegenclassics.de. Jährlich an Himmelfahrt beginnt Deutschlands schönste Inselrallye. Etwa 50 Oldtimer starten in Binz, Sassnitz und Bergen zu einer viertägigen Rundfahrt.

Blue Wave Festival: Juni, in Binz, Sellin, Göhren und Kap Arkona (www.bluewave.de, s. S. 29).

Verkehr

Schiff: Reederei Ostsee-Tour, Tel. 038392 31 50, www.reederei-ostseetour.de. In der Saison mehrmals tgl. Schiffsverbindung zu Rügens Ostseebädern und den Kreidefelsen.

Rügensche BäderBahn: Mit dem Rasenden Roland zum Jagdschloss Granitz und weiter nach Göhren oder in westlicher Richtung nach Putbus/Lauterbach (s. S. 179).

Sellin ► L/M 3

Hoch über dem Strand thront das charmante Ostseebad Sellin. Prachtvolle weiß getünchte Villen, Hotels und Pensionen säumen die unter Denkmalschutz stehende **Wilhelmstraße,** die auf die Küste zuführt. Wie ein Märchenschloss tauchen weit unten am Hauptstrand die zierlichen Bauten der **Seebrücke** auf. Die ursprünglich 1906 fertig gestellte Flaniermeile im Meer, die im Verlauf ihrer Geschichte immer wieder durch Eisgang beschädigt worden war, wurde 1993 nach historischen Vorbildern wieder hergestellt. Zu beiden Seiten erstreckt sich der 30 m breite, weißsandige **Hauptstrand.** Die bewaldeten Hügel der Granitz schützen ihn vor Wind, haben aber auch ihre Schattenseiten – am Nachmittag verschwindet die Sonne relativ früh hinter der Steilküste. Länger von der Sonne verwöhnt ist der Selliner Südstrand.

Tauchgondel

Seebrücke, Tel. 038303 927 77, www.sellin.tauchgondel.de, Juni–Aug. tgl. 10–21, Mai, Sept./Okt. tgl. 10–18, Nov.–April Mi–So 11–16 Uhr, Dauer 30–40 Min. 8 €, Familien 18–22 €

Seit 2008 kann man auch in Sellin in die Tiefe tauchen. Während draußen Dorsche und Heringe vorbeiziehen, informieren verschiedene 3D-Filme u. a. über die Ostsee und die Bedeutung der Korallenriffe.

Übernachten, Essen

An hochpreisigen Unterkünften in erstklassiger Lage besteht kein Mangel in Sellin. Zu den ersten Adressen gehören das **Hotel Kurhaus Sellin** (www.tc-hotels.de), das **Cliff-Hotel** (www.cliff-hotel.de), das **Hotel Bernstein** (www.hotel-bernstein.de) und das **Hotel Park Ambiance** (www.hotel-ambiance.de), alle mit großzügigen Wellnesslandschaften und exquisiten Restaurants. Beliebt für Familien mit Kindern sind die Ferienwohnungen des **Seeparks Sellins** (www.seepark-sellin.de). Daneben gibt es aber auch kleine, familiäre Unterkunftsmöglichkeiten.

Familiär und freundlich – **Hotel Villa Subklew:** Warmbadstr. 1, Tel. 038303 12 69 90, www.villa-subklew.de, DZ ab 110 € Strandnahe, komfortable Zimmer in einer Jugendstilvilla, das gemütliche **Restaurant Fischerstube** ist mit dem Logo Regionale Esskultur ausgezeichnet.

Russisch – **Pension Tatjana:** Wilhelmstr. 28, Tel. 038303 14 50, www.pension-tatjana.de, DZ 66–78 €. Die Zimmer sind einfach, aber jedes anders und individuell gestaltet mit viel Kunst und einigem Nippes. Unten im **Restaurant Tschai Kowski** werden russische Spezialitäten angeboten.

Einkaufen

Kunst – **Galerie Hartwich Rügen:** Schulstr. 5, Tel. 038303 867 25, www.galerie-hartwich.de. In der Alten Feuerwehr wird zeitgenössische Malerei aus dem Ostseeraum gezeigt.

Laden und Museum – **Bernsteinmuseum Sellin:** Granitzer Str. 43/Ecke Wilhelmstr., Tel. 038303 872 79, www.bernsteinmuseum-sellin.de, Mo–Fr 10–12, 14–17, Sa 10–12 Uhr. Goldschmiedeladen mit Werkstatt, die Ausstellung im Hinterhaus zeigt Bernstein aus aller Welt.

Aktiv & Kreativ

Ganzjähriger Badespaß – **Inselparadies:** Badstr. 1, Tel. 038303 12 30, www.inselparadies.de, tgl. 10–22 Uhr, ab 7,50 €. Nervenkitzel bietet in dem Erlebnisbad die 106 m lange Rutsche Black-Hole.

Waldspaziergang – **Wanderung in die Granitz:** Mai–Okt. Di 10.15 Uhr, Dauer etwa 3,5 Std., Treffpunkt Kurverwaltung Sellin. Führung durch einen Mitarbeiter des Amtes für das Biosphärenreservat Südost-Rügen.

Infos & Termine

Touristen-Information

Kurverwaltung Sellin: Warmbadstr. 4,

Seebrücke Sellin – ein Märchen aus einer anderen Epoche

18586 Ostseebad Sellin, Tel. 038303 160, www.ostseebad-sellin.de.
Touristen-Information Sellin: Wilhelmstr. 40, 18586 Ostseebad Sellin, Tel. 038303 870 06.

Termine

Seebrückenfest: 4. Wochenende Juli. am Hauptstrand. Ein DJ sorgt für Partystimmung.

Verkehr

Innerorts: Hinunter zum Hauptstrand verkehrt von 8 bis 22 Uhr ein gläserner **Fahrstuhl** (gratis). Haupt- und Südstrand verbindet im Sommer die **Bäderbahn** (für Kurkarteninhaber kostenlos). Ein **Ortsbus** fährt etwa 7 x tgl. von der Seebrücke nach Neuensien, Seedorf, Altensien und Moritzdorf.
Rügensche BäderBahn: Haltestellen des Rasenden Rolands am südlichen und westlichen Stadtrand, Info s. S. 179.

Baabe ▶ L/M 3

Von Sellin führt die Promenade in das benachbarte Ostseebad, das für sich mit dem Slogan ›Familienbad unter Kiefern‹ wirbt. Bis zum Anschluss an die Bahntrasse des Rasenden Roland Ende des 19. Jh. war Baabe ein abgelegenes Fischerdorf. Es gab und gibt weder eine Seebrücke noch historische Bäderarchitektur.

Baaber Bollwerk ▶ L 3

An der Baaber Beek am südwestlichen Ortsrand liegt das Bollwerk mit einer Anlegestelle für Ausflugsboote. Der Name leitet sich von Bohlwerk ab, eine der Uferbefestigung dienende Stützwand aus Bohlen und Pfählen. An der Bollwerkstraße bilden einige Kutter ein kleines **Küstenfischereimuseum** (Tel. 038303 14 20, wwww.moenchguter-museen-ruegen.de, im Sommerhalbjahr tgl. 9–20, sonst Mo–Fr 10–16 Uhr, Eintritt frei). Im **Restaurant Zum Fischer** (Bollwerkstr. 4) kommt der Fisch direkt vom Fischkutter und wird schmackhaft zubereitet.

Moritzdorf ▶ L 3

Auf der anderen Seite der Baaber Beek, der schmalen Wasserstraße zwischen Having und Selliner See, lockt das auf einem Hügel gelegene Ausflugslokal **Moritzburg** mit einem grandiosen Ausblick in die Landschaft. Vom Baaber Bollwerk rudert ein Fährmann nach Moritzdorf hinüber, er nimmt auch Fahrräder mit an Bord. Von Moritzdorf führt ein schöner Wanderweg nach **Seedorf**.

Übernachten, Essen

Exklusiv – **Solthus am See:** Bollwerkstr. 1, Tel. 038303 87 16 0, www.solthus.de, DZ ab 156 €. In der Baaber Heide gelegenes, neu erbautes Hotel mit Rohrdach. Die 39 Zimmer und Suiten haben alle Balkon oder Terrasse. Großzügiger Wellnessbereich und ein außergewöhnlich gestaltetes Restaurant (Hauptgerichte ab 17,50 €).
Strandnah – **Casa Atlantis:** Strandstr. 5, Tel. 03803 955 65, www.casa-atlantis.de, DZ ab 79 €. Einfache Zimmer im Obergeschoss, im Untergeschoss Café mit spanischem Flair, auf der Speisekarte stehen Steaks, Pasta, Salate und Tapas. 100 m vom Hotel entfernt liegen Fincas im mediterranen Stil (ab 99 €).

Aktiv & Kreativ

Nostalgische Boddenfahrt – **Ausflugsschiff MS Lamara:** Tel. 038303 90 99 51, www.ms-lamara.de. Ab Baabe Bollwerk rund um die Insel Vilm, Mai–Sept. tgl. 11 und 14 Uhr, in der Hauptsaison öfter, 12 €.

Profis auf dem Wasser – **Kiteschule Baabe:** Strandstr. 5, Tel. 038303 955 65, Mobil 0173 218 61 11, www.kitesurfen-ruegen.de. Kurse für Anfänger, Fortgeschrittene und zum Schnuppern.

Infos

Kurverwaltung

Im Haus des Gastes, Am Kurpark 9, 18586 Baabe, Tel. 038303 14 20, www.baabe.de. Mai–Okt. zusätzlich Infopavillon in der Strandstraße.

Verkehr

Baaber Bäderbahn: *Uns Lütt Bahn* pendelt von Ostern–Ende Okt. 9 x tgl. zwischen Strandpromenade und Bollwerk, für Gäste mit Kurkarte kostenlos.

Ruderfähre: Zwischen Baabe-Bollwerk und Moritzdorf, in der Saison tgl. 9–21 Uhr, 0,50 €/Person, 1 €/Fahrrad.

Mönchgut ► L/M 3

Den südöstlichen Zipfel Rügens nimmt das Mönchgut ein. Mit seinen Hügeln, schilfumkränzten Buchten und Boddenstränden ist es für viele die schönste Landschaft Rügens. Ein großer Teil der Halbinsel gehörte bis zur Reformation dem Kloster Eldena bei Greifswald. Daher stammt auch ihr Name: Gut der Mönche. Im Mönchgut liegen die Seebäder Göhren und Thiessow.

Göhren ► M 3

Das von Wald umgebene Seebad ist der touristische Hauptort des Mönchguts. Erbaut am **Nordperd,** einer bewaldeten, bis zu 69 m hohen, weit ins Meer hineinragenden Landzunge, verfügt er über zwei Strände. Der Göhrener **Nordstrand** bietet etwa 35 m breiten feinen Sandstrand.

Ein schmaler Weg führt durch den weitläufigen **Kurpark** mit einem Kurpavillon aus dem Jahr 1924 hinab zur **Strandpromenade** und der **Seebrücke.** Von hier kann man bis ins benachbarte Seebad Baabe laufen. Der von Fischern zum Anlanden ihrer Boote genutzte Göhrener **Südstrand** ist schmaler und teilweise steinig, dafür nicht so überlaufen.

Zwischen den beiden Stränden erstreckt sich der Kurort mit einigen schönen Exemplaren weißer Bäderarchitektur. Das alte **Dorfzentrum,** das bis zur Gründung des Seebades von Fischern und Lotsen bewohnt war, prägen rohrgedeckte Fachwerkhäuser. Drei von ihnen sind Teil der vielfältigen Mönchguter Museenlandschaft.

Mönchguter Museen

Tel. 038308 21 75, www.moench guter-museen-ruegen.de, Mitte April–Mitte Okt. tgl. 10–17, Juli/Aug. tgl. 10–18, im Winter tgl. 10–16 Uhr, pro Museum 3 € bzw. 2,50 mit Kurkarte, alle Museen zusammen 8 € bzw. 6 €

Das in einem Bauern-, Fischer- und Lotsenhaus aus der ersten Hälfte des 19. Jh. untergebrachte **Heimatmuseum** behandelt das Leben auf Mönchgut von den ur- und frühgeschichtlichen Anfängen bis zur Entwicklung des Seebads (Strandstr. 1/Ecke Thiessower Str., Tel. 038308 256 27). Schwerpunkt der Ausstellung im **Museumshof,** einer denkmalgeschützten Hofanlage, ist das Leben der Bauern und Handwerker im 18./19. Jh. (Strandstr. 4). Das um 1720 erbaute **Rookhus** (Rauchhaus) ist ein typisches schornsteinloses Fischer- und Bauernhaus des Bautyps Zucker-

Mein Tipp

Abenteuer Naturschutz – Discover Rügen

Das Strandleben wird auf Dauer langweilig. Und so entwickelte Discover Rügen in Zusammenarbeit mit dem Amt für das Biosphärenreservat Südost-Rügen und dem NABU ein einzigartiges Ausflugsprogramm. Feriengäste, gerne auch Familien mit Kindern, unternehmen spannende Expeditionen in der Natur, beispielsweise Robben-Beobachtungen (Discover Rügen, Strandstr. 12, Göhren, neben dem Kurzentrum), Tel. 038308 66 60, www.urlaubsranger.de).

hut. Die Einrichtung dokumentiert die Arbeits- und Wohnverhältnisse der ärmeren Bevölkerung (Thiessower Str.). Das **Museumsschiff Luise** zeigt die Arbeits- und Lebensbedingungen der Küstenschiffer (Am Südstrand 1a).

Übernachten

Ruhige Lage am Wald – **Hotel Stranddistel:** Katharinenstr. 9, Tel. 038308 54 50, www.ruegen-hotel-stranddistel.de, DZ ab 98, Suiten ab 150–190 €. 20 Zimmer und zehn Suiten in einer rekonstruierten Bädervilla, die drei Minuten Fußweg vom Strand entfernt liegt. Ein angenehmes, persönlich geführtes Haus mit Wintergarten, Kamin, Bibliothek, Bar und kleinem Wellnessbereich mit Sauna.

Persönlich – **Villa Erika:** Waldstr. 8, Tel. 038308 22 01, www.villa-erika-goehren.de, DZ 55–75 €. Sieben schlichte, aber hübsche Zimmer in einem unter Denkmalschutz stehenden Fertighaus aus dem 19. Jh. Im Erdgeschoss stehen allen Gästen ein großer Aufenthaltsraum, eine sonnige Veranda und eine Gemeinschaftsküche zur Verfügung.

Dem Meer ganz nah – **Strandhaus:** Nordstrand 1, Tel. 038308 250 97, www.strandhaus1.de, DZ 65–95 €. 13 einfache Zimmer – zur Waldseite preiswerter als zur Seeseite – sowie eine Kneipe. Es gibt Zimmer mit zwei, drei und vier Betten, Aufbettung in jedem der Zimmer möglich (30 €).

Essen & Trinken

Gourmet – **Meeresblick:** Friedrichstr. 2, im gleichnamigen Hotel, Tel. 038308 56 50, www.meeresblick-goehren.de, Hauptgerichte um 27 €, mittags günstige Bistroküche ab 11 €. Erstklassige, hoch gelobte Küche. Der Fisch wird von Mönchguter Fischern frisch aus dem Netz geholt, das Fleisch von einheimischen Bio-Bauern geliefert, dazu selbst gesammelte Blüten und Kräuter.

Köstlicher Fisch – **Fischklause:** Strandstr. 14, Tel. 038308 256 21, www.haus-karlsruhe.de, Ostern–Okt. tgl. 17–22 Uhr, 10–20 €. Ein bisschen versteckt im Hinterhof, gemütlich und klein mit nur vier, fünf Tischen.

Einkaufen

Kräuter-Manufaktur – **Sonnenladen in der Villa mit Sonnenhof:** Friedrichstr. 8, Tel. 038308 340 94, www.villa-mit-sonnenhof.de, Mo–Sa 10–18 Uhr. Feine Kräutersalze, Fruchtaufstriche und Blütenmischungen.

Frisch aus dem Rauch – **Die Räucherei:** Bahnhofstr. 1, www.die-raeucherei-goehren.de. Minikneipe mit viel maritimem Nippes, auch Fisch und Fischbrötchen zum Mitnehmen.

Aktiv & Kreativ

Kräutermenüs – **In der Villa mit Sonnenhof:** Friedrichstr. 8, Tel. 038308 340 94, www.villa-mit-sonnenhof.de. Fein eingedeckt wird für das abendliche Kräutermenü am Wochenende, an dem maximal zehn Gäste teilnehmen können (90 €/Pers., Anmeldung erforderlich). Wer in die Geheimnisse des Kochens mit Kräutern und regionalen Produkten einsteigen möchte, kann bei Peter Knobloch einen ein- oder zweitägigen Kochkurs belegen (150 € und 250 €, Getränke werden separat berechnet).

Abends & Nachts

Take it easy – **Globetrotter Cocktailbar:** Katharinenstr. 5, Tel. 038308 254 14, www.globetrotterbar.de, in der Saison Di–So 11–1, sonst Fr/Sa 11–1 Uhr. Ausgezeichnete Getränke und dazu das Flair der Karibik, Mexikos, Afrikas oder Kanadas.

Infos

Kurverwaltung Göhren

Poststr. 9, 18586 Göhren, Tel. 038308 667 90, www.goehren-ruegen.de. Im Haus des Gastes gibt es eine Bibliothek mit Leseraum und eine Kinderspielecke.

Verkehr

Göhrener Bäderbahn: In der Saison stdl. 9–7 Uhr vom Kleinbahnhof an der Seebrücke zum Südstrand.

Schiffsverbindungen: Die **Reederei Ostsee-Tour** verbindet Göhren, Binz, Sellin mit dem Stadthafen Sassnitz (Tel. 038392 31 50 www.reederei-ostsee-tour.de). Die **Adlerschiffe** fahren im Sommer nach Sellin und Binz und von dort weiter zu den Kreidefelsen. Tickets bei der Kurverwaltung oder an Bord (www.adler-schiffe.de).

Middelhagen und Reddevitzer Höft ► L/M 3

Ein richtiges Dorf! Das überrascht fast nach dem Besuch der noblen Ostseebäder. An der Kreuzung, wo die Straßen zum Südperd und auf die Halbinsel Reddevitz abzweigen, liegt der historische Ortskern von **Middelhagen,** der eine kleine Entdeckungstour lohnt. Hier findet man einen traditionsreichen Gasthof, eine alte Schule und die trutzige Kirche St. Katharina aus dem 15. Jh.

Mein Tipp

Apfel-Oase mit Schlossblick – Naturparadies Teutenberg ► L 3
30 000 m^2 Ruhe und Natur. Seit über 100 Jahren gedeihen im Naturparadies Teutenberg Äpfel und Birnen, seit 2004 ist das Anwesen als ökologischer Obstbaubetrieb zertifiziert. Im Hofladen gibt es Äpfel, Apfelsaft, verschiedene Obstweine und Apfelweinbrand. Von der Terrasse schweift der Blick über den Bodden zum Granitzer Jagdschloss. Es gibt einfache Zimmer mit Gemeinschaftsküche für die Selbstverpflegung (DZ 66–68 €) und einen kleinen Privatstrand. Übrigens: gegen Kost und Logis kann man hier mitarbeiten, Helfer sind nicht nur zur Apfelernte immer willkommen (Alt Reddevitz 35, Middelhagen, Tel. 038308 24 19, www.natur-paradies.de, Ostern bis Okt. tgl. 8–20 Uhr).

Lieblingsort

Eine verborgene Quelle – Zickersche Berge ► L 3

Zauberhaft sind die Zickerschen Berge, eine bemerkenswert hügelige Halbinsel im Biosphärenreservat Südost-Rügen. Gräser, Sträucher und Blumen bestimmen die Landschaft, Trockenrasen heißt die kräuter- und blumenreiche Vegetationsform etwas nüchtern, Schafe halten ihn kurz, nur Wanderer sind hier erwünscht. Groß Zicker ist ein günstiger Ausgangspunkt für eine Wanderung, schmale Pfade führen gen Westen zum Boddenstrand, über eine Treppe geht es hinab zum Nonnenloch. Hier sollen sich die Bergener Nonnen mit den Mönchen des Klosters Eldena heimlich zum Tête-a-Tête getroffen haben. Am Strand liegen zwei riesige Findlinge, aus dem Steilufer daneben fließt klares Quellwasser, ein winziges Rinnsal, das nur findet, wer davon weiß.

Die Gegend zwischen Middelhagen und Alt Reddevitz ist ein ruhiger, zauberhafter Landstrich. Vom alten Fischerdorf **Alt Reddevitz** führt eine sehr schöne und aussichtsreiche Rad-Wanderung über Rügens längste Landzunge, das **Reddevitzer Höft,** deren Spitze für den öffentlichen Verkehr gesperrt ist (insgesamt 9 km). Unterwegs besteht die Möglichkeit, im **Having-Hof** (s. u.) einzukehren. Sehr nett ist ein Abstecher zum **Bio-Apfelhof** (s. Mein Tipp S. 191). Am Ende des Reddevitzer Höft befindet sich ein Aussichtspunkt, nicht nur zum Sonnenuntergang ein lohnenswertes Ausflugsziel.

Schulmuseum

Dorfstr., Middelhagen, Tel. 038308 24 78 oder 21 53, Juni–Aug. tgl. 10–18, Mai, Sept. tgl. 10–17, Febr.–April, Okt. Di–So 10–16 Uhr, 3 € bzw. 2 € mit Kurkarte; historische Schulstunden Juli/Aug. Di/Mi 10, April Mi 11, Mai/Juni, Sept./Okt. Mi 10 Uhr, 2 €

Das im alten Küsterhaus untergebrachte Museum vermittelt einen Einblick in die Mönchguter Schulverhältnisse vergangener Tage. Bis 1962 wurden hier etwa 60 Kinder gemeinsam unterrichtet. Zum Museum gehört auch das Hallenhaus gleich nebenan, eine Bauernkate aus dem 17. Jh.

Übernachten

Versteckt hinter Hecken – **Landhaus Mönchgut:** Dorfstr. 21, Middelhagen, Tel. 038308 668 76, www.landhaus-moenchgut.de, FeWo 70–105 €. In alter Mönchguter Bauweise im Jahr 2000 neu errichtetes Rohrdachhaus mit sechs unterschiedlich großen Wohnungen für 2–4 Personen, teilweise mit Terrasse und Kaminofen, Aufbettung möglich. Malkurse.

Landlust – **Hof Eschenschlag:** Alt Reddevitz 41, Tel. 038308 662 40, www.hof-eschenschlag.de, FeWo 98–120 €. Idyllisch gelegener Dreiseithof mit Blick über den Bodden, etwa 2 km vom Dorf entfernt. Vier Wohnungen für 4–6 Personen.

Schöne Lage – **Having Hof:** Alt Reddevitz 49, Tel. 038308 55 00, www.having-hof.de, FeWo 48–91 €. Ein traditionsreicher Familienbetrieb auf der Landzunge des Reddevitzer Höft, elf Ferienwohnungen, schmackhafte, regionale Kost.

Essen & Trinken

Rügener Urgestein – **Zur Linde:** Dorfstr. 20, Middelhagen, Tel. 038308 55 40, www.zur-linde-ruegen.de, ab 10 €. Um 1450 wurde das Haus als Dorfkrug gebaut, seit 2008 wird hier ein kräftiges Landbier selbst gebraut. Auf den Tisch kommen regionale Produkte. Übernachten kann man auch (DZ 75–85 €).

Traditionsreich – **Zum Walfisch:** Lobbe 32, Middelhagen, Tel. 038308 254 67, www.walfisch-ruegen.de, tgl. ab 11.30 Uhr. Familie Kliesow betreibt den Gasthof schon seit 1888. Die regional geprägte Küche schätzen auch Einheimische (DZ ab 66 €).

Genuss im Bauerngarten – **Brasserie/Café Zum Froschkönig**: Dorfstr. 24, Middelhagen, April–Okt. tgl. geöffnet. Direkt am Rad- und Wanderrundweg von Rügen gelegen, Kuchen und leichte Bistro-Speisen, lecker und sympathisch.

Für Genießer – **Moccavino:** Alt Reddevitz 18a, Tel. 038308 663 36, www.moccavino.com, tgl. ab 11 Uhr bis Sonnenuntergang, Nov.–März Di/Mi Ruhetag. Traumhafte Torten, Kaffeespezialitäten aus aller Welt, zum Sonnenuntergang dann ein Glas Wein, dazu herzhafte Kleinigkeiten.

Mitten im Dorf – **Gasthof Kliesow's Reuse:** Dorfstr. 23a, Alt Reddevitz, Tel. 038308 21 71, www.kliesows-reuse.de, ab 10 €. Uriges Scheunenrestaurant auf einem Alt Reddevitzer Dreiseitenhof aus dem 16. Jh., bodenständige Küche.

Mönchguter Hofbrennerei – **Zur Strandburg:** Alt Reddevitz 36, Tel. 038308 341 05, www.hofbrennerei-strandburg.de, April–Okt. tgl. 10–18, Nov.–März tgl. 11–16 Uhr; Brennereiführung Mi, Fr nachmittags. Hofladen und kleine Gastronomie mit Aussicht über das Höft, dazu drei Ferienwohnungen.

Zickersches Höft ► M 3

Etwa 2 km südlich der kleinen Ansiedlung Lobbe, an deren Strand einige Fischerboote liegen, verzweigt sich die Straße gen Westen und führt zum Zickerschen Höft. Die 1,5 km breite und etwa 4 km lange Halbinsel gehört zur Kernzone des Biosphärenreservats Südost-Rügen und ist ein traumhaftes Wandergebiet. An ihrem Nordufer liegt Gager, am Südufer Groß Zicker, zwischen den beiden Dörfern erhebt sich der 66 m hohe **Bakenberg.**

Groß Zicker und Gager ► L 3

Groß Zicker ist ein Bilderbuchdorf mit Kopfsteinpflaster, Bauerngärten, rohrgedeckten Katen und mittelalterlicher Backsteinkirche. Es steht komplett unter Denkmalschutz, geparkt wird am Ortseingang. Im kleinen Fischerhafen wird Räucherfisch verkauft.

Ein Besuchermagnet ist das 1720 bis 1723 entstandene **Pfarrwitwenhaus,** eines der besterhaltenen der sogenannten Zuckerhuthäuser. Ursprünglich diente es als Bleibe für die in der Regel völlig mittellosen Pfarrwitwen. Heute ist es Museum und Galerie. Wunderschön ist der Garten vor dem Haus (Boddenstr., Tel. 038308 82 48, www.moenchguter-museen-ruegen.de, Ostern–Okt. Kernzeit Mo–Sa 10–17, So 13–17, in der Hochsaison bis 19 Uhr, Rest des Jahres geschl., 2 €).

Lohnenswert ist ein Abstecher nach **Gager**. Wer ein wenig Bewegung mag, wandert einfach über die blumenreichen Wiesen des Bakenbergs und wird mit wunderschönen Ausblicken belohnt. Vom Hafen Gager verkehrt das Fahrgastschiff Mönchgut zu verschiedenen Ausflugszielen, u. a. nach Greifswald. Gleich nebenan befindet sich ein Campingplatz mit ca. 30 Stellplätzen. Frisch gefangenen Fisch kann man bei der Fischereigenossenschaft kaufen.

Übernachten

Vielseitig – **Port Gager:** Am Hafen, Gager, Tel. 038308 664 70, www.portgager.de. Übernachtungsmöglichkeiten im Kojenhaus in drei Mannschaftskajüten (15 € pro Koje). Mehr Komfort bieten Offiziers- und Kapitänskajüte für 2–4 Personen (50–100 €). Sehr geräumig ist schließlich die Reeder-Suite für 2 Personen (129 €). Außerdem gibt es noch fünf Ferienhäuser für bis zu 4 Personen (149 €).

Am Ende der Straße – **Taun Hövt:** Boddenstr. 61, Groß Zicker, Tel. 038308 54 20, www.taun-hoevt.de, FeWo 80–110 € für 2 Pers. Komfortable, schöne Apartments, einige mit Schlafgalerie auf zwei Ebenen und Balkon mit freiem Blick in die Landschaft. Ein beliebtes Ausflugsziel ist das Restaurant.

Essen & Trinken

Das Beste vom Lachs – **Alte Bootswerft:** Am Hafen, im Port Gager, Gager, Tel.

Zum Pfarrwitwenhaus in Groß Zicker gehört ein Bauerngarten

038308 664 70, www.portgager.de, Mai–Okt. tgl. ab 11 Uhr, Rest des Jahres zwei Ruhetage, ab 12,50 €. Gaststätte mit Blick auf den Hafen. Speisen *à la carte* aber auch Buffet. Der Lachs stammt aus nachhaltig bewirtschafteter Aquakultur.

Thiessow ► M3

An der Südspitze der Halbinsel Mönchgut herrscht nur in der Hochsaison Trubel, doch selbst dann noch finden Naturliebhaber einsame Wege und stille, vogelreiche Buchten. Der wegen seines flach auslaufenden Uferbereichs bei Familien mit Kindern beliebte **Große Strand** erstreckt sich vom Nordperd bei Göhren zum Südperd bei **Thiessow.** Die kleine Ortschaft ist unspektakulär, wird allerdings an zwei Seiten von Stränden gesäumt. Schon zu DDR-Zeiten erfreute sie sich unter Surfern großer Beliebtheit.

Von Thiessow geht es weiter über eine kleine Nehrung bis **Klein Zicker,** dem abgelegensten Dorf der Halbinsel. Am Ortseingang nimmt ein kostenpflichtiger Parkplatz die Autos auf. Zu Fuß ist der idyllische Flecken schnell erkundet.

Ein netter Platz, um den Sonnenuntergang zu genießen, ist der 37 m hohe ehemalige **Lotsenberg.** 2003 wurde hier neben der Historischen Lotsenwache ein **Lotsenturm** nach dem Vorbild von 1909 errichtet. In 13 m Höhe befindet sich die Aussichtsplattform, Ausstellungen dokumentieren die Geschichte des Lotsenwesens auf Rügen (April–Okt. 9–18 Uhr).

Übernachten

Familienfreundlich – **Camping-Oase Thiessow:** Hauptstr. 4, Tel. 038308 82 26, www.campingruegen.de. Lang gestrecktes Terrain an der Straße, durch einen 100–150 m breiten Waldstreifen vom Strand getrennt, 350 Stellplätze.
Das Hawaii der Ostsee – **Surfoase Klein Zicker:** Dörpstrat 2, Tel. 038308 301 25. www.windsurfen-ruegen.de, Mai–Sept. Etwa 50 schattenlose Stellplätze für Reisemobile und Zelte, nur 20 m vom Strand entfernt.
Freundlich und komfortabel – **Hotel Godewind:** De niege Wech 7, Tel. 038 308 34 20, www.godewind-thiessow.de, DZ ab 90 €. Familiär geführtes Haus in Nähe der Strände. Hübsche, im Landhausstil eingerichtete Zimmer und Suiten, einige mit Balkon. Im Restaurant wird Rügenprodukten der Vorzug gegeben (Mai–Sept. tgl. 13.30–22 Uhr, Okt.–April Di Ruhetag). Schwimmbad, Fitness- und Wellnessbereich in einem separaten Gebäude.

Essen & Trinken

Einfach und gediegen – **Zum trauten Fischerheim:** Dörpstrat 15, Klein Zicker, Tel. 038308 301 52, www.kleinzicker.com, tgl. ab 11 Uhr, ab 9 €. Rustikale Gaststätte mit großer Terrasse und Blick aufs Wasser. Es werden auch Zimmer vermietet, einige davon mit Boddenblick (DZ ab 58 €).
Bodenständig – **Mönchguter Fischerklause:** Hauptstr. 48, Thiessow, Tel. 038308 303 90, Mittagstisch 12–15 Uhr, abends ab 18 Uhr, ab 8 €. Traditionsreiches Lokal ohne Schickimicki am südlichen Ortsrand, viel Fisch.

Aktiv & Kreativ

Surfen, Kiten und Segeln – **Sail & Surf Rügen:** Hauptstr. 4, Thiessow oder Dörpstrat 2, Klein Zicker, Tel. 0383 06 232 53, www.sail-surf-ruegen.de, Mitte Mai–Mitte Sept. Ein Außenposten der Segelschule von Altefähr befindet sich auf beiden Campingplätzen.

Infos

Kurverwaltung Thiessow
Hauptstr. 36, 18586 Thiessow, Tel. 038 308 82 80, www.ostseebad-thiessow.de.

Sassnitz ► L 2

Der Hafenort Sassnitz war ab Mitte des 19. Jh. Rügens führender Badeort. »Nach Rügen reisen, heißt nach Sassnitz reisen«, schrieb Theodor Fontane in seinem Roman »Effi Briest«. Doch die große Zeit als mondänes Seebad war bereits zu Beginn des 20. Jh. vorüber, sie kam auch nie zurück, der Strand war zu steinig, der Ort zu städtisch. Trotz jahrzehntelanger Vernachlässigung, die mit dem Verfall historischer Bausubstanz einherging, blieben etliche Exemplare prachtvoller, alter Bäderarchitektur erhalten. Vor allem aber ist die Hafen- und Fährstadt als Rügens Tor zur Welt bekannt. Wer Hafenflair und ›echtes‹ Leben jenseits des Bädertourismus mag, ist hier genau richtig: Sassnitz hat einen sehenswerten Fischereihafen.

Fischerei- und Hafenmuseum
Im Stadthafen Sassnitz, Tel. 038392 578 46, www.hafenmuseum.de, April–Okt tgl. 10–18, Nov.–März Di–So 10–17 Uhr, 3,50 €

Mein Tipp

Ein vielseitiges Angebot – Grundtvighaus Sassnitz

Im ehemaligen Hotel der Geschwister Koch, das mit viel Liebe zum Detail saniert wurde, sind heute wieder Gäste willkommen. Im Café kann man hoch über dem Hafen in aller Ruhe einen Kaffee, Tee oder ein Glas Wein trinken (Mo–Fr ab 14 Uhr) und dabei das umfangreiche Kultur- und Veranstaltungsprogramm studieren. Es gibt ein Kino. In einer Töpferei kann man Keramik kaufen (Mo–Fr 1–18 Uhr) oder aber auch selber aus Ton gestalten (Mi 15 Uhr, 4 €). In der Malschule werden Aquarellkurse angeboten. Außerdem wurde eine Handvoll schlichter, aber netter Ferienzimmer mit Gemeinschaftsküche sowie eine Ferienwohnung eingerichtet (Grundtvighaus, Seestr. 3, Tel. 038392 577 27, www.grundtvighaus-sassnitz.de, DZ 40 €, Wohnung 56 €).

Interessantester Teil der Ausstellung ist das Museumsschiff Havel, das am Hafenkai gegenüber vom Museum seinen Liegeplatz hat. Es gehört zu einer Serie von 50 Schiffen, die bis 1990 im DDR-Fischkombinat Sassnitz im Einsatz waren. Mit der Wende kam das Aus für das Fischkombinat, ein Großteil der Schiffe wurde verhökert oder verschrottet.

Erlebniswelt U-Boot

Hafenstr. 12, Tel. 038392 315 16, www.hms-otus.com, Hauptsaison tgl. 10–19, sonst 10–16 Uhr, 6 €

Das 1963 in der Royal Navy in Dienst gestellte U-Boot H.M.S. Otus liegt im Stadthafen und kann auf eigene Faust erkundet werden – vom Torpedoraum, der Kommandozentrale, den Schlafräumen bis zum Maschinenraum. Nichts für Menschen mit Neigung zu Platzangst.

Museum für Unterwasserarchäologie

Alter Fährhafen in Sassnitz, wegen Sanierungsarbeiten geschlossen, der Termin für die Neueröffnung stand bei Drucklegung noch nicht fest

Interessante Lage im denkmalgeschützten, ehemaligen Sassnitzer Fährterminal. Die Ausstellung bietet spannende Informationen über historische und inzwischen überflutete Handelsplätze im Ostseeraum, versunkene Schiffe und Methoden der Schiffsarchäologie.

Übernachten

Grandioser Seeblick – **Fürstenhof und Villa Seeblick:** Rosenstr. 11, Tel. 038392 530, www.raulff-ferienwohnungen.de, FeWo 75–100 €. Direkt nebeneinander liegen die 1999/2000 an der Uferpromenade in der Altstadt von Sassnitz im Stil der Bäderarchitektur erbauten Häuser. Alle Apartments des Fürstenhofs verfügen über einen Südbalkon mit Meerblick. Im Preis inbegriffen ist der Eintritt in die Rügen Therme im Rügen Hotel.

Stimmig – **Apartment Villa Zur Altstadt:** Bachpromenade 4, Tel. 038392 234 48, www.pension-zur-altstadt.de, FeWo 55–75 €. Wohnungen für 2–4 Personen in der historischen Altstadt, 50 m von der Strandpromenade, WLAN kostenlos, angenehmes Preis-Leistungs-Verhältnis.

Charmant und individuell – **Strandhotel:** Rosenstr. 12, Tel. 038392 677 10, www.strandhotel-sassnitz.eu, 97–239

€. Wohnungen für bis zu sechs Personen auf fünf Etagen, die meisten mit Meerblick, Balkon, Terrasse oder Veranda, einige haben eine eigene Sauna, andere einen Kamin.

Essen & Trinken

Am Sassnitzer Hafen gibt es jede Menge guten **Fisch,** direkt vom Kutter oder in der kleinen Markthalle, sowie einen beliebten **Italiener** (Porto Fino, Hafenstr. 12) mit großer Terrasse zum Hafen. Auch die Töpferei über dem Restaurant lohnt einen Besuch.
Immer gut besucht – **Gastmahl des Meeres:** Strandpromenade 2, Am Fischereihafen, Tel. 0383 92 51 70, www.gastmahl-des-meeres-ruegen.de, ab 11 €. Eines der beliebtesten Fischrestaurants der Insel direkt am Hafen, Parkplätze vor der Tür, man kann hier auch übernachten (DZ 90 €).

Aktiv & Kreativ

Schiffsausflüge – **Kreidefelsen, Kap Arkona und Inselrundfahrten:** Mehrmals tgl. Touren verschiedener Reedereien, Abfahrt an der Mole im Stadthafen. Reederei Lojewski, Tel. 038392 351 36, www.reederei-lojewski.de; Reederei Ostsee-Tour, Tel. 038392 31 50 www.reederei-ostsee-tour.de; KTG Kalinin Touristik, Tel. 038392 321 80, www.kalinin-sassnitz.de.

Einkaufen

Kaffee und Schokolade – **OstseeKaffee:** Hafenstr. 12, Haus D, www.ostseekaffee.de, tgl. 10–18 Uhr. Die Privatrösterei bietet eine feine Kaffeeauswahl. Wer erst probieren möchte, besucht das Café ein paar Etagen höher, von hier bietet sich eine grandiose Aussicht über den Hafen.

Sassnitz hat noch einen echten Fischerhafen

Inselprodukte – **Rügenmarkt**: Hafenstr. 12, Mo–Fr 10–17, Sa 10–14 Uhr. Hier gibt es eine reiche Auswahl rügentypischer Produkte. Die Palette reicht von Wurst, Käse, Backwaren, Marmeladen, Sanddornlikör, Wurstspezialitäten zu Keramik, Malerei und Fotografien.

Infos

Tourist Service Sassnitz
Bahnhofstr. 19a, 18546 Sassnitz, Tel. 038392 64 90, www.insassnitz.de. Dependance am Stadthafen, Strandpromenade 12, Tel. 038392 669 45.

Verkehr
Linienbus: Mehrmals tgl. verkehren Busse zwischen Sassnitz und Königsstuhl (Parkplatz Hagen) sowie zwischen Hagen und Lohme. Fahrplaninfo: Tel. 03838 20 29 55, www.rpnv.de.
Reederei Ostsee-Tour: Hafenstr. 12, Tel. 038392 31 50, www.reederei-ostseetour.de. Mai–Sept. tgl. regelmäßige Verbindung zwischen Sassnitz (Stadthafen) und den Seebrücken von Sellin und Göhren. Auch Ausflugsfahrten.

Nationalpark Jasmund ! ► L 1/2

Der kleinste Nationalpark Deutschlands mit einer Flächengröße von 3003 ha hat einige Superlative zu bieten. Hier befinden sich nicht nur die berühmten Kreidefelsen. Hier steigt der Piekberg – die höchste Erhebung Rügens – auf 161 m an. Hier erstreckt sich auch das größte zusammenhängende Waldgebiet der Insel. Über zwei Drittel des Nationalparks sind von Wald bedeckt, der Rest verteilt sich auf Ostsee, Steilhänge an der Küste, aufgelassene Kreidebrüche, Grünland, Seen und Moore. Nahe dem Königsstuhl liegen mitten im Wald ein mystischer See und ein Burgwall aus der Slawenzeit verborgen (s. Entdeckungstour S. 210).

Königsstuhl und Viktoriasicht
► L 1
Gebührenpflichtiger Großparkplatz Hagen, von dort weiter mit dem Shuttle-Bus oder zu Fuß auf angenehmen Waldwegen zum 3 km entfern-

ten Königsstuhl, Eintritt zur Erlebniswelt Kreideküste (Königsstuhl inkl. Nationalparkzentrum) 6 €

Die berühmteste Aussicht auf die atemberaubende Kreideküste bietet der Königsstuhl, eine der Hauptattraktionen Rügens. Um auf die gebührenpflichtige Aussichtsplattform zu gelangen, muss man in der Hauptsaison nicht selten regelrecht anstehen. Wem das Gedränge auf dem Königsstuhl zu viel ist, kann von hier noch 800 m weiter zur Viktoriasicht wandern. Von einem kleinen, kostenlos zugänglichen Balkon bietet sich ein klasse Blick auf Königsstuhl und Kreideküste.

Nationalparkzentrum Königsstuhl

► L 1

Stubbenkammer 2, Tel. 038392 66 17 66, www.koenigsstuhl.com, Ostern–Ende Okt. tgl. 9–19, sonst tgl. 10–17 Uhr, Eintritt 6 € (inkl. Aussichtsterrasse)

Romantisch und gefährlich, uralt und doch vergänglich – Jasmunds Kreideküste

Mein Tipp

Der Hochuferweg – Wanderung an der Kreideküste ► L 1/2
Der schönste Wanderweg durch den Nationalpark Jasmund führt von Sassnitz auf dem bewaldeten Hochufer entlang der Abbruchküste. Er passiert die berühmten Aussichtspunkte – den Wissower Klinken, die Viktoriasicht und den Königsstuhl. Der Blick von oben auf die Kreidefelsen ist atemberaubend. Grandios ist es aber auch, vom wilden Strand hinauf zur Steilküste zu schauen. Unterwegs bietet sich über Treppen mehrmals die Gelegenheit, ab- und wieder aufzusteigen und den Wanderweg zu wechseln. Vom Parkplatz am nordöstlichen Stadtrand von Sassnitz sind es 8 km zum Königsstuhl und 12 km nach Lohme, es gibt einiges an Auf und Ab.

Vielseitig und spannend präsentierte Informationen zu Natur und Naturschutz im Nationalpark Jasmund. Die Ausstellung lohnt den Besuch trotz der Wartezeiten in der Hauptsaison. Im Bistro werden Bioprodukte aus der Region serviert. Für Kinder gibt es auf dem Freigelände einen Kletterwald und Schaukeln.

Lohme ► L 1

Am nördlichen Rand des Nationalparks Jasmund findet sich der kleine Ort **Lohme,** der 2009 wegen größerer Abbrüche Schlagzeilen machte und bis zur Sicherung der Steilküste teilweise ›geschlossen‹ wurde. Eine steile Treppe führt hinab zum hübschen **Hafen,** auf halber Strecke passiert man das **Café Niedlich.**

Im flachen Uferwasser liegt der **Schwanenstein.** Mit dem mächtigen Granitfindling aus der Eiszeit ist eine Tragödie verbunden. Im Februar 1956 waren drei Kinder über das Eis zu dem Findling gelaufen, als das Eis plötzlich brach und den Kindern den Rückweg abschnitt. Die durch Hilferufe alarmierten Retter kamen zu spät, die drei Kinder waren eng umschlungen am Felsen festgefroren.

Übernachten, Essen

Romantischer Luxus – **Panorama Silence Hotel:** An der Steilküste 8, Tel. 038302 91 10, www.lohme.com, DZ ab 90 €, Hauptgerichte ab 10 €. Das traditionsreiche, in den 1850er-Jahren erbaute Hotel bietet schöne Zimmer und ein Restaurant mit Veranda und Terrasse mit feinstem Panoramablick, den auch schon Theodor Fontane genoss. Hier schwärmte er, dass ihn »die ganze Szenerie von Lohme und Arkona beständig an Sorrent erinnerte«.
Ebenfalls beste Aussichten – **Haus am Meer:** Zum Hafen 7, Tel. 038302 885 23, www.hausammeer-lohme.de. Neue Ferienresidenz an der Treppe zum Hafen. Zwölf moderne, geschmackvolle Apartments mit zwei und drei Zimmern (2–4 Pers. ab 88 €, 4–6 Pers. ab 112 €). Ambitionierte, kreative Küche im hauseigenen Restaurant (ab 11 €).

Einkaufen

Souvenirs – **Am Nationalparkzentrum:** Vor dem Königsstuhl herrscht Trubel. Mitten im Wald überrascht eine kirmesartige Ansammlung von Imbissen und Souvenirshops. In der Sommersaison gibt es jeden Mittwoch einen

Markt mit regionalen Produkten (10–17 Uhr).

Alles bio – **Hofladen Bisdamitz:** Hofgut Bisdamitz, zwischen Kampe und Nardevitz, Tel. 038302 92 07, www.hofgut-bisdamitz.de, Juli–Sept. tgl. 10–20, in der Nebensaison tgl. 10–18 Uhr. Bestens sortierter Bioladen mit hofeigenen und insularen Produkten. Nach hinten raus, im hübschen Restaurant werden schnörkellose, bekömmliche Gerichte serviert.

Alles aus Stein – **Steinmanufaktur:** Zum Hafen 6, Lohme, Tel. 038302 901 09, www.ruegensteine.de, Ostern–Okt. tgl. 13–18, Jan.–Ostern Sa/So 13–18 Uhr. Peter Müller be- und verarbeitet Gesteine wie Porphyr, Granit, Gneis, Basalt und Feuerstein vom Strand.

Jasmunder Bodden

► L2

Auf einer Anhöhe südwestlich von Lohme liegt das kleine Dorf **Bobbin** mit der Kirche St. Pauli, der einzigen erhaltenen Feldsteinkirche Rügens. Vom Tempelberg am Südrand des Dorfes reicht die Aussicht über den großen Jasmunder Bodden, die Schaabe und die Tromper Wiek.

Im Baumgrün vor dem Bodden ist das **Schloss Spyker** auszumachen. Seine für Rügen untypische rote Farbe verdankt der im 14. Jh. erstmals erwähnte Bau dem Generalgouverneur über Schwedisch-Pommern, Carl Gustav Wrangel (1613–1676), der das Schloss nach dem Vorbild seines Besitzes am schwedischen Mälarsee umgestalten ließ.

Am Jasmunder Bodden führt der Europäische Fernwanderweg 10 entlang. In der kleinen Ortschaft **Pochow** findet man direkt am Bodden eine nette Badestelle.

Übernachten, Essen

Herrschaftlich – **Schloss Spyker:** Schlossallee 1, Spyker, Tel. 038302 770, www.schloss-spyker.de, DZ/Suiten 110–200 €. Das nach historischen Vorlagen restaurierte Schloss beherbergt 32 behagliche Zimmer. Beliebt auch bei Nichthotelgästen ist das **Restaurant Zum alten Wrangel** im Gewölbekeller, im Sommer mit Sitzgelegenheit auf der Terrasse.

Eine Welt für sich – **Jasmar Resort:** Quoltitzer Str. 2, Neddesitz, ca. 4 km östlich von Bobbin, Tel. 038302 966 00, www.jasmar.de, DZ ab125 €, Suiten ab 200 €. Die moderne, familienfreundliche Anlage besteht aus mehreren Häusern, die um das alte Gutshaus entstanden sind. Viele Sportmöglichkeiten von Golf, Tennis, Reiten bis Baden in der Therme (s. u.).

Aktiv & Kreativ

Ganzjährig – **Jasmund Therme:** Neddesitz, ca. 4 km östlich von Bobbin, Tel. 03 8302 977 00, www.glowe.de/jasmund therme , tgl. 8–22 Uhr, ab 9 €, Kinder ab 6 €.

Urzeitliches Familienvergnügen – **Dinosaurierland Rügen:** Am Spycker See 2a, Spyker, Tel. 038302 71 98, www.dinosaurierland-ruegen.de, April–Okt. tgl. 10–18, Nov.–März Mo–Do, Sa/So 10–15, 7,50 €, Kinder (4–12 Jahre) 5,50 €. Eine besondere Attraktion sind die Ausgrabungsstätten, in denen u. a. ein nachgebildetes Dinosaurierskelett freigelegt wird.

Lietzow ► L2

Eine holprige Straße führt durch das Dorf **Sagard,** in das sich nur wenige Urlauber verirren. Die 1210 hier errichtete Kirche **St. Michael** ge- ▷ S. 207

Auf Entdeckungstour

Rügener Kreide – ein bemerkenswertes Naturprodukt

Wer im bewaldeten Hügelland der Halbinsel Jasmund unterwegs ist, sieht die alten Kreidebrüche von weitem leuchten – stumme Zeugen des über 150-jährigen Bergbaus. Das stillgelegte Kreidewerk Gummanz dokumentiert die Geschichte dieser nahezu unbekannten Industrie.

Reisekarte: ► L 2

Dauer: Museum 1–2 Std..

Kreidemuseum Gummanz: Gummanz 3a, bei Neddesitz, Tel. 038302 562 29, www.kreidemuseum.de, Ausschilderung Jasmund Therme folgen, Parkplatz am Jasmund Resort, Ostern–Ende Okt. tgl. 10–17 Uhr, sonst Di–So 10–16 Uhr, 3 €, Familie 7 €; außerhalb der Öffnungszeiten Zugang zum Freigelände der Grube durch ein Drehkreuz (1 €).
Kreidegrube Klementelvitz: Im Sommer Fossilien-Exkursionen, ca. 3,5 Std.

Die meisten alten Kreidebrüche auf Rügen stehen unter Naturschutz und sind nicht zugänglich, eine Ausnahme bildet Gummanz. Gummanz? Kreidemuseum? Nie gehört! Der Kreidebruch liegt beim Dörfchen Neddesitz im Zentrum der Halbinsel Jasmund. Vom Parkplatz beim luxuriösen Jasmund Resort, das sich um das 1911 erbaute Gutshaus eines Kreidebruchbesitzers etabliert hat, gelangt man in etwa 15 Minuten zu Fuß zum Kreidemuseum.

Eine Reise in die Vergangenheit

Woraus besteht der Stoff, der die heisere, dunkle Stimme des bösen Wolfes in ein zartes, helles Zickenstimmchen verwandelt. Warum gibt es ausgerechnet auf Rügen Kreide? Und wie wird sie abgebaut? Im Museum, das in den Gebäuden des ehemaligen Kreidewerks untergebracht ist, findet man Antworten auf all diese Fragen. Anhand zahlreicher Exponate werden die vielfältigen Nutzungsmöglichkeiten der Kreide erläutert. Kreide bewirkt erstaunlich viel, aber dass sie die Stimme weich macht, ist ein reines Märchen.

Ein Zeittunnel führt weit zurück in die Erdgeschichte. Vor 60–70 Millionen Jahren befand sich an der Stelle des heutigen Rügen ein riesiger Ozean. Die Kreide stammt von den Kalkschalen abgestorbener Tiefseetierchen, deren Kalkskelette sich am Grunde einer Meeresstraße ansammelten. Einen halben Millimeter pro Jahr betrug die Aufschichtung – im Laufe von Jahrmillionen bauten sich die imposanten Rügener Kreideschichten auf. Darin enthalten sind auch versteinerte Überreste von zur gleichen Zeit lebenden Meeresorganismen wie Muscheln, Seeigel, Seesterne, Korallen, Schwämme und Belemniten, die sogenannten Donnerkeile. Bei Sammlern sind diese Fossilien heiß begehrt, beim Abbau der Kreide waren sie immer nur Abfallprodukt.

Alte Zeiten, neue Zeiten

Seit Beginn des 18 Jh. wird auf Rügen Kreide gewonnen. Der Abbau erfolgte unter gefährlichen und körperlich extrem anstrengenden Bedingungen. Mit Spitzhacken schlugen die angeseilten Arbeiter an der steilen Abbruchwand die Kreide los, die bereitstehende Kipploren in das Rührwerk transportierten. Dort wurde sie in Wasser gelöst und von Fremdkörpern wie Sand, Feuersteinen und Fossilien getrennt. Nach einem mehrere Wochen dauernden Trocknungsprozess war das Produkt dann endlich versandfähig und konnte über den Martinshafen am Jasmunder Bodden oder den Sassnitzer Hafen verschifft werden.

In den 1920er-Jahren lebten auf Rügen etwa 500 Familien von der Arbeit in den Kreidewerken. Nach einer kompletten Stilllegung der Kreideproduktion während des Zweiten Weltkriegs nahmen 19 kleinere Kreidewerke 1946 die Arbeit wieder auf. Anfang der 1950er-Jahre kamen erstmals Bagger zum Einsatz. Mit der Inbetriebnahme des neuen Kreidewerkes 1962 in Klementelvitz bei Sassnitz wurde die Produktion voll mechanisiert. Die kleineren Kreidebrüche lohnten nicht mehr und mussten nach und nach schließen.

Die einst vielwöchige Zeitspanne vom Abbau, Wässern, Reinigen, Sieben, erneutem Reinigen, Trocknen, Mahlen bis zum Verpacken beträgt heute nicht einmal mehr zwei Stunden. 2008 wurden in Klementelvitz fast 500 000 t Kreide abgebaut. Genutzt wird sie für die Rauchgasentschwefelung in Kraftwerken, als Düngekalk in der Landwirtschaft und als

Füllstoffe für die Industrie. Rund 80 000 t Heilkreide benötigt der Wellnessbereich in der Region. Hier wächst der Bedarf mit jedem Jahr. Die Rügener Kreide ist ein besonderer Stoff – weiß und feinkörnig. Sie wirkt entschlackend und schmerzlindernd, wärmt den Körper, reinigt die Haut und die Seele gleich mit. Eine Abteilung der Ausstellung im Kreidemuseum ist der Wellness gewidmet. Wissenswertes über die Rügener Heilkreide findet man auch im Internet unter www.heilkreide.de.

Zum Kleinen Königsstuhl

Vom Museum gelangt man an allerlei alten Gerätschaften vorbei – für den Transport, zum Schlämmen und Trocknen der Kreide – an den Grubenrand des Kreidebruchs. Eine Treppe führt ein Stück hinab in die Grube. In Gummanz wurde von 1859 bis 1962 Kreide abgebaut. Am nördlichen Rand ragen die weißen Felsen bis zu 40 m hoch auf. Vom Museumsgelände ist der Weg auf die kleine Aussichtsplattform ausgeschildert, die Schilder des Natur- und Kreidelehrpfads weisen zum Kleinen Königsstuhl. Von oben schweift der Blick weit über das Land. Richtung Süden, nördlich von Sassnitz, liegt der zur Zeit noch aktive Klementelvitzer Kreidebruch. Im Sommerhalbjahr führt das Museum dort Fossilien-Exkursionen durch – am Wochenende, wenn die Laufbänder und Bagger stillstehen.

Geborgen und gerettet – Fossiliensuche im Kreidebruch

Treffpunkt ist ein Parkplatz in der Nähe des Kreidebruchs nördlich von Sassnitz – 9 Uhr am Samstagmorgen. Die Zahl der Teilnehmer ist begrenzt. In der Hauptsaison sollte man sich daher unbedingt einige Wochen im Voraus anmelden. Ausgestattet mit Hämmern und Zeitungspapier zum Einpacken der Fundstücke stapft die Gruppe los, knapp fünf Minuten sind es zum Tor des Grubengeländes. Kein Zugang für Unbefugte! Die aktive Kreidegrube Klementelvitz darf nur mit ausdrücklicher Genehmigung und unter Beachtung der üblichen Sicherheitsregeln begangen werden.

Nach weiteren fünf bis zehn Minuten Marsch ist der aktive Bruch erreicht – eine weiße, fremde Welt. Im hellen Sonnenschein leuchten die Kreidefelsen wie Schneeberge vor dem fernen blauen Bodden. Angesichts der riesigen Bagger im werkstillen Tagebau stellt sich die Frage, ob Rügen nicht in absehbarer Zeit die Kreide ausgehen könnte? Der Geologe schüttelt den Kopf: »Noch lange nicht!« Im Gegenteil, es soll ein neues Bergwerkfeld bei Goldberg-Lanken erschlossen werden. Die Genehmigung für die Ausbeutung bis zum Jahr 2109 (kein Tippfehler!) wurde vom Wirtschaftsminister des Landes Mecklenburg-Vorpommern bereits erteilt.

Bevor die Gruppe loslegen kann, gibt es eine kurze Einführung. Die erfahrenen Fossiliensammler scharren ungeduldig mit den Füßen. Diejenigen, die Gummistiefel anhaben, folgen dem Geologen in den feuchteren Bereich der Grube, die anderen bleiben in den oberen, trockeneren Bereichen. Sind die Fundchancen irgendwo besser? Nein, egal, überall kann man fündig werden. Ganz unglaublich! Das kleine Bändchen »Die Insel Rügen – Die Kreide« von Manfred Kutscher, das im Museum oder beim Expeditionsleiter erhältlich ist, hilft dabei, die Fundstücke zu identifizieren. Wir erkennen einen Feuerstein mit Kieselschwamm, einen Schneckensteinkern, einen Seeigel mit Würmchen – Anfängerglück, das süchtig macht.

hört zu den ältesten Gotteshäusern der Insel.

Auf der B 96 Richtung Süden gelangt man nach **Lietzow** am nördlichen Ende des **Lietzower Dammes.** Weithin sichtbar ist der Rundturm des **Schlosses Lietzow.** Es wurde im 19. Jh. im Stil des Historismus nach dem Vorbild des schwäbischen Schlosses Lichtenstein erbaut und befindet sich in Privatbesitz. Im Ort gibt es eine traditionsreiche Räucherei, einen urigen Bücher-Bahnhof sowie eine nette Badestelle am Bodden.

Übernachten

Eine Wohlfühloase – **Der Wilde Schwan**: Neuhof 10, Sagard, Tel. 038302 80 30, www.hotel-der-wilde-schwan.de, DZ/FeWo ab 115–200 €. Schöne Hotelanlage mit drei Fachwerkgebäuden, eingebettet in die weite Hügellandschaft vor dem Großen Jasmunder Bodden, sehr gute Küche.

Essen & Trinken

Ein Tipp auch für abends – **Lagune am Strand:** Boddenstr. 63, Lietzow, Mai–Okt., tgl. ab 11 Uhr, ab 10 €. Super Lage, bei schönem Wetter ist's wie am Mittelmeer: Loungemöbel, Palmen und Olivenbäumchen. Die Kinder können am Strand spielen. Traumhafter Blick über den Jasmunder Bodden Richtung Ralswiek, in der Störtebeker-Saison abends mit gratis Feuerwerk.

Einkaufen

Eine Fundgrube – **Bücher-Bahnhof:** Spitzer Ort 10a, Lietzow, Tel. 038302 564 33, www.buecherbahnhof.de, in der Saison Mi–So 13–17 Uhr, im Winter nur Sa/So geöffnet. Im alten Bahnhofsgebäude findet man Tausende von Büchern, aber auch historische Postkarten, Schelllackplatten und Antiquitäten.

Beliebt seit 1910 – **Fischräucherei & Erlebnisscheune Lietzow:** Spitzer Ort 7, Lietzow, Tel. 038302 569 66. Räucherei ab 8, Restaurant ab 11 Uhr geöffnet. Zur Räucherei gehört die **Gaststätte Uns Röckhus,** in der Fisch, Wild- und Fleischspezialitäten serviert werden.

Aktiv & Kreativ

Jede Menge Spaß – **Wassersportschule Timpeltu**: Strandpromenade, Lietzow, Tel. 0173 151 39 70, www.timpeltu.com, Mai–Okt. Surf- und Segelschule am Lietzower Strand, viele Zusatzaktivitäten wie Kanutouren, Grillpartys und Lagerfeuer.

Schaabe ► K/L 1/2

Die schmale, sichelförmige Nehrung, die den Großen Jasmunder Bodden von der Ostsee trennt, stellt zugleich eine Landverbindung zwischen der **Halbinsel Jasmund** und der **Halbinsel Wittow** dar. Im 19. Jh. wurde der 9 km lange und an der schmalsten Stelle 600 m breite Dünengürtel mit Kiefern bepflanzt, die mittlerweile zu einem stattlichen Wald herangewachsen sind. So zählt die Schaabe zu den schönsten **Stränden** auf Rügen Von den gebührenpflichtigen Parkplätzen am Rand der Autostraße läuft man auf sandigen Pfaden durch Kiefernwald und Dünen.

Am südlichen Ende der Schaabe liegt lang gestreckt das Straßendorf **Glowe.** Im Norden bildet der Ferienort **Breege-Juliusruh** den Eingang zur

Halbinsel Wittow. Die Siedlung ist zweigeteilt: Das Seebad **Juliusruh** ist der Ostsee zugewandt, der kleine Hafenort **Breege** liegt an der Boddenküste. Im 18. Jh. befand sich das Land im Besitz der wohlhabenden Familie Julius von der Lancken, die 1795 zwischen Bodden und Ostsee einen großzügigen, heute wieder gepflegten Kurpark anlegte. Hier ist man häufig ganz für sich, denn die größte Attraktion des Seebades ist sein breiter und überraschend windarmer Sandstrand. Denn Wittow bedeutet Windland, und immer und zu jeder Jahreszeit scheint der Wind über die weiten Felder der Halbinsel zu pfeifen. Davon ist in der geschützten kilometerlangen Badebucht der Tromper Wiek nördlich von Juliusruh jedoch wenig zu spüren.

Übernachten

Schön gestrandet – **Sandstrand Ostseeperle:** Hauptstr. 65, Glowe, Tel. 038302 563 80, www.sandstrand-ost seeperle.de, FeWo ab 118–166 €. Neue Apartmentanlage mit viel Teak und viel Glas. Alle Apartments haben Balkon oder Terrasse, traumhaft schön mit Meerblick, weniger schön zum Parkplatz/Hauptstraße. Feiner Wellnessbereich, frische leichte Küche.
Rund und besonders – **Ferien im Leuchtturm:** Dünenresidenz, Glowe, Tel. 06201 87 39 63, www.ferien-im-leuchtturm.de, 7 Übernachtungen (Sa bis Sa) 1500 €. Das rot-weiße Feriendomizil liegt nur wenige Meter vom feinsandigen Badestrand entfernt. Es hat einen Rundumbalkon und runde Zimmer, ausgezeichnet mit fünf Sternen.
Strandnah – **Hotel Atrium am Meer:** Am Waldwinkel 2–3, Juliusruh, Tel. 03891 40 30, www.atrium–am-meer.de, DZ ab 130 €. Aufmerksam und zuvorkommend geführtes Haus mit 55 Zimmern, Wellnesszentrum mit Naturheilpraxis. Das hauseigene **Restaurant Meeresart** ist mit dem Zertifikat Regionale Esskultur ausgezeichnet.
Boddenblick – **Pension Mola:** Boddenweg 1–2, Breege, Tel. 038391 43 20, www.mola.de/pension-mola, DZ 50–100 €. Ein neues Haus direkt am Hafen, neun helle, komfortabel ausgestattete Zimmer. In der Dependance werden vier Ferienwohnungen für vier Personen mit eigenem Bootssteg vermietet (120 €).

Infos

Touristen-Information

Tourismusverein Glowe, Hauptstr. 37, 18551 Glowe, Tel. 038302 88 99 39, www.glowe.de.
Informationsamt Breege-Juliusruh: Wittower Str. 5, 18556 Juliusruh, Tel. 03 8391 311, www.ostseebad-breege.de.

Verkehr

Fähre: Personenschifffahrt Kipp, Tel. 038391 123 06, www.reederei-kipp.de. Nach Hiddensee und Ralswiek ab Breeger Hafen März–Okt. 1–3 x tgl. Die Mitnahme von Rädern ist möglich.

Kap Arkona ►K 1

Für Pkws gesperrt, gebührenpflichtige Parkplätze im 2 km entfernten Putgarten
Auf dem Weg zu den berühmten Leuchttürmen am Kap Arkona im äußersten Nordosten der Insel passiert man das gediegene, mittelalterliche Dorf Altenkirchen (s. Entdeckungstour S. 210). Entweder auf dem Hin- oder aber auf dem Rückweg vom Kap kann man hier vorbeischauen. Die größten touristischen Attraktionen der Region locken aber zwischen Putgarten, dem

Ein ungleiches Paar – die Leuchttürme am Kap Arkona

atemberaubenden Kap und dem malerischen Fischerdorf Vitt.

Dem Massenandrang in der Hochsaison sollte man gelassen ins Auge sehen und sich einfach einen ganzen Tag für eine Erkundung des Kaps Zeit nehmen. Außer den großen Sehenswürdigkeiten wird ein reichhaltiges Veranstaltungs- und Kulturprogramm sowie viel Kunst geboten. Das Auto der Tagesbesucher bleibt auf dem Parklatz vor Putgarten stehen. Von dort geht es zu Fuß, mit dem Rad, per Bimmelbahn oder Pferdekutsche weiter. Der Name Putgarten ist übrigens aus dem Slawischen abgeleitet und bedeutet ›Unter der Burg‹.

Leuchttürme ► K 1

Schinkelturm und Neuer Leuchtturm: Juli/Aug. 10–19, Juni, Sept. tgl. 10–18, April/Mai, Okt. tgl 10–17, Nov.–März tgl. 11–16 Uhr; Marinepeilturm: Juli/Aug. tgl. 11–18, Juni, Sept. tgl. 11–17, Ostern–Mai, Okt. tgl. 11–16, Nov.–März Fr–So 12–16 Uhr; www.kap-arkona.de, Kombiticket 10 €

Das Kap wird von zwei Leuchttürmen gesichert. Der nur 19 m hohe **Schinkelturm,** der 1826/27 nach den Plänen des berühmten Baumeisters Karl Friedrich Schinkel erbaut wurde, beherbergt eine Ausstellung über Schinkels Schaffen sowie über Leuchttürme, Leuchtfeuer und Seezeichen. Abgelöst wurde er vom 32 m hohen **Neuen Leuchtturm,** der seit 1902 in Betrieb ist. Beide Türme können bestiegen werden.

Der dritte Kollege, ein **Marinepeilturm** mit gläserner Kuppel, wurde 1927 von der Reichsmarine zur Kontrolle des Ostseeverkehrs errichtet und beherbergt heute Kunstausstellungen und ein Schmuckatelier. Von oben bietet sich ein guter Blick auf die **Jaromarsburg** am Rande der ▷ S. 213

Auf Entdeckungstour

Die Slawen auf Rügen – ein grausames Volk?

Im Frühsommer 1168 landete der dänische König Waldemar mit seinen Truppen auf Rügen. Er zerstörte den berühmten Tempel von Arkona und zerschlug die Götterstatuen. Sein Sieg brachte das Ende der Eigenständigkeit der slawischen Stämme und ihrer Religion.

Reisekarte: ► K 1 und L 1

Dauer: Tagestour oder zwei Einzeltouren zu je 2–3 Std.

Planung: Gebührenpflichtige Parkplätze in Putgarten bzw. in Hagen. Von dort jeweils ca. 2 km zu Fuß oder mit dem Rad zur Jaromarsburg am Kap Arkona bzw. zum Burgwall am Herthasee.

Über die Ranen, die frühen slawischen Bewohner Rügens, schreibt der Zeitgenosse Helmold von Bosau um 1167: Sie sind » ... ein grausames Volk; sie wohnen inmitten des Meeres, sind unmäßig dem Aberglauben ergeben, nehmen unter allen Slawenvölkern den Vorrang in Anspruch, haben einen König und ein sehr berühmtes Heiligtum«. Das Heiligtum lag im Schutze einer mächtigen Burg im äußersten Norden Rügens. Es gibt unzählige Fundorte aus der Slawenzeit auf der Insel , doch die Festung zählt sicherlich zu den eindruckvollsten Hinterlassenschaften der Ranen.

Ein gewaltiger Burgwall über dem Meer

Benannt wurde die Burg nach dem letzten Fürsten der Ranen, der nach der Eroberung und Zerstörung Arkonas durch die Dänen das Christentum annahm und die erste Backsteinkirche auf Rügen (in Bergen) errichten ließ. Die Jaromarsburg erhebt sich in atemberaubender Lage hoch über der Ostsee, nur einige Spazierminuten entfernt von den berühmten Leuchttürmen des Kap Arkona entfernt. Eine Holztreppe führt hinauf auf den Burgwall, hinabsteigen – ins Innere – darf man jedoch nicht. Ca. 10 000 m^2 umfasst die vom Wall eingefasste Burgfläche heute, im 12. Jh. wird sie wenigstens doppelt so groß gewesen sein. Seither sind große Teile der Anlage durch Erosion und dem damit einhergehenden Küstenabbruch im Meer verschwunden.

Die Burg war von drei Seiten durch die bis zu 46 m tief zur Ostsee abfallende Steilküste geschützt. Im Westen riegelte sie ein etwa 200 m langer Erdwall zum Hochplateau hin ab. Im Innern der Anlage befand sich ein prunkvoller Tempel mit einem riesigen, bunt bemalten Standbild des Svantevit, des vierköpfigen Hauptgottes der Ranen. Eine künstlerische Nachbildung befindet sich heute am Fuße des Burgwalls. Der Tempel von Arkona empfing aus allen slawischen Ländern festgesetzte Abgaben, sodass eine Elitetruppe von 300 Berittenen unterhalten werden konnte. Aufgrund der extrem rauen Witterungsbedingungen auf dem ausgesetzten Kliff wird die Tempelburg nicht dauerhaft bewohnt gewesen sein.

Eine archäologische Sensation

Lange ging man davon aus, dass der eigentliche Tempelbereich bereits abgestürzt sei, doch bei Grabungen gegen Ende des 20. Jh. entdeckten Archäologen im Innenbereich des Burgwalls eine fast quadratische Fläche von etwa 30 x 30 m, die aus feinem Sand bestand und keinerlei Funde barg. Um diese sandige Fläche aber lagen die Fundstücke dicht an dicht – Eisenmesser bzw. deren Fragmente, Pfeilspitzen, Perlen, Silbermünzen bzw. Bruchstücke von Münzen sowie unzählige Teile von Kriegsausrüstungen.

Wahrscheinlich wurden hier – an der Außenwand des Tempels – Opfer niedergelegt. In einer mit Steinen abgedeckten Grube befanden sich Schädelreste von acht bis zehn Menschen, die auf Opferrituale schließen lassen. Mehrere mittelalterliche Quellen berichten von großen Opferfesten. Entgegen der Darstellung christlicher Chronisten waren Menschenopfer aber keineswegs die Regel, geopfert wurden vor allem Tiere – Rinder und Schafe. Von dem in Arkona gefundenen Knochenmaterial stammen aus der Zeit vom 9.–10. Jh. nicht einmal 1 % von Menschen. Erst im 11. und 12. Jh. – als sich der heidnische Kult in ständiger Auseinandersetzung mit dem

Christentum festigte – stieg die Zahl der Menschenopfer. In diesem Zeitabschnitt stammen mehr als 15 % der untersuchten Knochen von Menschen.

Ein slawischer Bildstein

Wer eine alte Götterdarstellung der Slawen sehen möchte, sollte bei der Fahrt zur Halbinsel Jasmund einen Abstecher nach Altenkirchen unternehmen. Die Dorfkirche entstand um 1200, sie gehört zu den ältesten Gotteshäusern auf Rügen. Im südlichen Chornebenraum befindet sich liegend eingemauert ein slawischer Reliefstein, der sogenannte Svantevit-Stein.

Er zeigt einen bärtigen Mann mit Füll- oder Trinkhorn und wird als eine Darstellung des Svantevit oder aber einer seiner Priester gedeutet. Grundlage für diese Interpretation ist der Bericht des dänischen Geschichtsschreibers Saxo Grammaticus (um 1140 bis um 1220) über ein hölzernes Standbild des Svantevit, der ein Trinkhorn in der Hand hielt, welches von einem Priester jedes Jahr neu gefüllt wurde. Aus den Überresten weissagte man die kommende Ernte.

Wofür der Stein ursprünglich gedacht war und wo er stand, ist nicht geklärt. Vergleichbare Reliefsteine findet man in der Petrikirche in Wolgast sowie an der Marienkirche in Bergen. Die Bildsteine – die einzigen steinernen Zeugnisse slawischer Bildhauerkunst – könnten in Kirchenwänden vermauert worden sein, um den Sieg, die Übermacht des Christentums über die heidnischen Götter zu demonstrieren.

Ein sagenumwobener See verborgen im Wald

Unweit des berühmten Königsstuhls mitten in der Stubnitz liegt der Herthasee, an dessen Ostufer sich ein slawischer Burgwall erhebt. Ursprünglich hieß der Wall einfach nur de *Burchwal*, der See wurde dementsprechend schlicht der Burgsee, wegen seiner dunklen Farbe auch Schwarzer See genannt. Die Umbenennung erfolgte im 17. Jh., als man den See fälschlicherweise als Ort des vom römischen Schriftsteller Tacitus (um 55 bis um 120 n. Chr.) geschilderten germanischen Nerthus-Kultes identifizierte.

Tacitus erzählt von einem heiligen Hain auf einer Insel im Ozean. Dort stehe ein geweihter Wagen, in dem sich die Göttin Nerthus – zu deutsch Hertha – durch die Lande fahren lasse. Nach der Rückkehr werde der Wagen in einem verborgenen See von Sklaven gewaschen, die nach getaner Arbeit getötet würden. Passend zum Bericht des Tacitus findet man in Burgnähe ›Opfersteine‹, die merkwürdige Rinnen und sogar Blutspuren aufweisen. Doch es handelt sich wohl nur um eine clevere Marketingidee. Die Steine sollen in den 1830er-Jahren von einem geschäftstüchtigen Mann zum See gebracht worden sein, um den Fremden etwas zeigen zu können.

Der slawische Burgwall am Herthasee aber ist ganz und gar echt und von beeindruckenden Ausmaßen. Er umfasst eine Innenfläche von 120 x 60 m. Der Hang zur Wallkuppe ragt an der höchsten Stelle heute immer noch etwa 17 m steil empor, im Innern beträgt die Höhe etwa 8 m. Der tief in den Wall gegrabene Hauptzugang zur Burg stammt nicht aus slawischer Zeit. Möglicherweise konnte man damals nur über eine Brücke vom See aus in die Burg gelangen. Der Wall ist frei zugänglich. Von oben schweift der Blick über den See. Fast mystisch ist die Stimmung am frühen Morgen oder gegen Abend, wenn die meisten Touristen die Wälder der Stubnitz schon wieder verlassen haben.

Steilküste. Der imponierende, 13 m hohe Wall ist der Rest einer mächtigen, slawischen Tempelburg (s. Entdeckungstour S. 210).

Strand ►K 1

Über eine steile solide Holztreppe gelangt man vom Kap hinunter ans Ostseeufer (42 m). Die erste Treppe wurde hier zu Beginn des 19. Jh. für die Fischer erbaut, ein weiterer Treppenstieg führt südlich des Burgwalls an den Geröllstrand, dem man bis in das Fischerdorf Vitt folgen kann. Feste Schuhe sind dabei von Vorteil: Am Strand liegen Unmengen schöner, aus dem Kreidekliff ausgewaschener Feuersteine. Die Chancen einen Hühnergott zu finden, sind hier größer als auf den Feuersteinfeldern bei Mukran. Mit Kindern sollte man für diesen Spaziergang eine halbe Stunde rechnen, leidenschaftliche Steinesammler brauchen länger.

Vitt ►K 1

Das ausgesprochen hübsche Fischerdörfchen kuschelt sich in eine kleine Schlucht unterhalb der Steilküste. In der achteckigen, 1806–1816 errichteten Kapelle am Eingang der Schlucht hielt seinerzeit der redebegabte Pastor Kosegarten den Fischern seine Uferpredigten. Die Lage der Kapelle hatte viel für sich: Sobald ein Heringsschwarm gesichtet wurde, konnten die Fischer in die Boote springen. Blieb der Hering aus, hörten sie die Predigt zu Ende. Damals war Vitt, wie der Name nahelegt, ein Handelsplatz für Hering. Am Strand von Vitt kann man Räucherfisch kaufen, es werden Boots- und Angelfahrten rund ums Kap Arkona angeboten.

Bakenberg ►K 1

Vom Kap Arkona folgt der Ostseeküsten-Radweg dem von einem schmalen Buchenwald gesäumten Steilufer immer gen Westen bis zu den kilometerlangen Sandstränden am Bakenberg. Von hier bis zum Dörfchen Nonnewitz ein Stück landeinwärts befand sich zu DDR-Zeiten das größte Erholungsgebiet Rügens mit mehreren Ferienhaussiedlungen und einem riesigen Campingplatz. Auch heute ist das Gebiet bei Badeurlaubern beliebt. Einige Ferienanlagen sind geblieben, wie sie waren, andere sind nach der Wende entstanden und eindeutig komfortabler. Westlich des Bakenbergs beginnt das neu ausgewiesene Naturschutzgebiet Nordwestküste. Aussichtsplateaus in der sich anschließenden **Kreptitzer Heide** gewähren Ausblicke auf die karg bewachsene Kliffküste.

Übernachten

Ruhig und doch immer was los – **Rügenhof:** Dorfstr. 22a, Putgarten, Tel. 038391 40 00, www.kap-arkona.de, FeWo ab 45–125 €. Im ehemaligen Pferdestall des Gutshofes befinden sich 15 unterschiedlich große Ferienwohnungen für 2–6 Personen.

Essen & Trinken

Am Weg zum Kap – **Helene-Weigel-Haus:** Dorfstr. 16, Putgarten, Tel. 038391 43 10 07, www.helene-weigel-haus.de, Mai–Okt. tgl. 13–18 Uhr. Das Café in dem etwa 200 Jahre alten Bauernhaus, das die Schauspielerin und Theaterleiterin Mitte der 1950er-Jahre für sich und ihren Mann Berthold Brecht als Feriendomizil erwarb, lädt zum Verweilen ein, bei schönem Wet-

ter draußen im Garten. Gelegentlich Ausstellungen und Lesungen.
Historisch – **Goldener Anker:** Haus 2, Vitt, Tel. 038391 121 34, www.gasthof-vitt.de, tgl. ab 11.30 Uhr, Fisch ab 9 €. Kleiner, 1646 erstmals erwähnter Gasthof. Die Küche ist bodenständig und für die Lage erstaunlich günstig. Gemütliche Gaststube und kleine Terrasse, Fischbrötchen zum Mitnehmen.

Einkaufen

Altes Handwerk – **Rügenhof:** Dorfstr. 22a, Vitt, Tel. 038391 40 00, www.kap-arkona.de. Auf dem 1890 erbauten, aus Herrenhaus, Stallung und Scheune bestehenden Gutshof gibt es einen Einkaufs- und Handwerksbasar, ein Café, einen Laden mit Erzeugnissen der Insel, eine Filzerei, eine Korbflechterei, einen Kerzenladen und für die Lütten einen Abenteuerspielplatz.

Wieker Bodden ► K 1/2

Am östlichen Ufer des Wieker Bodden liegt **Dranske.** Die Geschichte des Ortes, dessen Zentrum kasernenartige Bauten der 1930er-Jahre prägen, ist eng mit dem ehemaligen Marinestützpunkt der NVA auf der südlich gelegenen Halbinsel Bug verbunden. Mit der Schließung der Militäranlagen wurden auf einen Schlag fast alle Einwohner arbeitslos. Der Tourismus ist die einzige Alternative. Der **Hafen** wurde ausgebaut, die Bebauung farblich aufgefrischt. Ein schöner Sandstrand zieht sich entlang einer schmalen Landzunge zur lang gestreckten **Halbinsel Bug.** Sie steht heute unter Naturschutz und darf nur im Rahmen genehmigter Führungen betreten werden.

Der freundliche kleine Ort **Wiek** am westlichen Ufer des gleichnamigen Boddens blickt auf eine lange Tradition im Bootsbau zurück. Auch heute noch werden hier die sogenannten Wieker Boote gebaut, der Hafen wurde in einen Sport- und Yachthafen verwandelt. Sehenswert ist die leicht erhöht stehende, um 1400 entstandene **St.-Georgskirche,** ein gotischer Backsteinbau mit winzigen Dachtürmchen über einem imposanten Giebel. 8 km südlich von Wiek gelangt man zur **Wittower Fähre,** die die Halbinsel Wittow mit dem Hauptland von Rügen verbindet.

Übernachten

Nach Gutsherrenart – **Landhotel Herrenhaus Bohlendorf:** Etwa 2,5 km südöstlich von Wiek, Tel. 038391 770, www.bohlendorf.de, DZ und FeWo ab 99–119 €. Schönes Anwesen mit 18 Zimmern, zwei Suiten und neun Ferienwohnungen für 2–4 Personen in einem großen ruhigen Park. Im hauseigenen Restaurant kann man sich kulinarisch verwöhnen lassen (Hauptgerichte ab 11 €).

Essen & Trinken

Gastliches Urgestein – **Schifferkrug:** Hauptstr. 2, Kuhle, 3 km nördl. von Wiek, Tel. 038391 84 60. Rügens älteste Gastwirtschaft, hier werden seit 1455 Speisen und Getränke gereicht, urige, niedrige Räume, einfache gute Fischgerichte.

Aktiv & Kreativ

Unkompliziert – **Wassersportschule UST Rügen:** Am Ufer 14, Dranske, Tel. 038391 898 98, www.ustruegen.de. Windsurfen, Kiten und Segeln, Kanu-

und Kajakfahren. Mit Fahrradverleih, Shop und Surfbar. Günstige Übernachtung im NoHotel Gästehaus möglich.

Infos

Informationsbüro
Am Markt 5, 18556 Wiek, Tel. 038391 768 70, www.wiek-ruegen.de.

Verkehr
Wittower Fähre: Ganzjährig tgl. Pendelverkehr, s. S. 21.

Rügens Westen ► J/K 2

Insel Ummanz ► J/K 2

Seit 1901 verbindet eine Brücke Rügen mit der **Insel Ummanz.** Soweit das Auge reicht weites, ebenes Land – Wiesen, Äcker und Weiden, auf denen Herden von Haflinger-Pferden und Rauhwolligen Pommerschen Landschafen grasen. Der größte Teil der Insel gehört zum Naturpark Rügen, der südlichste und der östlichste Zipfel zum Nationalpark Vorpommersche Boddenlandschaft. Die Boddenküste ist durch Deiche geschützt und vielerorts von einem dichten Schilfgürtel gesäumt. Ummanz ist Durchzugsgebiet von Kranichen, Blesshühnern, Saat- und Graugänsen, mehr als 100 Vogelarten überwintern hier. In **Tankow** im Osten von Ummanz gibt es einen Beobachtungsstand, von dem aus sich im Herbst die Kraniche beim Flug von und zu ihren Futterplätzen gut beobachten lassen.

Waase ► K 2

Die größte Sehenswürdigkeit des Dorfes gleich hinter der Ummanzer Brücke ist die anno 1322 als *Ecclesia Omanz* erstmals erwähnte **St.-Marienkirche.** Eine Kostbarkeit ist das Antwerpener Retabel, ein spätgotischer Schnitzaltar aus dem Jahr 1520. Im **Museum Alte Küsterei** dokumentiert die Ausstellung ›Westrügen‹ die Entwicklung und Entstehung sowie die Besonderheiten der Region (Neue Str. 63 a, Mai, Sept/Okt. tgl. 10–16, Juni–Aug. tgl. 10–17 Uhr, Eintritt frei).

Übernachten

Ein Kinderparadies – **Bauernhof Kliewe:** Dorfstr. 1, Mursewiek/Ummanz, Tel. 038305 81 30, www.bauernhof-kliewe.de, FeWo ab 84–124 €. Bauer Kliewe ist Geflügelzüchter, das Federvieh schnattert auf den Weiden rings um den Hof. Vermietet werden neun Ferienwohnungen (4–8 Pers.) Es gibt viele Veranstaltungen, einen Hofladen und ein Restaurant.

Familienfreundlicher Erlebnishof – **Bauer Lange:** Hof Nr. 37, Lieschow/Ummanz, Tel. 038305 551 17, www.bauer-lange.de, FeWo 2–6 Pers. 55–110 €. Wer mag, kann auch in Heu- und Malwagen nächtigen (10 €/Pers.). Es gibt einen Hofladen (in der Saison tgl. 11–18 Uhr). In der Scheune werden regional-typische Speisen aufgetischt.

Einkaufen

Feine Schnäpse – **Erste Edeldestillerie auf Rügen:** Lieschow 17, Tel. 038305 553 00, www.1ste-edeldestillerie.de, Kernzeit Mo–Fr 10–16 Uhr. Edle Obstbrände aus teilweise alten, schon fast vergessenen Obstsorten.

Kaffee, Schokolade & Wein – **Show-rösterei & Café:** In der Pfarrscheune Ummanz in Waase, www.ostseekaffee.de, Di–So ab 10 Uhr. Eine Filiale der Sassnitzer Show-Rösterei Ostsee-Kaffee mit Konditorei und Cafégarten.

Mein Tipp

Fernab des Trubels – Gut Kartzitz ► K 2

Zum Gut Kartzitz, ca. 10 km nordöstlich von Gingst, gehört ein wunderbarer Park. Die ursprünglich barocke Anlage wurde um 1800 im Stil eines englischen Landschaftsparks umgestaltet. Im Gutshaus, das vom zugänglichen Teil des Parks durch einen breiten Wassergraben getrennt ist, können Urlauber in stilvollen Ferienwohnungen Quartier nehmen. Mit einer kleinen Kabelfähre können Sie in den Park übersetzen, der auch für Nicht-Hotelgäste frei zugänglich ist, die Anfahrt ist ausgeschildert (Am Park 6, Kartzitz, Tel. 03838 31 59 30, www.gut-kartzitz.de, DZ ab 80 €).

Aktiv & Kreativ

Ein klasse Revier – **Windsurfing-Rügen/Kite Island:** Ostseecamp, Suhrendorf, Tel. 038305 822 40, www.surfen-auf-ruegen.de. Surfen und Kiten, Kurse und Camps. In der Saison ist hier einiges los, es gibt einen Beach Club, Grillabende und Kinovorstellungen.

Infos

Ummanz-Information
Neue Str. 63a, 18569 Waase, Tel. 038305 534 81.

Gingst ► K2

Der kleine Ort gehörte einmal neben Garz und Bergen zu den wichtigsten Handelszentren auf Rügen. Am Markt findet man das **Rathaus,** einen **Gasthof** und die **Jacobikirche.**

St. Jacobi

Das um 1300 erbaute Kirchengebäude wurde nach einem Brand im Jahre 1726 barock umgestaltet. Der kantige Westturm erhielt eine geschwungene Haube. Eine Kostbarkeit ist die spätbarocke Orgel des berühmten Baumeisters Christian Kindten (1790). In den Sommermonaten finden in der Kirche Konzerte statt.

Historische Handwerkerstuben

Karl-Marx-Str. 19/20, Tel. 038305 304, www.historische-handwerkerstuben-gingst.de, Juni–Aug. tgl. 10–17, Mai, Sept. Mo–Sa 10–17, Okt. Mo–Sa 10–16, Nov.–April Mo–Fr 10–17 Uhr, 2 €

In zwei schilfgedeckten Fachwerkbauten aus dem 18. Jh. wird die Geschichte des dörflichen Handwerks dokumentiert. Gingst war ein bedeutendes Zentrum der Damastweberei. Die Museumsscheune beherbergt einen Laden mit Kunsthandwerk und ein gemütliches Café.

Rügenpark

Mühlenstr. 22b, Tel. 038305 550 55, www.ruegenpark.de, April–Juni Di–So 10–18, Juli/Aug. tgl. 10–19, Sept./Okt. Di–So 10–17 Uhr, Eintritt ab 12 Jahre 8,50 €, Kinder nach Größe 1,50 €–6,50 €

Eine Mischung aus Miniaturland und Vergnügungspark mit Fahrattraktionen von der Riesenrutsche, Nautic-Jets bis zum Scooter.

Übernachten, Essen

Feines Landleben – **Boldevitzer Rügenkaten:** Dorfstr. 17, Parchtitz/Boldevitz, 7 km südöstl. von Gingst Tel. 03838 31

39 76, www.ruegenkaten.de, FeWo ab 60–80 €. Stilvoller Urlaub im Gut Boldevitz. Geschmackvolle Wohnungen im Herrenhaus und in strohgedeckten Katen. Wer mag, kann sein eigenes Pferd mitbringen oder Reitunterricht nehmen.

Schaprode ► J 2

In Schaprode legen die Fähren zur Insel Hiddensee ab. Das Dorf wird darum meist nur als Durchgangsort bzw. Parkplatz von Hiddenseefahrern wahrgenommen. Schade eigentlich, denn den alten Fischerort am Schaproder Bodden schmücken hübsche Kapitäns- und Fischerhäuser. Lohnenswert ist ein Besuch der **St. Johanniskirche.** Die ältesten Teile des spätromanischen Backsteinbaus stammen aus dem 13. Jh. (Chor) und dem 15. Jh. (Langhaus).

Mein Tipp

Spazieren im Park – Pansevitz ► K 2
Idyllische Teiche, eine kleine Liebesinsel, geschwungene Wege zwischen weiten Rasenflächen und alte Bäume prägen den weitläufigen Schlosspark von Pansevitz, etwa 4 km östlich von Gingst. Das Renaissanceschloss selbst ist nur noch als Ruine vorhanden. Eine Spindeltreppe führt in der Turmruine nach oben und erlaubt einen Blick über das im englischen Landschaftsstil angelegte Gelände. Seit 2006 wird der angrenzende Wald als Urnenfriedhof genutzt. Die Stiftung Schlosspark Pansevitz lädt zu kostenlosen FriedWald-Führungen ein (www.stiftung-schloss park-pansevitz.de).

Übernachten

Vier Sterne – **Zur Alten Schmiede:** Poggenhof 25, Tel. 038309 705 00, www.ruegenschmiede.de, DZ ab 93 €, FeWo 116 €. 2 km nördlich vom Hafen, gepflegte Zimmer und Ferienwohnungen, Dampfbad und Sauna. Im Restaurant wird bodenständige, norddeutsche Küche serviert.
Am Wasser – **Camping Am Schaproder Bodden:** Lange Straße 24, Tel. 038309 12 34, www.campingplatz-schaprode.de, April–Okt. 150 überwiegend sonnige Stellplätze, Badestrand mit kinderfreundlicher Flachwasserzone, Restaurant Strandgut.

Essen & Trinken

Schulspeisung – **Zur Alten Schule:** Lange Str. 31, Tel. 038309 14 54, ab 10 €. Der Gastraum sieht aus wie ein Schulmuseum mit alten Sitz- und Schreibbänken. Das Tagesmenü steht auf der Schiefertafel. Die Speisekarte bietet Rügener Spezialitäten.

Infos

Verkehr

Reederei Hiddensee: Personenfähren zu allen drei Hiddensee-Häfen, s. S. 21.
Bus: Regelmäßige Verbindung mit der Linie 35 ab Bergen, in der Woche fast stündlich, Sa/So 6 x tgl., teilweise mit Fahrradanhänger. Der Busfahrplan ist auf die Hiddenseefähren abgestimmt. Info: www.rpnv.de.
Parkplätze: Ein großer Parkplatz ist am Ortseingang ausgeschildert, von dort sind es fünf Spazierminuten zum Hafen.

Rügens schöne kleine Schwester – Hiddensee ! ► J 1/2

Wie ein Wellenbrecher liegt das knapp 17 km lange Eiland vor Rügen und bekommt die von Westen heranbrechenden Naturkräfte besonders zu spüren. Durch Deiche, Steinwälle und Anpflanzungen wird dem Wirken von Wind und Wellen Paroli geboten. Davon bemerken Gäste nicht viel, sie sind einfach bezaubert von der unvergleichlich schönen und vielfältigen Insellandschaft, mit Steilküste im Norden und Dünenheide im Süden. Die Orte Kloster, Vitte und Neuendorf verteilen sich von Nord nach Süd, sie alle haben einen kleinen Hafen. Im Sommer, wenn die Tagesgäste ausschwärmen, ist hier viel los. Ein Trost im Trubel: Kein störender Motorenlärm unterbricht die Ruhe der Insel, private Autos sind nicht zugelassen, Fahrräder prägen das Bild, Pferdekutschen zuckeln über teilweise noch unbefestigte Wege.

Die Hiddenseer sind bodenständig geblieben. Jahrhundertelang lebten sie mehr schlecht als recht von der Fischerei und Landwirtschaft, bis nach 1880 die ersten Feriengäste kamen. Es waren zunächst vor allem Künstler und Denker, die die abgelegene Insel aufsuchten, darunter Thomas Mann, Albert Einstein, Gustav Gründgens, Sigmund Freud, Hans Fallada, Joachim Ringelnatz und nicht zuletzt der Dichter und Literaturnobelpreisträger Gerhart Hauptmann. Sie fanden hier Erholung und Inspiration zugleich.

Infobox

Information

Insel Information Hiddensee: Norderende 162, 18565 Vitte, Tel. 038300 64 20, www.seebad-hiddensee.de.

Anreise

Fähren: Die Schiffe der Reederei Hiddensee verkehren ganzjährig zwischen Rügen (Schaprode) und Hiddensee, in der Hochsaison bis zu zwölf Abfahrten am Tag. Von Stralsund aus wird die Insel von April bis Oktober sowie zwischen Weihnachten und Neujahr bis zu viermal täglich angelaufen (www.reederei-hiddensee.de).

Wassertaxi-Hiddensee: Tag und Nacht von Schaprode und Stralsund, Info über die Reederei Hiddensee.

Fahrradverleih

Die Mitnahme des eigenen Fahrrads auf der Fähre kostet in etwa so viel wie die Miete eines einfachen Tourenrades auf der Insel. An allen Hiddenseer Häfen gibt es einen Fahrradverleih. Es ist möglich, ein Rad in Neuendorf zu mieten und in Kloster wieder abzugeben.

Kloster ► J 1

Im nördlichsten Ort der Insel ist reichlich was los, wenn die Fähre Scharen von Tagesbesuchern entlässt. Wer sich am Hafen kein Fahrrad mietet, zieht von hier zu Fuß los, der Kirchweg liegt etwas oberhalb des Hafens, an dieser lang gestreckten Achse befinden sich die Hauptsehenswürdigkeiten: Gen Westen führt sie zum Inselmuseum und dem dahinter liegenden sandigen Weststrand, gen Osten zur Inselkirche und zum Gerhart-Hauptmann-Haus. Nur von einem Kloster keine Spur. Das im Jahr 1296 von Mönchen des Klosters Neuenkamp (heute Franzburg) gegründete Kloster wurde mit der Säkularisierung 1534 geschlossen. Bereits 1648, als die Schweden die Insel übernahmen, soll – mit Ausnahme der Kirche – von den Klostergebäuden kaum noch etwas vorhanden gewesen sein.

Inselkirche

Kirchweg, www.kirche-hiddensee.de, tagsüber geöffnet

Das 1332 geweihte Gotteshaus ist das älteste Bauwerk der Insel, auch wenn nur noch seine Grundmauern aus der Gründungszeit stammen. Im Zuge der Renovierung und Umgestaltung gegen Ende des 18. Jh. erhielt der Innenraum das blaue hölzerne Tonnengewölbe, dessen außergewöhnliche Rosenbemalung 1922 von dem Berliner Kunstmaler Nikolaus Niemeier entworfen und ausgeführt wurde. Die Kirche umgibt der alte Friedhof, viele der schlichten historischen Grabsteine schmückt nur die Hausmarke der jeweiligen Familie und das Todesjahr. Der größte Stein steht auf dem Grab Gerhart Hauptmanns.

Heimatmuseum

Kirchweg 1, Tel. 038300 360, Mai–Okt. tgl. 10–16 Uhr, Nov.–April Fr/Sa 11–15 Uhr, 2,50 €

Das liebenswerte, in der 1888 entstandenen Seenotstation untergebrachte Museum dokumentiert die Entstehung der Insel, die Geschichte des Zisterzienserklosters und die Entwicklung der Fischerinsel zum Seebad. Wechselnde Ausstellungen zeigen Werke von Künstlern, die eine Verbindung zu Hiddensee hatten oder haben.

Gerhart-Hauptmann-Haus

Kirchweg 13, Tel. 038300 397, Mai–Okt. tgl. 10–17 Uhr, Nov.–April 11–16 Uhr, Jan. geschl., 3 €

Die bekannteste und meist besuchte Attraktion des Ortes ist der ehemalige Sommersitz Gerhart Hauptmanns, der von 1885 bis 1943 regelmäßig auf Hiddensee zu Gast war. 1926 wohnte er erstmals im Haus Seedorn, das er 1930 kaufte. Das Arbeitszimmer mit Bibliothek, Schlafräume, Kreuzgang und Weinkeller vermitteln einen Eindruck, wie er hier lebte. Das Haus, in dem sich auch der Sitz der Gerhart-Hauptmann-Stiftung befindet, ist ausgestattet mit Bildern und Skulpturen befreundeter Maler sowie seines Sohnes Ivo Hauptmann.

Übernachten

Das erste Haus am Platz – **Hotel Hitthim:** Hafenweg 8, Tel. 038300 66 60, www.hitthim.de, DZ inkl. Halbpension 95–155 €, FeWo 89–135 €. Traditionsreiches Haus in unmittelbarer Hafennähe mit Aussicht auf den Bodden. Im hauseigenen Restaurant werden regionale und inseltypische Gerichte serviert.

Blick über die Wiesen – **Wieseneck:** Kirchweg 18, Tel. 038300 316, www.wieseneck-hiddensee.de, DZ 68–92 €. Die kleine 1913 erbaute Pension am südlichen Ortsrand verfügt über 17 Zimmer und ein nettes Restaurant, Café und Kneipe. Zum Strand sind es fünf Minuten.

Essen & Trinken

Ein Platz zum Wohlfühlen – **Zum kleinen Inselblick:** Birkenweg 2, Tel. 038300 234. Ein gemütliches Café-Restaurant mit schönem Biergarten, dazu ein origineller Trödelladen zum Stöbern und Entdecken. Das gastliche

Haus liegt etwas abseits am Ortsrand Richtung Dornbusch, es lohnt einen Abstecher.

Aktiv & Kreativ

Auf den Spuren der Künstler – **Literarische Führungen:** www.jena1800.de. Die Verlegerin Ute Fritsch führt Besucher im Sommerhalbjahr durch Kloster. Zum Ringelnatz-Spaziergang gibt's ein Sanddornschnäpschen, ein Glas Wein gehört zum poetischen Abendspaziergang an der Steilküste. Themen und Termine im Internet.
Inseltouren – **Malweiber und DDR-Geschichten:** www.hiddensee-kultur.de. Führungen unternimmt auch die Hiddenseer Autorin und Verlegerin Marion Magas.

Dornbusch ▶ J 1

Von Kloster Richtung Norden führt eine schmale Straße in den Ortsteil Grieben am Fuße des Dornbusches – eine atemberaubend schöne Hügellandschaft mit Ginster- und Sanddornbüschen und wildrankenden Brombeeren. Auf dem Bakenberg, der mit 72 m über dem Meer höchsten Erhebung der Insel, erhebt sich das Leuchtfeuer Dornbusch.

Leuchtfeuer Dornbusch

Mitte April–Okt. tgl 10.30–16 Uhr, Winteröffnungszeiten siehe Aushang, 4 €
Seit über 100 Jahren weist der 28 m hohe Leuchttum, der als das Wahrzeichen der Insel gilt, den Schiffen den Weg. Der 1888 in Betrieb genommene Ziegelbau im Hochland von Kloster wurde von 1927 bis 1929 mit einem Stahlbetonmantel versehen. Seit 1994 Jahre ist er zu besichtigen, 102 Stufen führen zur Aussichtsgalerie in 20 m Höhe.

Übernachten, Essen

Typisch Hiddensee – **Zum Enddorn:** Dorfstr. 6, Grieben, Tel. 038300 460, www.enddorn.hitthim.de, DZ 105–125 € inkl. Halbpension. Schöne Lage im idyllischen Ortsteil Grieben im Nordosten der Insel, etwa zehn Spazierminuten von Kloster. Gemütlich ist das Restaurant **Die Bilderkneipe,** dessen Wände schöne Inselbilder schmücken.
Oben im Wald – **Zum Klausner:** Im Dornbuschwald 1, Tel. 038300 66 10, www.klausner-hiddensee.de, Restaurant 11.30–22 Uhr, DZ 60–72, FeWo für 2 Personen ab 72 €, Haus ab 110 €. Eine

Der berühmte Inselblick und dazu der Duft von Holunder, Sanddorn und Meer

beliebte Ausflugsgaststätte im Dornbusch auf dem Hochland. Vermietet werden Zimmer, Apartments und Häuser. Romantisch das Haus Klaus für zwei Personen an der Steilküste.

Vitte ►J2

Das lang gestreckte, mittlere der drei Hiddenseer Dörfer ist Sitz der Inselverwaltung. Sein Name verweist darauf, dass hier im Mittelalter Heringe an Land gebracht, weiterverarbeitet (gesalzen) und anschließend verkauft wurden. Durch die vielen Neubauten hat der Ort den ursprünglichen Charakter einer Fischersiedlung weitgehend verloren. Im Süden von Vitte beginnt die **Dünenheide,** die sich bis Neuendorf erstreckt und besonders im August, wenn die Heide violett blüht, ein malerisches Bild bietet.

Blaue Scheune

Norderende 170, Galerie Mai–Sept. Mi, So 10–12 Uhr, ansonsten keine Besichtigung

Das im frühen 19. Jh. in der Nähe der Windmühle erbaute Gehöft ist ein ehemaliges *Rookhuus* (Rauchhaus). Weil es keinen Kamin gab, konnte der Rauch nur durch Ritzen und Spalten im Dach abziehen. Den namengebenden blauen Anstrich verdankt das Baudenkmal der Malerin Henni Lehmann (1887–1937), die es 1920 erwarb und zum Arbeits- und Ausstellungsort für den Hiddenseer Künstlerinnenbund ausbaute.

Karusel

Zum Seglerhafen 7, am Nordende von Vitte, nicht zugänglich

Den 1922 vom Architekten Max Taut entworfenen Rundbau erwarb Asta Nielsen im Jahr 1928. Von 1925 bis 1933 verbrachte der Stummfilmstar seine Sommerferien auf der Insel. »Nirgends ist man so jung, so froh und so frei wie auf dieser schönen Insel«, schwärmte die Dänin, deren Haus sich zu einem beliebten Künstlertreff entwickelte. Mit Joachim Ringelnatz (1883–1934), der oft bei ihr zu Gast war, verband sie eine tiefe Freundschaft. Nach der Machtergreifung durch die Nationalsozialisten verließ die Diva das Land und kehrte nie zurück.

Nationalpark Haus

Norderende 2, an der Straße nach Kloster, April–Okt. 10–16 Uhr, im Winter siehe Aushang

Seit 1990 ist Hiddensee in den Nationalpark Vorpommersche Boddenlandschaft integriert. In dem nördlichsten Haus von Vitte erhält man Informationen über den Nationalpark. Regelmäßig finden Vorträge zu Naturschutzthemen und naturkundliche Führungen statt.

Übernachten, Essen

Mit Restaurant und Kneipe – **Hotel-Restaurant Godewind:** Süderende 53, Tel. 038300 66 00, www.hotelgodewind.de, DZ 95–125 €, FeWo 95–165 €. Auf dem weiträumigen Grundstück des Hotels liegen 15 im altenglischen Stil eingerichtete Ferienwohnungen für 2–8 Personen Zum Strand sind es nur ein paar Schritte, zum Hafen fünf Minuten. Im Restaurant wird pommersche Küche mit mediterranem Einschlag serviert.

Ein Tag auf dem Wasser geht zu Ende – Abend im Yachthafen von Vitte

Aktiv & Kreativ

Wassersport – **Surf und Segel Hiddensee:** Norderende 163, Tel. 038300 605 25, www.surfundsegelhiddensee.de. Segel-, Catamaran- und Windsurfkurse, möglich sind auch Kajaktouren mit Guide.

Abends & Nachts

Traditionsreich und beliebt – **Zeltkino:** Kinowäldchen, Tel. 038300 606 74, www.zeltkino-hiddensee.de. Aktuelle und alte Filme im neuen Kino am neuen Standort.

Neuendorf ► J2

Ganz im Süden liegt der ruhigste Ort von Hiddensee. Das alte Fischerdorf steht komplett unter Denkmalschutz – weißgetünchte Reetdachhäuser auf grüner Wiese und Trampelpfade prägen das Ortsbild. Ein richtiges Zentrum gibt es nicht, auch keine Zäune, dafür jede Menge Platz. Über den Türen sind vielfach Hausmarken angebracht, die man auch an manchen Grabsteinen auf dem Friedhof in Kloster entdeckt. Mit Hilfe dieser Runen markierten die Menschen ihren Besitz. In den Dünen bei Neuendorf wurde der berühmte wikingerzeitliche Hiddenseer Goldschatz frei gespült.

Fischereimuseum Lütt Partie
Pluderbarg 7, Mai–Sept. 14– 17 Uhr, Eintritt frei, Spende willkommen
In einem reetgedecken ehemaligen Schuppen für Netze und Geräte am nördlichen Ortsrand haben Neuendorfer Fischer eine Ausstellung eingerichtet. Zwischen Netzen und Fischereigerätschaften gibt es viel zu entdecken. Die alten Fischer, die das Museum betreuen, geben gerne auf alle Fragen Antwort, plaudern über das Alltagsleben von früher und heute – schon allein deshalb sehr besuchenswert.

Gellen ► J2

Auf dem sandigen Pfad von Neuendorf gen Süden müssen Fahrradfahrer streckenweise absteigen, wer zu Fuß unterwegs ist, kann am Strand nach Neuendorf zurückkehren
Ein reizvolles Wanderziel ist der 10 m hohe **Süderleuchtturm.** Bereits im Jahre 1306 durften hier die Stralsunder eine sogenannte Luchte aufstellen, die mit Holz und Teer betrieben wurde. Am Leuchtturm vorbei gelangt man an den Strand. Viel weiter kann man sowieso nicht wandern, kurz hinter dem Leuchtturm ist Schluss, die Südspitze Hiddensees ist als Vogelschutzgebiet ausgewiesen und nicht zugänglich.

Übernachten, Essen

Es gibt einige Übernachtungsmöglichkeiten im Dorf, die Einrichtung ist häufig etwas altbacken, aber der Kontakt mit den Neuendorfern immer nett.
Familiär – **Stranddistel:** Plogshagen 15, Tel. 038300 393, www.stranddistel-hiddensee.de, DZ 59 €. Gaststätte und Pension 150 m vom Strand entfernt. Zwei Doppelzimmer sind zu mieten, Aufbettung im größeren der beiden Zimmer möglich. Vielseitige Küche.

Aktiv & Kreativ

Fahrräder – **Freizeitladen Leschner:** Schaulbarg 7, Tel. 038300 477, www.freizeitladen-hiddensee.de. Der Laden am Schaulbarg ist ganzjährig geöffnet, die Filiale am Hafen nur in der Saison.

Das Beste auf einen Blick

Von Stralsund nach Ueckermünde

Highlights !

Stralsund: Gastfreundlich und lebendig präsentiert sich die malerische Hafenstadt. Die beste Aussicht über die von Wasser inselartig umschlungene Altstadt bietet sich vom Turm der Marienkirche. Aus luftiger Höhe schweift der Blick über rote Ziegeldächer und spitze Backsteingiebel zur prachtvollen Nikolaikirche. S. 226

Greifswald: Im Jahre 1456 wurde die Universität gegründet, bis heute prägen Studenten das Bild der charmanten Hansestadt. Mit Stolz verweist Greifswald auf seinen berühmtesten Sohn, den Romantiker Caspar David Friedrich, dessen Spuren der Bildweg folgt. S. 239

Auf Entdeckungstour

Die Hanse in Stralsund: Dass Stralsund als Welterbe ausgezeichnet wurde, hat es der Hanse zu verdanken. Auf dem Höhepunkt hanseatischer Machtentfaltung gehörte Stralsund zu den reichsten Städten im Ostseeraum. Man sieht es der Stadt heute noch an. S. 228

Paddeln auf der Peene: Der Amazonas des Nordens wird die Peene genannt. Nur ein paar Paddelschläge von der Zivilisation begegnet man Bibern, Seeadlern und Eisvögeln. Die Kanutour führt vom Anklamer Hafen flussaufwärts Richtung Menzlin in altes Wikingerland. S. 250

Kultur & Sehenswertes

Ozeaneum: Stralsund darf sich mit Europas Museum des Jahres 2010 brüsten. Über eine lange, frei schwebende Rolltreppe gelangt man in die Welt der nördlichen Meere. S. 232

Pommersches Landesmuseum: Die auch architektonisch bemerkenswerte Einrichtung in Greifswald präsentiert Geschichte und Kunst der Region. S. 242

Otto-Lilienthal-Museum: Das Haus in Anklam, dem Geburtsort des Flugpioniers, zeigt faszinierende Fluggeräte in Originalgröße und fantasievolle Flugobjekte. S. 249

Aktiv & Kreativ

Ukranenland in Torgelow: An der Uecker kann man in einem rekonstruierten Slawendorf Handwerkern bei der Arbeit zuschauen, aber auch selbst töpfern und filzen. S. 253

Genießen & Atmosphäre

Skandinavische Bootsgräber: Der archäologische Fundort in Menzlin westlich von Anklam entpuppt sich als traumhaft schöner Platz für ein Picknick an der Peene. S. 252

Stolper Fährkrug: Über 300 Jahre alt ist das denkmalgeschützte Gasthaus in Stolpe. Im Sommer sitzt man bei schönem Wetter draußen im Biergarten mit Blick auf die Peene. S. 252

Abends & Nachts

Zur Fähre: Eine der ältesten Kneipen Europas, erstmals erwähnt im Jahre 1332, befindet sich in Stralsund. S. 238

Café Koeppen: Thresenlesungen und kleinere Konzerte, dazu ein Glas Wein – das ist gepflegte Abendkultur in Greifswald. S. 246, 247

Pommersche Hansestädte

Die vorpommerschen Hansestädte blicken stolz auf eine bemerkenswert internationale Geschichte zurück, die nicht nur durch die Hanse, sondern auch die Zeit der Schwedenherrschaft geprägt war. Bedeutende Bauwerke der Backsteingotik künden bis heute von der Macht und dem Reichtum vergangener Tage. Die Hansestadt Stralsund war die mächtigste und reichste unter ihnen. Die Universitätsstadt Greifswald zog die Gelehrten an, sie ist auch der Geburtsort Caspar David Friedrichs. Die altehrwürdigen Orte sind zugleich Sprungbrett zu den Inseln. Die neue elegante Rügenbrücke verbindet Stralsund mit Rügen. Wolgast und Anklam bilden die Tore nach Usedom. Greifswald liegt auf halbem Weg zwischen beiden Inseln. Nur Ueckermünde ist einfach es selbst, ein beschauliches Hafenstädtchen an der Mündung der Oder ins Stettiner Haff – eine stille, naturschöne Region abseits der touristischen Hauptpfade.

Infobox

Information

Zielgerecht informieren die Webseiten der einzelnen Städte, übergreifend www.vorpommern.de.

Anreise und Weiterkommen

Bahn: IC Strecke Rostock – Stralsund – Greifswald, mit direkter Anbindung an Berlin bzw. Hamburg. Gute Verbindungen mit Regionalbahnen zwischen Rostock, Barth, Stralsund, Greifswald und Anklam sowie Berlin (www.bahn.de).

Usedomer Bäderbahn (UBB): Im Stundentakt geht es von Stralsund über Greifswald, Züssow und Wolgast nach Usedom (www.ubb-online.com.)

Stralsund ! ► J3

Stralsund ist eine faszinierend facettenreiche Stadt, urban und jung, aber zugleich alt und ehrwürdig. »Vom Meere erzeugt, dem Meere ähnlich. Auf das Meer ist sie bezogen, in ihrer Erscheinung und in ihrer Geschichte«, schrieb die Schriftstellerin Ricarda Huch 1927 über die Stadt am Strelasund. Am 31. Okt. 1234 verlieh Fürst Wizlaw von Rügen der kleinen Ortschaft Stralow das lübsche Stadtrecht. Mit dem Beitritt zum Bund der Hanse im Jahre 1293 war dann der Grundstein für die Entwicklung zu einer der einflussreichsten Handelsstädte im südlichen Ostseeraum gelegt. Nach dem Niedergang der Hanse nahm die Bedeutung Stralsunds ab, die wichtigsten wirtschaftlichen Standbeine aber blieben Handel und Schiffbau.

Die beste Aussicht über den Hafen mit der Werft und die von Sund und Teichen inselartig umschlungene Altstadt bietet sich vom über 100 m hohen Turm der Marienkirche. Aus luftiger Höhe schweift der Blick über Gassen und Quergässchen, rote Ziegeldächer, spitze Backsteingiebel, Fassaden mit kunstvoll durchbrochenem Mauerwerk zu den stolzen Kirchtürmen von St. Nikolai und St. Jakobi. Die Sanierung der Altstadt wurde 2002 durch die Aufnahme ins Welterbe belohnt. Jedoch sind längst nicht alle der 800 von der UNESCO gelisteten Einzeldenkmäler renoviert. Noch ist viel zu tun, es ist eine spannende Zeit.

Alter Markt und nördliche Altstadt

Einen Stadtbummel beginnt man am besten im Herzen der Stadt – am weiträumigen, von schönen Giebelfronten gesäumten **Alten Markt.** Das gotische **Wulflamhaus** 1, das prachtvolle **Rathaus** 2 und die mächtige **Nikolaikirche** 3 künden vom Reichtum der Hansestadt (s. Entdeckungstour S. 228). An Stralsunds fast zweihunderjährige Schwedenzeit erinnert das **Commandantenhus** 4 am Alten Markt 14, das bis 1815 als Residenz des schwedischen Stadtkommandanten diente. In der **Mühlenstraße** und der **Badenstraße** entdeckt man schön sanierte Giebelhäuser – in Vanillegelb, Ocker und Rostrot, andere noch in trostlosem Grau.

Fährstraße

Die Fährstraße beeindruckt mit einer ganzen Zeile herrschaftlicher Bürgerresidenzen aus dem Barock mit reich verzierten hölzernen Portalen und hohen Flügeltüren. Eine architektonische Kostbarkeit ist das unter Denkmalschutz stehende **Scheele-Haus** 1 (Nr. 23/24). Es besteht aus zwei miteinander verbundenen Giebelhäusern aus der Mitte des 14. Jh. Benannt sind sie nach Carl Wilhelm Scheele, dem Entdecker des Sauerstoffs, der hier 1742 geboren wurde. Nach langem Leerstand verspricht der 2010/2011 aufwendig sanierte Gebäudekomplex feine hanseatische Gastlichkeit.

Johanniskloster 5

Am Johanniskloster 35, Tel. 03831 66 64 66, wegen Sanierung bis voraussichtlich Ende 2011 geschlossen

An der nördlichen Stadtmauer, unweit des Hafens, liegt das 1254 von Franziskanern gegründete Kloster St. Johannis, das sich zu einem der bedeutendsten Klöster Norddeutschlands entwickelte. Die Reformation beendete die Blütezeit des Klosters, das in den Besitz der Stadt gelangte und in ein Armenhaus umfunktioniert wurde.

Durch einen Torbogen betritt der Besucher zunächst einen malerischen, von kleinen Fachwerkgebäuden gesäumten **Innenhof** – eine begehrte Stralsunder Wohnadresse. Im Zentrum der Klosteranlage, die heute als Stadtarchiv, Konzertbühne und Ausstellungsraum genutzt wird, befindet sich der idyllische **Kreuzgang.** Der Räucherboden im Obergeschoss wurde noch bis 1970 von alten Leuten bewohnt, einer der winzigen Wohnkammern ist im Rahmen einer Führung zu besichtigen. Von der mittelalterlichen **Klosterkirche** St. Johannis blieben seit dem verheerenden Bombenangriff im Oktober 1944 nur die Außenmauern. In der Chorruine steht eine vergrößerte Kopie der »Pietà« von Ernst Barlach – ein Mahnmal an die Opfer und die Unmenschlichkeit des Krieges.

Stadtbefestigung

Seit Ende des 13. Jh. war Stralsund von einer steinernen Stadtmauer umgeben. Abschnitte der Befestigungsanlagen blieben am Johanniskloster und entlang dem Knieperwall erhalten, ao auch zwei von ehemals insgesamt zehn Stadttoren. Das **Kniepertor** 6 erhielt seine heutige Form im 15. Jh. Neben das **Kütertor** 7 aus der Mitte des 15. Jh. duckt sich stadteinwärts das historische **Torschließerhaus,** das ein gemütliches Restaurant beherbergt.

Neuer Markt und südliche Altstadt

Vom Alten Markt führt die Mönchstraße am Katharinen-Klos- ▷ S. 231

Auf Entdeckungstour

Die Hanse in Stralsund – mächtig, prächtig, international

Dass Stralsund zusammen mit Wismar 2002 als UNESCO-Welterbe ausgezeichnet wurde, hat es der Hanse zu verdanken. Auf dem Höhepunkt hanseatischer Machtentfaltung gehörte Stralsund zu den bedeutendsten und reichsten Städten im Ostseeraum. Man sieht es heute noch.

Cityplan: Stralsund S. 233

Dauer: Ca. 1–2 Std.

Öffnungszeiten: Wulflamhaus, Alter Markt 5, tagsüber frei zugänglich. **Wulflamstuben,** www.wulflamstuben.de, tgl. ab 11 Uhr, Hauptgerichte ab 11 €. **Rathaus,** Alter Markt 9, tagsüber frei zugänglich. **Nikolaikirche,** Alter Markt, www.nikolai-stralsund.de, April–Okt. Mo–Sa 9–18 (Juni–Aug. bis 19 Uhr) Uhr, So 13–17 Uhr, Nov.–März Mo–Sa 10–16 Uhr, 2 €, Gottesdienst So 10.30 Uhr.

»Stralsund und Wismar repräsentieren idealtypisch die entwickelte Hansestadt während der Blütezeit des Städtebundes im 14. Jh.«. So begründete die UNESCO-Kommission die Aufnahme der beiden Ostseestädte in das Welterbe. Es ist unglaublich, wie viel historische Bausubstanz in Stralsund erhalten geblieben ist, wurde doch im Zweiten Weltkrieg über ein Drittel aller Wohnungen von Bomben zerstört oder beschädigt. Auch nach dem Krieg riss man unzählige Häuser wegen Baufälligkeit ab. Während in den Vorstädten Plattenbausiedlungen in die Höhe wuchsen, verkam die Altstadt. Die Wende brachte die Wende. Stralsund wurde mithilfe der Programme zur Städtebauförderung und zum Städtebaulichen Denkmalschutz saniert.

Der reichste Ratsherr

In einem der prächtigsten und bekanntesten Bürgerhäuser im Stil der Backsteingotik, dem **Wulflamhaus** 1 am Alten Markt, hat das Welterbe Management der UNESCO seinen Sitz. Bauherr des nachweislich vor 1358 entstandenen Giebelhauses war der äußerst machtbewusste Bertram Wulflam, der zu seiner Zeit als der reichste Mann im Ostseeraum galt. Er entstammte einer wohlhabenden und geschäftstüchtigen Tuchhändlerfamilie. Von 1364 bis 1391 war Wulflam Bürgermeister von Stralsund und vertrat die Stadt als geschickter Diplomat auf den Hansetagen und bei den Verhandlungen mit Dänemark.

Wulflams selbstherrliches Verhalten stieß auf zunehmende Kritik. So bewahrte er jahrelang die Stralsunder Steuergelder in seinem Haus auf, bis ihn die Bürger zur Rede stellten und Rechenschaft forderten. Bei Nacht und Nebel verließ Wulflam die Stadt und floh nach Lübeck. Die Hanse unterstützte ihn und drohte Stralsund mit der Verhansung, das heißt dem Ausschluss aus dem Hansebund. Die Stralsunder gaben nach, die Wulflams erhielten ihre Macht zurück. Zu spät allerdings für den alten Wulflam, er kehrte im Sarg zurück, den sein Sohn demonstrativ auf dem Bürgermeisterstuhl platzierte.

Noch heute beeindruckt sein prachtvolles Haus, dessen Fassade mit aufwendigen Schmuckformen, den polygonen Pfeilern und dem Wechsel zwischen glasierten und unglasierten Backsteinen der des Rathauses ähnelt. Sie bringt den Machtanspruch Wulflams auch nach über einem halben Jahrtausend noch eindrucksvoll zur Geltung. Eine architektonische Seltenheit ist das über der Diele gelegene Saalgeschoss, das reinen Repäsentationszwecken diente. In der öffentlich zugänglichen Diele steht ein detailgetreues Modell der historischen Altstadt von Stralsund. Daneben kann man in den Wulflamstuben rustikale Speisen mit Blick auf die Nikolaikirche und das Rathaus genießen.

Das schönste Rathaus

Das Stralsunder **Rathaus** 2 ist eine weitere Perle der Backsteingotik. Die vergleichsweise bescheidenen Anfänge des Vier-Flügel-Bauwerks reichen in die Mitte des 13. Jh. zurück. Das zunächst nur aus zwei Langhallen bestehende Gebäude diente als Kaufhaus *(kophus).* In den in Nord-Süd-Richtung sowie in Ost-West-Richtung verlaufenden Durchgängen waren über 40 Ladengeschäfte untergebracht. Der sogenannte Buttergang führt direkt zum Westportal der Nikolaikirche. Es scheint, als hätten die Kaufleute diese praktische Kurzverbindung auch schon mal mit ihrem Vieh genutzt. Aus dem Mittelalter ist jedenfalls eine Verordnung überliefert, die untersagte, während der Messe Vieh durch die Kirche zu treiben.

Nachdem die Hanse ihre größte Bewährungsprobe – das Kräfteringen mit dem dänischen Königreich – erfolgreich bestanden hatte, befand sie sich mit dem im Mai 1370 geschlossenen Frieden von Stralsund auf der Höhe ihrer Macht, die ihren sichtbaren Ausdruck in prachtvoller Baukunst fand. Die selbstbewussten Stralsunder hatten bereits um 1340 ihr ohnehin schon stattliches Rathaus verschönert und mit der berühmten, von sechs Dreiecksgiebeln gekrönten Schmuckfassade versehen. Unterhalb der Blendbögen über den Spitzbogenfenstern sind die Wappen der wichtigsten Hansestädte zu sehen. Zur Hansezeit empfingen die Ratsherren in dem prachtvollen Gebäude Könige, Fürsten und Gesandte aus aller Herren Länder. Ein Angeberbau von beeindruckender Schönheit!

Die prachtvollste Kirche

In jenen Jahren reger Bautätigkeit erhielt auch **St. Nikolai** 3 ein ansehnliches neues Erscheinungsbild. Das 1276 erstmals erwähnte Gotteshaus – vermutlich eine schlichte Hallenkirche mit einfachem Turm – wurde Ende des 14. Jh. nach dem Vorbild der Lübecker Marienkirche zu einer imponierenden Basilika mit Doppelturm umgebaut.

Die Kirche kann heute nur noch vom Markt aus betreten werden, das Westportal ist geschlossen. Das Innere von St. Nikolai überwältigt mit seiner unglaublichen Farbigkeit und Fülle an sakralen Kunstschätzen, ebenso wie mit Hinweisen auf den profanen Handelsalltag. Für die Hanseaten war das Gotteshaus keine heilige Halle, die nur zur Messfeier betreten werden durfte. Im Gegenteil! Hier fanden die Versammlungen der einzelnen Zünfte statt. Es wurden auch regelmäßig Märkte abgehalten. In einer Nische saß der Ratsschreiber, der die Korrespondenz für Stralsunder erledigte, die nicht lesen und schreiben konnten. Es wurden Geschäfte getätigt, aber natürlich auch Gottesdienste gefeiert.

Im ausgehenden Mittelalter soll es in St. Nikolai neben dem großen Hochaltar noch 56 kleinere Schnitzaltäre gegeben haben. Viele von ihnen standen in Verbindung mit einem Gestühl. Die unterschiedlich geräumigen Gestühle waren repräsentativer Sitz, das heißt Versammlungsort einzelner Vereinigungen, Zünfte und Familien. Die reichen Gilden blieben gerne unter sich. Eine Inschrift auf dem Kramergestühl aus dem 16. Jh.warnt vor unbefugtem Betreten: *»Dat ken Kramer ist/ De Blief da buten/Oder ick schla/Em up de schnuten«* (Wer kein Kramer ist, bleibe draußen, oder ich schlage ihm auf die Schnauze). Ein Großteil der mit kunstvoll geschnitzten Holzverkleidungen versehenen Gestühle gingen im Lauf der Jahrhunderte verloren.

Überaus beeindruckend ist das Gestühl der Rigafahrer, von dem vier Tafeln der Außenverkleidung erhalten blieben. Die im 14. Jh. aus Eiche gefertigten Relieftafeln dokumentieren – anders als die meisten Altargestühle – keine kirchlichen, sondern profane Themen: Sie zeigen Russen bei der Arbeit, u. a. beim Sammeln von Honig und bei der Jagd von Pelztieren. Die weichen Zobelpelze wurden von den Mächtigen und Vornehmen in ganz Europa geschätzt. Das vierte Relief thematisiert den Handel zwischen Russen und den Kaufleuten der Rigafahrer vor den Toren einer Stadt. Es könnte Riga sein, das als Umschlagplatz von Pelzen und Honig für die Hanse von großer Bedeutung war.

ter vorbei zum **Neuen Markt,** dem Zentrum der südlichen Altstadt. Von dort gingen die großen Demonstrationen in Stralsund während der Friedlichen Revolution 1989/90 aus. Der Markt wird beherrscht von der mächtigen Marienkirche. Am Dienstag und Freitag (6–16 Uhr) findet ein Wochenmarkt statt, danach kann man in der Brasserie einkehren – Alltagsleben in Stralsund.

Kloster St. Katharinen 8

Kulturhistorisches Museum: Mönchstr. 25–27, Tel. 03831 287 90, tgl. 10–17 Uhr, im Winter Mo geschl., 4 €; Deutsches Meeresmuseum: Katharinenberg 14–20, Tel. 0381 265 02 10, www.meeresmuseum.de, Okt.–Mai tgl. 10–17, Juni–Sept. tgl. 10–18 Uhr, 7,50 €, mit Museumscafé; Verbundkarte für Katharinenkloster, Museumshaus, Museumsspeicher und Marinemusum 9 €, Familie 18 €

Die Mitte des 13. Jh. von Dominikanermönchen gegründete Anlage ist eines der wenigen norddeutschen Klöster, dessen gotische Bausubstanz fast vollständig erhalten blieb. Es beherbergt zwei bedeutende, über die Landesgrenzen hinaus bekannte Museen.

Das **Kulturhistorische Museum,** die älteste museale Einrichtung in Mecklenburg-Vorpommern, zeigt vielseitige Sammlungen von der Vor- und Frühgeschichte der Region, über die Hansezeit bis zu den Anfängen des 20. Jh. Eines der Highlights ist der wikingerzeitliche Goldschatz von Hiddensee.

Schon die gelungene Verbindung von mittelalterlicher Architektur und moderner Ausstellung lohnt eine Besichtigung des **Meeresmuseums**. Die Sammlung bietet zudem spannende Einblicke in das Leben der Weltmeere. In der ehemaligen Klosterkapelle schwebt an Drahtseilen das gewaltige Skelett eines Finnwals, der 1825 an der Westküste Rügens strandete.

Museumshaus 9

Mönchstr. 38, Tel. 03831 287 90, tgl. 10–17 Uhr, 4 €

Das spätgotische, um 1320 erbaute Giebelhaus eines Krämers, das bis 1979 bewohnt war, ist weitgehend original erhalten. Die Möblierung ist sparsam, das Haus selbst ist das Exponat. Es ist spannend, hier auf Entdeckungstour zu gehen. Bei der Sanierung in den 1990er-Jahren ging es nicht in erster Linie darum, den mittelalterlichen Zustand des Hauses wiederherzustellen, sondern darum, die Wohn- und Baugeschichte aus 650 Jahren sichtbar zu machen, beispielsweise durch das Aufzeigen verschiedener Materialien und (über 20!) Tapetenschichten.

Marienkirche 10

Marienstr. 4, www.st-marien gemeinde-stralsund.de, Juli–Sept. Mo–Fr 9–18, Sa 10–17, So ca. 11–17 Uhr, sonst reduziert, Führungen Di 15, Do 15.30 Uhr.

Die größte Pfarrkirche der Hansestadt präsentiert sich seit einem Umbau im 15. Jh. als dreischiffige Basilika mit Querhaus, Chorumgang, Kapellenkranz und hoch emporragendem Westturm und gilt als Meisterwerk der mitteleuropäischen Spätgotik. Von der reichen Ausstattung – allein 40 Altäre gab es zu Beginn des 16. Jh. – blieb nur ein geringer Teil erhalten. Die Orgel des Lübecker Orgelmeisters Friedrich Stellwagen aus dem Jahr 1659 zählt zu den bedeutendsten Barockorgeln Norddeutschlands. Sehr empfehlenswert ist der Aufstieg auf den 104 m hohen Turm mit der barocken Haube von 1708.

Museumsspeicher 11

Böttcherstr. 23, tgl. 10–17 Uhr, 4 €

Der historische Speicher aus dem 19. Jh. beherbergt die volkskundliche Abteilung des Kulturhistorischen Muse-

Stralsund

Sehenswert
1 Wulflamhaus
2 Rathaus
3 Nikolaikirche
4 Commandantenhus
5 Johanniskloster
6 Kniepertor
7 Kütertor und Torschließerhaus
8 Kloster St. Katharinen mit Kulturhistorischem Museum und Meeresmuseum
9 Museumshaus
10 Marienkirche
11 Museumsspeicher
12 Heiliggeisthospital
13 Ozeaneum
14 Gorch Fock I
15 Dänholm mit Nautineum und Marinemuseum

Übernachten
1 Scheelehof
2 Pension Cobi
3 Hotel Hiddenseer
4 Hostel Stralsund

Essen & Trinken
1 Quaakinis Kaffekopp
2 Wallensteinkeller
3 Tafelfreuden im Sommerhaus
4 Brasserie
5 Brauhaus zum Alten Fritz

Einkaufen
1 Henry Rasmus Fischhandel
2 Fischkutter

Aktiv & Kreativ
1 Kultur in der Jacobikirche
2 Hafenrundfahrten
3 Hansedom
4 Tierpark Stralsund

Abends & Nachts
1 Theater Vorpommern
2 Ben Gunn
3 Zur Fähre
4 Zum Goldenen Anker/ Werkstatt
5 Brazil

ums. Auf drei Stockwerken sind Exponate zu Handwerk, vorpommerschen Traditionen, Lebensweisen und Wohnkultur ausgestellt.

Heiliggeisthospital 12

Im südlichen Bereich der Hafengegend befindet sich das 1256 gegründete und im 14. Jh. an diesen Standort verlegte Hospital. Die städtisch geführte Einrichtung gewährte Kranken, Hilfebedürftigen und durchziehenden Fremden Verpflegung und Unterkunft. Zu dem denkmalgeschützten Gebäudekomplex gehören die Ende des 14. Jh. errichtete Heiliggeistkirche, das Fremdenhaus (Elendenhaus) von 1641, ein galeriegeschmückter Kirchgang sowie mehrere Fachwerkgebäude aus dem 18. und 19. Jh.

Am Hafen

Die Speicher, Brücken und Schiffe auf der von Kanälen umschlossenen Hafeninsel bieten eine malerische und interessante Kulisse zum Flanieren, für Kulturveranstaltungen, Kneipen und Cafés. Vom **Fährhafen** am nördlichen Ende des Hafengeländes legen die Boote nach Altefähr auf Rügen, nach Hiddensee und zu den Hafenrundfahrten ab. Blickfang und Besuchermagnet ist das neue Ozeaneum. Dessen spektakuläre Architektur mit großen Glasfronten und fensterlosen Betonflächen bildet einen bemerkenswerten Kontrast zu den alten backsteinernen Speichern.

Ozeaneum 13

Hafenstr. 11, Tel. 03831 265 06 10, www.ozeaneum.de, ganzjährig tgl. 9.30–19, Juni–Sept. tgl. bis 21 Uhr, 14 €, Familie ab 31 €; öffentliche Führung ›In 80 Min. durch das Ozeaneum‹ tgl. 13 Uhr, zusätzlich zum Eintritt 4 €

Das Ozeaneum wurde zu Europas Museum des Jahres 2010 gewählt. Über eine lange, frei schwebende Rolltreppe gelangt man in die Welt der nördlichen Meere: Die Reise beginnt im Stralsunder Hafenbecken, über die Kreideküste und das Schärenmeer ge-

langt man durch den Kattegatt in die Nordsee bis ins Nordpolarmeer. Auf Bänken liegend, mit den Riesen der Meere in Lebensgröße über sich, lauscht man am Ende des Rundgangs entspannt den Gesängen der Wale.

Gorch Fock I 14

An der Fährbrücke, www.gorchfock1.de, April–Okt. tgl. 10–18, Nov.–März tgl. 10–16 Uhr, 4 €.

Am Fährhafen liegt das 1933 in Hamburg vom Stapel gelaufene Segel-

Dem Wasser zugeneigt – Blick von Altefähr über den Strelasund auf Stralsund

schulschiff vor Anker. Nach dem Krieg fuhr der stattliche Windjammer unter dem Namen Towarischtsch‹ (Kamerad) für die russische Handelsmarine. 2003 wurde der abgetakelte Segler von Tallship-Friends e. V. (www.tallship-friends.de) erworben und nach Stralsund gebracht, um ihn wieder seetüchtig zu machen.

Dänholm 15

Anfahrt über den alten Rügendamm
Mitten im Strelasund – zwischen Stralsund und Rügen – liegt die kleine Insel Dänholm, die bis 1990 militärisch genutzt wurde: zuerst von der Reichsmarine, dann von der Kriegsmarine und zuletzt von den Seestreitkräften der DDR.

Nautineum

Kleiner Dänholm, Tel. 03831 28 80 10, www.meeresmuseum.de/nautineum, Juni–Sept. tgl. 10–18, Mai, Okt. tgl. 10–17 Uhr, Nov.–April geschl., 3 €
Auf dem Gelände des Alten Tonnenhofes befindet sich der jüngste Standort des Meeresmuseums mit Exponaten aus den Bereichen Fischerei, Schiffbau, Meeresforschung.

Marinemuseum

Zur Sternschanze 7, Tel. 03831 29 73 27, Mai–Okt. tgl. 10–17 Uhr, 4 €
Die Außenstelle des Kulturhistorischen Museums dokumentiert die maritime und militärische Geschichte der Insel im Strelasund, auf dem Freigelände können ein Marinehubschrauber, zwei Torpedoschnellboote und ein Minenfernräumgerät besichtigt werden.

Übernachten

Hanseatische Gastlichkeit – **Scheelehof 1**: Fährstr. 23/24, Tel. 03831 28 33 00, www.hotel-stralsund-scheelehof.de, DZ ab 129 €. 90 individuell gestaltete Zimmer mit historischem Flair, Wellnessbereich mit Schwimmbad (s. auch S. 227)

Zentral und ruhig – **Pension Cobi 2**: Jacobiturmstr. 15, Tel. 03831 27 82 88, www.pension-cobi.de, DZ 59–79 €. Neubau in der Altstadt an der Jacobikirche, 14 freundlich eingerichtete, helle Zimmer, im zweiten Stock teilweise mit Balkon.

Topplage – **Hotel Hiddenseer 3**: Hafenstr. 12, Tel. 03831 28 92 390, www.hotel-hiddenseer.de, DZ ab 120–180 €. Hotel-Restaurant in zwei denkmalgeschützten Gebäuden auf der Hafeninsel in unmittelbarer Nähe des Ozeaneums und der Gorch Fock 1. Maritim eingerichtete Zimmer mit zwei, drei und vier Betten. Mit Restaurant und Hafenkneipe.

Günstig – **Hostel Stralsund 4**: Reiferbahn 11, Tel. 03831 28 47 40, www.hostel-stralsund.com, EZ 35 €, DZ 46 €, Frühstück 5 €/Pers. Ein nicht sehr schöner Bau aus den 1960er-Jahren, aber saniert, mit Gemeinschaftsküche, WLAN, Blick auf die neue Rügenbrücke oder das Ozeanum.

Essen & Trinken

Schwedische Spezialitäten – **Quaakinis Kaffekopp 1**: Mühlenstr. 1, Tel. 03831 28 59 01, www.kaffekopp.de, tgl. ab 10 Uhr. Kleines Café in einem der ältesten Giebelhäuser der Stadt. Im Sommer stehen Tische im lauschigen Hinterhof, in den Wintermonaten wird *Glögg* (Glühwein) serviert. Keramik und alte Bücher laden zum Stöbern ein.

Tischmanieren nicht nötig – **Wallensteinkeller 2**: Mühlenstr. 22, Eingang über den Knieperwall, Tel. 03831 66 79 22, tgl. ab 17 Uhr. Im Wirtshaus mit dem ältesten Gewölbe der Stadt (14. Jh.) wird das deftige Essen zünftig im rustikalen Tongeschirr serviert.

Kreative Gourmetküche – **Tafelfreuden im Sommerhaus 3**: Jungfernstieg 5a, Tel. 03831 29 92 60, www.tafelfreuden-stralsund.de, Di–So 18–24 Uhr, ab 12,50 €. Ein charmantes schwedisches Holzhaus von 1870 mit sonnengelber Fassade und kleiner Gartenterrasse. Regionale und mediterrane Küche. Mo–Fr mittags gibt es einen günstigen Mittagstisch mit kleinen Speisen ab 3 €. Auch einige Hotelzimmer (DZ 60–75 €).

Café und Kneipe – **Brasserie 4**: Neuer Markt 2, neben der Marienkirche, Tel.

Lieblingsort

LandWertHof Stahlbrode – lohnt eine Landpartie ► K 4

Landwirte, Köche, Metzger, Kaufleute und Produktmanager arbeiten Hand in Hand. Auf dem ehemaligen Gutshof in Stahlbrode werden Rinder und Schweine artgerecht auf Freiland gehalten, vor Ort geschlachtet und verarbeitet. Auf den Feldern wachsen Beeren, Gemüse, Salate und Kräuter, die in der hofeigenen Feinkostmanufaktur zu Chutneys, Pesto, Kräutermischungen, Marmeladen und Kräutersalzen verarbeitet werden. Der Verkauf erfolgt gleich vor Ort im Hofladen. Mit gutem Gewissen kann man es sich auch im Café und Restaurant schmecken lassen (Lange-Hof 31, am Weg zur Rügenfähre, Reinberg/Stahlbrode, Tel. 038328 651 10, www.landwert-hof.de, Hofladen Mo–Fr, So 10–18, Sa 10–22 Uhr).

LandWert Hof -
Alster
Die Kunst, einfach
die guten Dinge des Lebens
zu genießen.
land
wert

03831 70 35 14, www.brasseriegrandcafe-hst.de, tgl. ab 10 Uhr, Sa/So Frühstücksbuffet, Pasta ab 8, Fisch und Fleisch ab 11 €. Lockeres Bistro-Ambiente. großer Wintergarten.

Gemütlich und rustikal – **Brauhaus zum Alten Fritz** 5: Greifswalder Chaussee 84/85, 2 km südl. des Zentrums, Tel. 03831 25 55 00, www.alterfritz.de, tgl. 11–1 Uhr, ab 10 €. Brauereigaststätte, in der Störtebeker, das Bier der Gerechten, gebraut und ausgeschenkt wird. Dazu Bier begleitende Speisen.

Einkaufen

Die **Ossenreyerstraße** führt vom Alten Markt gen Süden in Richtung Neuer Markt. Sie ist die Haupteinkaufsstraße und Fußgängerzone der Stadt. Viele kleine Geschäfte, Cafés und Restaurants findet man auch in der Langen Straße, die auf den Neuen Markt zuläuft.

Bismarckhering – **Henry Rasmus Fischhandel und Räucherei** 1: Heiliggeiststr. 10. Hier gibt es u. a. Bismarckhering nach Originalrezept (s. S. 70).

Mein Tipp

Schenke mit Tradition – Zur Fähre 3

Die Hafenkneipe wurde erstmals 1332 erwähnt und ist damit eines der ältesten Wirtshäuser Europas. Hier kann man sich in aller Ruhe ein Bier genehmigen und dazu ein Fährwasser kippen. So heißt der 32-%tige Kümmelschnaps des Hauses (Fährstr. 17, Tel. 038 31 297 196, www.zurfaehrekneipe.de).

Zum Mitnehmen – **Fischkutter** 2: Direkt am Ozeaneum gibt es leckere Fischbrötchen und Räucherfisch.

Aktiv & Kreativ

Vielseitig – **Kultur in der Jacobikirche** 1: Jacobiturmstr., Tel. 03831 30 96 96, www.kulturkirche.kdw-hst.de. Die im 14. Jh. errichtete Hallenkirche wird nicht als Gemeindekirche, sondern für Theateraufführungen, Kunst und Konzerte genutzt.

Schiff ahoi! – **Hafenrundfahrten** 2: www.hafenrundfahrten-stralsund.de, Karfreitag–Okt. tgl. 10.45, 12.45, 14.30, 16.30, 18 Uhr, 7 €. Entlang der Volkswerft, rund um Dänholm und unter dem Rügendamm hindurch.

Freizeitpark und Badeparadies – **Hansedom** 3: Grünhufer Bogen 18–20, Stralsund, Tel. 03831 373 30, www.hansedom.de, Therme So–Do 9.30–22, Fr/Sa 9.30–23 Uhr, ab 10,50 €, Tageskarte 17,50 €. Subtropisches Wellenbad, außerdem Sportzentrum mit Tennisplätzen und Kletterwand.

Zoo – **Tierpark Stralsund** 4: Grünhufer Bogen/Barther Str., Tel. 03831 2930 33, März–Sept. tgl. 9–18.30 Uhr, sonst bis 16 Uhr, 5 €. Der Tierpark hat sich auf bedrohte Haustierrassen und heimische bzw. früher heimische Wildtierarten – beispielsweise Wolf und Luchs – spezialisiert.

Abends & Nachts

Vorhang auf – **Theater Vorpommern** 1: Olof-Palme-Platz 4, Tel. 03831 264 66, www.theater-vorpommern.de. Schauspiel, Konzerte, Ballett.

Urige Kellerkneipe – **Ben Gunn** 2: Fährstr. 27, Tel. 03831 29 36 45, www.bengunn.de. Altstadtpub – klein, gemütlich, irisch.

Schenke mit Tradition – **Zur Fähre** 3: s. Mein Tipp S. 238
Kneipe und Disco – **Zum Goldenen Anker** 4: An der Fährbrücke 5, Tel. 03831 29 71 96, www.werkstatt-anker.de, tgl. ab 18 Uhr. Gemütliche alte Hafenkneipe direkt am Wasser auf der Hafeninsel. Mit Kuschelecke und Musikbox. gleich nebenan in der **Werkstatt** kann man abrocken, wenn man genug geklönt hat, ab 2 Uhr wird's hier richtig voll.
Kaffee und coole Cocktails – **Brazil** 5: Am Querkanal 4, Tel. 03831 294 80, tgl. ab 21 Uhr. Eines der neuen In-Lokale im Hafenareal, das sich in den letzten Jahren zum angesagten Kneipenviertel entwickelt hat, kleine Terrasse mit Hafenflair.

Infos & Termine

Tourismuszentrale

Alter Markt 9, 18439 Stralsund, Tel. 03 831 246 90, www.stralsundtourismus.de. Mai–Okt. Stadtführungen tgl. 11 Uhr, mit Stralsunder Originalen tgl. 14 Uhr.

Termine

Hafenfest: Anfang Juni, www.hafenfeststralsund.de. Maritime Attraktionen, Spiele und viel Musik.
Stralsunder Segelwoche: Juni, www.stralsundsail.de und www.stralsunder-segelwoche.de. Fünf Tage lang wetteifern Hunderte von Seglern auf den Rennkursen Rund Rügen und Rund Hiddensee um die ersten Plätze.
Sundschwimmen: 1. Sa Juli, www.sundschwimmen.de. Bereits seit 1925 findet das Langstreckenschwimmen im Strelasund von Altefähr auf Rügen zur Seebadeanstalt in Stralsund (gut 2,3 km) statt.
Wallensteintage: 2. Hälfte Juli, www.wallensteintage.de, s. S. 30.
Ostseefestspiele: Juli/Aug., www.ostseefestspiele.de, s. S. 30.
Rügen-Brückenmarathon und Walking Day: Okt., www.ruegenmarathon.de. Auf der Deutschen Alleenstraße geht es an zwei Tagen von Stralsund nach Bergen.

Verkehr

Bus: Der Busbahnhof liegt 250 m vom Hauptbahnhof entfernt am Frankenwall. Fahrplanauskunft: www.stadtwerke-stralsund.de.
Fähren: In der Saison 3 x tgl. zur Insel Hiddensee, s. S. 21; Mai–Okt. bis zu 6 x tgl. nach Altefähr. Info: Tel. 03831 26810, www.weisse-flotte.de.

Greifswald! ▶ K/L 5

Mönche des Klosters Eldena gründeten in der ersten Hälfte des 13. Jh. eine kleine Siedlung an der Mündung des Ryck. Mitten im Wald waren sie auf einen Greifen gestoßen, der in seinem Nest auf einem abgebrochenen Baustamm saß und brütete. Die Klosterleute interpretierten ihre Entdeckung als ein gutes Omen. Greif und Wald finden sich im Wappen der Stadt wieder. Das *oppidum Gripheswald* erhielt im Jahre 1250 das Stadtrecht und trat 1278 dem Bund der Hansestädte bei. 1456 gelang es dem Greifswalder Bürgermeister Heinrich Rubenow mit Unterstützung des Klosteroberen von Eldena eine Universität zu gründen, nach Rostock die zweitälteste Universität Norddeutschlands.

Bis heute prägt das Universitätsleben das Bild der überschaubaren und charmanten Stadt. Auf rund 54 000 Einwohner kommen hier über 12 000 Studenten. Aus gutem Grund wird Greifswald bisweilen liebevoll als Universität mit einer Stadt drumherum beschrieben.

Greifswald

Sehenswert
- 1 Rathaus
- 2 Caspar-David-Friedrich-Zentrum
- 3 Dom St. Nikolai
- 4 Ernst-Moritz-Arndt-Universität (Hauptgebäude)
- 5 Jacobikirche
- 6 Pommersches Landesmuseum/ Le Croy
- 7 Marienkirche
- 8 Museumshafen

Übernachten
- 1 Olive
- 2 Hôtel Galerie

Essen & Trinken
- 1 Brauhaus Zum Alten Fritz
- 2 Caféhaus Miramar
- 3 Tischlerei
- 4 Fischerhütte

Einkaufen
- 1 Dompassage

Aktiv & Kreativ
- 1 Kulturzentrum St. Spiritus
- 2 Koeppenhaus/ Café Koeppen
- 3 Strandbad Eldena

Abends & Nachts
- 1 Steinbecker Str.

Altstadt

Die Silhouette der Hansestadt wird von drei mittelalterlichen Kirchen – der dicken Marie, dem langen Nikolaus und dem kleinen Jacob – beherrscht. Das Herz von Greifswald aber bildet der Markt, ein weiter schöner Platz, den das Rathaus sowie Bürgerhäuser aus Gotik, Renaissance und Barock säumen. Im Verlauf der Jahrhunderte wurde die Bebauung mehrmals im jeweiligen Zeitgeschmack umgestaltet.

Rathaus 1

Die einstige hanseatisch-gotische Pracht vermittelt noch das Rathaus, dessen Grundmauern aus der Zeit um 1250 stammen. Der verputzte Backsteinbau auf der Westseite des Marktes wurde nach einem Brand in der ersten Hälfte des 18. Jh. wieder aufgebaut. Im Zuge der umfassenden Sanierungsarbeiten in den Jahren 1996/1997 erhielt er wieder seine mittelalterliche Farbe in kräftigem Rot. Die schwere Bronzetür des Rathauses zeigt ein 1966 vom Bildhauer Jo Jastram geschaffenes Relief, das an die kampflose Übergabe Greifswalds an die Rote Armee am 29. April 1945 erinnert. Hinter dem Rathaus liegt der 1998/1999 gestaltete **Fischmarkt** mit neuem **Fischerbrunnen.**

Caspar-David-Friedrich-Zentrum 2

Lange Str. 57, Tel. 03834 77 62 38, www.caspar-david-friedrich-gesellschaft.de, Feb.–Dez. Di–Fr 10–18, Sa/So 11–17 Uhr, 1,50 €

Mitten in der Altstadt von Greifswald steht das Geburtshaus von Caspar David Friedrich, in dem die Caspar-David-Friedrich-Gesellschaft über Leben und Werk des Künstlers informiert. In dem Gebäudeensemble, das sich über fünf Generationen im Besitz der Familie Friedrich und ihrer Nachkommen befand, richtete der Vater des Malers im Jahr 1765 eine Seifensiederei und Kerzenzieherei ein. Die Ausstellung zeigt noch einen Teil der originalen Ausstattung. Hier beginnt auch der Bildweg, der auf den Spuren des weltberühmten Romantikers zu 15 bebilderten Stationen in Greifswald und in den Ortsteilen Wieck und Eldena führt.

Dom St. Nikolai 3

www.dom-greifswald.de, Mo–Sa 10–18, So 11.30–15 Uhr; Turmaufstieg bis jeweils eine halbe Stunde vor Schließung, 1,50 €; Führung Mai–Okt. Mi 11 Uhr, 2 €; Gottesdienst So 10 Uhr

Zweite Station des Bildwegs ist der Dom, in dem Caspar David Friedrich getauft wurde. Die dreischiffige Backsteinbasilika wurde zwischen 1823 und

1832 im neogotischen Stil umgebaut. Alle Holzarbeiten führte Christian Adolf Friedrich, ein Bruder des Malers aus. Der Turm des Doms bietet einen weiten Blick über die Universitätsstadt. Wem ein Aufstieg zu mühselig ist oder wer gucken will, ob sich der Aufstieg lohnt, kann den Panoramarundblick vorab im Internet genießen.

Ernst-Moritz-Arndt-Universiät 4

Domstr. 11, Führung durch die Aula, ganzjährig Sa 15 Uhr, April–Okt. Mi, Sa 15 Uhr, Dauer ca. 45 Min., 2,50 €, Treffpunkt Rubenow-Denkmal vor dem Hauptgebäude; Führung durch den Karzer Juli/Aug. Mi 15 Uhr, 2,50 €

Am westlichen Rand der Altstadt befindet sich das Mitte des 18. Jh. erbaute **Universitätshauptgebäude.** In der prachtvollen, spätbarocken Aula war bis 1882 die Bibliothek untergebracht. Die Neueröffnung der restaurierten **Aula** durch Bundespräsident Horst Köhler und Königin Silvia von Schweden bildete 2006 den Höhepunkt der Feierlichkeiten anlässlich des 550-jährigen Jubiläums der Universitätsgründung.

Zeugnisse studentischer Alltagskultur im 19. Jh blieben im **Karzer,** dem Studentengefängnis erhalten. Damals wurden leichte Vergehen wie heimliches Duellieren, Prügeleien oder nicht bezahlte Rechnungen mit Karzerhaft bestraft. Die Wandkritzeleien im Greifswalder Uniknast gewähren unterhaltsame Einblicke in die Gefühlswelt der Studenten vor über 100 Jahren (nur selten zugänglich im Rahmen von Führungen).

Bemerkenswerte Architektur – das Pommersche Landesmuseum vereint Klassizismus, Mittelalter und Moderne

Ebenso wie die Universität ist auch die nahe **Jacobikirche** 5 Station auf dem Caspar-David-Friedrich-Bildweg. Der dreischiffige Bau, der um 1400 seine heutige Gestalt erhielt, ist der kleinste im Greifswalder Kirchentrio.

Pommersches Landesmuseum 6

Rakower Straße 9, Tel. 03834 831 20, www.pommersches-landesmuseum.de, Mai–Okt. Di–So 10–18, Nov.–April Di–So 10–17 Uhr, 4,50 €, Familie 7 €

Unweit des Marktes befindet sich das bemerkenswerte, aus insgesamt sechs Häusern und vier Außenanlagen bestehende Museum. Die historischen Museumsgebäude sind teilweise durch moderne Passagen miteinander verbunden, eine gelungene Mischung von alter und neuer Bausubstanz.

Der museale Rundgang beginnt im **Grauen Kloster,** in dem der Besucher durch die Geschichte des Landes geführt wird. Ein Glanzstück der Ausstellung ist der 4 x 7 m große Le Croy Teppich. Er wurde in den Jahren 1554 bis 1560 in einer Stettiner Werkstatt aus Leinen Wolle, Seide, Gold- und Silberfäden gefertigt.

Im klassizistischen **Quistorp-Bau,** benannt nach Johann Gottfried Quistorp, dem Zeichenlehrer von Caspar David Friedrich, ist die Gemäldegalerie untergebracht. Gezeigt werden Werke von Künstlern des 18. und 19. Jh., darunter Franz Hals, Max Liebermann, Max Pechstein und Vincent van Gogh, aber auch Philipp Otto Runge und Caspar David Friedrich.

Marienkirche 7

Brüggstraße 35, www.marien-greifswald.de, in der Saison tagsüber geöffnet
Über den Giebelhäusern am Markt ragt der gedrungene, quadratische Turm der dicken Marie auf. Ihren Spitznamen trägt die kompakte chorlose Hallenkirche im Stil der Gotik zu Recht. Der Turm ist seit Oktober 2010 wegen Sicherungs- und Sanierungsarbeiten geschlossen (Spenden erwünscht).

Museumshafen 8

Eine Fußgängerbrücke führt vom Hauptparkplatz über den Ryck. An beiden Ufern liegen historische Schiffe – Zeesboote, Fischkutter, Frachtschiffe, Hafenbarkassen und Schlepper. Das Hafenbecken mit dem denkmalgeschützten **Fangenturm** ist ein beliebter Treffpunkt von Einheimischen und Gästen, zugleich eine schöne und interessante Bummelmeile.

In früheren Zeiten mussten die Schiffe in den Greifswalder Hafen getreidelt werden, Pferde zogen die Last durch die Wiesen in die Stadt. Der 8 km lange alte Treidelweg entlang des Ryck wurde als ein Wander- und Radweg präpariert und stellt die landschaftlich attraktivste Etappe des Bildwegs auf den Spuren von Caspar David Friedrich dar.

Wieck und Eldena ► L5

Ab Stadtzentrum Bus Nr. 6 und 7
An der Mündung des Ryck in den Greifswalder Bodden liegt das Fischerdorf **Wieck,** das Greifswald früher auch als Vorhafen diente. Sein bekanntestes Wahrzeichen ist die Ende des 19. Jh. nach holländischem Vorbild erbaute **Holzklappbrücke.** Wer dem Bildweg gefolgt ist, muss sie überqueren, um ins Dorfzentrum zu gelangen. Ein kurzer Spaziergang folgt dem Hafenquai bis hinaus auf die Mole. An der Landspitze **Utkiek** öffnet sich ein grandioser ›Caspar-David-Friedrich-Blick‹ über den Greifswalder Bodden. Wer hungrig oder durstig ist, kann im Hotel-Restaurant Utkiek einkehren (www.greifswald-utkiek.de).

Nach erneuter Überquerung der Klappbrücke gelangt man zurück am rechten Ufer des Ryck über einen schmalen Pfad, den Studentensteig, in einer Viertelstunde zur **Klosterruine Eldena.** Die wenigen, aber doch sehr eindrucksvollen Reste des 1199 von Zisterziensern aus dem dänischen Kloster Esrom gegründeten Klosters erheben sich in unmittelbarer Nähe der viel befahrenen Hauptstraße Richtung Wolgast. Nach der Reformation im Jahre 1534 wurde das Kloster aufgelöst und in einen Gutshof umgewandelt. Während des Dreißigjährigen Kriegs wurde die Anlage schwer beschädigt und verfiel. Berühmtheit erlangte die Ruine erst durch die Zeichnungen und Gemälde Caspar David Friedrichs. Sie trugen dazu bei, dass die Mauerreste 1828 gesichert und auf dem Klostergelände ein schöner Park angelegt wurde.

Übernachten

Gute Küche – **Olive 1:** Domstr. 40, Tel. 03834 79 91 43, www.olive-greifswald.de, DZ 85 €. Acht schlichte, gepflegte Zimmer sind auf zwei Etagen verteilt. Im Restaurant gibt es mediterrane Kost (Pasta ab 10 €, Fisch und Fleisch ab 14 €).

Lieblingsort

Kennen Sie Klinkowström? – Besuch in Schloss Ludwigsburg ► L4

Der nach Caspar David Friedrich und Philipp Otto Runge dritte große deutsche Romantiker, Friedrich August von Klinkowström (1778–1835), wurde auf Schloss Ludwigsburg geboren. Das Gebäudeensemble, 14 km östlich von Greifswald, präsentiert sich nicht mehr als großartige Schlossanlage, aber es wird daran gearbeitet, mit viel Engagement und bemerkenswertem Idealismus. Kräuter werden auf dem Schlossgelände angebaut und Märkte abgehalten. Ein weiteres Plus: Der Lieblingsstrand der Greifswalder liegt ganz nah. Dort kann man baden mit Blick auf die Kulisse von Greifswald – so wie Caspar David Friedrich sie gemalt hat (www.ludwigsburg-mv.de, Führungen auf Anfrage, Schlosshof mit Kräutergarten frei zugänglich).

Kunstfreundlich – **Hôtel Galerie** 2: Mühlenstr. 10, Tel. 03834 773 78 30, www.hotelgalerie.de, DZ 98 €. Ein hell und klar eingerichtetes Haus in unmittelbarer Nähe des Pommerschen Landesmuseums mit acht Doppel- und drei Einzelzimmern. Die Wände schmücken Werke zeitgenössischer Künstler.

Essen & Trinken

Beliebt – **Brauhaus Zum Alten Fritz** 1: Am Markt 13, Tel. 03834 578 30, www.alter-fritz.de, tgl. ab 11 Uhr. In einem schmucken gotischen Giebelhaus kommen regionale Biere und handfeste Speisen auf den Tisch, im Sommer sitzt man draußen direkt auf dem historischen Markt.

Zentral – **Caféhaus Miramar** 2: Am Markt 11, Tel. 03834 89 84 20. Köstliche hausgemachte Kuchen und Torten in einem der schönsten gotischen Bürgerhäuser der Stadt.

Bodenständig und fein – **Le Croy**: Im Pommerschen Landesmuseum 6, Rankower Str. 9, Tel. 03834 77 58 46, www.le-croy.de, Di–So 11–22 Uhr, ab 11 €. Sehr angenehm speist es sich im stilvollen Museumscafé-Restaurant. Leichte Küche von 11–15 Uhr, danach Café und ab 19 Uhr Abendkarte.

Auf der anderen Seite des Flusses – **Tischlerei** 3: Salinenstr. 22, Mo–Sa ab 12 Uhr, ab 11 €. Modernes, freundliches Ambiente auf einem abgelegenen Werftgelände, mit Terrasse und tollem Blick auf den Greifswalder Hafen, exquisite kleine Karte, wechselnde Tagesgerichte.

Urig – **Fischerhütte** 4: An der Mühle 8, Wieck, Tel. 03834 83 96 54, www.fischer-huette.de, tgl. ab 11.30 Uhr, ab 10 €. Ein gemütliches, maritimes Restaurant und Kneipe, es gibt vor allem leckeren, frischen Fisch.

Einkaufen

Die Shoppingmeile von Greifswald durchzieht teilweise als Fußgängerzone die Altstadt. Sie setzt sich zusammen aus Lange Straße westlich des Marktes und Schuhhagen.

Bei Schmuddelwetter – **Dompassage** 1: Lange Str. 40–42. Die überdachte Ladenstraße nahe St. Nikolai beherbergt etwa drei Dutzend Geschäfte, eine Bowlingbahn und ein Kino.

Aktiv & Kreativ

Sehenswert – **Kulturzentrum St. Spiritus** 1: Lange Str. 49/51, Tel. 03834 34 63, www.kulturzentrum.greifswald.de, Galerie Mo, Mi/Do 11–16, Di 13–18, Fr 10–12 Uhr. Ausstellungen und Lesungen in einem unter Denkmalschutz stehenden Gebäudekomplex. Das **Café Mal anders** hat Di–Fr von 11–16 Uhr geöffnet.

Lesungen und Konzerte – **Koeppenhaus** 2: Bahnhofstr. 4, Tel 03834 86 34 28, www.koeppenhaus.de. Di, Do 9–12, 14–16 Uhr. Das Geburtshaus des Schriftstellers Wolfgang Koeppen (1906–1996) ist heute Literatur- und Kulturzentrum mit einer kleinen Ausstellung über sein Leben. Dazu gehört das **Café Koeppen** mit Terrasse im begrünten Innenhof (s. u.).

Baden im Sommer – **Strandbad Eldena** 3: Yachtweg, Tel. 03834 840157, 2 €, Kinder (6–16 Jahre) 1 €. Bei schönem Wetter empfiehlt sich mit Kindern ein Besuch im Strandbad Eldena am Greifswalder Bodden, gebührenpflichtiger Parkplatz bei der Klappbrücke.

Auf den Spuren des berühmtesten Greifswalder – **Caspar-David-Friedrich-Bildweg:** Ausgeschilderter Spazier- und Radweg. Flyer und Infos im Caspar-David-Friedrich-Zentrum 2, s. S. 71 und 240.

Der schönste Strand – **Ludwigsburg:** s. Lieblingsort S. 244.

Abends & Nachts

Kneipenmeile – **Steinbecker Straße** 1: Hier liegen einige Bars und Kneipen dicht beieinander. Eine schick gestylte kleine Bar und Cocktaillounge ist das **Publicity** (Nr. 16, www.publicity-bar.de, tgl. ab 17 Uhr, kostenfreies WLAN). Gleich daneben ein netter Kneipenklassiker im Gewölbekeller: der **Fliegende Schwan** (Nr. 17, www.fliegenderschwan.de, tgl. ab 18 Uhr), und gegenüber das **CoMix**, eine Cocktailbar mit Terrasse auf dem Hof (Nr. 30, ab 17 Uhr ist Happy Hour).
Gepflegte Kultur – **Café Koeppen:** Im Koeppenhaus 2, Bahnhofstr. 4, Thresenlesungen, kleinere Konzerte, dazu ein Glas Wein (s. o.).

Infos & Termine

Greifswald-Information

Rathaus/Markt, 17489 Greifswald, Tel. 03834 52 13 80, www.greifswald.de, www.greifswald-touristik.de. Stadtführungen ab Tourist-Information, Mai–Sept. Mo–Fr 14, Sa 11 Uhr.

Termine

Greifswalder Bachwoche: Ende Mai/ Anfang Juni, www.greifswalder-bachwoche.de, s. S. 29.
Eldenaer Jazz Evenings: Anfang Juli, in der Klosterruine, www.greifswald.de, s. S. 29.
Fischerfest Gaffelrigg: Juli. Volksfest an einem Wochenende mit Festmeile zwischen dem Greifswalder Museumshafen und dem Fischerdörfchen Wieck. Den festlichen Abschluss bildet das Licht- und Musikspektakel Ryck in Flammen.

Verkehr

Bus: Infos zum Stadtbusverkehr unter www.sw-greifswald.de.

Wolgast ► M 5

Das geschichtsträchtige Pommernstädtchen und Geburtsort des Romantikers Philipp Otto Runge bildet das nördliche Eingangstor zur Insel Usedom. Die im Mittelalter vor allem durch Getreidehandel zu Wohlstand gekommene Hansestadt war von 1296 bis 1625 Residenz der Wolgaster Linie der pommerschen Herzöge. Die vielbefahrene B 111 führt mitten durch die Stadt, am Hafen und der Werft vorbei, sie quert die vorgelagerte Schlossinsel, von deren Ostufer die blaue Wolgaster Brücke über den Peenestrom nach Usedom führt.

Bemerkenswert unberührt vom Strom der Reisenden nach Usedom präsentiert sich die gediegene Alt-

Mein Tipp

Kunst auf der Wiese – Skulpturenpark Katzow ► M 5
Auf einem 18 ha großen Wiesenareal westlich von Wolgast stehen rund 80, bis zu 14 m hohe Skulpturen verschiedener namhafter Künstler. In der Scheune befinden sich Veranstaltungsräume sowie ein Café für Besucher. Künstler, die hier und arbeiten wollen, können sich in vier Gästezimmer einmieten. Internationale Aufmerksamkeit wecken die jährlichen Bildhauerworkshops (Dorfstr. 45, Katzow, Tel. 038373 204 44, www.skulpturenpark-katzow.eu).

stadt, die von der trutzigen **Petrikirche** überragt wird. Die 1370 geweihte Backsteinbasilika war Hof- und Begräbniskirche der pommerschen Herzöge. Faszinierend ist der Zyklus von 24 Bildern des Totentanzes, schön die Aussicht vom Turm (tgl. 10–17 Uhr). Nur ein paar Schritte entfernt liegt der beschauliche **Marktplatz** mit dem zuletzt in der ersten Hälfte des 18. Jh. wieder aufgebauten **Alten Rathaus,** das hinter seiner schmucken Barockfassade die **Tourist-Information** und ein **Schiffbaumuseum** beherbergt.

Stadtgeschichtliches Museum Kaffeemühle

Rathausplatz 6, Tel. 03836 20 30 41, www.museum.wolgast.de, Juni–Aug. Di–Fr 10–18, Sa/So 10–16, Sept.–Mai Di–Fr 10–17, Sa 10–14 Uhr, 3 €
Sehenswerte Ausstellung in einem alten Getreidespeicher aus der zweiten Hälfte des 17. Jh. Seine eigenwillige Dachform mit einem aufgesetzten Bodenstockwerk erinnert an eine Kaffeemühle ohne Kurbel.

Runge-Museum

Kronwiekstr. 45, Tel. 03836 20 20 00, www.museum.wolgast.de, Öffnungszeiten und Preise wie Stadtgeschichtliches Museum
Das Geburtshaus Philipp Otto Runges (1777–1810) widmet sich Leben und Werk des neben Caspar David Friedrich bedeutendsten Malers norddeutscher Romantik. Neben Kopien seiner Bilder werden faszinierende Beispiele seiner Papierschneidekunst gezeigt.

Übernachten

Historisch – **Alter Speicher:** Hafenstr. 4, Tel. 038 36 23 18 91, www.speicher-wolgast.de, DZ 96 €. Neun komfortable Doppelzimmer in einem 2009 sanierten Speicher aus dem 18. Jh. Energie tanken lässt sich bei verschiedenen Anwendungen wie Klangschalenmassage und QiGong.

Ein ritterliches Refugium – **Landhotel Bömitz:** Dorfstr. 14, 17390 Bömitz, Tel. 039724 225 40, www.rittergut-boemitz.de, DZ ab 98 €, Suite 120 €. Inmitten einer Parkanlage, etwa 15 km südlich von Wolgast, befindet sich das dreiflügelige Rittergut. Zimmer mit Holzdielen und WLAN, feine, regionale Küche.

Infos

Tourist-Information

Rathausplatz 10, 17438 Wolgast, Tel. 03836 60 01 18, www.wolgast.de.

Verkehr

Wolgaster Brücke: Die Brücke auf der B 111 hinüber nach Usedom bleibt 5–6 x tgl. für etwa eine halbe Stunde gesperrt, aktuelle Brückenöffnungszeiten im Internet unter www.inselusedom.de.

Anklam ▸ M 6

Südliches Eingangstor zur Insel Usedom ist das geschäftige Anklam. Die einstmals mächtige Hafenstadt, die bereits 1283 dem Bund der Hanse beitrat, verdankte ihren Reichtum dem umfangreichen Heringshandel. Mit dem Niedergang der Hanse verlor die Stadt ihre Bedeutung. Überregionale Bekanntheit erlangte sie als Geburtsort des Flugpioniers **Otto Lilienthal.** Das ihm gewidmete **Museum** ist die größte Attraktion Anklams. Historische Baudenkmäler gibt es kaum, da die Innenstadt im Zweiten Weltkrieg durch Bomben zu fast 80 % zerstört wurde. Weitgehend verschont blieb die **Mari-**

Fliegen wie ein Vogel – dem Flugpionier Otto Lilienthal ist in seiner Geburtsstadt ein Museum gewidmet

enkirche, eine im Wesentlichen im 14./15. Jh. entstandene dreischiffige Backsteinhallenkirche. Von der Anklamer Stadtbefestigung aus dem 14. Jh. blieb der runde 20 m hohe **Pulverturm** an der Südseite des Marktes sowie eines der **Stadttore** erhalten. In dem mächtigen, von Staffelgiebeln gekrönten spätgotischen Steintor sind die Sammlungen der Stadtgeschichte untergebracht (Schulstr. 1, Di–Fr 10–17, Sa/So 14–17 Uhr, im Winterhalbjahr Sa geschl.).

Otto-Lilienthal-Museum

Ellbogenstr. 1, Tel. 03971 24 55 00, www.lilienthal-museum.de, Juni–Sept. tgl. 10–17, Rest des Jahres verkürzte Öffnungszeiten, 3,50 €
Das dem 1848 in Anklam geborenen Flugpionier gewidmete Museum lohnt einen Besuch. Gezeigt werden neben Entwürfen auch Fluggeräte in Originalgröße und zauberhafte Fantasie-Flugobjekte. Im Museumsladen bekommt man Flugmodelle zum Basteln, Bücher zum Thema Fliegen, Faltanweisungen für Papierflieger und den berühmten Ankersteinbaukasten, den die Gebrüder Lilienthal entwickelten.

Übernachten

Ein Platz zum Wohlfühlen – **Gutshaus Stolpe:** Peenestr. 33, Stolpe bei Anklam, Tel. 0397 21 55 00, www.gutshaus-stolpe.de, DZ 118–218 €, Suiten 188–350 €. Mitte der 1990er-Jahre wurde der denkmalgeschützte Gutshof nordwestlich von Anklam nach dem Vorbild englischer und französischer Landhotels zu einem edlen Hotel mit Gourmetrestaurant umgebaut. ▷ S. 252

Auf Entdeckungstour

Paddeln auf der Peene – zu Bibern und Wikingern

Der Amazonas des Nordens wird die Peene genannt. Nur ein paar Paddelschläge von der Zivilisation begegnet man Bibern, Seeadlern und Eisvögeln. Die Kanutour vom Anklamer Hafen flussaufwärts Richtung Menzlin führt durch Wikingerland. Hier siedelten vor 1000 Jahren nordische Händler.

Reisekarte: ► M 6

Kanustation Anklam: Werftstr. 6, Tel. 03971 24 28 39, www.kanustation-anklam.de, abendliche Peenesafari ca. 3 Std., ab 19 €, Wikingertour inkl. Picknick ca. 4–5 Std., 35 €.

www.abenteuer-flusslandschaft.de: Weitere Kanuanbieter und Wasserwanderrastplätze der Region.

Die Strecke ist auch für ungeübte Kanuten leicht machbar. Stromschnellen gibt es auf der Peene keine, nicht einmal eine nennenswerte Strömung. Auf ihrem Weg aus dem Landesinneren zur Mündung in die Ostsee hat die 100 km lange Peene nur 30 cm Gefälle. So kann es bei Ostseehochwasser und anhaltendem Ostwind schon mal vorkommen, dass sie die Richtung wechselt und ›bergauf‹ fließt. Der gemächliche Strom ist eine der letzten ursprünglichen Flusslandschaften in Deutschland. 156 Brutvogelarten wurden hier registriert, 40 davon stehen auf der Roten Liste. Bei der abendlichen Peenesafari ist die Chance, Vögel und Biber zu entdecken, am größten.

Daheim bei Graureiher und Eisvogel, Biber und Otter

Die Kanustation liegt gegenüber einem großen Hafenspeicher im Anklamer Hafen. Er kündet von lang vergangenen Zeiten, als der von Berufsschiffern heute kaum noch genutzte Fluss zwischen Anklam und Demmin von regem Handelsverkehr geprägt war. Dem Handel verdankten die beiden Hansestädte einen beachtlichen Wohlstand, heute zählen die Landkreise zu den wirtschaftlich schwächsten Regionen bundesweit. Die Kanuten versammeln sich am Anleger neben dem Flusscafé. Sie haben die freie Wahl zwischen Kanu und Kajak oder Mitpaddeln im Mannschaftscanadier.

Die Boote gleiten durch den Hafen, vorbei an Lagerhäusern, Förderbändern, im Hintergrund die Stadt, die Silhouette der Marienkirche, hier und da noch ein kleiner Bootssteg, eine Badestelle. Nach und nach wird es stiller, der Schilfgürtel am Ufer dichter, dahinter erstreckt sich das wohl größte zusammenhängende Niedermoorgebiet Mittel- und Westeuropas.

Zahllose, zum Teil renaturierte Torfstiche und Bachläufe durchziehen das Tal. Libellen schwirren über blühende Seerosenfelder, ein Graureiher steht am Ufer, dann noch einer, ein Milan kreist in der Luft, auch Seeadler sind hier zu Hause, ein türkiser Eisvogel verschwindet im grünen Uferdickicht. Es raschelt im Schilf. Ist es ein Fischotter oder ein Biber? Die meterhohen Biberbauten kann man an mehreren Stellen entdecken. Die Gespräche verstummen, die Paddel ruhen, nicht der kleinste Laut ist zu hören. – Warten auf den Biber.

In den 1970er-Jahren wurden 23 Biber von der Elbe an der Peene bei Gützkow ausgesetzt. Seither haben sie sich stark vermehrt. Da! Unser Tourführer weist auf einen dunklen Schatten in Ufernähe. Tatsächlich, ein Biber. Wir halten den Atem an. Er schwimmt durch die flache Bucht und taucht – nach einer atemlosen kleinen Ewigkeit – vor einem quer liegenden Ast ab. Biberstill ist es, bis die Kanuten wieder zu atmen wagen.

Neugier geweckt

Wir haben die Höhe von Menzlin erreicht, etwa 5 km von Anklam entfernt. Hier befand sich im Mittelalter eine skandinavische Niederlassung. Ein Ausflug an Land ist bei der abendlichen Safari auf dem Wasser zwar nicht vorgesehen, aber der Kanuguide erzählt von den Zeiten, als über das Flusssystem von Peene, Tollense und Trebel ein dicht besiedeltes Hinterland versorgt wurde. Steinerne Bootsgräber in Menzlin belegen die Anwesenheit skandinavischer Händler. Wer neugierig geworden ist, kann sich an einem anderen Urlaubstag in Menzlin (s. S. 252) umschauen oder paddelt das nächste Mal auf den Spuren der Wikinger.

Mein Tipp

Auf den Spuren der Wikinger – Menzlin ► M 6
›Altes Lager‹ heißt es auf den Holzschildern, die von dem unscheinbaren Dorf Menzlin aus den Weg zu den Resten einer Handelsniederlassung aus der Wikingerzeit weisen. Die archäologisch nachgewiesenen Grubenhäuser sind oberirdisch nicht mehr zu erkennen. Umso stärker beeindrucken die **Bootsgräber** auf der Hügelkuppe im Kiefernwald. Von den Gräbern, deren Zahl auf mehrere hundert geschätzt wird, wurden 33 freigelegt und untersucht. Sowohl ihre Lage innerhalb schiffsförmiger **Steinsetzungen** als auch die Beigaben sprechen dafür, dass ein Teil der Bestatteten skandinavischer Herkunft gewesen sein muss. Es kann daher davon ausgegangen werden, dass sich hier eine **skandinavische Siedlung** in slawischem Gebiet befand. Die nachgewiesenen Frauenbestattungen sind ein Beweis dafür, dass die Händler nicht nur temporär zu Handelstagen anreisten, sondern hier mit ihren Familien lebten.

Der traumhaft schöne Platz in reizvoller Lage ist ideal für ein **Picknick,** Ballspiele auf den Wiesen an der Peene und eine Entdeckungstour im schattigen Kiefernwald. Ein paar hundert Meter weiter befindet sich ein **Kanuverleih,** der auch Führungen anbietet. Dabei erfährt man Wissenswertes über den alten Handelsplatz und die Bootsgräber sowie über die Peene als überregional bedeutender Handelsweg (ca. 8 km nordwestlich von Anklam, B 110/109 Rtg. Greifswald, in Ziethen L 263 nach Menzlin).

Essen & Trinken

Ein schönes Ausflugsziel – **Stolper Fährkrug:** Dorfstr. 37, Stolpe, Tel. 039721 55 00, www.gutshaus-stolpe.de, April–Okt. tgl. 11.30–21.30, März/April, Okt. Do–Mo Küche 11.30–14, 18–21.30 Uhr, ab 10 €. In dem über 300 Jahre alten, denkmalgeschützten Fährkrug stehen bodenständige Speisen auf der Karte. Im Sommer sitzt man bei schönem Wetter draußen im Biergarten mit Blick auf die Peene.

Infos

Anklam Information
Am Markt 3, 17389 Anklam, Tel. 03971 83 51 54, www.anklam.de.

Ueckermünde ► N 7

Das liebenswerte Städtchen liegt inmitten einer reizvollen Haff- und Heidelandschaft nahe der polnischen Grenze am Stettiner Haff. Fachwerkgeschmückte Traufenhäuser und die barocke Marienkirche prägen den überschaubaren Ortskern.

Haffmuseum

Am Rathaus 3, Tel. 039771 284 42, www.ueckermünde.de/haffmuseum, Mai–Sept. Di 9–12, 13–17, Mi/Do 9–12, 13–16, Fr 9–12, 13–15, Sa 13–16, So 10–12, 13–16 Uhr, im Winterhalbjahr Sa–Mo geschl., 2,50 €
Herzog Philipp I. ließ in Ueckermünde 1546 ein repräsentatives, vierflügeliges **Renaissanceschloss** errichten. Zu den erlauchten Gästen gehörten Zar Peter I., König Friedrich Wilhelm I. und August II., der Starke, Kurfürst von Sachsen. Nur der Südflügel des Prachtbaus blieb erhalten. Der Schlossturm beherbergt eine sympathisch bunte

Vielfalt an Exponaten zur Stadtgeschichte, zum Alltagsleben, zu Handwerk, Fischerei und Schifffahrt. Von der Aussichtsetage kann der Blick über die Stadt, den Hafen und das Haff schweifen.

Tierpark Ueckermünde
Chausseestr. 76, Tel. 039771 549 40, www.tierpark-ueckermuende.de, März–Okt. tgl. 10–18, Nov.–Feb. tgl. 10–15 Uhr, im Sommer 7 €, im Winter 4 €
Ein netter Zoo im Westen der Stadt, mit großen Freigehegen, in denen über100 Tierarten leben, darunter einheimische Haus- und Wildtiere, aber auch Löwen, Papageien, Lamas und Kängurus. Attraktion sind die begehbaren Hirsch- und Affengehege.

Essen & Trinken

Gründerzeit – **Café Krøhan & Bress:** Am Markt 8, Tel. 039771 597 85, Mo–Do 10–18, Fr, Sa 10–23 Uhr. Ein kleines Café für Genießer. In denkmalgeschützten Räumen wird feiner Espresso und Selbstgebackenes serviert, edle Whiskymarken und Zigarrensorten, auch Verkostungen.

Aktiv & Kreativ

Buddeln und Planschen – **Haffbad:** Die Badeanstalt direkt an der Ueckermündung bietet für Kinder einen idealen, fast 1000 m langen, flach abfallenden Sandstrand.

Termine

Ueckermünder Hafftage: 4. Wochenende Juli. Großes Volksfest mit Bootskorso, Rummel und Feuerwerk.

Stettiner Haff ▶ N 6/7

Die weitgehend naturbelassene wald- und wasserreiche Grenzlandschaft liegt jenseits der Ströme des Massentourismus – eine ruhige Ferienregion, die vielen gar nicht bekannt ist. Ein hübsches Ausflugsziel ist der alte Fischerort **Mönkebude** mit einem kleinen Hafen, Campingplatz und Badestrand am Haffufer.

In **Altwarp** ist Deutschland zu Ende. Am Hafen kann man Fisch essen und nach Polen hinüber blicken. Der Grenzhafen wurde 1996 neu ausgebaut und 1999 um einen Fähranleger erweitert. Jetzt ist es ergreifend still hier, der Schiffsverkehr wurde im Juni 2010 bis auf weiteres eingestellt.

Ukranenland in Torgelow ▶ N 7

Jatznicker Str. 31, in Torgelow, 14 km südl. von Ueckermünde, Tel. 03976 20 23 97, www.ukranenland.de, Mai–Okt. 10–17 Uhr, 4 €, Familie 10 €
An der Uecker lebte vor rund 1000 Jahren der slawische Stamm der Ukranen. Außerhalb von Torgelow entstand die Rekonstruktion eines **Slawendorfes** mit Block-, Bohlen- und Flechtwandhäusern aus dem 9./10. Jh. Hier kann man in der Saison Bronzegießern, Töpfern, Schmieden, Schreinern oder Filzmachern bei der Arbeit zuschauen, aber auch selbst handwerklich tätig werden. Ein Höhepunkt ist die Fahrt mit einem rekonstruierten Slawenschiff.

Ein weiteres spannendes historisches Projekt ist das **Castrum Turglowe:** Neben der mitten in Torgelow gelegenen Ruine einer mittelalterlichen Burganlage entsteht ein Freilichtmuseum, in dem man das Leben im 13. Jh. nachvollziehen kann.

Das Beste auf einen Blick

Usedom

Highlight !

Kaiserbäder: Bansin, Heringsdorf und Ahlbeck sind das Aushängeschild Usedoms. Vor 100 Jahren traf sich hier die Crème de la crème der Gesellschaft zum Sehen und Gesehen werden. Eine 8 km lange Strandpromenade verbindet die nach der Wende wieder herausgeputzten Seebäder, die den Beinamen Nizza des Nordens durchaus verdienen. Seebrücken führen weit aufs Meer hinaus, die schönste befindet sich in Ahlbeck. S. 259

Auf Entdeckungstour

Bäderarchitektur in Heringsdorf: Die Villen sind traumhaft schön und beeindruckend vielseitig. Die Bauherren von damals ließen, soweit es der Geldbeutel zuließ, ihren architektonischen Wünschen und Phantasien freien Lauf, sie bauten in Holz oder in Stein, in den unterschiedlichsten Baustilen verschiedener Epochen. Die großartigen Anwesen am Meer offenbaren immer auch die Freude am Haben und Präsentieren. S. 260

Kultur & Sehenswertes

Peenemünde: Der abgelegene Ort wurde als Wiege der Raumfahrt weltbekannt. Das Historisch-Technische Museum Peenemünde (HTM) dokumentiert die Entwicklung der weltweit ersten Fernrakete und ihre verheerenden Folgen. S. 281

Aktiv & Kreativ

Mölschow KulturHof: Auf dem Hof bei Trassenheide werden in verschiedenen Schauwerkstätten traditionelle Handwerkstechniken gezeigt wie Korbflechten, Filzen, Weben, Töpfern. Wer mag, kann mitmachen. S. 279

Greifswalder Oie: Die etwa 12 km vor Usedom liegende Insel steht unter Naturschutz, die Zahl der Besucher ist begrenzt. Vom kleinen Hafen führt ein ausgeschilderter Weg zum Leuchtturm im Norden der Insel. S. 280

Genießen & Atmosphäre

Koserower Salzhütte: Am Strand bei den Fischern lautet die nette Adresse des winzigen Fischrestaurants in einer der historischen reetgedeckten Salzhütte. S. 276

Galeriegarten Café: Eine schöne Einkehr in Lütow – sehr zu empfehlen nach einer Umwanderung der Südspitze der Halbinsel Gnitz. S. 279

Abends & Nachts

Das Nachtleben **Usedoms** konzentriert sich im Wesentlichen auf die Bars der größeren Hotels. Ein leckerer Cocktail mit Meerblick, was braucht man mehr?

Kikis Bootsverleih: Bei Loddin kann man mit einem Tretboot aufs Achterwasser schippern und danach im Biergarten ein Glas Wein oder Bier zum Sonnenuntergang genießen. S. 272

Trubel am Strand, Stille im Hinterland

Nirgends in Deutschland ist es so sonnig wie auf Usedom – über 1900 Stunden scheint hier die Sonne im Jahr. Darüber hinaus bietet die mit 445 km^2 zweitgrößte deutsche Insel einen weißen, feinen Sandstrand, der sich auf einer Länge von 40 km entlang der gesamten Außenküste erstreckt – von Trassenheide im Norden bis Ahlbeck im Südosten. Hauptanziehungspunkt der Pommerschen Riviera sind die für ihre prachtvolle Bäderarchitektur und feine Strandpromenaden berühmten Kaiserbäder Ahlbeck, Bansin und Heringsdorf. Völlig anders präsentiert sich das Hinterland. Wer Usedom abseits der berühmten Seebäder erkundet, wird bezaubert sein. Nur einen Steinwurf vom Trubel entfernt – zwischen Ostsee, Achterwasser und dem Peenestrom, der die Insel vom Festland trennt – trifft man auf abgeschiedene Landstriche und Halbinseln mit sanft gewellten Hügellandschaften, grünen Wäldern, reizvollen Seen und wogenden Schilfgürteln. Dazwischen, sparsam verteilt, einige Dörfer, vereinzelte Gehöfte, hier und da eine Ansiedlung alter Fischerhäuser. Diese Natur- und Kulturlandschaft, die bereits zu DDR-

Infobox

Information

Usedom Tourismus GmbH: Waldstr. 1, 17429 Bansin, Tel. 038378 477 10, www.usedom.de.

Anreise und Weiterkommen

Flug: Von neun Abflughäfen zwischen Bremen und München geht es u. a. mit Air Berlin nach Heringsdorf. Info: www.flughafen-heringsdorf.de.

Bahn: Von den IC-Bahnhöfen in Greifswald und Stralsund verkehren stündlich oder halbstündlich Züge der Usedomer Bäderbahn (UBB) nach Trassenheide, Zinnowitz (umsteigen nach Peenemünde), Koserow, Kölpinsee, Ückeritz, Bansin, Heringsdorf, Ahlbeck und Swinemünde (Polen). Info: Tel. 038378 271 32, www.ubb-online.de.

Bus: Das Liniennetz auf der Insel Usedom ist gut ausgebaut. Info: Ostseebus GmbH, Tel. 038378 33 630, www.ostseebus.de.

Geführte Touren

Naturpark Usedom: Ende April–Mitte Okt. Mo–Fr sachkundige, zum Teil kostenlose Wanderungen und Radtouren, Programm in den Touristenbüros oder bei Naturpark Usedom, Bäderstr. 5, 17406 Usedom, Tel. 038372 76 30, www.naturpark-usedom.de.

Insel-Safari: Bis zu acht Teilnehmer verbringen den Tag in freier Natur, beobachten Reiher und Kraniche, mit Glück auch Biber. Sie wandern, fahren Schlauchboot oder Rad, kochen und entspannen am Lagerfeuer. Gäste werden mit dem Land Rover von jedem Punkt der Insel abgeholt (Dauer 10–12 Std., auch Mehrtagestouren, Tel. 0172 316 66 34, www.insel-safari.de).

Zeiten teilweise unter Schutz stand, erhielt 1999 das Prädikat Naturpark.

Usedoms Süden ▶ M/N 6

Usedom-Stadt ▶ N 6

Das kleine, beschauliche Landstädtchen **Usedom,** das bereits 1298 lübsches Stadtrecht erhielt, ist Namengeberin der Insel. Seit dem 10. Jh. befand sich auf dem heutigen Schlossberg eine slawische Burgsiedlung, die um 1115/1119 von den Dänen zerstört wurde. Im Jahre 1128 gelang es hier dem missionierenden Bischof Otto von Bamberg, die wendischen Fürsten Westpommerns von den Vorzügen des Christentums zu überzeugen. Bis Mitte des 13. Jh. war Usedom eine der Lieblingsresidenzen der Herzöge von Pommern. Danach verlor es seine Bedeutung.

Ein wenig unscheinbar wirkt das Städtchen heute, aber doch nett mit sanierten Altstadtstraßen, einem historischen **Markt** und der imposanten, spätgotischen **Marienkirche** aus der zweiten Hälfte des 15. Jh. Wahrzeichen der Stadt ist das **Anklamer Tor,** ein hübsch gegliederter Backsteinbau von 1450, das als einziges der ursprünglich drei Stadttore erhalten blieb und heute das Heimatmuseum beherbergt.

Übernachten, Essen

Zentral – **Hotel-Restaurant Norddeutscher Hof:** Markt 12, Tel. 038372 702 66, www.norddeutscherhof.de, DZ ab 88 €. Traditionsreiches Gasthaus. Im Sommer bietet das Restaurant Plätze im geschützten Hofgarten und auf der Terrasse am Marktplatz (Mo–Sa ab 17 Uhr, Nov., Feb. geschl., Hauptgerichte ab 10 €)

Einkaufen

Naturtextilien – **De Spinndönz:** Markt 16 (gegenüber der Kirche), Tel. 038372 763 90, www.spinndoenz.de, März–Okt. Mo–Sa 9–18, So 11–17, Okt.–März Di, Fr 10–17 Uhr. Kleiner netter Laden, der sich dem Handwerk vergangener Zeiten widmet. Das Sortiment umfasst Strickwaren, Fellprodukte, Naturmaterialien, zudem Web- und Spinnkurse.

Karnin ▶ M 6

Im äußersten Südwesten der Insel liegt das stille Dorf Karnin, eine holprige Dorfstraße führt mitten hindurch, sie endet auf einem Parkplatz an der Peene. Die Brücke, die zwischen Karnin und Kamp über den Peenestrom führte, bildete bis zu ihrer Zerstörung im April 1945 die wichtigste Verkehrsanbindung zwischen Usedom und dem Festland, hier verlief die Eisenbahnlinie nach Swinemünde. Die insel- und festlandseitigen Brückenteile wurden von der Wehrmacht gesprengt, um den Vormarsch der Roten Armee zu erschweren. Der Mittelteil, die eigentliche Hubbrücke, blieb unbeschädigt und ist heute technisches Denkmal.

Essen & Trinken

Urgestein – **Usedomer Haffschänke:** Dorfstr. 19, Karnin, Tel. 038372 703 75, www.haffschaenke.de, Di–So 11–22 Uhr. Das Haus macht nicht viel her – ein paar Tische drinnen, ein paar draußen. Es gibt Aal in Gelee, Koteletts mit Bratkartoffeln, Flundern in süßsaurer Soße. »Es ist kein Kurhotel wie in Swinemünde, dafür wurden wir hier auch nicht geneppt«, schrieb 1927 die Besatzung des Seglers ›Kiek in die Welt‹ ins Gästebuch. Das gilt heute noch!

Mein Tipp

Eine runde Sache – Lotsenturm Karnin ► M 6
Nach mehr als 60 Jahren Leerstand wurde der 1938 erbaute Lotsenturm 2008 als Design-Hotel wieder eröffnet. Allein oder zu zweit genießt man hier eine kleine Drei-Etagen-Wohnung. Das heißt: drei Zimmer, eins auf jeder Etage, alle kreisrund, ein kleines, aber luxuriöses Bad mit Whirlpool, die oberste Etage mit Balkon und Ausblick auf das Stettiner Haff. Zum Frühstück wird ein Picknick-Korb gebracht, auch Dinner-Service ist möglich (www.lotsenturm-usedom.de, So–Do Übernachtung für 2 Pers. 250 €, Fr/Sa und Feiertage 290 €, Silvester 400 €).

Stettiner Haff ► N/O 6

Von Usedom Stadt führt der, mit einem Eichenblatt markierte Ostseeküstenweg durch Wald, Wiesen und Dörfer. Am besten folgt man ihm mit dem Rad. Hübsch ist das alte Kirchdorf **Stolpe.** Den Dorfkern bildet das oft als Schloss bezeichnete ehemalige Gutshaus mit dem Dorfteich, der neugotischen Kirche und alten Bäumen.

Von Stolpe geht es weiter – zum Teil mit wunderschöner Aussicht – in das kleine Dorf **Gummlin** mit einem winzigen Naturhafen am Kleinen Haff. In dem abgelegenen Fischerdorf **Kamminke** kann man am Hafen Räucherfisch genießen und gemütlich ein Bier trinken. Eine Badebucht mit Sandstrand befindet sich gleich nebenan, ein schöner Platz, um den Sonnenuntergang zu genießen. Ein paar Kilometer entfernt erreicht man den 71 m hohen **Golm,** Usedoms höchste Erhebung. In der Blütezeit des Seebads Swinemünde zu Beginn des 20. Jh. zog die reizvolle Landschaft viele Ausflügler an. Heute kommen nur noch wenige Menschen hierher.

Golm ► O 6

Am Ende des Zweiten Weltkriegs wurde der Golm zu einem der größten Friedhöfe für Kriegsopfer in Deutschland. Die beeindruckende **Kriegsgräbergedenkstätte** ist den Menschen gewidmet, die im März 1945 bei dem schweren Bombenangriff auf Swinemünde ums Leben kamen und hier ihre letzte Ruhestätte fanden.

In dem Halbrund der Gedenkstätte, die an ein prähistorisches Ringgrab erinnert, sind die der DDR-Hymne entnommenen Worte Johannes R. Bechers zu lesen: »Dass nie eine Mutter mehr ihren Sohn beweint«. Die 1952/1953 entstandene ergreifende **Steinplastik** der trauernden und frierenden Frau im Soldatenmantel ist eine Arbeit des Bansiner Bildhauers Rudolf Leptien.

Der Wegweiser **Aussichtspunkt** führt auf einem wurzeligen Waldweg hinauf zum Gipfel des Golm mit Blick auf das städtische Swinemünde.

Übernachten

Ökologisches Landleben – **Stolperhof:** Ausbau 1, Stolpe auf Usedom, Tel. 038372 71 08, www.stolperhof.de, Doppelkammer 116 €. Viel Natur, viele Tiere und schönste Alleinlage. Geschlafen wird in 14 rustikalen Kammern für bis zu sechs Personen. Die Gäste können zwischen Übernachtung mit Frühstück, Halb- und Vollpension wählen. Auf den Tisch kommen viele Produkte aus eigenem Anbau. Zubringerdienst per Kutsche zur Badestelle am Haff.

Kaiserbäder ! ▶ N/O 5

Historische Bäderarchitektur und ein weißer, bis zu 200 m breiter Sandstrand – die drei Kaiserbäder Ahlbeck, Heringsdorf und Bansin sind das Aushängeschild Usedoms. Vor 100 Jahren trafen sich hier der Adel, das Kapital und die Haute Volée zur Sommerfrische. Zu den illustren Gästen gehörte auch der Kaiser persönlich. Eine 8 km lange Strandpromenade verbindet die nach der Wende wieder herausgeputzten Seebäder. Sie ist gespickt mit geschichtsträchtigen und prestigereichen Villen aus wilhelminischer Zeit, die Usedoms Ruf als Nizza des Nordens rechtfertigen. Zentrale Flaniermeilen sind auch die Seebrücken, die weit aufs Meer hinausführen.

Ahlbeck ▶ O 5

Das größte und bodenständigste der drei Kaiserbäder wurde erst vergleichsweise spät für den Tourismus entdeckt. 1820 hatte der Oberforstmeister Georg Bernhard von Bülow Seegrundstücke aus seinem Besitz an Ostseefischer verkauft. 20 Jahre später kamen die ersten Badegäste, doch erst in der Gründerzeit setzte der eigentliche Boom ein.

Zauberhafte Villen entdeckt man entlang der dem Meer zugewandten **Dünenstraße.** Aber auch Straßen in der zweiten oder dritten Reihe wie die Goethe-, Kur- und Kaiserstraße oder auch die Bismarck- und Karlstraße schmücken glanzvolle Hotel- und Pensionsbauten. Ahlbecks berühmtes Wahrzeichen ist die **Seebrücke**, die 1898 eingeweiht wurde und zu den beliebtesten Fotomotiven der Insel zählt. Der 1942 durch Eis und Sturm weitgehend zerstörte Steg wurde in den 1990er-Jahren neu errichtet, der zierliche, bildhübsche Pavillon aber hat die Zeiten überdauert.

Wolgastsee ▶ N/O 5

3 km südwestlich von Ahlbeck

Der malerisch in bewaldete Höhenzüge eingebettete See ist ein beliebtes Ausflugsziel. Ein ausgeschilderter Rad- und Wanderweg führt vom Parkplatz in **Korswandt** um den 1,4 km langen und kanpp 500 m breiten See – eine auch für Kinder machbare Tour. In Korswandt gibt es eine Bucht mit Bademöglichkeit und Imbiss, zur Straße hin liegt das Hotel-Restaurant Idyll am Wolgastsee mit schöner Terrasse zum See (www.idyll-am-wolgastsee.de).

Ausflug nach Świnoujście (Swinemünde) ▶ O 5/6

Tgl. Ausflugsschiffe von den Seebrücken der Kaiserbäder sowie mit der Usedomer Bäderbahn; Grenzübergang frei passierbar

Von Ahlbeck führt eine schöne Wald- und Küstenwanderung – dem europäischen FernRadwanderweg E 9 folgend – über die deutsch-polnische Grenze in das nahe Seebad an der Ostspitze von Usedom. Die einstige Inselhauptstadt Swinemünde wurde 1748 von Friedrich Wilhelm I. gegründet und entwickelte sich im 19. Jh. zum größten Seebad Deutschlands. Seit Ende des Zweiten Weltkriegs gehört die bei einem verheerenden Luftangriff im März 1945 zum großen Teil zerstörte Stadt zu Polen. Entlang der Swinemünder Strandpromenade stehen nur noch wenige Beispiele schöner Bäderarchitektur. Von der autofreien Mole am Ostende des Badestrands bietet sich ein freier Blick auf Hafen und Stadt. ▷ S. 263

Auf Entdeckungstour

Bäderarchitektur in Heringsdorf – kaiserliche Kronjuwelen

Bansin, Heringsdorf und Ahlbeck tragen ihren klingenden Beinamen Kaiserbäder erst seit 1990 – aus Gründen des Marketings. Und das mit so großem Erfolg, dass sie zum Markenzeichen Usedoms geworden sind. Über 200 Villen aus der Gründerzeit schmücken die strandschönen Seebäder.

Reisekarte: ► N 5

Dauer: ca. 1 Std.

Info: Wer mag, kann von Bansin über Heringsdorf nach Ahlbeck wandern (8 km) und am Weg weitere Beispiele der Bäderarchitektur entdecken.

Die in der zweiten Hälfte des 19. Jahrhunderts und bis zum Ersten Weltkrieg in den Seebädern entstandene Bäderarchitektur ist traumhaft schön und beeindruckend vielseitig. Die Bauherren von damals ließen, soweit es der Geldbeutel zuließ, ihren architektonischen Wünschen und Phantasien freien Lauf. Eine Palladio-Villa oder ein französisches Barockschlösschen – warum nicht? Sie bauten in Holz oder in Stein. Die unterschiedlichsten Baustile verschiedener Epochen – von Gotik und Renaissance bis Klassizismus und Schweizer Alpenstil – sind vertreten. Villen, Hotels und Pensionen wurden mit Säulen, Türmchen, Loggien, Balkonen und Veranden geschmückt. Die Bäderarchitektur ist kein einheitlicher Stil, sondern eher ein Lebensgefühl, das die Lust auf unbeschwerte Sommertage am Meer ebenso wie die Freude am Haben und Präsentieren zum Ausdruck bringt. Die prunkvollsten Exemplare der Bäderarchitektur findet man in Heringsdorf.

Feine Sommerfrische

Heringsdorf, das mondänste und größte der Usedomer Kaiserbäder, war von Anfang an als exklusives Seebad für ein wohlhabendes Publikum geplant. Entlang der grünen Kurpromenade präsentiert sich eine prunkvolle Sommerresidenz neben der anderen, häufig inmitten einer weitläufigen Parkanlage in vornehm zurückhaltendem Abstand zum nächsten Nachbarn. Stein und Marmor sind die dominierenden Baumaterialien in der ersten Reihe. Schon Heinrich Mann schreibt in einem Essay, dass Heringsdorf nur aus Säulen bestünde, und der Meyer-Reiseführer von 1910 merkt an, dass das Seebad für diejenigen, die mit einem begrenzten Reisebudget zu rechnen hätten, nicht zu empfehlen sei. Die regelmäßigen Besuche des Kaisers trugen zum noblen Image genauso bei, wie die zwischen 1891 und 1893 entstandene Seebrücke, die allabendlich in elektrischer Beleuchtung festlich erstrahlte und trotz eines Begehungspreises von zehn Pfennigen ein Besuchermagnet war.

Badende Grazien

Blickpunkt an der Strandpromenade in Heringsdorf ist heute die in den 1990er-Jahren neu errichtete Seebrücke. In Sichtweite ihrer modernen Architektur liegt die bildhübsche **Villa Oechsler** (Delbrückstr. 5; s. Abb. links). Das 1883 von einem Berliner Unternehmer erbaute Haus gleicht im Mittelteil einem ionischen Tempel. Die auf Hochglanz polierten Säulen bestehen aus schwarzgrünem schwedischen Granit. Das kunstvolle Emaille-Mosaik im Dreiecksgiebel – auf Wunsch des Auftraggebers wurde zum Teil Blattgold und Silber in die Mosaiksteine eingeschmolzen – zeigt badende Grazien. Es ist eine Arbeit des Italieners Anton Salviati, der auch die Kuppelmosaiken im Aachener Dom schuf. Das Teuerste vom Teueren also, doch verglichen mit der Nachbarvilla Staudt ein fast bescheiden anmutendes Bauwerk. Ende der 1990er-Jahre wurde es vorbildlich saniert und bietet heute den stilvollen Rahmen für ein exklusives Modegeschäft.

Tee mit dem Kaiser

Um 1900 erwarb Konsul Wilhelm Staudt, der sein Vermögen im Südamerikahandel gemacht hatte, das Grundstück neben der Villa Oechsler. Als der Konsul 1906 starb, führte seine Witwe die Geschäfte weiter. Die repräsentative **Villa Staudt** (Delbrückstr. 6) wurde berühmt, weil Kaiser Wilhelm II. hier zwischen 1909 und 1912 regelmäßig im Rahmen seiner alljährlichen

Nordlandfahrt Station machte, um mit der ebenso klugen wie schönen Witwe des Konsuls Tee zu trinken. Die nähere Bekanntschaft mit dem Kaiser war durch die Heirat ihrer Tochter mit einem Patensohn Wilhelms zustande gekommen. Unnötig zu erwähnen, dass seine Besuche mit viel Klatsch, großer Aufregung und Menschenmengen auf der Promenade einhergingen, die versuchten einen Blick auf den prominenten Gast zu werfen. Ein zeitgenössisches Foto zeigt die beiden am Teetisch in der Veranda: der Kaiser ganz entspannt in legerem Jackett, weißer Sporthose und leichten Sommerschuhen – ihm gegenüber die Konsulin, etwas weniger entspannt, in hoch geschlossener Bluse. Jahrzehnte später (1938) verkaufte sie ihre Villa an Hitlers Leibarzt Theodor Morell, zu DDR-Zeiten war das Haus Erholungsheim für die DDR-Fluggesellschaft Interflug, heute beherbergt es unterschiedlich große Ferienwohnungen zu gar nicht mal unerschwinglichen Preisen (91–169 €, www.kaiservillen.de).

Vor der Villa steht übrigens eine Büste Wilhelm I. Sie erinnert daran, dass der 23 Jahre junge Kronprinz Wilhelm – der Großvater des Tee trinkenden Nordlandfahrers also – anlässlich eines Besuches im Jahr 1820 gebeten wurde, dem Strandflecken einen passenden Namen zu geben: Da er gerade Fischern beim Einsalzen ihres Fangs zugesehen hatte, fand er Heringsdorf passend, auf diese Weise erhielt das später mondänste der Usedomer Seebäder den schlichtesten Namen.

Das Motiv eines Malers

Zu den repräsentativsten Bäderbauten gehört die **Villa Oppenheim** (Delbrückstr. 10/11), die der jüdische Bankier und Kunstsammler Benoit Oppenheim (1842–1931) nach dem Vorbild palladianischer Landhäuser als Sommerresidenz für seine Familie erbauen ließ. Das mit seinem über zwei Geschosse verlaufenden Säulenportikus sehr imposante Bauwerk findet sich mehrfach als Motiv in den Zeichnungen Lyonel Feiningers. Der später weltberühmte deutsch-amerikanische Künstler hat während seiner Aufenthalte auf Usedom nicht, wie vielfach angenommen, in der Villa Oppenheim, sondern in der 400 m entfernten Villa Zander – in der zweiten Reihe – gewohnt. Die Familie Oppenheim wurde von den Nazis enteignet, ihr Sommerdomizil fungierte fortan als NS-Ortszentrale, später als Gästehaus des Ministeriums für Staatssicherheit. Nach der Wende wurde die Villa an die in Kanada lebenden Erben der einstigen Besitzer zurückgegeben, die sie 1994 verkauften.

Residieren im Park

Nur ein paar Schritte weiter wartet die nächste Top-Immobilie – die **Villa Bleichröder** (Delbrückstr. 14). Bauherr der neobarocken Prachtresidenz war der Berliner Bankier Hans von Bleichröder (1861–1936). An ihrem Grundriss zeigt sich deutlich, dass diese Sommerresidenz – wie viele andere – nicht nur der Erholung, sondern auch oder vor allem dem gesellschaftlichen Ansehen diente. Das Erdgeschoss bestand aus einer großen Halle für Festivitäten. Auch die Terrassen mit den einladenden Freitreppen waren so gebaut, dass sie den großen Auftritt erlaubten. Heute gehört die Villa zu dem Hotelkomplex Residenz Bleichröder (www.residenz-bleichroeder.com) – ein Geheimtipp, wie die Hotelkritiken im Internet belegen. Von einem wunderschönen Haus in einem herrlichen Park und schlossähnlichem Ambiente wird da geschwärmt.

Übernachten

Nostalgischer Luxus – **Ahlbecker Hof:** Dünenstr. 47, Tel. 038378 620, www.seetel.de, DZ 181–290 €, Suite 277–549 €. Traditionsreiches, 1890 erbautes Romantikhotel an der Strandpromenade. Hinter der historischen Fassade versteckt sich 5-Sterne-Luxus.
Stilvoll und komfortabel – **Villa Auguste Viktoria:** Bismarckstr. 1–2, Tel. 038378 24 10, www.auguste-viktoria.de , DZ 115–165 €. Eine um 1900 erbaute Jugendstilvilla mit 18 gemütlichen Zimmer und Suiten in warmen Apricot-Tönen. Viele alte Möbel verleihen Flair. Konditorei und Café mit hübschem Wintergarten.
Öko und harmonisch – **Villa Harmonie:** Dünenstr. 6, Tel. 038378 33 58 80, www.villa-harmonie.de, DZ 80–90 €. Nach Anregungen des Feng-Shui eingerichtete Jugendstilvilla. Zehn hübsche Zimmern – einige mit Meersicht – mit Balkon oder Terrasse. Zur Villa gehört ein Gartenhaus. Das Haus-Programm umfasst u. a. Fastenwochen und Qi-Gong-Übungen am Morgen.

Essen & Trinken

Genießen am Meer – **Restaurant-Café Seebrücke:** Tel. 038378 222 96, www.seebrueckeahlbeck.de, tgl. ab 11 Uhr, ab 9 €. Internationale Spezialitäten. Gemütliche Sitzecken in historischem Ambiente. In der Bar werden ab 18 Uhr Cocktails serviert. Mehrmals pro Woche abends Livemusik.
Klassisch französisch – **La Brasserie**: Dünenstr. 47, Tel. 038378 620, Mo/Di, Fr/Sa 12–22, Do, Sa 14–22 Uhr, ab 11 €. Beliebtes Bistro-Restaurant im Hotel Ahlbecker Hof (eigener Eingang). Im Sommer schöne Terrasse mit Blick auf die Promenade, nachmittags Café und Waffeln.

Einkaufen

Schnäppchen – **Swinemünder ›Polenmarkt‹:** Ca. 3 km von Ahlbeck. Gleich hinter dem Grenzübergang bei Ahlbeck stößt man auf die ersten Ausläufer des Marktes. In einem riesigen Labyrinth aus Buden, offenen Ständen und Verschlägen werden Textilien, Tabakwaren, CDs und DVDs, Taschen, Rucksäcke usw. angeboten.

Aktiv & Kreativ

Bei jedem Wetter – **Ostseetherme:** Lindenstr. 60, Tel. 038378 27 30, www.ostseetherme-usedom.de, Mai–Okt. Mo–Sa 10–22, So 10–20, Nov.–April Mo–Sa 10–21, So 10–20 Uhr, 3 Std. 15 € bzw. 18 € ohne Kurkarte, Tageskarte 19 bzw. 22 €. Eine Bade- und Wellnessoase zwischen Ahlbeck und Heringsdorf.

Infos & Termine

Touristen-Information Ahlbeck
Dünenstr. 45, 17419 Seebad Ahlbeck, Tel. 038378 49 93 50, www.drei-kaiserbaeder.de

Termine
Baltic Fashion Award: Ende April und Ende Okt., www.baltic-fashion-award.de. In den drei Kaiserbädern wetteifern Designer aus Skandinavien und den Anrainerstaaten der Ostsee um den Baltic Fashion Award.

Heringsdorf ▶ N5

Das elegante Seebad mit dem bescheidenen Namen ist das mondänste der drei kaiserlichen Schönheiten. Bis zum Zweiten Weltkrieg tummelte sich hier

Die Seebrücke von Ahlbeck zählt zu den beliebtesten Fotomotiven auf Usedom

alles, was Rang und Namen hatte in der deutschen Aristokratie, der Finanzwelt und Politik. Ihre beeindruckenden Villen schmücken noch heute die Promenade und strandnahen Straßen (s. Entdeckungstour S. 260).

Der Charme des renommierten Seebades hat die Jahrhunderte überstanden. Die aus der Gründerzeit erhaltene Bausubstanz wurde nach der Wende saniert, die weniger charmanten Neubauten verschönert, wo es möglich war. Das nahe der Seebrücke gelegene **Kurhotel,** ein zweckmäßiger Hochhauskomplex aus den 1970er-Jahren, ist allerdings auch mit neuer Fassade keine Schönheit. Die moderne, streckenweise bebaute **Seebrücke** ist eine beliebte Bummel- und Shoppingmeile, an deren Anfang und Ende sich ein gut besuchter Italiener etabliert hat.

Museum Villa Irmgard

Maxim-Gorki-Str. 13, Di–So 10–18 Uhr, 4 €

In der hübschen Villa wohnte und arbeitete der russische Dichter Maxim Gorki im Sommer 1922. Das arabische Zimmer, in dem der weit gereiste Villenbesitzer seine Reiseandenken aus dem Orient und aus Afrika aufbewahrte, ist bis heute nahezu unverändert geblieben. Im Haus befindet sich das **Museum für Literatur- und Regionalgeschichte.** Es bietet den stilvollen Rahmen für unterschiedliche Kulturveranstaltungen.

Kunstpavillon

Strandpromenade 1, Mai–Okt. Di–So 12–18 Uhr

Kultur hat Tradition in Heringsdorf. Seit Ende der 1960er-Jahren wird hier

Kunst präsentiert. Die Galerie am Meer zeigt Arbeiten zeitgenössischer Usedomer Künstler, es finden Konzerte und Veranstaltungen statt.

Übernachten

Sympathisch – **Strandvillen Bethanienruh:** Badstr. 11, Tel. 038391 224 30, www.strandvillen-bethanienruh.de, DZ 115–135 €. Gepflegte Zimmer in drei schönen Villen – Haus Bethanienruh, Haus Lug ins Meer, Haus Königsgabe – aus der Gründerzeit in unmittelbarer Strandnähe. Ein Wellness- und Sauna-Bereich sowie ein Restaurant runden das Angebot ab.

Familiär und freundlich – **Pension Erdmann:** Rudolf-Breitscheid-Str. 7, Tel. 03 8378 316 78, www.pension-erdmann de, DZ ab 88 €. 25 Zimmer mit Balkon (teilweise Seeblick) oder Terrasse sowie Ferienwohnungen für zwei bis vier Personen in einer denkmalgeschützten Villa. Strand und Zentrum sind etwa 400 m entfernt.

An der Strandpromenade – **Jugendherberge Heringsdorf:** Puschkinstr. 7–9, Tel. 038378 223 25, www.jh-heringsdorf.de, Übernachtung 25,50–36,20 €. Beliebtes, ganzjährig (bis auf Weihnachten) geöffnetes Haus. Zweibett- und Mehrbettzimmer auch in zwei Fachwerkvillen im weiträumigen Garten mit hohen Bäumen.

Essen & Trinken

Genießen im Weißen Schloss – **Lukullus:** Rudolf-Breitscheid-Str. 3, Tel. 0383 78 474 71, www.lukullus-heringsdorf.de, ab 15 €. Das Hotel Weißes Schloss auf dem baumreichen Kulmberg ist das einzig erhaltene von ursprünglich drei Logierhäusern, die der Oberforstmeister Georg Bernhard von Bülow bis 1824 in Heringsdorf errichten ließ. Hier nächtigte schon Kronprinzessin von Preußen mit ihren Söhnen Heinrich und Wilhelm, der spätere als Kaiser Wilhelm II. regierte. Das hauseigene Restaurant Lukullus ist bekannt für Fischspezialitäten und die schöne Terrasse.

Frisch, wild und regional – **Kulm Eck:** Kulmstr. 17, Tel. 038378 225 60, www.kulm-eck.de, in der Saison tgl. ab 18 Uhr, Dreigänge-Menü 35 €. Hoch gelobtes kleines Feinschmecker-Lokal, das leider im Herbst 2011 schließen soll.

Bierselig – **Usedomer Brauhaus:** Platz des Friedens, Tel. 038378 614 20, viele Hauptgerichte unter 10 €. Großes Lokal mit Sitzecken, massiven Holztischen und einer zentralen Theke. Die Biere sind selbstgebraut und auch zum

Mitnehmen, auf der Karte stehen einfache Brauhaus-Gerichte.
Eine Institution – **Eis-Villa Stein:** Kulmstr. 4, Tel. 038378 284 52. Außer wunderbarem Eis aus eigener Herstellung werden hier auch leckere Kuchen und Süßspeisen serviert, im Sommer auf der Gartenterrasse vorm Haus.

Einkaufen

Kulinarische Köstlichkeiten – **Lutter & Wegner:** Kulmstr. 3, Tel 038378 221 25, tgl. 11–22 Uhr. Feine Leckereien an der Bar und großes Weinangebot. Bei schönem Wetter kann man sich einen Picknick-Korb mit Käse, Wurst und einem Fläschchen Champagner zurechtmachen lassen und ab an den Strand.
Exklusive Mode in schöner Umgebung – **Maison Vogue:** Delbrückstr. 5, Tel 038378 227 10, tgl. 10.30–18.30 Uhr. Mode von Bogner, Escada, Laurél, St. Emile, Joop usw. in der denkmalgeschützten Villa Oechlser (s. Entdeckungstour S. 260).
Strandkörbe für Zuhause – **Heringsdorfer Ambiente:** Brunnenstr. 10, Tel. 038378 335 59, www.heringsdorferambiente.de. Der traditionsreichste deutsche Hersteller von Strandkörben berücksichtigt auch individuelle Wünsche – beispielsweise eine integrierte Sitzheizung für ungemütlichere Tage.

Aktiv & Kreativ

An die Stöcke – **Nordic Walking:** Sieben ausgeschilderte Nordic Walking Strecken von 4–20 km Länge starten und enden an der Heringsdorfer Seebrücke.
Theater im Zirkuszelt – **Chapeau Rouge:** Strandpromenade, Kartentelefon in der Saison 038378 291 71, www.chapeau-rouge.de. Zwischen Ende Mai und Anfang September werden im samtig rot leuchtenden Theaterzelt tagsüber Puppenspiele, abends Musicals, Tragödien und Schwänke aufgeführt.
Sieh auf zu den Sternen – **Sternwarte Manfred von Ardenne:** An der Promenade, www.sternwarte-usedom.de. Führungen bei klarem Nachthimmel mehrmals wöchentlich, Programm im Internet.

Infos & Termine

Kurverwaltung Heringsdorf
im Rathaus, Kulmstr. 33, 17424 Heringsdorf, Tel. 038378 24 51, www.drei-kaiserbaeder.de.

Termine
Heringsdorf goes fashion: April und Sept. Zweimal im Jahr präsentieren Models im Kursaal des Maritim Hotels Kaiserhof die Kollektionen renommierter in und ausländischer Labels. Fashionparty im Anschluss der Shows.
Usedomer Musikfestival: Sept./Okt. Dreiwöchiges Festival der klassischen Musik, s. S. 30.

Bansin ► N5

Das kleinste und jüngste der drei Kaiserbäder ist ein gemütliches Familienbad mit hübschen Pensionen, kleinen Hotels und prächtigen Villen. Lichter Mischwald und der **Schloonsee** ziehen sich bis weit in den Ort hinein, der 1897 als Badeort gegründet wurde. Prachtvolle Exemplare schnörkelreicher Bäderarchitektur findet man entlang der **Strandpromenade** und der parallel zu ihr verlaufenden **Bergstraße.** Der größte Trubel herrscht zwischen dem Strandzugang an der **Seestraße** und der **Seebrücke,** die schnurgerade und ohne Aufbauten 285 m aufs Meer hinausführt. Neben der Seebrücke haben sich in alten Fischerbuden Imbisse und Fischräuchereien etabliert.

Hans-Werner-Richter-Haus

Waldstr. 1, Tel. 038378 478 01, Mai–Sept. Di–So 10–12, 14–18 Uhr, Okt.–April Di–So 12–16 Uhr, 3 €
Im einstigen Feuerwehrgebäude befindet sich eine kleine Ausstellung über Hans Werner Richter (1908–1993), Schriftsteller und Initiator der Literaturvereinigung Gruppe 47, sowie über die Journalistin und Publizistin Carola Stern. Richter ist in Bansin geboren und dort auch begraben, Stern stammt aus Ahlbeck und fand ihre letzte Ruhe in Benz. Es gibt auch eine kleine Bibliothek, regelmäßig werden Veranstaltungen organisiert.

Mümmelkensee

2,5 km nordwestl. von Bansin
Ein verschwiegener Moorsee mitten im Wald. Benannt ist er nach den Teichrosen, die hier im Sommer blühen. Mummel werden sie genannt bzw. *Mümmelken* auf Niederdeutsch. Ein mit grünem diagonalem Balken markierter Naturlehrpfad führt von Bansin durch den Wald – vorbei an der Wolfskuhle, wo um 1750 der letzte Wolf auf Usedom getötet wurde – an den von Buchen gesäumten See.

Übernachten

Zuvorkommend geführt – **Kaiser SPA Hotel zur Post:** Seestr. 5, Tel. 038378 560, www.hzp-usedom.de, ab 158 €, Tiefgaragenplatz 12 €. Ein mit Liebe zum Detail restauriertes Haus im Seebäderstil mit mittlerweile mehreren Nebenhäusern, zwei Pools und verschiedenen Restaurants. Das Frühstück ist exzellent.

Edel und charmant – **Strandhotel Atlantic:** Strandpromenade 18, Tel. 038378 605, www.seetel.de, DZ ab 150 €. Eines der architektonischen Kleinode direkt an der Strandpromenade. 32 stilvolle Zimmer und 14 Suiten, Wellnessbereich mit Schwimmbad. Das Restaurant wurde vom Gault Millau mit 15 Punkten bewertet.

Skandinavisch – **Ferienwohnanlage Schloonsee:** Am Schloonsee 1, Tel. 038378 23 10, www.ufer-boehm.de, 80–85 €. Ökologische Anlage mit 29 Holzhäusern für max. 5 Personen in ruhiger Lage am Schloonsee, Entfernung zum Strand ca. 700 m.

Familienfreundlich – **Tropenhaus Bansin:** Goethestr. 10/Ecke Kirchstr., Tel. 038378 25 40, www.tropenhaus-bansin.de, FeWo 70–110 €. Apartmentferienanlage mit dem **Restaurant Schlangennest** und einem kleinen **Zoo** mit exotischen Tieren und Streichelgehege (Eintritt für Außerhausgäste 4 €).

Essen & Trinken

Schöne Lage – **Schloon-Idyll:** Bergstr. 60a, Tel. 038378 338 40, Hauptgerichte ab 10 €. In der 2005 im Bäderstil erbauten Pension mit Café-Restaurant und Sonnenterrasse zum See wird gutbürgerlich gekocht. Freundliche Zimmer (DZ ab 104 €).

Traditionsreich – **Café Asgard:** Strandpromenade 15, Tel. 038378 294 88. Gemütliches, altmodisches Ambiente mit geblümten Stofftapeten, Samttischdecken und Plüschsesseln.

Infos

Touristen-Information

An der Seebrücke, 17429 Seebad Bansin, Tel. 038378 470 50, www.dreikaiserbaeder.de.

Usedomer Schweiz und Lieper Winkel

► N 5

Unmittelbar hinter den Kaiserbädern erstreckt sich die **Usedomer Schweiz** mit einer traumhaft schönen Hügel- und Seenlandschaft. Traditionsreiche Ausflugslokale und ein gut ausgebautes Netz an Wander- und Radwegen verlocken zu ausgedehnten Touren. Kein Matterhorn, aber doch einige kleinere und größere ›Berge‹ prägen das zauberhafte Hinterland der Seebäder. Im Rahmen des Naturpark-Programms entstanden auf den Anhöhen im Bereich der Kaiserbäder mehrere Aussichtstürme, von denen man einen weiten Blick über das Stettiner Haff, das Achterwasser und die Ostsee bis nach Polen genießen kann: auf dem Zirowberg zwischen Seebad Ahlbeck und Korswandt, auf dem Sieben-Seen-Berg in Sallenthin und auf dem Kückelsberg bei Reetzow. Die Grenzen der ›Schweiz‹ lassen sich nicht genau bestimmen: Der Gothensee und der Schmollensee gehören auf jeden Fall dazu, ebenso wie die beschaulichen Ortschaften Sellin, Pudagla und Benz.

Noch um einiges ruhiger und abgelegener als die Seenlandschaft sind die Regionen entlang der Haff- und Boddenküste. Der Weg ist das Ziel – Je weiter man sich von den Seebädern entfernt, desto stiller wird die Welt. Über **Mellenthin** und **Morgenitz** schlängelt sich die Straße durch das Land Richtung **Rankwitz,** das südlichste der drei Dörfer im Lieper Winkel. Die weit ins Achterwasser hineinragende Halbinsel hat keine größeren Sehenswürdigkeiten aufzuweisen. Moorige Wiesen, Schilfwälder und Weiden, Akzente setzen die verschlafenen Dörfer. Auf rohrgedeckten Fischer- und Bauernkaten thronen Storchennester, dazwischen schmucklose Wohnhäuser aus den 1970er-Jahren und das eine oder andere neu erbaute Reetdachdomizil. In **Liepe,** mitten im Lieper Winkel, befindet sich die 1216 erstmals erwähnte Dorfkirche St. Johannis.

Gothensee und Thurbruch ► N 5

Südwestlich der Seebäder Ahlbeck, und Heringsdorf erstreckt sich der mit 600 ha größte See der Insel. Die Verwirklichung der Pläne, den durchschnittlich nur 1,25 m tiefen Gothensee samt angrenzendem Thurbruch dauerhaft trockenzulegen und damit neues Weideland zu schaffen, erwies sich auf lange Sicht als unrentabel. 1890 wurde der bereits 30 Jahre zuvor trockengelegte See wieder gefüllt und 1967 unter Naturschutz gestellt. Das schilfreiche Ufer bietet vielen Vögeln ein ideales Brut- und Rastgebiet. Hin und wieder ist ein Seeadler zu beob-

Mein Tipp

Versteckt im Buchenwald – Café Fangel ► N 5
Autofahrer auf der B 111 fahren leicht an dem Hinweisschild zum Café Fangel vorbei. Schöner ist es aber ohnehin, in der ›schweizerischen‹ Idylle zwischen Schmollensee und Gothensee mit dem Rad unterwegs zu sein. Auf dem mit gelbem Querbalken markierten Radwanderweg geht es von Bansin zum Café Fangel. In dem ehemaligen Forsthaus mitten im Wald werden köstliche Kuchen serviert – bei schönem Wetter draußen auf der Terrasse (Am Großen Krebssee, Neu-Sallenthin, Tel. 038378 322 53, Mai–Okt. 14–18 Uhr).

achten, auch Fischotter sind hier zu Hause. Um den See führt eine 18,5 km lange Rundwanderung, sie beginnt in Bansin (am Bahnhof) und führt über Reetzow und Korswandt zurück nach Bansin.

Schmollensee ► N 5

Westlich von Bansin liegt der knapp 4 km lange und 2 km breite See, der eine durchschnittlichen Wassertiefe von 2,70 m aufweist. Das größtenteils mit Schilfrohr bewachsene Seeufer bietet vielen Vögeln beste Brut- und Rastbedingungen. In **Sellin,** einem alten Bauern- und Fischerdorf am Ostufer des Sees, gibt es eine kleine Badebucht, einen Naturcampingplatz (Tel. 038378 314 52), ein paar Ruderboote und wunderbare Sonnenuntergänge.

Benz ► N 5

Es ist ein nettes, in die reizvolle Hügellandschaft südlich des Schmollensees eingebettetes 300-Seelendorf. In seiner Mitte erhebt sich die sehenswerte **St.-Petri-Kirche,** ein einschiffiger Backsteinbau aus der ersten Hälfte des 15. Jh. Auf einer Hügelkuppe thront eine um 1830 erbaute, 16 m hohe **Holländerwindmühle** – eines der Usedomers Lieblingsmotive des amerikanischen Künstlers Lyonel Feininger (s. S. 72). Die Mühle war bis 1971 in Betrieb, danach erwarb sie der Maler Otto Niemeyer-Holstein, der sie vor dem Verfall rettete. Heute dient sie als Kulturmühle. Im Backhaus werden Getränke und hausgemachte Kuchen serviert (Mai–Okt. Di–So 10–17 Uhr).

Mellenthin ► N 5

Das verträumte Dorf südlich des Lieper Winkels ist bekannt für sein **Wasserschloss,** das Ende des 16. Jh. entstand. Vom Schloss führt die von Linden gesäumte Dorfstraße an einem sorgfältig restaurierten Gutshof vorbei zur Kirche. Die ältesten Teile der **Dorfkirche** stammen aus dem 14. Jh. 1931 wurden am Kreuzrippengewölbe Zeichnungen aus dem 14. Jh. entdeckt.

Mein Tipp

Töpfern auf dem Dorf – Keramik aus Morgenitz ► N 5

Eine gediegene kleine Kirche, holprige Straßen, rohrgedeckte Häuser und freilaufendes Federvieh – das Dörfchen Morgenitz ist eine bodenständige, noch nicht herausgeputzte Idylle. Weithin bekannt ist der Morgenitzer Töpfermarkt, der am letzten Wochenende im Juli stattfindet. Die Keramikwerkstatt von Astrid Dannegger steht Besuchern ganzjährig offen. (Töpferei in Morgenitz, Tel. 038372 709 10, www.keramik-morgenitz.de, Mo–Sa 12–13, 16-17 Uhr.)

Übernachten, Essen

Historisches Ambiente – **Wasserschloss Mellenthin:** Dorfstr. 25, Tel. 038379 287 80, www.wasserschloss-mellenthin.de, DZ ab 144 €. Das Hotel ist im Westflügel des Schlosses untergebracht. Restaurant und Café im Gewölbe, mit Terrasse und Biergarten, bodenständige, pommersche Kost (ab 10 €), preisgünstige Tagesangebote.

Landgut – **Gutshof Mellenthin:** Dorfst. 24, Tel. 038379 22 91 20, www.gutshof-usedom.de, DZ ab 110 €. Geschmackvoll restaurierter Gutshof mit 20 Zimmern, vier Ferienwohnungen und einer Familiensauna. Für das kulinarische Wohl sorgt das Restaurant mit Pasta-Spezialitäten und Vollwertgerichten.

Naturnah – **Am Achterwasser:** Dorfstr. 12, Warthe, Tel. 038372 75 20, www.am-achterwasser.de, FeWo ab 69–100 €. Eine am äußersten Ende des Lieper Winkels in dem Fischerdorf Warthe gelegene Ferienanlage mit Haupthaus und vier Ferienhäusern mit Wohnungen für 1–5 Personen In der saisonal geöffneten Gaststätte gibt es hausgebackene Kuchen, Fisch- und Wildgerichte.

Termine

Benzer Kirchensommer/Benzer Kammermusikfest: Juli/Aug. Di, Do 20 Uhr Kulturveranstaltungen in der St.-Petri-Kirche, s. S. 29.

Bernsteinbäder ▸ N 5

Der schmale Landstreifen, der den Nord- und den Südteil der Insel miteinander verbindet, ist auf zwei Seiten von Wasser flankiert: im Westen das über weite Strecken von einem breiten Schilfgürtel gesäumte, vom offenen Meer abgeschnittene Achterwasser, im Osten die Ostsee mit weiten Sandstränden, Dünen und einem parallel dazu verlaufenden Waldgürtel. Oberhalb der von Buchen bestandenen Steilküste verläuft der Ostseeküstenweg. Streckenweise verläuft er so dicht am Hochufer, dass der eine oder andere Abschnitt nach einem stürmischen Winterhalbjahr in die Tiefe gestürzt sein kann. Mehrere Trampelpfade führen dann suchend von der Abbruchstelle durch den Wald, bis sie sich wieder zu dem markierten Wanderweg vereinen.

Die Seebäder auf der Landenge – Ückeritz, Loddin, Koserow, Zempin – haben sich unter dem klingenden Namen Bernsteinbäder zusammengeschlossen. Die viel befahrene B111 verbindet sie, die Architektur entlang der Bundesstraße ist nichts Besonderes, hier und da ein Gewerbegebiet, ein Supermarkt, eine Station der Bäderbahn. Im Waldstreifen zur Ostsee hin liegen große Campingplätze und kleinere Ferienhaussiedlungen, die zunehmend wieder mit Reetdach versehen werden. Die historischen Ortskerne mit rohrgedeckten Katen, Kopfstein gepflasterten Straßen und kleinen Häfen sind dem Achterwasser zugewandt.

Viele Künstler ließen sich ab den 1930er-Jahren in der idyllischen Region nieder. In Ückeritz siedelten sich u. a. Herbert Wegehaupt und Otto Manigk an, deren Söhne Oskar Manigk und Matthias Wegehaupt heute noch hier leben, malen und schreiben.

Ückeritz ▸ M 5

Das kleine, von viel Wald umgebene Seebad befindet sich auf der meerabgewandten Seite am Achterwasser. Der alte Kern des Fischerdorfes hat seinen dörflichen Charakter behalten, der neuere Ort zu beiden Seiten der B111 ist eher nichtssagend. Einige Häuser, ein Restaurant und ein Campingplatz liegen an der Ostsee. Zum Strand führt eine 1,5 km lange Straße durch schattigen Buchen- und Kiefernwald. Den Zugang zum Strand säumen Holzhäuser mit Ferienwohnungen, Cafés, kleine Souvenirläden.

Usedomer Gesteinsgarten

Südlich von Ückeritz, am Forstamt Neu Pudagla bei der B 111, jederzeit frei zugänglich

Mehr als 80 bis zu 6 t schwere Findlinge sind hier aufgereiht. Die Gletscher der letzten Eiszeit haben sie vor mehr als 12 000 Jahren aus Skandinavien hierher geschoben. Tafeln informieren über die ursprüngliche Heimat und den Fundort dieser Steinbrocken.

Übernachten

Am Achterwasser – **Pension Windsport Usedom:** Hauptstr. 36, Tel. 038375 229 66, www.windsport-usedom.de, DZ 88 €, Aufbettung für Kinder ab 3 Jahre 10 €. Moderne, freundliche Zimmer mit Blick aufs Achterwasser sowie Apartments im neuen Bootshaus (44 €/ Pers.) Angegliedert ist eine Surf- und Segelschule (s. u.). Wunderbar sitzt es sich auf der Terrasse des **Café Knatter,** das gehobene regionale Köstlichkeiten mit internationalem Einfluss serviert (Mo–Fr ab 14, Sa/So ab 12 Uhr).

An der Ostsee – **Naturcampingplatz**: Am Strand, Tel. 038375 209 23, Ostern bis Ende Okt. Richtung Bansin erstreckt sich ein weitläufiger Campingplatz, der zu DDR-Zeiten als der größte Europas galt, nach der Wende aber zurückgebaut wurde. Er zieht sich immer noch ca. 4,5 km entlang der Ostseeküste im bzw. unmittelbar hinter dem Küstenschutzwald, sehr schlichte Bungalows (3–4 Pers., 35–40 €).

Essen & Trinken

Gepflegte Traditionen – **Deutsches Haus:** Nebenstr. 1, Tel. 038375, 209 40, www.deutsches-haus-ueckeritz.de, Vegetarisches ab 9 €, Fisch/Fleisch ab 11 €. Pommersche Küche seit über 200 Jahren. Dorfgasthof mit bodenständiger Küche aus vorwiegend regionalen Produkten, auch viel Wild.

Klönen mit schönstem Meeresblick – **Strandcafé Utkiek:** Am Strand, Tel. 038375 204 08. Auf der Karte stehen hausgebackene Kuchen, Fleisch und Fisch, besonders beliebt ist das Angebot Hering satt (ab 8 €). Keine raffinierte Küche, aber völlig okay angesichts der Lage.

Aktiv & Kreativ

Wassersport – **Windsport Usedom:** Hauptstr. 36, Am Achterwasser, Ückeritz, Tel. 038375 206 41, www.windsport-usedom.de. Unterricht und Ausrüstung zum Surfen, Kiten, Segeln, Wasserski und Wakeboardfahren, Café und Unterkunft (s. o.).

Abenteuerlich – **Kletterwald Usedom:** Beim Forsthaus Pudagla, in der Nähe des Gesteinsgartens, www.kletterwald-usedom.de, März–Okt. Kernzeit tgl. 10–17, Juli/Aug. tgl. 9.30–20 Uhr, 2 Std. 16 €, Familie 29–40 €.

Gemütlich auf dem Wasser – **Ückeritzer Personenschifffahrt:** Ab Hafen Stagnieß, 1 km südl. von Ückeritz, Tel. 01 71 651 47 69, www.ms-astor.de. Rundfahrten auf dem Peenestrom, Achterwasser und Greifswalder Bodden.

Infos

Kurverwaltung Ückeritz
Haus des Gastes, Bäderstr. 5, 17459 Ückeritz, Tel. 038375 25 20, www.ueckeritz.de.

Loddin-Kölpinsee ▶ N5

Mehrere verstreute Siedlungen, viel Wald und Wasser, wohin man guckt: Die Ostsee auf der einen, das Achterwasser auf der anderen Seite und dazwischen der von Schilf und Wald umrahmte Kölpinsee, den nur ein schmaler Dünenwall vom offenen Meer trennt. Das Dorf **Loddin** wird erstmals 1270 in einer bischöflichen Urkunde als Loddino erwähnt. Der Name lässt sich von der slawischen Bezeichnung für

Lieblingsort

Sonnenuntergang am Achterwasser ▶ N 5

In **Kikis** idyllisch am schilfgesäumten Ufer gelegenen **Bootsverleih** kann man ganz entspannt mit einem Tretboot aufs Wasser schippern und danach Kaffee und Kuchen, ein Glas Wein oder Bier und dazu ein Steak vom Grill oder frische Fischgerichte genießen. Unmittelbar vor Kikis Bootsverleih zweigt ein Pfad zu einem schmalen, aber hübschen, von Schilf gesäumten Sandstrand ab, zu Fuß etwa 10 Minuten (Kikis Bootsverleih, Dorfstr. 23, Loddin, Tel. 0170 340 20 30, www.achterwasser.de, tgl. von 10 Uhr bis open end, Hauptgerichte ab 9 €).

Mein Tipp

Ein schöner Spaziergang – Loddiner Höft ► N 5

Am Restaurant Waterblick am Ende der Loddiner Dorfstraße beginnt ein Spazierweg zur Spitze des Loddiner Höft, eine weit ins Achterwasser ragende Halbinsel. Die Wanderung führt durch schöne Wiesenlandschaft mit weitem Blick über das Achterwasser. Die Aussichtsbank auf dem Höft ist beliebt zur Zeit des Sonnenuntergangs und daher meist schon besetzt. Für den Rückweg empfiehlt sich ein schmaler Pfad am Achterwasser, vorbei an Kikis Bootsverleih (Dauer ca. 1 Std.).

Lachs ableiten und bedeutet soviel wie Dorf an der Lachsbucht. Loddin ist nach wie vor ein ruhiges Fischer- und Bauerndorf am Achterwasser. Der 1610 erstmals erwähnte, im Dreißigjährigen Krieg von Wallensteins Truppen verwüstete Nachbarort **Kölpingsee** (abgeleitet von *colpa* = Schwan) ist der Ostsee zugewandt. Auf dem breiten, weißen Sandstrand liegen ein paar Fischerboote, Flachküste wechselt mit bewaldeter Steilküste. Hier führen massive Metalltreppen an den Strandübergängen hinab an den Strand.

Übernachten

Wellness am Meer – **Strandhotel Seerose:** Strandstr. 1, Tel 038375 540, www.strandhotel-seerose.de, DZ 154–199 €, Suiten ab 209 €. Ein familienfreundliches großes Haus mit 109 Zimmern und Suiten, fast alle mit Meerblick, viele mit Balkon oder Terrasse. Restaurant, Strandbistro, Cocktailbar und nette Sommerterrasse. Großzügiger Wellnessbereich mit Schwimmbad und Fitnessraum.

Einfach schön – **Alte Scheune Loddin:** Dorfstr. 30, Tel. 07832 99 92 25, www.alte-scheune-loddin.de, FeWo 45–118 €. Eine denkmalgeschützte Scheune, die 1989/1990 unter Verwendung ökologischer Baumaterialien ausgebaut wurde. Es entstanden sieben sehr unterschiedliche Ferienwohnungen für bis zu acht Personen, alle mit eigener Terrasse, Spiel- und Liegewiese am Wasser.

Skandinavisch – **Schwedenrot:** Triftweg 1c, Tel. 07832 99 92 25, www.schweden-rot.de, FeWo 92–150 €. Kleine Ferienwohnanlage zwischen Kölpingsee und Loddin, insgesamt 14 Wohnungen für 2–8 Personen in fünf Häusern. Klare schöne Einrichtung, Sauna und Kamin.

100 m zum Strand – **Campingplatz Stubbenfelde:** Waldstr. 12, OT Stubbenfelde, Tel. 038375 206 06, www.stubbenfelde.de. Ein gepflegter Platz, zum Teil im Buchenwald, Saunalandschaft, Laden, Restaurant. Ganzjährig zu mieten sind komfortable Blockhäuser für 2–6 Personen (98–108 €).

Essen & Trinken

Mit eigenem Weinberg – **Waterblick:** Am Mühlenberg 5, Loddin, Tel. 038375 202 94, www.waterblick.de, in der Saison tgl. ab 11.30 Uhr, ab 9 €. Beliebtes Ausflugslokal am Rand des Loddiner Höft. Außer frischem Fisch steht auch Gegrilltes auf der Speisekarte. Seit 2002 werden von 99 Rebstöcken auf dem hauseigenen Weinberg am Südhang hinter dem Restaurant Cabernet Sauvignon und Chardonnay geerntet und zwischen 50–80 Flaschen Loddiner Abendrot gekeltert.

Infos

Touristen-Information Loddin
ImHaus des Gastes, Strandstr. 23, 17459 Loddin, Tel. 038375 227 80, www.seebad-loddin.de.

Koserow ▶ N5

Das größte Seebad der Inselmitte ist das traditionsreiche, charmante Familienbad Koserow. Die ersten Badegäste kamen bereits 1846 in die kleine Sommerfrische am Fuße des bewaldeten **Streckelsbergs.** Die mit fast 60 m höchste Erhebung der Usedomer Ostseeküste steht unter Naturschutz, viele seltene Orchideenarten gedeihen hier. Vom Gipfel schweift der Blick über die Ostsee. Der Legende nach hat hier einst Vineta gelegen, das im Meer versank (s. S. 30 und 57).

Fast ebenso berühmt wie die Vinetalegende wurde Mitte des 19. Jh. der Koserower Pfarrer Meinhold. In einem alten Kirchenbuch hatte er die Eintragung über einen Hexenprozess gefunden und daraus den Roman »Maria Schweidler, die Bernsteinhexe« gemacht. Das Buch, das in Form einer Chronik aus dem 17. Jh. verfasst worden war, wurde ein Bestseller. Die tragisch-glückliche Geschichte der Maria Schweidler wurde von vielen Lesern für wahr gehalten und lockte zahlreiche Neugierige an.

Kirche
Fischerstr., www.kirchengemeinde-koserow.de
Das Ende des 13. Jh. als kleine Feldsteinkirche erbaute, im 15. Jh. durch den Bau des Altarraumes und des Turmes erweiterte Gotteshaus war die Wirkungsstätte des wortgewandten Pfarrer Meinhold. Berühmtes Ausstattungsstück ist das Kruzifix über der Taufe – eine schwedische Schnitzarbeit aus dem 15. Jh. Laut Inselchronik wurde es von Koserower Fischern aus der Ostsee geborgen, im Volksmund wird es Vinetakreuz genannt.

Salzhütten
Am Weg zum Hauptstrand
Viel besuchtes Wahrzeichen des Seebads sind die Rekonstruktionen der historischen Salzhütten im parallel zum Strand verlaufenden Waldstreifen. Die Originale von 1820 fielen der Sturmflut von 1872 zum Opfer. In den Hütten wurde im 19. Jh. Salz gelagert, das die Fischer zum Einsalzen und Haltbarmachen von Heringen brauchten. Heute dienen sie als das Mini-Museum **Uns Fischers Arbeitshütt** (Mai–Sept. Sa-Do 10–15 Uhr), **Souvenirgeschäft** und urige **Gaststätte.**

Forsthaus Damerow ▶ N5
www.forsthaus-damerow.de
Auf dem Weg von Koserow Richtung Zempin wird die Taille Usedoms richtig eng geschnürt. Gerade mal 300 m Land liegen zwischen Ostsee und Achterwasser. Einst befand sich hier ein kleines Fischerdorf namens Damerow, das in der verheerenden Sturmflut 1872 weitgehend zerstört und von seinen Bewohnern aufgegeben wurde. An die Siedlung erinnert nur noch der Name der Ferienanlage Forsthaus Damerow.

Übernachten

Mittelgroß – **Nautic Hotel:** Triftweg 4, Koserow, Tel. 038375 25 50, www.hotel-nautic.de, DZ 114 €, Suiten 128–198 €. Aufmerksam geführtes Haus mit 40 Zimmern in sonnenhellen Farben sowie Zwei- und Drei-Raum-Suiten für bis zu vier Personen. Dazu gehören ein Schwimmbad und ein Café-Restaurant mit Biergarten.

Ein Ort der Inspiration – der verwunschene Garten des Malers Niemeyer-Holstein

Essen & Trinken

Maritim und gemütlich – **Koserower Salzhütte:** Am Strand bei den Fischern, Tel. 038375 206 80, www.koserower-salzhuette.de, ab 9 €. Reetgedecktes, winziges Fischrestaurant in einer der historischen Salzhütten, mit eigener Räucherei. An den Wochenenden gibt es abends Livemusik auf dem Fischerklavier.

Abends & Nachts

Nur im Sommer – **Autokino Koserow:** Auf dem Parkplatz (FKK-Strand) an der B111, Tel. 038377 420 36, Programme liegen u. a. in der Kurverwaltung aus.

Infos

Kurverwaltung Koserow
Hauptstr. 31, 17459 Koserow, Tel. 038375 204 15, www.koserow.de.

Atelier Otto Niemeyer-Holstein ►N5

Lüttenort, Koserow, Tel. 038375, www.atelier-otto-niemeyer-holstein.de, in der Saison tgl. 10–18, sonst Mi/Do, Sa/So 10–16 Uhr, Besichtigung des Wohnhauses und des Ateliers nur mit Führung 11, 12, 14 Uhr, Garten 1,50 €, Galerie und Garten 4 €, Führung durch Haus und Garten 7 €
An der schmalsten Stelle Usedoms, wo es außer einem kleinen Hafen nichts gab, ließ sich in den 1930er-Jahren der Maler Otto Niemeyer-Holstein nieder. Um einen ausrangierten Berliner S-Bahnwagen entstand ein kleines Paradies, das seinen Namen dem Boot des Künstlers verdankt. auf der *Lütten* schipperte der passionierte Segler Gäste über das Achterwasser, um den Lebensunterhalt für seine Familie aufzubessern. Bis zu seinem Tod im Jahre 1984 lebte und arbeitete Niemeyer-Holstein hier. Im Atelier sind seine von

der Küste Usedoms inspirierten Werke zu besichtigen, eine unvollendete Arbeit steht noch auf der Staffelei. Den Garten schmücken Plastiken und Skulpturen befreundeter Künstler. In der Neuen Galerie neben dem Atelier finden wechselnde Ausstellungen statt.

Zempin ► N 5

Das nördlichste der Bernsteinbäder ist das kleine Seebad Zempin, ein nettes ruhiges Fleckchen für naturverbundene Urlauber. Wer mag, kann den Ort auf einem **Naturlehrpfad** umrunden, hinter den Dünen der Ostsee entdeckt man die Reste ehemaliger **Salzhütten,** es gibt einen Campingplatz, im Südteil des Ortes die charakteristischen rohrgedeckten Häuser und ein kleiner **Hafen** mit Badestelle.

Im Inselnorden ► M 4/5

Was nur wenige wissen: Der feine breite Sandstrand, für den Usedom bekannt ist, zieht sich bis an die Nordspitze der Insel: vom noblen Zinnowitz, über die ruhigen Familienbäder Trassenheide und Karlshagen bis hinauf zur Kienheide östlich von Peenemünde, wo ein schmaler Pfad vom Parkplatz durch den Küstenwald an den naturbelassenen Strand führt.

Zinnowitz ► M 4/5

Das größte Seebad im Norden der Insel präsentiert sich zum Meer hin mit feinsandigem Strand, Laub- und Kiefernwäldchen. Der seit Mitte des 19. Jh. florierende Badetourismus wurde 1938 unterbrochen, weil das Sperrgebiet der neu gegründeten Heeresversuchsanstalt Peenemünde auch Zinnowitz umfasste. Erst 1946 setzte der Badetourismus wieder ein. Zinnowitz wurde als ›Erstes Seebad der Werktätigen‹ Urlaubsort für die Thüringer Kumpel der SDAG (Sowjetisch-Deutschen-Aktiengesellschaft) Wismut.

Heute schmücken liebevoll sanierte Pensionen und Hotels im Stil der Bäderarchitektur sowie ein weißer Musikpavillon die prachtvolle, breite **Strandpromenade.** Eine hübsche Kopfsteinpflasterallee führt zum kleinen **Hafen** am Achterwasser, wo ein Ausflugsdampfer zu Rundfahrten ablegt.

Seebrücke

Tauchgondel: www.tauchgondel.de, 8 €, Familien 18–22 €
Eine attraktive Flaniermeile ist die 1993 erbaute, 315 m lange Seebrücke. Die Tauchgondel am seeseitigen Ende der Brücke ermöglicht Besuchern trockenen Fußes bis in 3,50 m Tiefe ins Meer hinabzusinken. Während des etwa 45-minütigen Tauchgangs werden wechselnde 3D-Filme über faszinierende Unterwasserwelten und den Lebensraum Ostsee gezeigt.

Bade- und Heimatmuseum

Im Bahnhofsgebäude, in der Saison tgl. 14–17 Uhr
Die Ausstellung der Historischen Gesellschaft dokumentiert die Zinnowitzer Geschichte vom Fischerdorf zum Ostseebad. Vorträge zu verschiedenen Themen der Orts- und Inselgeschichte.

Übernachten

In der ersten Reihe – **Vineta Hotels:** Strandpromenade 1, Tel. 038377 350, www.hotel-vineta.de, DZ 92–145 €, Suiten 150–160 €. Die Anlage besteht aus drei Gebäuden: dem Hotel Vineta mit Rezeption, Restaurant , Pool und Sauna. Daneben die Residenz Vineta,

ebenfalls mit Restaurant. Dahinter das Chalet Vineta mit dem gemütlichen Pub Sealord. Sehr angenehm ist der freundliche und aufmerksame Service.
Flair der Jahrhundertwende – **Aparthotel Seeschlösschen:** Dünenstr. 15, Tel. 038377 48 00, www.seeschloesschen-zinnowitz.de, Apartments ab 100 €. Ein stilvolles, charmantes Haus der Spitzenklasse, 20 m vom Strand entfernt, den man über eine Freitreppe erreicht.
Im Wald – **Campingplatz Pommernland:** Dr. Wachsmann-Str. 40, Tel. 0383 77 403 48, www.camping-pommernland.m-vp.de, 23–117 €. Am westlichen Ortsrand liegt im Küstenschutzwald das nicht parzellierte Gelände. Zu mieten sind auch Blockhäuser (2–6 Pers.), Wohnwagen (3–4 Pers.) und Hütten (2–3 Pers.). Restauration, Abenteuerspielplätze und viele Aktivitäten.

Essen & Trinken

Fisch vom Feinsten – **Zum Smutje:** Vinetastr. 5b, Tel. 038377 415 48, mittags und abends geöffnet, ab 13 €. Eines der besten Fischrestaurants auf Usedom.
Ein bisschen gute alte Zeit – **Museumscafé:** Dünenstr. 10, Tel. 038377 394 50. In dem stilvollen Café im Hotel Preußenhof kann man wunderbar eine kleine Auszeit vom sandigen Strand, Sonne und Wind nehmen, günstige Mittagskarte.

Aktiv & Kreativ

Vielseitig – **Sportpark Barge:** Große Sportanlage, neben Tennisplätzen gibt es eine Squashhalle und viele Fitnessangebote.
Meerwasser- und Thermalbad – **Bernsteintherme:** Dünenstr. 1, Tel. 038377 355 00, www.bernsteintherme.de, tgl. 10–22 Uhr. Ein architektonisch wenig ansprechender Bau, aber ideal zum Entspannen bei Schmuddelwetter.
Ganzjährig – **Die Blechbüchse:** Seestr. 8, Tel. 03971 20 89 25, www.blechbuechse.de. Das Theater in einer ehemaligen Lagerhalle für Strandkörbe bietet Schauspiel, Kabarett, Revue, Jugend- und Kinderstücke, Lesungen und Konzerte.

Abends & Nachts

Cocktails – **Mäxx:** Neue Strandstr. 24, Tel. 038377 361 71, im Winter ab 17 Uhr, sonst ganztägig. In Strandnähe gelegene Cocktailbar, in der man im Sommer tagsüber auch Kaffee und Kuchen bekommt.

Infos & Termine

Kurverwaltung Zinnowitz
Neue Strandstr. 30 , 17454 Zinnowitz, Tel. 038377 4920, www.zinnowitz.de.

Termine
Vineta Festspiele: Juli/Aug., www.vineta-festspiele.de, s. S. 30.

Halbinsel Gnitz ▸ M 5

Südlich von Zinnowitz erstreckt sich die Halbinsel zwischen Krumminer Wiek und Peenestrom weit ins Achterwasser hinein. Eine Umrundung ihrer, unter Naturschutz stehenden Südspitze, zählt zu den schönsten Wanderungen auf Usedom. Ein günstiger Ausgangspunkt ist der Parkplatz am **Naturcamping**. Ein Fußweg durchquert den Zeltplatz in Richtung **Weißer Berg.** Von dem 32 m hohen *Witten Barg* kann man einen wunderbaren

Blick über die Krumminer Wiek im Westen und das Achterwasser im Osten genießen. Der abwechslungsreiche Weg führt am Ufer des Achterwassers mit schilfumsäumten Badebuchten entlang. Über den kleinen Ort **Lütow** geht es in einem Bogen zurück zum Ausgangspunkt am Naturcamping.

Essen & Trinken

Sympathisch – **Galeriegarten Café:** Lütow, Tel. 038377 401 90, März–Okt. tgl. 11–19 Uhr. Am Ende der Wanderung schmecken frischgebackener Kuchen oder rote Grütze in dem überaus netten Café nochmal so gut.

Trassenheide ▶ M4

Die beiden nördlichen Seebäder Trassenheide und Karlshagen sind planmäßige Ansiedlungen. Auf Initiative des pommerschen Oberpräsidenten wurden um 1823 in der »öden abgelegenen Strandgegend« die ersten Fischer angesiedelt. Trassenheide trug ursprünglich den Namen Hammelstall, weil es hier einen großen Schafstall gab. Nicht fein genug für ein Seebad! 1908 wurde die Siedlung in Trassenheide umbenannt. Die Hauptstraße nach Peenemünde führt mitten durch den Ort, der zwar keine Bäderarchitektur, dafür aber einen schönen Strand sowie einige Attraktionen für die ganze Familie aufweist.

Schmetterlingsfarm

Wiesenweg 5, Tel. 038371 282 18, www.schmetterlingsfarm.de, März–Okt. tgl. 10–19, Nov.–Feb. 10–17 Uhr, 8,50 €, Familie 18,50 €

Die 5000 m^2 umfassende ehemalige Sportstätte von Trassenheide ist heute Domizil für tropische Schmetterlinge und Insekten. In der Freiflughalle flattern 1500 bis 2000 Schmetterlinge, in 15 Terrarien werden Vogelspinnen gezeigt.

Die Welt steht Kopf

Wiesenweg 2, Tel. 03837 12 63 44, www.weltstehtkopf.de, April–Okt. tgl. 10–18, Nov.–März tgl. 10–16 Uhr, 6 €, Familie 15–19 €

Das Haus steht verkehrt herum, die Inneneinrichtung auch. Nicht nur Kinder haben ihren Spaß am Herumalbern und Fotografieren. Im Garten gibt es

Mein Tipp

Handwerk und Kunst – Mölschow KulturHof ▶ M5

1994 wurde die um 1900 errichtete Gutsanlage zum KulturHof umgebaut. In verschiedenen Schauwerkstätten werden traditionelle Handwerkstechniken demonstriert: Korbflechten, Filzen, Weben, Töpfern. Wer mag, kann mitmachen. Im alten Gutshaus zeigen wechselnde Ausstellungen die Arbeiten von Künstlern und Kunsthandwerkern aus Mecklenburg-Vorpommern oder dem benachbarten Polen. Fürs leibliche Wohl sorgen Inselfrauen mit regional und saisonal geprägten Gerichten und selbstgebackenen Kuchen und Torten. Kräuter und Gemüse kommen aus dem landwirtschaftlichen Erlebnisbereich des KulturHofes im Ort (Mölschow KulturHof, Trassenheider Str. 7, Tel. 038377 399 25, Mai–Okt. Mo–Fr 9–18, Sa/So 10–18, Nov.–April Di–Fr 9–16, Sa 10–16 Uhr, Kombikarte mit dem nah gelegenen Landwirtschaftlichen Erlebnisbereich 10 €, Kinder 6–16 Jahre 4 €).

Lern- und Spielmöglichkeiten sowie Miniaturen historischer Bauwerke aus Mecklenburg-Vorpommern.

Wildlife Usedom
Wiesenweg 2, www.wildlife-usedom.de, tgl. 9.30–18.30 Uhr, 6,90 €, Familie ab 15,60 €
Ausstellung von Riesenkäfern, Spring- und Vogelspinnen, Schlangen. Attraktiver Spiel und Action Indoorpark.

Übernachten, Essen

Blockhäuser im Wald – **Kaliebe:** Zeltplatzstr. 5, Tel. 0800 525 43 23 (gebührenfrei), Tel. 038371 520, www.kaliebe.de, DZ und Suiten 90–125 €. Familiengeführte große Hotelanlage auf dem Weg zum Strand, auf dem ausgedehnten Waldstück zwischen Hotel und Strand stehen finnische Blockhäuser für bis zu vier Personen (125 €). Im Restaurant kommen regionale Spezialitäten und viel Fisch auf den Tisch.

Infos

Kurverwaltung Trassenheide
Strandstr. 36, Haus des Gastes, 17449 Ostseebad Trassenheide, Tel. 038371 209 28, www.seebad-trassenheide.de. Hier befinden sich auch Kurbibliothek, ein Spielzimmer und Heimatstube.

Karlshagen ► M4

Seit 2001 darf sich der ruhige Ort Ostseebad nennen. Das moderne Zentrum Karlshagens befindet sich an der B 111. Die Straße zum Meer führt durch den strandnahen Wald. Die Architektur ist nicht weltbewegend, vor allem Familien mit Kindern schätzen den kilometerlangen, flach zum Meer hin abfallenden Sandstrand. Lohnenswert ist ein Abstecher zum Yacht- und Fischereihafen am Peenestrom, etwa 1 km von der Durchgangsstraße entfernt. Von hier werden Ausflugsfahrten zu den Inseln Greifswalder Oie und Ruden angeboten.

Übernachten

Freundlicher Service, gute Küche – **Strandhotel:** Strandpromenade 1, Tel 038371 26 90, www.strandhotel-usedom.de, DZ und Studios 90–120 €. Ein neues Haus, 50 m vom Strand entfernt, schöner Wellnessbereich.

Essen & Trinken

Gastfreundlich – **VeerMaster:** Am Hafen 2, Tel. 038371 210 12, im Sommer tgl. ab mittags durchgängig geöffnet, ab 10 €. Bodenständige Küche am Hafen, die auch Einheimische schätzen, das Preisleistungsverhältnis stimmt.

Infos

Touristen-Information Karlshagen
Hauptstr. 4, 17449 Ostseebad Karlshagen, Tel. 038371 554 90, www.karlshagen.de.

Inselausflüge

Greifswalder Oie ► M3
In der Saison tgl., Dauer ca. 5 Std., davon 2 Std. Aufenthalt auf der Insel, 20 €, www.schifffahrt-usedom.de
Die etwa 12 km vor Usedom liegende Greifswalder Oie (gesprochen Oi) steht unter Naturschutz. Sie ist berühmt für das Vorkommen zahlreicher, zum Teil seltener Pflanzen und Tiere sowie als

Rastplatz für Zugvögel. Seit 1993 wird die Greifwalder Oie vom Verein Jordsand betreut (www.jordsand.de). Die Zahl der Besucher, die die Insel pro Tag betreten dürfen, ist auf 50 Personen begrenzt. Vom kleinen Hafen auf der Oie führt ein ausgeschilderter Weg zum Leuchtturm im Norden der Insel. Der 1855 in Betrieb genommene Turm ist seit 2007 für Besucher geöffnet. Es gibt keine gastronomische Einrichtung auf der Insel.

Insel Ruden ► M4

Apollo Fahrtgastreederei Tel. 038371 208 29, www.schifffahrt-usedom.de, 3 x pro Woche, Dauer ca. 2,5 Std.,12,50 €

Das kleine, zum Teil bewaldete Eiland steht unter Naturschutz. Um es herum liegen zahlreiche Flachwassergebiete, die bei Niedrigwasser trockenfallen, dann rasten hier tausende verschiedener Seevögel, u. a. große Kolonien von Kormoranen. Ein Ehepaar wohnt ganzjährig auf der Insel, arbeitet als Naturwart und Hafenmeister und führt Besucher über die Insel. Das ausgeschilderte Wegenetz ist überschaubar, der Landgang inklusive Besuch des Messturms mit Informationszentrum dauert etwa eine Stunde.

Peenemünde ► M4

Den Namen Peenemünde kennt jeder, auch wenn vielleicht nicht jeder weiß, wo genau der Ort zu platzieren ist. Während der NS-Zeit wurde hier ein dunkles Kapitel deutscher Geschichte geschrieben, die Vergangenheit ist deutlich sichtbar.

Ein richtiges Dorf ist Peenemünde schon lange nicht mehr, erst recht kein Badeort. Das alte Fischerdorf wurde ab 1936 weggerissen, um hier eine Forschungsanstalt für Raketen und ferngelenkte Waffen zu errichten, nur drei, vier Wohnhäuser blieben stehen. Als die Wiege der Raumfahrt wurde der abgelegene Ort weltbekannt.

Nach dem Krieg wurde die Peenemünder Anlage demontiert. Peenemünde wurde Standort der Volksmarine und der Luftstreitkräfte und somit erneut militärisches Sperrgebiet. Erst seit der Wende ist der Ort wieder öffentlich zugänglich, ein Teil der Bebauung, u. a. die Wohnblocks der Militärangestellten, wurde an einen Investor verkauft und vermitteln nach vielen Jahren des Leerstands einen desolaten Zustand. Wie sich Peenemünde weiter entwickeln wird, bleibt abzuwarten. An Besuchern mangelt es – dank der bemerkenswerten Museen – nicht.

Historisch-Technisches Museum Peenemünde (HTM) ► M4

Im Kraftwerk, Tel. 038371 50 50, www.peenemuende.de, April–Sept. tgl. 10–18, Okt. tgl. 10–16, Nov.–März Di–So 10–16 Uhr, 6 €, Familie 16 €

Von dem riesigen Forschungszentrum der Heeresversuchsanstalt, in dem fast 10 000 Wissenschaftler und Spezialisten beschäftigt waren, ist kaum etwas geblieben. Das ehemalige Kraftwerk der Anlage beherbergt eine beeindruckende Dokumentation über die Forscherstadt und die Entwicklung der weltweit ersten Fernrakete mit ihren verheerenden Folgen.

Leiter der neu gegründeten Heeresversuchsanstalt, dem seinerzeit größten Forschungszentrum der Welt, war seit 1937 der junge Physiker Wernher von Braun (1912–1977). Spätestens mit dem Beginn des Zweiten Weltkriegs wurde die zivile Weltraumforschung zugunsten der Entwicklung von militärisch nutzbaren Raketen in den Hintergrund gedrängt.

Im Sommer 1943 entdeckte die britische Luftaufklärung das streng geheime Peenemünde. Die Bomben der Briten verfehlten die Versuchsanlagen und trafen stattdessen die Wohnhäuser der Wissenschaftler und die Baracken der Zwangsarbeiter und Gefangenen, die nach Peenemünde gebracht worden waren, um die Arbeit an der Raketenwaffe voranzutreiben. Daraufhin wurde die Produktion in eine unterirdische Fabrik am Harzrand verlegt.

Rund 20 000 ausländische Zwangsarbeiter, Kriegsgefangene und KZ-Häftlinge ließen während der Produktion ihr Leben. Zum Einsatz kamen die als Wunderwaffen propagierten V1- und V2-Raketen im September 1944 bei Angriffen auf London, Antwerpen, Lüttich und Rotterdam.

Wernher von Braun und mehr als 100 seiner Mitarbeiter siedelten nach dem Krieg in die USA über und entwickelten dort weitere Raketensysteme, u. a. den ersten amerikanischen Erdsatelliten und die dreistufigen Saturn V-Rakete, die 1969 als Trägerrakete an der ersten Mondlandungsmission beteiligt war.

Denkmal-Landschaft Peenemünde

Ca. 20 km langer Rundweg, Broschüre mit Karte in den Touristen-Informationen und im HTM erhältlich

Der Rundweg zu den Spuren der militärischen Vergangenheit auf dem etwas 25 km² großen Areal zwischen Peenemünde und Karlshagen ist hervorragend ausgeschildert. Beginn und erste Station ist das Museum selbst. Die nächsten Etappen sind die Kapelle und die gigantische Ruine des Sauerstoffwerks. Über den Flughafen geht es zu den Resten der KZ-Arbeitslager und der ehemaligen Wohnsiedlung in Karlshagen. Am Peenestrom entlang führt der Radweg zurück nach Peenemünde. Aus den ufernahen Peenewiesen erheben sich mächtige Bunkerreste.

Phänomenta

Museumsstr. 12, Tel. 038371 260 66, www.phaenomenta-peenemuende.de, März–Okt. tgl. 10–18, Nov.–Feb. tgl. 10–16 Uhr, 7 €, Kinder 2–6 €

Experimentieren, lernen, staunen und Spaß haben. In der Phänomenta kann

man in eine Seifenblase steigen, mit der Pauke eine Kerze auspusten und sich in einem echten Astronautentrainer durchwirbeln lassen.

Maritim Museum Peenemünde
Haupthafen, Tel. 038371 285 65, www.u-461.de, April–Juni tgl. 10–18, Anf. Juli–Mitte Sept. tgl. 9–21, Mitte Sept.–Ende Okt. tgl. 10–18, Nov.–März tgl. 10–16 Uhr, 6 €, Familie ab 12 €
Im Hafen von Peenemünde liegt das zwischen 1961 und 1965 gebaute, russische Raketen-U-Boot U 461, das bis 1991 in der ehemaligen Baltischen Rotbannerflotte seinen Dienst tat. Im Rumpf des U-Bootes bekommt man Einblick in das beengte Leben der 82 Mann starken Besatzung an Bord.

Auszeit für die Seele – an manchen Tagen ist man mit dem Meer und dem Wind allein

Abbildungsnachweis

Claudia Banck, Sukow: S. 10 re. o., 10 re. u., 62/63, 71, 83 li., 90/91, 110/111, 114, 121 li., 134, 140, 144 li., 150, 166, 204, 236/237, 254 li., 276
DuMont Bildarchiv, Ostfildern: S. 34, 77, 183, 254 re., 255 li., 264/265, 282/283 (Jung); Umschlagklappe vorn, S. 48/49, 120 re., 127, 171 li., 187, 196, 209, 225 li., 242 (Lubenow)
Laif, Köln: S. 144 re., 159, 165 (Babovic); S. 25 (Baier); S. 68, 82 re., 107, 222 (Kirchner); Titelbild (Linkel); Umschlagrückseite, S. 54, 80/81 (Modrow); S. 26/27 (Multhaupt); S. 170 li., 200/201 (Westrich)
Mauritius Images, Mittenwald: S. 162/163 (Heine); S. 118/119 (Krüger); S. 175 (Photononstop); S. 78 (Tack)
Picture-Alliance, Frankfurt: S. 53 (Bachmann); S. 74 (ZB/Büttner); S. 58 (DPA)
Thomas Stankiewicz, München: S. 9, 10 li. o., 10 li. u., 11 (4x), 12/13, 36/37, 44/45, 50, 61, 66/67, 82 li., 86/87, 94, 99, 120 li., 124/125, 130, 142/143, 145 li., 148, 154/155, 170 re., 178, 192/193, 199, 210, 220/221, 224 (2x), 228, 234/235, 244/245, 249, 250, 260, 272/273
Michael Stolle, Sukow: S. 8

Kartografie

DuMont Reisekartografie, Fürstenfeldbruck

Umschlagfotos

Titelbild: Der Stolz der Seebäder sind die Seebrücken – die längste und modernste führt in Heringsdorf ins Meer
Umschlagklappe vorn: Blütenweiß und verspielt – Villen in Binz

Hinweis: Autorin und Verlag haben alle Informationen mit größtmöglicher Sorgfalt geprüft. Gleichwohl sind Fehler nicht vollständig auszuschließen. Alle Angaben erfolgen ohne Gewähr. Bitte, schreiben Sie uns! Über Ihre Rückmeldung zum Buch und über Verbesserungsvorschläge freuen sich Autorin und Verlag:
DuMont Reiseverlag, Postfach 3151, 73751 Ostfildern,
info@dumontreise.de, www.dumontreise.de

1. Auflage 2011

Lektorat/Redaktion: Marianne Bongartz
Grafisches Konzept: Groschwitz/Blachnierek, Hamburg
Printed in Germany